普通高等院校物流管理专业核心课程精品规划教材

物流园区规划设计运营管理

The Planning, Designing and Management of Logistics Park

◎ 主 编 海 峰 刘 勤

华中科技大学出版社
http://www.hustp.com
中国·武汉

普通高等院校物流管理专业核心课程精品规划教材

编 委 会

主　任：马士华

副主任：崔南方　刘志学

编　委：（以姓氏笔画为序）

王长琼　王　林　王海军　卢少平　沈小平　李延晖

李昆鹏　周水银　林　勇　徐贤浩　海　峰　鲁耀斌

总　序

随着我国经济的迅猛发展,企业为消费者提供的商品和服务日益丰富和多样化,极大地提高了我国人民的生活水平。但与此同时,企业面临的竞争环境也日趋严峻。人们已经认识到,要想提高企业的整体竞争力,企业不仅要在产品开发、生产、销售等核心领域取得竞争优势,在物流管理乃至整个供应链管理上也应该而且必须拥有自己的优势,单凭个别企业的能力已经不能适应当今的竞争要求了。在这种情况下,企业表现出对物流管理越来越强烈的需求。过去,企业不是很重视物流管理,甚至不十分了解物流管理存在的意义和价值。现在,企业已经认识到物流在整个企业竞争力中的重要地位,更希望能够通过实施有效的物流管理为提高企业竞争力增添力量。为了满足企业对物流管理人才的需求,在我国高等教育体系中重新设立了物流管理专业,为社会和企业培养急需的专业管理人才。

从我国物流管理专业教育的发展历史看,虽说过去也有少数高等院校设有物流管理或者类似物流管理的专业,但是,无论从这一专业的系统性,还是学科的先进性,以及专业的基础理论研究方面,均与社会发展对物流管理专业的要求相去甚远,所具有的专业教育基础性资源远远不能满足当前的发展需要,这就需要我们尽快确立能够适应当今社会发展需要的物流管理专业人才的培养体系,而教材无疑是这个体系中最为重要的组成部分。"普通高等院校物流管理专业核心课程精品规划教材"就是在这样一种背景下策划出版的。

为了编撰好这套教材,我们特地组织了编委会。经过认真研究,编委会在组织本套专业教材时突出了如下几个特色定位。

第一,将国际上先进的物流管理理论与我国有特色的物流管理实践充分结合,在体现中国具体国情和社会现实的基础上,吸收和借鉴国际比较成熟的理论、方法、概念、范式、案例,体现本土化特色,使读者可以在学习、借鉴和研究的基础上发现问题、解决问题,获得理论上的发展与创新。

第二,加强案例分析和配套教学课件建设。物流管理学科是实践性与应用性很强的学科,只有通过对大量典型的、成熟的案例的分析、研讨、模拟训练,才能拓展学生的视野,积累学生的经验,培养学生独立分析问题、解决问题、动手操作的能力。同时,为方便老师教学,每种教材配有教学课件,免费赠送给相关任课教师。

第三,寻求编写内容上的突破与创新。结合当前已经出版的物流管理专业教材存在的不足之处,结合当前学生在学习和实践中存在的困难、急需解决的问题,积极寻求内容上的突破与创新。

在考虑本套教材的整体结构时,编委会参考了大量国内外著名大学的物流管理专业设置资料,认真分析了课程设置和配套教材的构成情况,然后结合中国实际,提出了以《供应链管理》、《采购与供应管理》、《第三方物流》、《物流园区规划设计与运营管理》、《物流运输组织与管理》、《物流管理基础》、《仓储管理》、《物流配送中心规划与运作管理》、《物流系统建模与仿真》、《物流信息技术与应用》、《物流网络规划与设计》、《物流项目管理》、《物流学导论》为主体的系列教材体系。本套教材所确定的体系,包含了物流管理从操作层、运营层到战略层的综合需要,涵盖了定性分析和定量分析的各个层面,试图给读者一个完整的理论与实践体系。当然,考虑到一套系列教材的容量和实际教学学时数的具体要求等情况,这里所说的"完整体系"只是相对的,还有一些比较重要的内容没有选择进来。这并不意味着这些内容不重要,只是根据取舍的原则而导致的结果。

本套教材的作者都具有比较丰富的教学经验,这些教材都是作者在已经试用过多次的讲义的基础上扩充编撰而成的。他们将自己在教学中的心得和成果毫无保留地奉献给读者,这种奉献精神正是推动我国物流管理专业教育发展的动力。

在系列教材的写作过程中参考了大量国内外最新研究和实践成果,各位编著者已尽可能在参考文献中列出,在此对这些物流管理的研究者和实践者表示真诚的感谢。由于多方面的原因,如果有疏漏之处,作者表示万分歉意,并愿意在得知具体情况后予以纠正,在此先表示衷心的谢意。

编撰一套教材是一项艰巨的工作,由于作者的水平有限,对本套教材所涉及的先进企业物流管理理念的理解还不是十分透彻,成功的运作经验还十分有限,因此,本套书难免会有疏漏和不妥之处,真诚希望广大读者批评指正、不吝赐教。

2014 年 6 月 18 日

前 言

现代物流业是全球经济化和市场经济发展的产物,它的发展水平对于区域经济竞争优势的培育具有重要的作用。物流园区是发展物流业的重要平台,在国家振兴物流产业相关政策的引领下,各省市都在大力规划、建设物流园区,我国物流园区的数量迅速增长,规模迅速扩大。

然而,在大规模的物流园区土地规划和建设之后,一系列问题也不断出现,例如物流园区的空置、运营效率不高、服务水平不高、盈利模式陈旧、利润率低等。如何科学地规划、建设与运营物流园区,如何发展现代物流园区,利用现代先进信息技术、提升物流园区服务水平、创新物流园区盈利模式等都是亟待解决的问题,具有研究价值和实践意义。

本教材在第一章中首先明确物流园区的内涵、功能、分类及特征,阐述物流园区的产生历程,提出现代物流园区的发展趋势和新的要求。第二章、第三章和第四章主要针对物流园区的规划设计部分,首先阐述物流园区规划设计的基本理论,进而从物流园区的布局、选址、规模预测和园区的功能区规划设计进行分析。第五章、第六章主要针对物流园区的开发建设部分,分别从开发建设模式、开发建设序列、开发建设组织管理以及物流园区的信息管理系统建设进行分析。第七章、第八章主要针对物流园区的运营管理部分,分别从运营管理模式、物流园区之间的协调和网络化管理、物流园区的增值服务和盈利模式进行分析。最后,教材的第九章、第十章针对物流园区的综合评价部分,分别从外部支撑环境、可行性、运营绩效进行分析评价。

本教材结合物流园区规划、建设与运营的实际情况,建立了完善的体系理论,并对实践操作方案提出建议,并且分析现代物流园区的发展新趋势及创新发展策略,具有一定的前瞻性。在每章都配有真实的物流园区案例和课后练习,以便更好地学习和掌握相关知识。

学习本课程时要注意整本教材的内在逻辑联系,在第一章学习物流园区内涵界定、功能和分类的理论基础之上,再通过学习第二章、第三章、第四章掌握物流园区的规划设计,第五章和第六章则是规划设计的后续建设实施工作,第七章、

第八章是物流园区建成后的运营管理，有利于提升物流园区的实用效率和效益，最后两章则是通过评价找出存在问题并予改进。

这是一本具有理论和实践价值的教材，可为政府有关部门、教育研究机构、物流园区的投资运营商、物流园区的管理人员、物流企业管理人员提供参考，是一部中国物流园区规划、建设与运营的实用指导书。

全书由武汉大学博士生导师海峰教授进行统纂、修改、审定。刘勤博士负责全书的整稿和内容完善，并完成第七章、第八章，以及全本教材的案例和习题的编写。教材的第一章、第二章由胡晓兰博士生参与编写，硕士研究生高悦凯参与了第三章、第四章的编写，向介民参与了第九章、第十章的编写，罗盛参与了第五章、第六章的编写，在此一并表示感谢。

编　者

2015 年 6 月

目录 | Contents

第一章 概述 ... 1
 第一节 物流园区及其产生 ... 1
 第二节 物流园区的功能与分类 ... 11
 第三节 国内外物流园区的发展概况 ... 17
 【经典案例】 ... 24

第二章 物流园区规划的基本理论 ... 29
 第一节 物流园区规划的内涵 ... 29
 第二节 物流园区规划的内容和程序 ... 33
 第三节 物流园区规划存在的问题及原因分析 ... 41
 【经典案例】 ... 43

第三章 物流园区的布局、选址与规模预测 ... 48
 第一节 物流园区整体布局规划 ... 48
 第二节 物流园区选址 ... 54
 第三节 物流园区需求预测 ... 65
 第四节 物流园区规模规划 ... 70
 【经典案例1】 ... 80
 【经典案例2】 ... 82

第四章 物流园区的功能区规划 ... 85
 第一节 物流园区内部功能区规划 ... 85
 第二节 仓储功能区规划设计 ... 98
 第三节 分拣功能区规划设计 ... 113
 第四节 流通加工功能区规划设计 ... 129
 第五节 配送功能区规划设计 ... 130
 第六节 物流园区基础设施的规划设计 ... 140
 【经典案例1】 ... 152
 【经典案例2】 ... 157

第五章 物流园区的开发建设 ... 161
 第一节 物流园区的开发建设模式 ... 161
 第二节 物流园区建设序列选择的决策方法 ... 170
 第三节 物流园区开发建设组织管理 ... 174
 【经典案例】 ... 175

第六章　物流园区的信息平台规划与建设 ……… 179
- 第一节　物流园区信息系统概述 ……… 179
- 第二节　物流园区信息平台的功能规划 ……… 185
- 第三节　物流园区信息平台的系统设计 ……… 197
- 【经典案例】 ……… 202

第七章　物流园区的运营管理 ……… 209
- 第一节　物流园区的运营管理体系 ……… 209
- 第二节　运营管理模式 ……… 229
- 第三节　物流园区之间的协调运营 ……… 237
- 第四节　物流园区的网络化运营发展 ……… 251
- 【经典案例1】 ……… 254
- 【经典案例2】 ……… 257
- 【经典案例3】 ……… 259
- 【经典案例4】 ……… 262

第八章　物流园区的增值服务及赢利模式 ……… 267
- 第一节　物流园区的增值服务概述 ……… 267
- 第二节　物流园区增值服务的分类及内容 ……… 274
- 第三节　物流园区赢利模式的理论基础 ……… 283
- 第四节　物流园区赢利模式的实施 ……… 291
- 【经典案例1】 ……… 307
- 【经典案例2】 ……… 309
- 【经典案例3】 ……… 310

第九章　物流园区的外部支撑环境分析 ……… 315
- 第一节　物流园区的外部交通与配送 ……… 315
- 第二节　物流企业的发展 ……… 320
- 第三节　物流信息技术的发展 ……… 325
- 第四节　政府及其政策支持 ……… 330
- 【经典案例】 ……… 338

第十章　物流园区投资建设与运营绩效评价 ……… 341
- 第一节　物流园区规划方案评价 ……… 341
- 第二节　物流园区建设可行性分析 ……… 353
- 第三节　物流园区运营绩效评价 ……… 360
- 第四节　物流园区运营环境评价 ……… 368
- 【经典案例1】 ……… 369
- 【经典案例2】 ……… 372

第一章 概述

本章重点理论与问题

本章主要针对物流园区及物流中心等概念界定问题,通过对当前具有代表性的5个关于物流园区的定义的分析,提出物流园区的概念,并在此基础上分析物流园区的特征。物流园区作为社会经济与现代物流系统发展到一定历史阶段的产物,通过分析物流园区产生和发展的历程及原因,可以总结物流园区的形成机理。结合物流园区的发展实践和现实情况,分析物流园区的主要功能和分类。同时,根据物流园区国外发展情况,尤其是物流发达国家物流园区的发展现状、趋势,结合在物流高速发展的今天我国物流园区的发展状况,比较国内外物流园区的规划、建设、运营管理等方面的差异和特点,总结现代物流园区发展趋势和要求。

第一节 物流园区及其产生

物流园区是现代物流业发展中的新事物,通过对相关文献的分析可以发现,不同国家、部门及学者对物流园区概念的认识不尽相同,对包括物流园区在内的物流节点系统的基本要素尚缺乏明确的概念界定。研究分析物流园区的基本概念,分析其特征和产生机理,是对包括物流园区规划与设计诸多问题进行深入研究的基础。

一、物流园区的内涵及其特征

(一)物流园区的内涵

物流园区(logistics park),也称物流团地,最早出现在日本东京。从20世纪60年代开始,日本政府为了解决城市交通拥挤问题,先后在东京近郊的东西南北分别建立了四个物流团地,也就是物流园区。

由于物流园区给物流企业和其所在的城市带来了极大的经济与社会效益,引起人们的广泛重视,之后在欧洲也得到了较快的发展。随着现代物流产业在我国的起步发展,许多城市也在纷纷规划和建设物流园区,以促进区域及城市的物流业发展。目前对物流园区概念的表述有以下几种代表性观点。

定义1(牛慧恩,2000) 物流园区,是一家或多家物流(配送)企业在空间上集中布局的场所,是具有一定规模和综合服务功能的物流集结点。物流园区主要是一个空间概念,与工业园区、科技园区等概念一样,是具有产业一致性或相关性且集中连片的物流用地空间。

定义2(王战权,2000) 物流园区,是政府从城市整体利益出发,为解决城市功能紊乱,缓解城市交通拥挤,减轻环境压力,顺应物流业发展趋势,实现货畅其流,在郊区或城乡结合部主要交通干道附近专辟的用地,通过逐步配套完善各项基础设施、服务设施,提供各种优惠政策,吸引大型物流(配送)中心在此聚集,使其获得规模效益,降低物流成本,同时减轻大型配送中心在市中心分布所带来的种种不利影响。

定义 3(云俊,2001)　物流园区一般是两种以上不同类型的物流企业或物流中心集中在一起,空间布局上集中了具有综合职能和高效率物流设施的区域性物流企业。

定义 4(王德荣,2002)　物流园区是指在物流作业集中的地区,在几种运输方式衔接地,将多种物流设施和不同类型的物流企业在空间上集中布置的场所,也是一个有一定规模和具有多种服务功能的物流企业集结点。

定义 5(汪鸣,2002)　物流园区是对物流组织管理节点进行相对集中的建设与发展,具有经济开发性质的城市物流功能区域;同时也是依托相关物流服务设施进行与降低物流成本、提高物流运作效率和改善企业服务有关的流通加工、原材料采购活动,便于与消费地直接联系,具有产业发展性质的经济功能区。

中国国家标准《物流术语》(GB/T 18354—2006,定义 3.15)对物流园区做出了明确的定义,物流园区是"为了实现物流设施集约化和物流运作共同化,或者出于城市物流设施空间布局合理化的目的而在城市周边等各区域,集中建设的物流设施群与众多物流业者在地域上的物理集结地"。

中物联 2012 年结合《第三次全国物流园区(基地)调查报告》调查结果,给出了六个物流园区界定条件:①具有明确的物流园区、物流基地或"公路港"、"无水港"、"物流港"名称,依托铁路、公路、水路、航空或管道等多种运输条件,以物流服务为其主要功能;②具备明确的法人运营实体与完备的运营管理机制;③土地权属明确,园区占地面积≥0.3 平方公里(450 亩);④物流作业区域在总占地面积中的比例≥50%,具有相应的物流服务设施、信息系统和入驻商务条件;⑤园区入驻物流企业在 10 家及以上;⑥园区规划符合所在地城市总体规划、用地规划,交通运输方便。

上述定义从不同角度对物流园区的内涵进行了分析,从中可以看出物流园区作为空间集聚体的内涵和本质。综上所述,物流园区应是指在几种运输方式衔接地形成的物流节点活动的空间集聚体,是在政府规划指导下多种现代物流设施设备和多家物流组织机构在空间上集中布局的大型场所,是具有一定规模和多种服务功能的新型物流业载体。它按照专业化、规模化的原则组织物流活动,园内各经营主体通过共享相关基础设施和配套服务设施,发挥整体优势和互补优势,进而实现物流集聚的集约化、规模化效应,促进载体城市的可持续发展。

无论物流园区的具体定义是否被统一,它的内涵都应包括以下几点:

(1) 物流园区是一个空间概念,物流园区与工业园区、科技园区一样具有产业一致性或相关性。它是多家物流企业在空间集中布局的场所,并非物流管理和经营的实体。

(2) 物流园区是集中物流基础设施的场所,通过园区内企业提供的物流服务实现物流综合功能。因此,从这一角度可看成是物流网络的节点。有专家认为物流节点是由物流基地、物流中心、配送中心三级组成,实现不同物流功能的、规模不同的物流设施集结点。物流园区应是综合性节点,集若干功能于一体,有完善设施的集约型节点。物流园区为各入驻企业提供交通、水电、通信、餐饮、住宿等配套的基础设施和服务设施。

(3) 物流园区应是区域物流网络的节点,是为区域物流系统功能的实现提供服务的基础设施集结地。它是在区域物流系统总体规划基础上进行规划建设的,为区域物流系统总体目标的实现和区域经济的进一步发展而组织运行。

(二) 物流园区与物流中心

在物流业发展过程中,物流中心与物流园区有着天然的联系和历史继承性,要分析物流园区的内涵就必须研究物流中心的概念。

"物流中心"一词是政府部门、许多行业、企业在不同层次物流系统中应用得最为频繁的概念。根据对这一概念的不同理解和其在物流系统中的作用和地位不同,有以下几种定义:"物流中心是从国民经济系统要求出发,所建立的以城市为依托,开放型的物品储存、运输、包装、装卸等综合性的物流业务基础设施。这种物流中心通常由集团化组织经营,一般称为社会物流中心。""物流中心是组织、衔接、调节、管理物流活动的较大的物流据点。""物流中心是以交通运输枢纽为依托而建立起来的经营社会物流业务的货物集散场所。"

物流园区与物流中心之间既有联系亦有区别,物流园区是物流中心发展到一定阶段的产物,是多个物流中心的空间集聚的载体。物流园区不能取代物流中心的地位,虽然物流园区也具有配送功能,但是相对于城市配送体系的庞大以及不断扩张而言,物流园区的服务范围十分有限,特别是"多批次、小批量、多样化、高速度"的物流配送发展方向,需要中小型物流中心的服务支持,提供多级配送的结构。城市配送体系的结构图如图1-1所示。物流园区与物流中心的主要区别在于前者不一定是物流经营和管理的实体,而是多个物流经营企业或组织在空间实现集中的场所;物流中心则是物流经营和管理的实体。

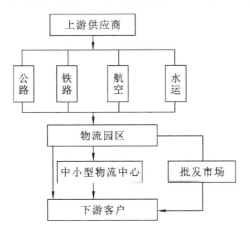

图1-1 城市配送体系的结构框架图

(三) 物流园区的特征

物流园区是现代物流发展的重要的物流节点形式,它与快捷畅通的公路货运通道共同构成现代物流业赖以生存与发展的基础设施平台。物流园区构建及运作的基本条件包括对外联络的交通路线、园区内设施设备的有效配置和经济发展引致的市场服务需求等三个方面,构成物流园区的基本要素主要包括物流作业处理对象、物流设施设备及技术手段、相关信息、组织经营机构等。据此,可以归纳出物流园区所具有的特征。

1. 专业性

物流园区的专业性主要体现在以下两方面:一方面,在物流园区内,原则上不允许单独发展制造业;另一方面,在物流园区的服务半径内,原则上不应该再发展分散的自用型物流业。在充分发挥物流园区的整体功能的条件下,尽可能减少重复投资造成的浪费。

2. 公益性

物流园区的公益性是它不同于自用型物流中心的另一个特征,以公益性为特征的物流园区面对的客户更广泛,服务辐射的半径更大,规模更大,配套服务的综合性更强。物流园区内至少有两家以上的大型物流企业进行业务经营,各自提供专业化的物流服务。这样,不仅可以提高物流服务的专业化水平,而且更有利于提高物流行业的资源利用率。

3. 资源共享性

因为在物流园区内进行经营的应是两家以上成规模的大型专业物流企业,所以物流园区本身的发展就对物流资源的共享提供了可能。这里的共享资源不仅指物流园区内部的线路、仓库、信息平台等硬件设施,还指各企业带入物流园区内的已形成规模的物流业务,物流企业入驻物流园区的主要诱因也在于此。

4. 分离性

物流园区用地的划拨与征用、前期的"三通一平"等公共基础设施建设,一般是在政府的支持下由投资开发公司承担,并在后期对园区进行相应的维护管理;园区内物流业务的运作经营则主要通过招商引资吸引有关企业前来投资运营。这样物流园区的基础设施建设及维护与物流业务的开展分别由不同经营主体承担。

5. 企业性

物流园区及其中的经营企业通过提供物流服务产品,参与社会生产的流通交换过程,在商品增值过程中实现物流服务价值,表现出它的企业性。物流园区内进行的物流业务活动也是经济活动,并不因为物流园区具有公共性而影响园区及其内部各运作主体的企业性质,物流园区的双重属性要求在其建设运营过程中,一方面政府要进行统筹规划并对基础设施建设予以必要的特殊扶持政策,另一方面要求相关企业按市场运作机制开展投资和运营活动。

二、物流园区的产生

物流园区作为社会经济和现代物流系统发展到一定阶段的产物,其产生和存在具有一定的历史必然性。

(一)产生的原因分析

1. 商品流通的日益膨胀是物流园区产生的经济条件

物流园区是物流化进程的高级阶段,物流化进程则是一种市场经济形态,它的产生与发展需要一定的工业化进程与经济环境条件。在工业化初期,经济总体还是短缺经济,竞争只是买方竞争,此时生产规模的扩大、原材料的投入以及廉价的劳动力供给是社会财富聚敛的主要手段,社会处于"重生产、轻流通"的状态。随着工业化进程的加快,市场形态发生变化,已经发展到过剩时期,市场总体转变成卖方市场,市场竞争由生产领域转向流通领域,物流在国民经济中的地位得以凸显,现代化的物流设施、物流技术、物流管理有了滋生的土壤,物流也成为企业缩减成本、提高竞争力的制胜法宝。欧美的物流化进程说明商品的极大丰富造成面向流通领域的竞争是物流业形成与发展的必要条件,随着商品经济区域化、社会化、国际化的发展阶段的变迁,物流基础设施也历经了仓库、物流中心、配送中心、物流园区的发展历程。在商品经济全球化的今天,国外大量采用物流园区的物流组织形式,正是经济发展处于不同阶段,不同类型物流形态与之相适应的客观经济规律表现。

2. 物流企业的合理整合是物流园区出现的内在需求

物流行业由于其业务的特殊性,涉及范围与行业广泛,需要大批的不同专业企业协同经营、分工协作,才能完整高效地发挥出物流运作的整体优势,物流园区的出现,正是为不同物流专业企业协同合作创造了一个良好的环境。例如,日本的物流社会分工非常明确,仓库、运输、长途配送、市内配送分工明确,共同在物流园区内进行经营,这种运作模式可以有效地突出专业特色,降低运营成本,规范行业服务,增强市场竞争力。

3. 政府介入进行规划与投资是物流园区发展的推动力量

发达的物流产业水平对城市规划发展提出的挑战是严峻的。一方面,城市发展需要的是以人为本、以环境资源优化配置为依据的持续发展战略,另一方面物流业给城市带来的是交通拥挤、城市功能紊乱、城市组织协调混乱不堪。由此带给政府的课题是从全局规划的角度,建立完善、有序的资源利用体系。建立以物流园区为核心的合理、高效的物流系统,通过物流园区的优化、组织与协调,可以从根本上解决这些问题。国外经验表明,在合理地点规划物流园区,可使城市内的交通量减少15%~20%。日本、德国的物流园区建设的出发点都是为了理顺城市功能。政府进行物流园区的整体规划能有效地降低物流园区发展对城市发展的负面影响。

政府认识到物流业在经济发展过程中具有的地位与作用,通过投资物流基础设施、规划物流园区建设、培育物流市场体系等手段,可以加快物流现代化程度与合理化程度。例如,美国每年用于物流基础设施开发和建设的费用约占国民收入的20%;日本由政府牵头确定市政规划;德国的物流园区则是由联邦政府统一规划,由州政府负责按规划进行建设,同时制定相关政策,扶持其发展。它们的成功经验表明了政府介入对物流园区进行规划与投资不仅取得了巨大的经济效益,还对整个物流行业的普及与发展都起到了巨大的推动作用。

4. 经济贸易全球化是物流园区腾飞的舞台

在经济全球化和可持续发展的背景下,国际大型集团纷纷调整发展战略,现代物流思想从关注近期的、微观的利润和成本,提升到长期战略性发展策略,物流成为经济发展战略的重要组成部分;物流活动也跨出国界,形成全球化的物流网络。现今,物流已在欧美、日本等经济发达国家和地区的经济中占有着重要地位,现代物流业发展水平已成为衡量国家综合国力的重要标志。

(二)物流园区产生的必要性分析

物流业发展水平受制于社会经济发展水平,物流设施水平某种程度上代表物流业的发展水平,物流园区从开始出现起,其功能主要定位于面向国际区域物流服务,它是在国际性、全球性的物质流通中发挥重要作用的物流节点,具有很强的国际物流转运功能,是世界各国在日益加剧的市场竞争中赢得流通优势的重要武器。物流园区建设较为完善的国家同时也是转口贸易大国和地区,无论是发达的市场经济国家和地区如欧洲、日本,还是新兴的市场经济国家和地区,如韩国、新加坡、中国台湾,其国际贸易均位于世界前列,有的甚至成为该国国民经济的命脉。完善的物流园区建设为高效的贸易转运作出重要贡献,庞大的物流发展规模也成为全球贸易增长的源泉。

随着经济的高速发展,物流量不断激增,面对现实环境,物流园区产生的必要性则表现为以下几个方面。

1. 扩大企业发展空间的需要是物流园区产生的产业动力

目前,我国物流业的发展已经拥有一定的基础,但从发展阶段看,仍处于由传统物流业向现代物流业转型的起步阶段。从经营方式和空间结构上看,供应商、制造商、零售商都在从事物流服务和经营,配送中心规模小而分散,缺乏统一的规划和管理。

规划、建设物流园区,将会促进区域现代物流业的发展,明显降低区域工农业产成品的物流成本,增加区域产品的市场竞争力。加快发展现代物流业将有效降低全社会的物流成本。因而,规划、建设物流园区,从满足区域物流企业发展的角度来说,其作用主要表现如下。

(1) 给区域物流提供必要的停歇中转空间。货物在从生产者到消费者的流通过程中,少不了必要的停留,尽管现代物流业迅速朝着减少物流停滞、实现"货畅其流"的方向发展,但是给物流活动提供一定的停歇和中转空间总是不可缺少的,因此,物流园区的建设给进出区域特别是经济技术开发区的货物提供了必要的停息中转地。

(2) 减少物流在空间上的不合理流动。物流园区一般建设在交通便利的区位,可为区域内的各类工业制造企业和区域内其他大型制造企业提供货物集零为整的场所,再利用边界对外进行交通联系,实行统一运输,从而减少货物在空间上的不合理流动。

(3) 保证物流供应的顺畅和反应的快捷。在现代物流中,货物在物流中心的储存和堆放是以货物的流动为目的的,因此,从空间布局角度来说,物流中心应该更接近供应链的下游,以保障供货及时和反应迅捷。

2. 调整中心城市用地功能及布局

改革开放以来,我国经济的高速发展导致了各个中心城市格局的较大变化,我国各个经济中心城市经过多年的建设已经拉开大的发展框架,城市的人口在急剧增加,城区面积也在迅速扩大,原来位于城区内或郊区、占地面积较大的仓储等物流用地面临着向商贸区、金融区等转化的调整。物流园区的规划建设将为诸多原有仓储用地及配送中心的调整提供条件,对城区内的物流用地以及经济中心城市辐射范围内的城市用地的功能及布局调整起到推动作用。

3. 缓解区域交通压力

随着区域经济的发展,物流量进一步增加,为区域内的交通带来更大压力,货运量的增加,一方面要求从体制上理顺物流组织管理,通畅物流渠道,提高物流支撑系统——交通设施的流通容量和效率;另一方面也要求合理布局或调整物流在城市空间的分配,通过调整来减少货运交通给城区交通带来的不利。物流园区一般比邻港口、铁路站场、空港等大型交通枢纽,有着公路、铁路和航空等多条干线交汇的优势,可以使进入区域的货物先集中在物流园区,化整为零,然后按各城区运输路线统一配送;而各个城区的货物先集中到物流园区,集整为零,再统一运输。因此物流园区的规划建设将把物流集散地从各个城区转移到交通压力相对较小的区域,在一定程度上改变了各个城区交通需求的空间布局,缓解区域内各个城区的交通压力。

4. 优化地区产业结构并改善投资环境

我国大部分地区近年来经济总量获得很大发展,但还存在着一定差距,加快物流园区建设,有利于促进区域现代物流业的快速发展,降低工商企业的物流成本,有利于区域产业结构优化升级。在有条件的地区,若吸引海关进驻物流园区,在物流园区内建海关直通点,加快区域进出口货物的通关速度,会更加有利于改善区域物流环境。

（三）发展过程

随着现代化物流中心的发展,物流活动对城市发展与人们的社会生活产生了一定的影响,具体表现为城市功能紊乱、城市交通拥挤、布局规划不合理。物流活动对城市发展的负面影响同时也影响到物流活动本身,相对分散的物流中心与物流企业各自为政地开展业务,优势不能互补,资源不能共享,运作成本较高。如何使政府与企业双方各取所需,各自得益,相得益彰,实现双赢呢？政府牵头投资与规划的新型物流基础设施——物流园区应运而生,物流园区的出现,既缓解了物流活动对城市发展的巨大压力,又实现了物流企业间的优势互补,大大促进了物流业的规模化与专业化发展。

从以物流园区为最高发展形态的物流基础设施的产生和演变过程的分析中可知,物流园区是与社会经济发展过程密切相关的,以其功能特征为线索来划分,可分为以下几个阶段。

1. 仓储业阶段

仓储业产生的历史非常悠久,可以追溯到人类早期的生产活动,但是,仓储业的真正兴起是在工业经济发展的中期。十九世纪中叶,产业革命带来工业文明的繁荣,社会化大生产使产品出现相对过剩。单一生产的规模化与多样消费的分散化成为社会生活的重要矛盾,克服生产与消费在时间和空间上的分离成为流通领域的重要课题,仓储和运输此时变得至关重要。作为运输节点的仓库,承担了创造时间效用的重要功能。在这一阶段,仓储业的主要功能是储存和保管货物。其特征表现为静态存储。仓储业持续的时间长短因各国的经济情况而不同,美国持续到二十世纪五十年代末,日本持续到二十世纪六十年代中期。

2. 物流系统阶段

大规模的生产与市场营销观念的出现,加剧了企业间的竞争,为了赢得竞争优势,获取商业利润,降低成本,其中,属于物流的费用如储存保管、包装、装卸搬运、运输加工等开支日益增加,成为影响企业发展的重要因素。这一阶段,物流的基础研究已经展开,物流系统的观念已经形成,从整体上考察物流、控制物流的思想已经成为共识。

第二次世界大战以前,商品从生产者到消费者的流通过程中,存在着许多功能单一的物流设施,它们分别为商品在流通中所需要的仓储、保管、运送、粗加工、分类等物理性活动提供相应的专门服务。从事这些服务的业态分为仓储业、运输业、流通加工业等形式。随着第二次世界大战后商业物流概念的产生和普及,以仓储业为基础,逐渐产生了为商品流通提供多功能物流服务的机构,其所从事的业务范围不断扩大和完善,形成了综合性的流通设施。这就是现代物流基础设施——物流中心的雏形。

随着系统论、控制论、信息论和现代科学技术的开发研究及其在流通领域的推广应用,综合性的流通设施发展成为利用现代化的设施和手段,从整体上把握社会物流过程的物流组织,这就是物流中心。它们随着社会的发展而完善,从功能上与现代化的商品流通相适应,以高效、快捷、完善、合理的服务为企业提供竞争优势,仓库的功能有所发展,运输仓储逐渐发展成为综合的物流机构。这一阶段的主要特征是:运输仓储业从事的活动逐渐超出仓储保管、交通运输等静态的单一功能,形成动态的运输仓储观念,仓库由保管型转向流通型,运输由静态转移转向适时适地的动态转移,货物的供应链环节由分割转向整合。

3. 物流中心阶段

物流中心阶段是物流活动的组织管理阶段。社会商品的极大丰富、市场的不断扩大、消费需求的多样化发展、海外投资造成产销距离的拉大等都对商品的流通速度和组织化程度提出更高的要求。流通功能的综合化、一体化成为流通组织发展的必然趋势。具有专业化优势,同时兼具多功能、规模化的流通设施成为焦点。

物流系统观念的普及、物流管理地位的上升,对物流组织的服务要求日益提高,物流中心随之产生。在这一时期,许多物流中心以"第三者物流服务组织"的形式纷纷涌现出来。如美国的"第三方物流"、荷兰的花卉市场、日本的"宅急便"等。物流中心阶段的主要特征是:为提高物流服务水平和降低物流成本而加强对物流的组织管理功能。

4. 物流园区阶段

经济的持续繁荣伴随着市场范围的不断扩大,激烈的市场竞争加剧着成本上升的巨大压力,日益严重的交通拥挤状况使物流资源更加紧张,物流业本身开始形成"互补"。这种"互补"是指物流基础设施的共用,物流资源的共享,物流业务的分担,以及物流功能的互补。为了使物流功能的"互补"得到充分的发挥,物流企业聚集在一起,相互之间实现最大可能的相互"调剂"。此时,以集中物流企业、物流功能互补为主要用途的新型物流基础设施——物流园区开始出现。物流园区对于物流行业的协同作战,更好、更完整地发挥出物流行业的整体优势起到了积极作用。它一方面使物流企业的协作更加方便,另一方面也促使物流企业间的社会分工更加明确,专业分工更加细化,进一步推动了物流业的社会化水平。

(四)物流园区演变机理

物流园区是现代物流和社会经济发展到一定阶段的必然产物,其形成和发展有着深刻的内在规律性。分析物流园区形成机理的目的主要是揭示物流园区形成过程中各种主要因素的作用。经济活动是物流园区所依托的城市形成和发展的主要因素,也是物流园区产生和发展的主要因素。总的来说,物流园区形成的最本质机理是市场竞争与规模经济双重力量造成的集聚效应,主要表现在如下三个方面。

1. 集聚效应下物流节点间竞争与合作是物流园区形成的内在拉动力

现代物流的重要优势就是低成本,成本优势来源于现代物流将原有分散的运输、仓储、包装和流通加工等功能实行系统整合,实现物流作业的专业化和规模化。随着生产力的发展和科学技术水平的不断提高,特别是物流市场竞争的日益激烈,传统货运场站、仓库、大量企业自营的物流中心、配送中心分散布局的弊端愈加明显地暴露出来,主要表现在:布局不合理,缺乏统一规划,无法达到经济规模,难以实现集约化经营;各个节点功能目标、作业流程、作业方式雷同;缺乏有机的合理分工与协调配合,难以实现专业化;资源闲置与重复配置矛盾突出;不利于物流节点实现现代化等。这种传统的物流节点分散经营模式亟须进行系统整合以实现规模效益。

国外物流系统针对上述现象早在20世纪30年代就逐步开始了物流节点系统的集中化,从经济理论上说,这种集中化是集聚经济的表现,集聚从地理空间的角度是指各行业的集中,从经济性能上讲,指的是积累,集中的结果是使得积累有可能通过生产或服务的平均成本降低而实现。当生产水平和规模较大的时候,成本降低的经济性积累才成为可能。在某种程度上说,现代物流业最主要的特点是系统的功能整合,即将货物的运输、仓储、装卸、加工、整理、配送和信息服务等各项功能有机协调起来,为客户提供多功能一体化的综合性服务。正因为如此,为了谋求集聚效应,物流产业的发展使货运场站和仓储部门从传统的货物装卸载运和被动的储存与保管功能向物流中心和配送中心等新型物流组织转化,并在传统基本功能的基础上,集成了订货、集运、分拣、加工、配送和信息传递等一系列增值功能,成为将商流、物流、信息流有机结合的新型物流企业,并逐步发展成为物流中心。

企业竞争向供应链竞争的拓展过程中,要求既有物流节点提供更加灵活多样的服务,以保证工商企业采用柔性化、准时制生产方式满足消费者的个性化要求。但这种物流服务需求者要求批量小、频率高、时效强、速度快的特点,使得物流中心原有的集聚优势在新的市场需求形势下有减弱的趋势,单个物流中心难以具有全部服务功能,物流作业环节增多使得物流生产成本上升,难以实现规模化经营,不同物流中心之间的作业协调成为必要。为此,需要新型的物流节点对不同物流中心功能进行协调、拓展和整合,并通过物流中心的空间集聚,形成新型合作关系,这种新型物流节点就是物流园区。

2. 产业集聚与经济集中化是物流园区形成的外在推动力

经济理论表明,企业只有在达到一定规模的基础上才能实现较好的经济效益,这就是企业的规模经济效应。因土地资源等的约束导致企业不能无限制地扩大规模,企业生产区位在空间上的集聚便可产生规模经济,带来收入递增,因此,通过空间集聚可以较好地解决资源有限性与企业规模化的矛盾。产业集聚在宏观上主要表现为经济集中化,空间面积较小的地域集中了大量的人口和经济产值。改革开放以来,资本、土地、劳动力和技术等生产要素由静止到流动,由无价到有价,促使我国产业开始了集聚进程。

随着工业化进程的加快,企业面临的市场竞争日益激烈,工商企业专注于企业核心竞争力而逐渐将物流业务外包以降低物流成本的趋势愈加明显,同时,随着产业集中,被外包的物流业务必然出现空间集中,这就为规模化的物流生产提出了要求,要求物流节点扩大服务功能与作业规模。这与地域空间的有限性所产生的矛盾必然迫使既有物流节点通过相应的空间集聚进行布局调整。通过表1-1和表1-2可以清楚地看出,江苏、浙江、上海经济集中化和产业积聚现象已经非常明显,客观上要求形成物流园区并为之服务,而长江三角洲地区作为江苏、浙江、上海三地辖区范围之内经济更加发达、经济集中化和产业积聚现象更加明显的地区,更加需要形成物流园区并为之服务。

表 1-1　江苏、浙江、上海三地 2003 年经济集中化程度表

省市	指标值			占全国比重		
	面积/万平方公里	GDP/亿元	进出口总额/亿美元	面积	GDP	进出口总额
上海	0.63	6250.81	1123.97	0.066%	5.4%	13.25%
江苏	10.26	12460.83	1136.70	1.06%	10.7%	13.4%
浙江	10.18	9200	614.2	1.06%	7.88%	7.24%
小计	21.07	27911.64	2874.87	2.19%	23.98%	33.89%

表 1-2　江苏、浙江、上海三地产业集聚情况表

省市	产业集聚情况
上海	向四大产业基地集聚,即东部微电子产业带、南部化工工业区、西部国际汽车城、北部精品钢材基地,与此同时,在浦东航空港和洋山深水港之间,建立与国际航运中心相配套的装备桥,在长兴岛地区建设船舶制造业基地
江苏	江苏省选择该地区具有较大规模和比较优势的产业,聚合各种生产要素进行重点培育,尽快把企业群体做大,把产业链拉长,形成产业综合竞争优势和可持续发展优势,着眼于在竞争中培育龙头企业,使之成为产业集聚的主体,带动一批相关中小企业发展
浙江	加快传统产业集聚的国际化进程,建设"四网一中心",即海外浙商销售网、民营企业境外销售网、联合营销国际销售网、国际大型采购组织和跨国零售集团销售网以及义乌小商品国际采购中心,编织遍布世界各地的浙货国际销售网,抢占中低端商品国际市场

3. 政府在地方经济发展中的作用是物流园区形成的催化剂

政府对物流园区形成的影响力分为间接和直接两种作用形式。

1）间接影响

政府通过制定相关的产业政策,采取各种有效措施促进辖区内经济发展,从而为物流园区的形成创造有利的外部环境;政府通过颁布法律法规,规范企业运作,创造良好的市场竞争环境;政府通过制定资金倾斜政策、税收优惠政策、土地使用政策等,引导物流节点在合理地域集聚,可以促进物流园区的形成。

2）直接影响

通过制定物流发展的产业政策来促进物流园区的发展;政府直接制定本地区物流园区发展规划,这也正是我国物流园区加速形成、发展的主要原因。

（五）物流园区的发展条件

1. 自然地理条件

地理条件是一种资源要素禀赋。物流园区的建设对地理空间的依赖性很强,物流园区多以交通枢纽为中心分布,且在业务上依托交通枢纽设施,离开交通枢纽设施它就失去了存在的意义。地理优势本身就是物流产业集群形成的最重要的资源,交通运输枢纽是各种运

输的交汇点,是货物集散的重要场所,是物流活动的主要平台。

2. 区域产业环境

物流产业集群的形成需要良好的区域产业环境,主要包括基础设施及配套基础产业。物流设施的公用性为集群内企业的发展提供了良好的外部条件。从物流产业的性质和特征看,其关联的行业包括水运、铁路、空运等运输行业,还包括邮政、海关、电信、商检等行业,这些行业是公共性质,物流产业集群可以充分利用这些公共设施。物流产业集群的形成要求作为基础产业的铁路、公路、水运、空运、货运代理等相关行业,在运输规模、技术含量、货运代理量、管理水平等方面都需要发展到一定水平。

3. 市场需求

物流产业集群以专业物流企业为核心,其形成和发展离不开市场上对专业物流的大量需求。现代物流业是一个服务性产业,物流园区的形成和建设与当地及辐射范围的经济发展水平和物流市场的需求紧密相关。有足够的物流市场的需求为基础,物流产业集群才有形成和发展的可能性。伴随着全球经济一体化,各企业为增强市场竞争力,业务上日渐核心化。专业化分工使得物流业务从大量的企业中分离出来,结果导致了物流需求的增长,客观上也促进了物流产业集群的形成。

4. 物流人才

物流人才主要是指与集群产业相关的企业家和专业劳动力群体,他们是物流产业集群形成的核心动力。物流园区是企业家和物流专业劳动力创业和工作的重要平台,物流园区的地理位置使其更靠近资源和市场,可以取得较好的比较利益、规模经济和聚集效益。物流园区正逐渐成为区域性的人才中心,吸引了大量的潜在企业家和物流专业人才,成为物流产业集群形成的重要基础。

5. 政府的政策支持是物流园区形成的外部保障

政府能为物流园区制定合理的规划,提供完善的配套设施,加强硬环境和软环境的建设,创造良好的环境,制定相应的优惠政策。有了政府的有力支持,物流园区才能迅速形成、健康发展。

第二节 物流园区的功能与分类

一、物流园区的主要功能

物流园区除了具有一般物流的仓储、运输、装卸、流通加工、配送、信息处理等基本功能外,还具有提供报关监管、商务综合服务、交易展示等功能。总的来说,现代物流园区主要有两大类功能,即物流组织管理功能和依托物流服务的经济开发功能,其中,物流组织管理功能主要包括运输集散主体功能、现代物流综合服务延伸功能、信息网络平台服务功能等,依托物流服务的经济开发功能主要包括管理服务功能、交易展示功能等。

(一)运输集散主体功能

物流园区的运输集散主体功能反映了物流园区在长距离、线性方面的机能,即物流的交通机能,这主要表现在商品周转和联运支撑两个方面。

1. 商品的周转中心

随着市场经营规模的扩大,生产和消费之间不仅距离越来越远,而且流通渠道越来越复杂,特别是个性化营销服务的广泛开展,更使商品输送呈现出多频率、小批量的趋势。因此从整个运输过程来看,商品输送就必然分化为大量商品统一输送的干线运输和分散的零售终端配送。在干线运输中,如果由单个企业直接承担小规模货物运输,不仅因为平均运送货物量少造成经济成本增加,而且由于运行次数频繁,容易造成过度使用道路、迂回运输、交通堵塞、环境污染等现象,增加了社会成本。相反如果在干线运输的源头或厂商集散地建立物流园区,在园区内统一集中各企业的货物,并加以合理组合,再实施干线运输,既可以发挥物流规模效益,使经济成本得以降低,又可以有效地抑制社会成本的上升。干线运输商品先在消费地附近的物流园区统一进行管理,再安排相应的小型货车进行配送,这样可以大大提高物流的效率。

2. 联合运输的支撑作用

过去受条件的限制,联合运输仅在集装系统领域获得稳定的发展,其他散杂和分散接运的货物很难进入联合运输的范围。物流园区出现之后,实现了公路、铁路、航空、港口等不同运输形式的有效衔接,可以通过物流园区之间的干线运输和与之衔接的配送、集货运输,使联合运输的对象大大增加。

(二)现代物流综合服务延伸功能

物流综合服务功能主要表现在以下几方面。

1. 商品的分拣中心

随着流通体系的不断发展和市场营销渠道的不断细分,市场需求的多样化、差异化倾向越来越明显,由此产生多样化和差异化的货物流。在这种状况下,商品的分拣职能显得日益重要,它对保证货物的顺利流动以及建立合理的流通网络具有积极意义,而物流园区正是发挥这种商品分拣职能的场所。人们将不同工厂生产的商品调运到物流园区,再通过园区向各类批发商和零售商发货,大大节约了商品分拣作业的工作量,保证了商品发送、调运的及时性和正确性。连锁企业利用物流园区的分拣职能,将从各批发商或制造商处进来的商品进行分拣,再发运到各店铺,一方面节约了各店铺单独进货所产生的经营费用,另一方面能够对各店铺进行统一管理和业务计划安排,有利于实施企业整体的经营发展战略。物流园区除了对企业的经济利益产生影响外,宏观上也符合社会的利益。因为商品到各物流园区的输送是以整箱为单位开展的,具体商品的拣选、分销在物流园区内进行,所以物流园区既实现了商品配送的集约化,又有效地防止交错运输等不合理运输方式的发生。

2. 商品的保管中心

在现代经济社会中,由于时间、空间和其他因素的影响,商品的生产和消费往往会出现暂时的分离,为了发挥时空的调节功能和价格的调整功能,物流园区需要具备保管中心的功能。物流园区商品保管职能主要表现在在库商品的管理上,这种管理主要是针对商品再生产、输送等补充时间比用户规定抵达时间长的情况,为了消除货物供求时间上的差异,防止用户出现缺货现象,同时尽可能实现零库存,物流园区的物流企业通过安全在库管理,能做到在用户要求发货的时间内迅速、有效地发货。近几年来,为了削减在库量并彻底实现在库管理,国内外经营理念超前的企业纷纷在能实现在库集约化的物流园区寻找合作伙伴。

3. 共同配送

制造商为迎合消费者差异化、个性化的产品需求,采取多品种、少批量的生产方式,由此产生高频率、小批量的共同配送需求。共同配送是经过长期的发展和探索而优化出的追求合理化配送的配送形式,是物流配送发展的总体趋势,也是美国、日本等一些发达国家采用较广泛、影响面较大的一种先进的物流方式。共同配送可以最大限度地提高人员、货物、资金、时间等资源的使用效率,因而对提高物流运作效率和降低物流成本具有重要意义。物流园区通过筹建共同配送体系,成立一家大型的物流公司,构筑类似客运的士的运营模式,配备统一的配送货标志,实现城郊范围内的高效配送物流圈,这样既可向配送中心、配载中心或其他区域物流节点实施日常配送,也可针对工商企业,特别是连锁经营企业提供配送服务。

4. 流通加工中心

商品从生产地到消费地往往要经过很多道加工作业,特别是开展共同配送后,在消费地附近需要将大批量运抵的商品进行细分,这些作业都可以在物流园区内进行。此外,物流园区的流通加工功能也得到了进一步的扩充,如蔬菜调理、食品冷冻加工、食品保鲜等,由此可见,随着流通领域中零售业态的发展,特别是24小时便民连锁店的发展,物流园区的流通加工功能已经变得越来越重要。

5. 物流金融服务

物流园区的金融增值服务通过为物流过程中的资金需求客户提供存款、贷款、投资、信托、租赁、抵押、贴现、质押监管、资金融通、结算、保险、有价证券发行与交易,以及金融机构所办理的各类涉及物流业的中间业务,有效地组织和调剂物流领域中货币资金的运动。这不但可以为物流园区开拓和稳定客户,也可以帮助金融机构开发市场,为金融机构、供应链企业以及第三方物流服务提供商之间的紧密合作提供了良好的平台。

(三) 信息网络平台服务功能

物流园区的信息网络平台服务功能主要表现在物流信息服务功能和商流信息服务功能两方面。

1. 物流信息服务

物流信息服务是指物流园区内部的物流作业流程的管理调度控制和对外的物流服务都是在信息化条件下进行,园区内部的物流作业可以通过物流信息系统进行管理控制,并实现各物流单位、企业通过物流信息系统进行协同配合,有效地减少非增值的物流活动,提高物流效率。而对外的物流服务则通过物流公共信息平台准确地掌握客户的供求状况,进行物流客户关系管理,提供物流决策支持等,并且向客户提供相应的物流信息,如货物的物流状态查询、货物的物流过程跟踪等,提高物流服务水平。

2. 商流信息服务

商流信息服务主要指的是电子商务功能,表现为物流园区向其客户提供一个用于公共信息发布、订货发货、网络营销、在线交易、财务结算等商务活动的电子商务平台。为不断适应政府海关、工商、税务等一站式大通关服务的需要,物流园区的信息网络平台也将提供相关的网络、信息、服务等方面的支持,从而简化手续,提高工作效率。

（四）管理服务功能

管理服务功能主要体现了物流园区在商流和行政管理方面的职能,主要表现在以下几个方面:

1. 园区内部综合服务功能

物流园区的内部综合服务功能主要是指为物流园区内的企业在生产作业、日常办公以及生活等方面提供物业管理、公共基础设施维护等服务,为园区内物流企业的人员进行业务知识培训,为物流企业间的人才交流创造环境,为在园区内举行的商务会议、业务洽谈、贸易等商务活动提供活动场所、餐饮等支持性服务。

2. "一关三检"后续监管服务功能

随着进出口贸易的繁荣发展,进出口货物的吞吐量连年攀升,为了缓解进出口货物的报关压力,提高通关速度,海关采取一系列措施简化报关手续,提高报关速度,如大通关政策等。物流园区可以迎合这方面的需要,成为进出口货物集散中心,为企业进出口货物提供报关、商检、动植物检疫、卫生检疫、保税仓储、签单等一站式大通关服务和商务代理服务。

3. 商务办公功能

物流园区的商务办公功能主要是指整个物流园区内部各物流企业的日常管理、办公、后勤保障,以及物流园区为入驻园区的企业、政府机构等办理租赁手续等方面的功能。

（五）交易展示功能

交易展示是物流园区在商流方面发挥作用的又一重要体现。进入物流园区的商品可以在园区的交易展示区域进行样品展示,还可以通过现场洽谈、拍卖等方式进行直接交易,交易成功还可以现场办理财务结算,物流园区能够为完成的交易提供物流服务。

（六）产业经济推动作用

综合来看,就产业经济层面的作用而言,物流园区主要体现出以下两个方面作用。

1. 物流产业集群组织与管理作用

物流园区的物流组织与管理功能一般包括货物运输、分拣包装、储存保管、集疏中转、收集信息、货物配载、业务受理等,而且多数情况下是通过不同节点将这些功能进行有机结合和集成而体现的,从而在园区形成了一个社会化的高效物流服务系统。

物流园区是物流组织活动相对集中的区域,在外在形态上不同园区有一定的相似之处,但是物流的组织管理功能因园区的地理位置、服务地区的经济和产业结构,以及企业的物流组织内容和形式、区位交通运输地位及条件等存在不同而有较大差异。

2. 经济开发作用

物流园区最重要的作用不是物流发展和运作,而在于经济开发。物流园区一般从区域经济发展和城市物流功能区的角度进行建设,具有较大的规模,国内目前较大的物流园区占地均在千亩之上。因此,物流园区的开发和建设,将因在局部地区的大量基本建设投入而带动所在地区的经济增长。另外,开发和建设物流园区,将因物流园区的物流组织规模较大和管理水平较高等因素而对既有物流设施在功能上产生替代效应,实现合理的整合。一是将加速不适应设施的淘汰和退出,使城市中心地区被老旧设施占据的土地使用价值得以增值,从而带来较好的经济开发效应。二是物流园区的物流运作活动的集中,为整合运输资源创造了条件,使依托物流园区进行规模化、高效化运输成为可能。三是完善物流服务所支持的经济开发功能。物流园区除具有自身的经济开发功能外,还具有支持产业经济开发的功能,主要原因是物流园区在物流基础设施方面比较完善,物流服务功能较为齐全,物流的集中运作也使物流成本下降,从而确保了经济发展所必需的物流运作效率和水平,进而推进其他产业的发展。

二、物流园区的类型

根据物流园区发挥节点作用的不同和提供服务范围、内容的不同,可以把物流园区分为不同的类型。在物流园区发展较早的日本,其物流园区的类型相对单一,主要属于为城市综合消费物流服务,以配送中心功能为主的物流园区,也兼有物流枢纽的功能。我国的物流园区建设处于起步阶段,各类研究机构和专家对物流园区的分类都有自己的看法。

在2008年发布的《物流园区分类与基本要求》标准(GB/T 21334—2008)中,按依托的物流资源和市场需求特征,可以将物流园区分为货运服务型物流园区、生产服务型物流园区、商贸服务型物流园区及综合服务型物流园区四类。虽然《物流园区分类与基本要求》国家标准已颁布多年,但物流业多种业态的不断创新发展导致社会各界对物流园区在理解上有差异。经过归纳总结,可从以下不同分类角度进行分类。

(一)根据功能分类

物流园区的主要功能有集散、周转、保管、分拣、配送和流通加工等,根据物流园区功能的侧重点不同,大致可分为如下几种。

1. 仓储型物流园区

可以看成是集货中心,将分散生产的零件、生产品、物品集中成大批量货物,这样的物流园区可建在小企业群、农业区、果业区、牧业区等地,主要功能是集中货物、初级加工、运输包装、集装作业、货物仓储。

2. 配送型物流园区

以配送功能为主,是配送中心企业集中的场所。配送中心可视为为连锁商店、零售商以及消费者组织配货供应,以执行实物配送为主要职能的流通型物流节点,具有集货、储存、分货、加工、配送、信息处理等综合物流功能,如深圳市的笋岗-清水河物流园区,在以专业市场为代表的商流功能的基础上,重点吸引配送型专业批发商入园发展,积极培育高附加值专业市场,大力发展第三方物流和虚拟物流,形成以专业市场为特色的现代都市型批发采购中心和物流配送中心。

3. 货运枢纽型物流园区

这是围绕交通枢纽而建的,服务于转运型物流节点,除了具有转运、仓储等主要功能外,还包括拆拼箱、再包装等加工功能，如围绕大型港口、铁路货运场站等建设的货运枢纽、卡车终端等都属于该类型。货运枢纽型物流园区又可分为为港口服务的港口物流园区和为陆路口岸服务的陆路口岸物流园区，及为机场物流服务的空港物流园区。

4. 商贸中心型物流园区

依托于各类物资、商品交易市场，进行集货、储存、包装、装卸、配货、送货、信息咨询和货运代理等服务。该类物流园区通过对货物的集疏，实现物流系统管理过程。

5. 综合型物流园区

集上述物流功能于一体的物流园区。

（二）根据空间服务范围分类

可分为国际性物流园区、区域性物流园区、地方性物流园区。以上海市为例，上海市将重点发展外高桥、浦东空港和西北三大物流园区，其中外高桥、浦东空港分别为港口型和空港型的国际物流园区，西北物流园区是上海面向大陆腹地的公路门户，其定位为区域物流园区。

（三）按服务对象进行分类

1. 农业物流园区

为农产品种植基地、农产品贸易市场等提供配套物流服务，包括农产品的加工、专业化的农产品存储、配送，商务及生活配套等。

2. 工业物流园区

为生产企业服务的物流园区，如北京空港物流园区周边紧邻天竺出口加工区、空港工业区、林河工业区、北京现代汽车城及奥运会场馆，周边有日本松下通信、西铁城（中国）钟表，韩国LG电子、欧美的空中客车、皇冠制罐，以及中国国际航空公司、万科城市花园、空港国际仓储和人类基因研发中心——华大基因等30余个国家的百余家著名企业，为发展现代物流产业提供了得天独厚的条件。

3. 商业物流园区

面向流通领域，为商业零售服务的物流园区，如深圳笋岗-清水河物流园区。

4. 社会物流园区

面向全社会开放的社会型物流园区。

（四）按物流作用的专业领域分类

1. 行业物流园区

即为同类产品同一行业的客户服务，其物流服务具有极强的专业特色，提供个性化的物流服务。

2. 社会化物流园区或第三方物流园区

社会化物流园区是指为不同行业提供第三方物流服务的物流园区，具有综合型物流园区的物流服务特征。

第三节　国内外物流园区的发展概况

一、国外发展概况

在物流园区的建设上,经济发达国家和市场经济类型的国家和地区,如美国倾向于主要依靠市场机制的调节功能,物流业的发展与物流基础设施项目建设全靠企业在市场上的运作,尤其是20世纪80年代以前,对物流业基本没有干预,80年代后期也只限于成立管理机构与放宽管理政策等间接手段,对物流基础设施建设没有过多的干预与引导,而后起市场经济类型的国家和地区,如日本、欧洲等则更倾向于政府的适度干预以实现对物流业发展的规划和引导。

(一)日本物流园区的发展

日本在第二次世界大战以后的经济复兴阶段与以生产为主导阶段的经济发展时期,流通领域与基础设施虽然有了很大改进,但并没有进入到现代物流的发展阶段。真正引入"物流"的概念,开始修建"物流团地",是在以流通消费为主导的经济发展阶段,即20世纪70年代以后。以修建"物流团地"为切入点,通过建立、完善物流设施,加速物流效率,推动物流过程合理化,以低廉的成本、高效的运送、优质的服务使日本企业的竞争力大大增强。进入经济国际化、一体化时期(80年代以后),日本的"物流团地"对促进贸易增长起到了积极作用,高效有序的贸易物流使以贸易立国的日本经济得以腾飞,也使日本的物流业的整体水平得以迅速地赶超欧美等物流发达国家。其特点主要包括以下几点:

(1)政府确定市政规划时,就注意在城市的边缘地带、内环线外或城市之间的干道附近,预先保留一块空地,作为未来配套建设物流园区的基地。

(2)将基地内的地块分别以生地的价格出售给各个不同类型的物流行业协会。协会以股份制的形式在其内部会员中招募资金,用来购买土地和建造物流设施,同时成立专业公司来负责此项工作。协会成员的出资额可多可少,不足部分政府还可以提供长期低息贷款。

(3)政府对规划确定的物流园区,积极加快相关的交通设施建设,在促进物流企业发展的同时,提升物流园区的地价,从而使投资者得到优厚的回报。

(4)各个协会的专业公司则根据当前本行业的实际需求在物流园区内统一规划建设物流设施,建成后由专业公司负责管理。协会中出资的会员都可以按照自己的业务水平向专业公司承租物流设施,并可享受相同的优惠价格(低于市场价)。这样一方面保护了协会中投资者的利益,另一方面又避免了协会成员之间的相互竞争,使物流设施得到充分利用。

(二)德国物流园区的发展

为了平衡全国的经济发展水平,德国政府在物流基础设施方面下了很大工夫,迎合物流市场的需求,进一步整合物流资源,采用物流园区的形式推动物流业的发展。1985年,在不来梅市政府和州政府的支持下组建了德国第一个具真正意义的物流园区——不来梅物流园区。它最初由52家货运企业自发聚集而成,不来梅当地政府看到了这种整合需求的未来发展趋势,采取了优惠土地价格、扩建不来梅公路和港口等基础设施建设,使不来梅物流园区得到了迅速发展。经过多年的发展,德国的物流园区总数已经发展到了33个,基本形成了规模化的全国物流园区网络。德国的物流园区有效地带动了地方经济的发展,为国家的经济平衡发展做出了贡献。在德国,物流园区的整合带动作用是最明显的,它不仅使德国的物流产业水平大大加强,对整个欧洲的物流发展也起到了带动作用。其发展状况可归纳如下。

1. 联邦政府统筹规划

联邦政府在广泛调查生产力布局、物流分布特点、交通干线枢纽规划的前提下,在全国范围内规划物流园区的空间布局、用地规模与未来发展。同时交通主管部门对符合规划的物流园区给予贷款担保或直接给予资金资助。

2. 政府扶持建设

由于物流园区对区域经济的带动与促进作用,政府扶持建设的初衷并非单纯地追求赢利能力,充分实现物流园区的公共服务职能是重要考虑因素之一。因此,在物流园区的建设过程中,地方政府制定各种优惠政策进行积极扶持。扶持的手段包括:

(1) 资金上的投入,出资成立公益组织管理公司,进行园区的基础设施建设;

(2) 园区及其配套设施建设,进行市场化运营;

(3) 提供建设所需要的土地及公路、铁路、通信等交通设施;

(4) 把物流园区场地出租给物流企业,与企业按股份形成共同投资,可以由企业自己选择产生咨询管理委员会。

3. 企业自主经营

入驻园区的物流企业自主经营、照章纳税,依据自身经营的需要,建设相应的库房、堆场、车间等,并配备相关的机械设备和辅助设备。

由此可以看出,后起市场经济国家中政府介入扶持的物流园区建设发展的基本运作模式为:政府规划、投资—公益管理公司建设、管理—企业市场化运作。政府从城市总体规划的角度对物流园区的发展进行宏观引导,对物流园区的选址、布局、规模、功能进行总体规划,在土地、投资、管理上给予强有力的政策支持;物流园区的建设资金规模大、投资回收期长,政府在项目建设上大多提供有力的资金支持。除了直接注入资金外,还采取低息贷款、土地置换差价、降低税收等间接投资措施,有力地支持物流园区建设。政府虽然采取注入资金等直接投资方式,但不介入物流园区的经营,采取注资成立公益组织管理公司等方式,进行特许经营。由公益公司负责物流园区的建设、经营、组织管理以及其他基础设施的开发与维护,进行市场化运作。由公益管理公司进行物流园区的建设、经营与开发,由进驻园区的物流企业以承租的方式进行自主经营、照章纳税、自负盈亏。

(三) 美国物流园区的发展

在现代物流业的形成与发展历程中,美国是物流管理的发源地,现代物流业整体水平也以美国最发达,但在美国却没有明显的物流园区的发展痕迹。

第二次世界大战以后,企业生产过程管理的效益随着工业大批量生产的普及已不再那么显著,在整个商品流通过程中,物流费用不断提高,无法适应生产的进一步扩张。美国政府推行的是自由经济政策,商品购销活动完全放开,企业在激烈的市场竞争中,为了自身的生存和发展,必须寻求最有利的流通渠道,采用最有利的经营形式。在这种情况下,企业界首先提出了物流要求，以减少非生产性支出，降低产品成本，增加产品的竞争力，这是一种自觉的行为。在物流行为过程中，人们发现了巨大的经济效益，美国政府也介入到物流发展中来，成立了国家物流管理委员会。美国政府为物流产业的快速健康发展做出了巨大的努力，成立了专门的物流机构研究与组织物流，促进物流科技的交流与创新，培养物流技术人才，出巨资建设与物流相关的基础设施。

虽然没有采取物流园区的运作模式，美国政府为物流产业的现代化做出了不懈的努力。在强大的综合国力与经济实力的支撑下，作为满足企业经济效益与市场经济要求的必然结果，物流业迅速发展，涌现出一批像Fedex、RYDER的大型专业物流公司，物流运输企业与物质资料生产企业的物流组织与管理都达到了很高的水平，物流公司拥有的物流基础设施，包括现代化物流综合中心、综合配送中心，它们规模庞大，机械化程度高，适应作业量大，其规模效应、物流效率等方面足以与日本、德国的物流园区相媲美。

日本、德国都属于后起的市场经济国家，经济复兴本身带有较强的行政手段的烙印，物流园区的产生因而也更多地带有政府扶持的色彩。市场经济规律作用的必然性使它们在经济复兴过程中也面临与美国同样的问题，缩短物流时间、提高物流效率是企业的客观要求，但当时市场的竞争规模与企业的经营规模都不足以使物流业迅速成长。日本在成功借鉴美国物流发展经验后，针对该国城市用地稀缺、交通压力巨大的特点，采用"物流团地"的方式对物流业进行扶持。紧紧围绕社会需求的"物流团地"建设使物流技术得到广泛应用，并迅速地走在世界物流发展的前列。德国则凭借在欧洲优越的地理位置，采用"货运村"的形式对物流园区进行投资建设，充分发挥物流园区的经济辐射作用，带动地区经济的联动发展。

美国没有完全意义上的物流园区，但物流行业的整体现代化水平是最发达的，这主要应归结于美国强大的经济实力与企业经营规模。在美国，大型、超大型企业集团是企业的中坚力量与主流，在全国所占产业比重、产值比重都很高，它们资本雄厚、竞争力强、物流量大，在市场经济发展到物流需求阶段，有足够的能力与实力建设自己的物流体系，通过市场竞争运作实现物流业的完善、整合、合理化与现代化。日本、德国在经济复兴初期，综合国力与经济实力远远落后于美国，经济发展到物流需求阶段，凭借企业自身实力难以建立完善的物流体系。此时政府果断介入，通过扶持物流园区的建设发展，有效地提高物流技术的应用水平，推动物流行业的发展，使物流业由无到有、由弱到强，并最终实现了物流现代化，奠定了经济强国的地位。事实已经说明，物流已成为现代经济发展的主流与趋势，其在国民经济中的地位日益突显，各国政府都在调整战略发展物流，但物流运作本身要求一定的经济规模。美国的经验说明物流业在市场中锤炼、崛起需要有强大的市场竞争规模与企业经营规模做后盾，日本与德国的经验则说明物流园区是在企业竞争力不强时政府引导物流产业发展的最佳切入点。

二、国内发展概况

目前，我国物流产业的发展正处于起步阶段，积极培育第三方物流企业和规划建设现代物流园区已成为很多地区推进现代物流发展的两大主题，国家有关主管部门和地方主管部门也正在制定促进物流园区发展的宏观政策。

（一）园区数量稳步增长

随着物流热的升温，物流园区也浮出水面，被许多省、市政府甚至一些经济不发达的地区列入了当地的规划和建设项目之中，成为物流发展的"热中之热"。截至2012年底，全国有700多家物流园区，20多个省、市和30多个中心城市都在物流发展规划中，提出了建设物流园区的设想，并制定了配套的扶持政策，形成了一个从南到北、从东到西的物流园区建设"热潮"。特别是珠江三角洲地区和长江三角洲地区以及北京等经济发达地区的城市物流园区建设发展步伐更快。继深圳规划建设六大物流园区（即西部港区、盐田港、平湖、笋岗、南山、龙岗等物流园区），上海提出建设三大物流园区（即外高桥、浦东空港和西北物流园区）之后，北京也规划了三个物流园区（基地）和17个综合、专业物流配送区，以使北京成为亚太地区重要的物流枢纽城市，而天津则规划了开发区工业物流园区、空港物流园区等五大工程。值得注意的是，青岛依据其"以港兴市"的方针，决定建设六大物流园区，使多种功能不同的物流园区连成一片。如有为港口配套专门做国际物流的前湾国际物流园；有专为海尔、海信、澳柯玛等大型企业配套的中储物流园；有为农副产品加工配送出口服务的普民物流园；有为出口加工区配套的玉龙物流园；有专为山东造纸业提供分拣、包装、配送服务的综合物流园。

（二）分布结构发生变化

在2012年全国物流园区（基地）调查报告中，经核实，入选《2012年度中国物流园区（基地）名录》的各类物流园区共计754家。对比2006年的207家，增长264%；与2008年的475家相比，增长58.7%。如图1-2所示。

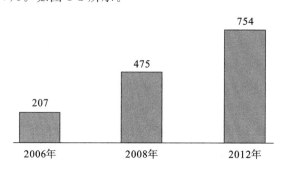

图1-2 全国物流园区数量对比

从物流园区的区域分布来看，长江中游经济区最多，为139家，然后依次是北部沿海经济区128家、西南经济区98家、黄河中游经济区93家、东部沿海经济区93家、南部沿海经济区84家、西北经济区63家、东北经济区56家，如图1-3所示。

对比2008年全国物流园区的区域分布，不难发现，目前我国物流园区布局已经发生了结构性变化：①北部沿海经济区的园区数量增长较快，已经超过东部沿海经济区和南部沿海经济区；②长江中游经济区、黄河中游经济区、西南经济区和西北经济区4个中西部区域园区数量上升快；③东部沿海经济区以及南部沿海经济区的园区数量有所下降。

物流园区地理分布的变化既受外在经济环境的影响，又有园区自身调整的原因。2008年全球金融危机后，我国产业结构调整升级、空间转移速度加快。以纺织服装出口业为例，

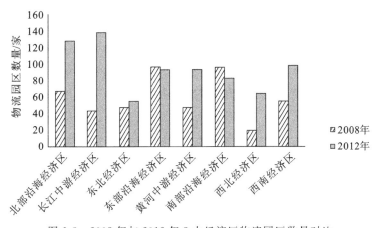

图 1-3　2008 年与 2012 年 8 大经济区物流园区数量对比

为充分利用中西部地区资源优势,东南沿海地区大量服装生产企业开始向中西部地区转移,客观上对物流服务提出了新的需求。另外,经济相对发达的沿海经济区,服务创新速度较快,部分地方政府开始考虑园区发展的阶段性特点,通过政策引导和市场机制,推进物流园区的优胜劣汰、优化整合、服务和价值提升,使得园区数量有所下降。

(三) 运营的园区占比升高,尚未实质性开发的园区比例下降

调查显示,2012 年全国 754 家物流园区中,运营的 348 家,占 46%;在建的 241 家,占 32%;规划的 165 家,占 22%,其数量占比如图 1-4 所示。

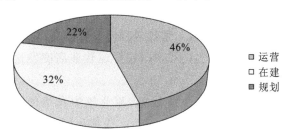

图 1-4　2012 年全国物流园区实际状态

与 2008 年相比,2012 年处于规划状态的物流园区占比由原来的 28.2% 下降至 22%,处于在建状态的占比由原来的 46% 下降至 32%,而处于运营状态的占比则由原来的 26% 大幅上升至 46%,具体数量如图 1-5 所示。

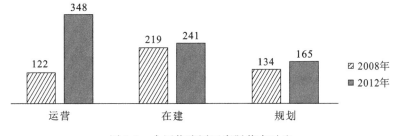

图 1-5　全国物流园区实际状态对比

从各经济区域的物流园区实际状态看,虽然长江中游经济区的园区数量在全国跃居首位,但主要是由于其规划园区数量众多而引起的;西北经济区、西南经济区园区数量增长快,也主要表现为规划园区数量较多。而形成鲜明对比的是,北部沿海经济区、东部沿海经济区、南部沿海经济区已经走过了初级规划阶段,其运营园区数量明显高于规划的和在建的园区数量。8大经济区域物流园区的实际状态如表1-3所示。

表1-3　8大经济区物流园区实际状态　　　　　　　　　　　　　　　单位:家

区　域	运营	在建	规划	合计
北部沿海经济区	88	35	5	128
长江中游经济区	40	31	68	139
东北经济区	26	23	7	56
东部沿海经济区	65	14	14	93
黄河中游经济区	35	47	11	93
南部沿海经济区	52	25	6	83
西北经济区	14	25	25	64
西南经济区	28	41	29	98
合计	348	241	165	754

三、现代物流园区的发展趋势和要求

物流园区的出现极大地促进了日本、德国等经济发达国家物流业的快速发展,根据德国权威机构的研究,未来10年,即使在日本、德国这样运输业高度发达的国家,物流园区的建设仍将处于蓬勃发展时期。

在我国,物流业的发展正处于起步阶段,物流业较为发达的经济中心城市已经开始了大量积极有益的理论探索和实践尝试。随着这些物流园区的规划与建设,我国的物流产业发展步伐必将大大加快,发展转型升级态势明显,正在从土地招商的初级阶段向服务创新、管理创新的发展阶段过渡。部分地方政府在园区建设方面开始由初期的规模导向转向效益导向;部分城市调整了物流园区规划,将规模小、分布散的物流园区重新整合为规模较大的物流园区。通过重组、共建等方式整合总量、优化存量,由粗放式发展向内涵式发展转型。

今后物流园区的发展趋势将主要体现在以下几个方面。

1)管理规范化

随着物流的产业化发展,物流园区将逐步走向成熟,按照物流园区发展的规律进行规范化管理将是大势所趋。

2)组织经营集团化、网络化、集群化

发达国家物流园区发展的成功经验证明,实行物流园区的集团化、网络化、集群化,将成为物流园区的发展方向,特别是跨地区、跨部门、跨企业的集团化、网络化组织经营,对发挥

物流系统效率,提高物流经营效益,实现信息共享,降低全社会物流成本等,都具有重要意义。

我们可以从两个方面来确定物流园区的网络化发展趋势。

第一,物流园区包括仓储中心、配送中心、运输中心、加工中心、商务中心、物流企业、商务中心和研发基地等,这些物流环节都可以以具体的物品流动进行组合,从而形成柔性网络。同时,园区各物流环节相互协作、相互联系也形成一个实体网络系统。

第二,由于物品流通具有灵活性和弱地域性特征,许多物品在园区管理机构的调控下进行流动,发往全国甚至全球的最终消费者。物流园区物流运作网络则指园区内物流企业功能辐射区域内物流运作的通道系统。根据区域物流量、基础设施、运输设施等的现状分布特征,对物流通道和节点进行设计与布局,以形成经济的物流网络,是物流园区规划的重要内容。同时,要从长远的角度确定物流运作网络上该物流园区与其他物流园区及中心的关系,以及运作上的相互联系,协调好各自的网络功能。另外,对园区自身物流量的分布、流向、规模等的分析也是进行网络线路的筛选和规划设计的依据之一。

3) 物流作业高效化

物流园区的各项作业经历了从手工劳动、半机械化、机械化到自动化四个阶段,一些先进国家正朝着集成化和智能化发展。我国物流园区处在起步发展阶段,物流园区存在着人力、机械和自动控制作业等多种方式,随着经济发展水平的提高和物流技术的完善,机械化和自动化技术的应用将是我国物流园区的发展方向。

4) 物流技术与服务标准化

物流标准化不仅是物流系统化的前提,还是和国际接轨的前提,因此无论是物流装备,还是物流系统建设与服务,必须首先满足标准化的要求。物流园区的标准化必须和物流整个系统的标准化具有一致性。一致性物流园区的标准化涉及物流园区库房的设计建造、装卸存储等硬件的标准化以及包括票据标准化等的软件标准化,硬件标准化要能够适应门到门的直达配送,信息与服务的标准化是实现电子数据交换、实现信息化和服务优质、规范的基础。

5) 管理与服务信息化

物流信息系统是现代物流作业的支柱,随着计算机技术与通信技术的充分发展以及全球信息网络的建成,物流园区的信息化趋势将进一步加强。在美国、日本等国家,信息系统已成为物流业的基础,信息的作用延伸到物流作业的全过程,物流中心从接受订货到发货送至最后的消费者,其整个过程都全部实现信息化。

6) 物流虚拟化

虚拟物流就是以计算机网络信息物流程序构成虚拟世界,模拟实现物流的运输、仓储、配送、流通加工等业务流程的系统化、一体化、自动化过程。虚拟物流的核心是物流电子商务,物流电子商务是物流产业本身应用电子化的手段。物流的电子商务化包含了物流的运输、仓储、配送等各业务流程中的组织方式、交易方式、服务方式的电子化。虚拟物流的实质是,虚拟物流中信息交流不仅是现实物流的信息反映,更主要的是通过信息的分析、判断进行决策,并控制现实物流运行的物流电子化指挥系统。

【经典案例】

国内外港口物流园区发展现状

（一）国外港口物流园区发展现状

物流最早起源于美国，其发展特点是以美国市场为基础，渐渐向全球扩散。相对于美国，日本物流则展现了后发的优势，发展势头尤为迅猛，相比于美国以国内市场为主，日本物流以国外市场为主，国内市场为辅。欧洲地区的物流发展优势为发达的国家间和区域间的物流。

美国物流的发展重点为物流技术的发展，例如积极推进多式联运、无缝连接发展，虽然物流园区不是其发展的重点，但近年来也得到了较快发展，且有着独特的发展模式；而日本则以积极的物流园区建设为发展重点，持续地推进社会化物流的发展程度；欧洲各国政府也很重视物流园区的发展，利用其水运的优势，依托港口各国纷纷建立各自的物流园区，欧洲各国政府则给予高度的政策支持。另外，物流园区建设发展比较好的还有东南亚的新加坡港等。本文以美国、欧洲、日本等地的国际港口和它们的主要物流园区为介绍对象，分析国外港口物流园区的发展现状，以学习较为先进的发展经验。

1. 美国港口物流园区发展现状

美国东海岸，为纽约-新泽西港服务的 Bathgate Industrial Park 和 Industrial Park at Elizabeth 的主要功能之一就是分拨、加工等增值服务，主要客户有 IKEA 和 FBI 食品公司，为休斯敦港服务的有 Houston Country Distribution Park 等；美国西海岸，在洛杉矶和长滩，CDS 和 DDC 等第三方物流中心建有较大的配送中心。但是在北美比较常见的形式是由大型第三方物流公司，或者制造业、流通业的超级企业，根据企业发展的需要进行规划、选址并投资兴建配送中心，与之相关配套的物流服务企业为了贴近客户，围绕该配送中心，就近建造其服务场所和设施，从而聚集在一起，形成了物流园区。

2. 欧洲港口物流园区发展现状

在欧洲，主要的国际港口有鹿特丹港（荷兰）、不来梅港（德国）、安特卫普港（比利时）等。

鹿特丹港。欧洲最大的集装箱吞吐港就是荷兰的鹿特丹港。作为欧洲最为繁忙的交通枢纽点，最主要的临港工业中心和物流节点，鹿特丹港凭借的是非常好的港口位置和具有优势的地理环境。从20世纪80年代末起，集装箱运输在运输业中所占比重持续提高，很多大型企业在鹿特丹周边发展建设起了自己的物流配送中心，它们可以服务于整个欧洲市场。因此，鹿特丹港成为发展港口物流园区较早的港口。港口为了给这些企业的快速发展提供条件，先后已经在此建设了 3 个港口物流园区,它们是 Eemhaven 园区、Msssvlakte 园区以及 Otlek 园区。通过建设这 3 个物流园区,承担了相当于全港 7% 的吞吐量的货物运输任务,物流服务水平得到了大幅度提高。

不来梅港。自 1985 年起,德国政府开始投入建设不来梅港的物流园区。一直以来,作为德国奔驰汽车北部集散中心的不来梅港,港口堆场中始终有大片面积作为堆放汽车的场地,很多企业都在建设的物流园区内从事奔驰汽车零部件的配送业务。除此之外,作为欧洲棉花交易中心的不来梅,很多棉花的集散企业也在这个园区之内。

在这个园区的建设中,德国政府起到了很大的作用。政府规划园区建设之后,采取了企业直接投资与抵换土地进行筹资的方法给园区进行投资,政府不参与公司的直接经营。政府的另一个作用就是制定标准化的规定,他们对基础设施、装备制定标准,例如托盘、条码、载重车辆等;对安全与环境方面制定相关的法规,例如综合环境责任法;对作业及服务等制定物流行业标准,例如物流从业资格标准、标准物流术语等。

安特卫普港。作为欧洲的第二大港,安特卫普港位于欧洲的消费中心和主要的生产中心,集装箱和杂货运输是安特卫普港的主要运输业务。良好的港口物流主要体现在几个方面的发展:首先,港口物流园区占地范围广阔,基础设施条件很好,各种港口仓库和港口专用设备齐全,其中吊车就有 600 多台,港区拥有 1200 万平方米的仓储面积。其次,高质量的网络交通。安特卫普港同 100 多个国家和地区有贸易往来,300 多条航线经过安特卫普港,可到达世界各地的 800 多个大小港口,960 公里的港内铁路网,莱茵河等欧洲内河水运系统,3 条通往欧洲的高速公路,12 条国际铁路,这一切给货物的运输带来了极大的便利。再次,强大的临港产业。工业开发区内建设有汽车组装、石油化工、船舶修理等大型工业,为港口物流园区发展提供了稳定的基础,港口物流园区的发展又进而促进了临港产业的发展。最后,强大的信息系统。现代化的信息平台建设为转运货物、停靠船舶提供了有力的保障,也为安特卫普港物流园区快速、稳步的发展创造了条件。

3. 日本港口物流园区发展现状

日本港口物流园区的发展优势主要体现在集成化的设施和系统化的管理上。物流园区内各部门协调统一,园区内可以存放各种各样的产品,这些产品采用共同配送的方式,以节省物流开支。此外,各种基础设施,如配送集散中心、展览厅、办公室、会议室等供各企业共同使用,提高使用效率。

园区功能多样化。物流园区内的各种设施既能满足制造企业的物流需求,又能满足销售企业的物流需求。其功能从收货、装卸、存储、配货、流通加工、发货到物流信息处理都可一一满足。

自动化和立体化的发展。日本土地资源紧缺,很多配送中心都极力向空间发展,在实现立体化的同时,通过巷道式堆垛机实现自动化。很多配送中心的仓库高达 20 多米,存取货物都是由计算机管理,在实现自动化的同时又大大提高了运作效率。

高度的信息化。配送中心的经营与业务管理实现了计算机化,立体库的运作、分拣系统的运行都由电脑自动控制。另外,日本的物流园区内普遍使用了增值网络系统,将制造商、批发商、零售商的相关信息,经过信息平台进行交换,提高了供应链的运作效率。

横滨港有本牧码头、南本牧码头、大黑码头等17个码头,共有92个泊位。其中,有一个32万平方米的横滨物流园区就坐落在大黑码头上,这个物流园区是日本综合性最强、最先进的园区,园区主要负责货物储存、流通加工和配送。随着新国道的建成,3个关键码头实现了一体化的连接,大大改善了物流作业的效率,降低了作业成本。同时,横滨港还通过集装箱提前预约式的出入,有效缓解了集装箱卡车压港的现象,提高了码头的中转效率。

4. 新加坡港口物流园区发展现状

东南亚地区最重要的港口之一就是新加坡港,它是世界第二大集装箱港。由于其独特的地理优势(马六甲海峡咽喉),已经俨然发展成为世界超级大港之一。为了适应港口日益发展的物流需要,新加坡港在港口周围总共建设了4个物流园区,分别是Tanjong Pagar物流园区、Pasir Panjang园区、Keppel园区以及Alexander园区。

新加坡港在发展物流以及运作过程中,主要体现出如下特点:第一,不仅要发展成为海路枢纽,在陆路以及航空方面也要力争成为运输枢纽,对整个海事和供应链增值的各个环节都提供良好的服务,例如金融、保险、经济以及仲裁,逐渐构建全球化的物流网络。第二,信息化物流的构建。自1984年第一个电子商务平台在新加坡港建立起,新加坡港就把整个海运界通过网络连接在了一起。到1999年连接到国际网络,为港口物流提供了全面的信息服务。第三,规模效益。新加坡港物流园区通过降低物流服务费用,逐步实现规模效益,创造更多的经济价值。

(二)国内港口物流园区发展现状

自1999年8月起,深圳市出台政策将物流业作为城市发展的支柱产业后,全国便掀起了大力发展物流产业、努力建设物流园区的热潮。我国首个物流基地——平湖物流基地的建立,更加激励与引导了我国物流园区的建设。在港口物流园区的建设经验与成果中,收效最大的港口莫过于深圳港与上海港,这些国内先进港口物流园区的建设为我们积累了宝贵的经验。

1. 深圳港物流园区发展现状

盐田港物流园区以及西部港物流园区是深圳市8个物流园区建设中,依托港口建立的物流园区。规划建设的这两个园区的主要作用为存储、转运、流通加工、信息处理等,它们的定位是国际型的货运枢纽。深圳市对园区的规划建设非常重视,为减少重复建设,减少成本投资,充分使用现有的物流用地和基础设施;

为达到效应规模化,经营集约简洁化,充分利用现有的网络并加以改进;为提升物流业的发展空间,投资建设新的物流园区,并确保原有的园区良好发展,共同提高经济水平。

虽然这两个物流园区的交通系统比较发达,集疏运过程简便,也在降低土地稀缺性和解决拥挤的交通方面起到了很好的效果,但是仍存在问题,主要集中在园区道路的平均覆盖半径较小,因此,提高道路交通设施水平以及改善配送效率势在必行。

2. 上海港物流园区发展现状

我国最大、发展最为迅速的港口就是上海港,它正在逐步转变为中国以及亚太地区的航运中心,港口也逐渐从增值加工型港口转化为资源综合配置港口。上海港已经发展了具有相当规模的物流园区。其中,位于浦东的集装箱物流园区的主要任务是:集装箱的运输堆存、装卸与拆洗、海关检查、货运代理、货物保税分拣以及速配,简单的流通加工,实时的信息系统查询,个性化的客户服务等。

位于浦东新区的外高桥保税物流园区,得益于优越的地理位置、江海陆交叉点,良好的基础设施建设,优越的政府政策,使得该物流园区成为国内首个"区港联动"的试点区域。园区内施行"一线开放,二线管住",与国际接轨的惯例,首次施行"风险式通关",创造了便捷的物流服务和高效的通关水平。此外,园区内试点实行的业务模式为"无纸通关,事后不交单",在备案进出境时,风险评估是根据企业信誉设立的,不同的企业被划分为不一样的信用等级,在通关便利方面有所不同。同时,采用"海运直通式"运作港区与园区之间的连接。

学习并分析:
1. 通过学习国外港口物流园区的发展情况,思考我国有哪些可借鉴之处?
2. 深圳港物流园区和上海港物流园区的发展有哪些不同?

【本章关键术语】

物流园区　仓储　运输　装卸　流通加工　配送　交易展示

【本章思考与练习题】

1. 物流园区的定义与内涵是什么?
2. 物流园区的功能有哪些?
3. 物流园区包括哪些类型?

【参考文献】

[1] 张晓东.物流园区布局规划理论研究[M].北京:中国物资出版社,2004.
[2] 潘文安.物流园区规划与设计[M].北京:中国物资出版社,2005.
[3] 陶经辉.物流园区布局规划与运作[M].北京:中国物资出版社,2009.
[4] 钱廷仙.物流园区作用与选址[J].江苏经贸职业技术学院学报,2004(2):14-17.
[5] 韩勇.物流园区系统规划的理论、方法和应用研究[D].天津:天津大学,2002.
[6] 王战权,杨东援.物流园区规划初探[J].系统工程,2001(1):79-83.
[7] 邹辉霞.物流园区与区域经济发展[J].产业观察,2003(3).
[8] 牛慧恩,陈景.我国物流园区规划建设的若干问题探讨[J].规划研究,2005(3).
[9] 房殿军.德国物流园区规划方法[J].中国物流与采购,2005(16).
[10] 于燕萍.虎门港物流园区发展研究[D].大连:大连海事大学,2012.

第二章 物流园区规划的基本理论

本章重点理论与问题

在物流园区的规划、建设和运营中,规划是关键。本章针对当前物流园区规划中存在的问题,就物流园区规划的内涵、目标、原则、内容以及程序进行分析阐述,在此基础上围绕物流园区中存在的问题,分析出现问题的原因。

第一节 物流园区规划的内涵

现代物流园区既肩负着物流管理重任,又承担着物流的配送工作,是一个多元化和社会化的大系统,而其规划则是事关物流园区运营效果的关键。

一、物流园区规划的定义

物流园区规划是指对城市区域物流用地进行空间布局,对区内功能进行设计和定位,对设备与设施进行配置,形成物流规划的空间结构。它是对拟建物流园区长远的、总体的发展计划。它是物流园区建设项目的总体规划,是可行性研究的一部分。另外,也需要对物流园区经营方针和管理政策进行详细规划。

物流园区的规划是一项复杂的系统工程,只有从一定的目的出发,在一定的规划原则指导下,对影响物流园区规划的各方面条件和因素进行分析与论证,具体详细地进行园区各项内容的规划设计,并提出一定的实施保证措施,才能协调好各方面的利益,使物流园区高效运行,促进"物畅其流"。

二、物流园区规划的目标

进行物流园区规划的目的是解决物流的时空分布及优化组合问题,促进第三方物流的发展,推进物流产业的社会化、信息化、网络化、现代化、集约化、专业化的发展,营造物流产业的优良环境。建设物流园区就是搭建一个集现代物流技术、信息、设备、人才、管理、资源、客户于一体的集中地和实施的载体。

(一) 改善交通管理,减轻物流所产生的交通压力

交通问题是世界任何大城市都难以避免的。通过合理布局与建立物流园区,将货运交通尽量安排在市中心区域外是国内外不少城市缓解交通压力的有力措施。另外,物流

园区的合理布局可大大减少区域迂回运输,整合区域运输资源,提高区域交通运输的效率。

(二)优化城市生态环境,满足可持续发展要求

可持续的城市发展原则、国际性城市、区域经济中心城市、花园式园林城市的目标定位都要求在规划建设中未雨绸缪,尽量满足环境发展要求。物流园区在国外产生的直接原因就是出于对城市环境的考虑。因此,通过园区规划建设,减少线路、货站、货场、相关设施在城市内的占地,避免对城市景观的破坏,并将分散的物流企业和仓储设施等集中起来,促进物流基地废弃物的集中处理,降低对城市环境的破坏或影响,尽量满足城市可持续发展的要求,是物流园区规划建设的基本目的之一。

(三)促进城市用地结构调整,完善城市功能布局

经济的高速发展导致了城市格局的重大变化,城市范围不断扩大。原来的城市边缘区将发生功能转变,商贸、金融、饮食服务等第三产业在此集中,大型配送中心因无力支付上涨的地价和对城市交通及环境影响较大需要迁出中心区,占地面积较大的物流用地面临着功能调整问题。为此,物流园区的规划,不仅为物流企业的发展提供良好场所,也能为城市用地结构的调整和城市功能布局的完善创造有利条件。

(四)推进资源整合,提高物流经营的规模效益

组织建设物流园区,可将多个物流企业集中在一起,发挥整体优势和规模优势,实现物流企业的专业化和互补性,同时这些企业还可共享一些基础设施和配套服务设施,降低运营成本和支出费用,获得规模效益。在我国,这一点尤为重要,物流园区的建设可将传统的交通运输资源物流化,并进一步促进自身提高升级。

(五)满足仓库建设的大型化发展趋势的要求

随着仓库作业自动化、机械化和管理水平的提高,仓库单体体积建设有一个朝着大型化方向发展的趋势,而在城市中心地区,大面积的可用于大型仓库建设的土地越来越少,必然迫使其向城市中心以外地区寻找新的发展空间,这就从一定程度上导致了集中布局的物流园区的出现。

(六)为物流企业的发展提供有利空间

按照规划先行原则,为物流企业的发展提供合理空间,是十分必要的。从满足物流企业发展的角度来说,物流园区规划的空间结构应该满足三个方面的要求:

① 给物流提供必要的中转空间;
② 减少物流在空间上的不合理流动;
③ 保证物流供应的顺畅和反应的快捷。

(七)满足市场需求,推进物流产业发展

经济的快速发展,对物流市场的现实需求和潜在需求巨大,特别是全方位、高质量、全过程、系统化的物流服务需求将不断增长。规划建设物流园区旨在构建物流产业发展的平台,为物流企业营造一个良好的发展环境,使其尽快成为物流企业的集聚区和示范

区,向全社会提供高水平、符合国际惯例和运行方式的物流服务,进而全面推动物流产业的快速发展。

（八）促进区域经济一体化的实现

物流系统是一个网络,只有各节点(物流园区)环环相扣,彼此紧密联系,才能使整个系统高效运行,促进区域资源要素的顺畅流通,消除区域之间的各种壁垒,实现整个区域经济一体化发展。物流园区的规划建设对各网络节点的适当布局,将有利于整个区域物流网络的形成和发展,使其各部分物流畅通,相互联系更加紧密,深化整个区域的劳动地域分工,加强先进地区与落后地区之间物流资源的流通和互换,缩减区域差距。而物流园区的规划目的之一就在于适当布局各园区的位置,畅通区域物流。

三、物流园区规划的基本原则

物流园区规划是一项庞大复杂的系统工程,这是由物流管理技术应用和服务运作的复杂性与系统性所决定的。因此,在制定物流园区建设规划时,应遵循以下几条基本原则：

（一）经济合理性原则

为物流企业发展提供有利空间。能否吸引物流企业是决定物流园区规划成败的关键,在物流园区选址和确定用地规模时,必须以物流现状分析和预测为依据,按服务空间范围的大小,综合考虑影响物流企业布局的各种因素,选择最佳地点,确定最佳规模。

以广州增城城市物流园区为例,该物流园区以现有铁路枢纽站场为依托,充分利用周边的公路、水运交通优势,减少了基础设施的建设费用；园区内地势平坦,现有建筑物少,土地价格、劳动力价格较珠江三角洲其他发达地区更有优势,给水、电信等基础设施及服务设施也可以从周边地区获得；物流园区是增城新塘三大工业园区的重要组成部分,其周边有广州科学城、广州经济开发区和制造业中心东莞市,可依托广大的经济腹地。因此,它的建设具有相当的经济合理性。应尽量利用已有各类用地及设施,如仓储设施、各类基础设施,减少不必要的投资。同时,也有利于提高规划方案与实际情况的衔接度。

（二）环境合理性原则

物流园区通常应该布局在城市的外环线周边,缓解城市交通压力、减轻物流对环境的不利影响是物流园区规划的主要目的,也是"以人为本"规划思想的直接体现。使占地规模较大、噪声污染严重、对周围景观具有破坏性的配送中心尽量远离交通拥挤、人口密集和人类活动比较集中的城市中心区,为人们创造良好的工作生活环境,是物流园区产生的直接原因,也是城市可持续发展的必然要求。

（三）发挥自身优势,整合现有资源的原则

由于现代物流的发展所需要的高水平物流设施不可能一步到位,因此,在物流园区系统网络规划时必须充分注意利用和重新整合现有资源,合理规划物流基础设施的新建、改建和与现有物流服务相关的企业功能,以期最大限度地发挥物流服务的系统效能。以仓储设施的利用为例,在诸多物流基础设施中,仓库以其庞大的规模和资产比率,成为物流企业的空间主体,国外一般经验是仓库用地占整个配送中心用地的40%左右;仓库建设投资大、回收期长且难以拆迁,充分利用好现有的仓储设施,则可基本解决原有设施再利用及优化资本结构的问题;充分利用已有仓储用地,可减少用地结构调整和资金投入,是物流园区规划的捷径。

（四）重点推进,循序渐进的原则

物流园区规划和其他园区规划一样,具有一定的超前性,但任何盲目的、不符合实际的超前都有可能造成不必要的资源浪费。因此必须坚持循序渐进的原则,结合地区实际,在客观分析物流业发展现状和未来趋势基础上,合理规划物流园区。同时,物流园区的建设又是一项规模宏大、内容繁杂的长期任务,规划阶段的关键是选择好作为物流园区建设突破口的启动建设项目,使其对全局推进具有重要的示范性影响,并以此形成物流园区的基本框架,为今后的持续发展积累经验和打下基础。

（五）全方位统一性与多渠道协调规划原则

1. 统一规划原则

物流园区的规划和布局应该从城市整体发展的角度来统筹考虑,并结合规划选择的用地条件来确定园区的具体位置。因此物流园区应由规划部门统一规划,以便与城市总体规划、土地利用总体规划和其他有关规划相协调,符合城市用地的统一布局,统筹安排,满足城市地域合理分工和协作的要求。

物流园区功能的发挥,需要很多政策、基础设施等宏观因素和条件的指导和支持,这些职能都需要政府出面,积极推动和实施。政府在物流园区的规划建设中应当扮演好基础条件的创造者和运作秩序的维护者的角色。特别是在全国运输大通道的割据分管下,规划建设物流园区时,政府需从宏观经济出发,对国内及区域市场的发展和货物流通量等情况进行认真的调查分析和预测,根据长远和近期的货物流通量,确定物流园区长远和近期的建设规模。同时,要对物流企业、交通运输设施等的分布和发展现状做好调查,在充分掌握好第一手材料的基础上,搞好物流园区的规划。这要求政府必须做到具体问题具体分析,按照区域经济的功能、布局和发展趋势,根据物流需求量的不同特点进行统一规划,尤其要打破地区、行业的界限,按照科学布局、资源整合、优势互补、良性循环的思路进行规划,防止各自为营、盲目布点、恶性竞争、贪大求多。

2. 协调性原则

物流园区作为城市的重大基础设施,具有重要的交通功能,占据区位良好的地区,其规划建设的好坏直接影响城市的发展。所以物流园区的规划应该以城市总体规划和布局为蓝本,顺应城市产业结构调整和空间布局的变化需要,与城市功能定位、远景发展目标相协调,不能独立于城市总体规划之外,自己盲目建设。

在物流园区系统规划阶段,应注重协调和整合各方面资源,在重视服务系统与基础设施建设的同时,以技术建设、管理建设、政策建设和人才建设,促进物流服务市场及其主体物流服务企业的培育。

（六）可持续发展原则

可持续发展是指经济、社会、生态三者的协调持续发展，是指导经济社会建设的原则。物流园区的规划建设在经济上应适应时代潮流和市场经济的特征，为经济提供良好的运行环境；从对社会的作用来看，应创造更多的社会价值，为人们生活提供更多的便利；从环境方面来看，物流园区应以绿色物流的发展模式进行规划，发展回收物流和废弃物物流。

第二节 物流园区规划的内容和程序

园区的建设是一个长期过程，尤其是大型综合物流园区的建设，时间跨度大、投资多，因此，对于园区的规划是一个层次步骤分明的内容体系。

一、物流系统规划与物流园区规划

（一）物流系统规划

物流系统规划主要是指对于物流系统发展进行的能动有序的计划设计，也称为物流系统发展规划。物流系统规划必须要有明确的目标、正确的发展路线和有效的组织设施。物流系统规划的层次主要有国家级、省市级、行业部门级及企业级等不同类别。国家一级的物流规划主要是着重于以物流基础设施和物流基础网络为内容的物流基础平台规划。省、市一级的物流规划主要是着重于地区物流园区、物流中心、配送中心三个层次的物流节点布局规模和规划。经济运行部门的物流规划一般是着重于行业系统物流资源配置利用及物流企业培育、发展等规划。企业一级的物流规划主要是指生产企业，尤其是大型生产企业从"营销支持"和"流程再造"角度进行物流的建设规划。

由于地区不同、行业不同，物流系统规划的主要内容也呈现出多样化的特点。通常一个好的物流规划应包括以下主要内容：第一，物流市场需求分析和预测，特别是国内外经济社会发展大背景下物流需求的变化趋势分析；第二，根据需求和可能，选定物流发展目标，实现发展阶段划分；第三，保证物流活动通畅的硬件设施规划，包括运输线路基础设施、物流节点、信息平台等子系统的发展规划；第四，物流市场和服务供应商的培育规划；第五，物流科技教育和人才培养规划；第六，实现上述发展目标和规划应采取的有关政策和措施。一般的物流系统规划主要包括物流网络基础设施规划、物流信息系统规划和物流发展政策规划等三项核心内容。

（二）物流园区规划

物流园区规划属于物流系统规划中物流节点子系统规则的一部分。物流园区规划涉及三个层面：战略层面、策略层面和运作层面。战略层面规划主要解决客户服务目标、设施选址战略、库存决策战略和运输战略。策略层面规划涉及整个物流园区构成的决策问题，也就是说策略层面规划决定了整个物流园区的模式、结构和形状。策略层面规划的主要任务包括物流园区宏观布局、选址决策、园区内部设施布局及作用方案制定。物流园区的运作层面规划主要包括内部功能区建设序列规划、物流园区经营模式规划等。

物流系统规划与物流园区规划的层次关系如图 2-1 所示。

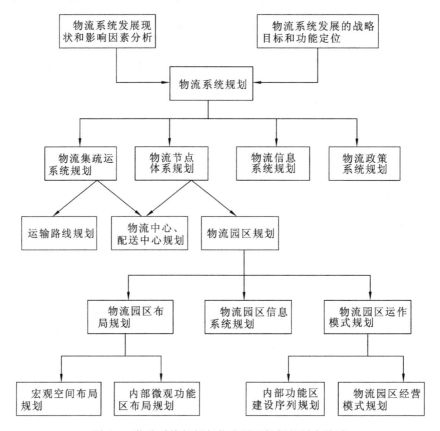

图 2-1　物流系统规划与物流园区规划的层次关系

二、物流园区规划的内容

就单一物流园区的发展建设规划而言,包括以下主要内容。

(一)物流园区类型与功能定位

物流园区的规划建设是一种政府行为,但其具体运营则是一种企业行为,需要按市场规律运作,同时,还需考虑物流服务对象的利益。所以,物流园区的目标定位可分为两个方面,即政府部门的目标定位与物流企业及服务客户的目标定位。

综合考虑现有的各项条件因素,因地制宜地对园区未来发展进行类型、功能、规模等的定位,确定园区发展目标,是规划的起点。对物流园区功能和类型的定位可依据以下几点。

(1) 对园区现有软硬件环境的分析评价。

(2) 对园区建设的各类条件和要素进行分析评价。

(3) 对园区乃至区域整个物流业发展大势的预测。

(4) 政府对区域物流园区的发展目标的定位,对区域物流规模、物流市场等的现状分析与发展预测。

（二）物流园区的功能布局方案设计及其经济评价

根据客户的物流需求和预测分析及物流服务功能互补的原则，确定入驻物流园区的各类物流企业如仓储企业、货代企业、运输企业、第三方物流企业等的数量、规模。在确定入驻园区的物流企业时，必须详细考察物流企业的服务功能，相互间尽量做到专业化和互补性的结合，提高设施的利用率，减少在物流设施及装备上的重复投入，还可防止相互间在低层次上进行竞争。

根据统一规划、远近结合、经济合理、方便客户、货畅其流等布局原则，考虑货物品种、数量及储存特性，同时考虑与园区配套的附属设施，设计物流园区内各类企业的空间布局及相关的公共服务设施和货运通道的布局，提出几个功能布局方案。在物流园区的规划布局方案的设计中，还必须研究物流园区建设中与园区配套的货运通道的建设方案，确保货畅其流。物流园区的功能布局方案的经济评价分析主要评价物流园区是否提高物流运作效率，促进园区内物流企业之间的相互合作程度，公共物流设施利用的方便性，客户进区后的方便程度，以及园区空间利用率等方面。根据物流园区功能布局方案评价的结果，最终确定物流园区的最佳功能布局方案。

（三）物流基础设施规划

从区域物流业发展的宏观大势来看，我国的物流基础设施近年来虽有较大改善，但仍不能适应现代物流发展，需要继续加强物流基础设施的规划与建设，尽快形成配套的综合运输网络、完善的仓储配送设施、先进的信息网络平台等，为现代物流发展提供重要的物质基础。各级政府应重视对物流基础设施的布局规划，特别要加强对中心城市、交通枢纽、物资集散和口岸地区大型物流基础设施的统筹规划。规划工作要充分考虑物资集散通道、各种运输方式衔接及物流功能设施的综合配套。物流基础设施的建设要充分发挥市场机制的作用。在全面规划和充分论证的基础上，鼓励国内不同所有制的投资者和外商投资企业参与物流园区、物流基地（物流中心）的建设。物流园区的建设，要兼顾近期需要与长远发展，注重硬件建设与软件管理相结合。政府部门加强对公益性物流基础设施的建设，应在土地、资金、税收等方面提供优惠政策。物流园区的建设，一定要遵循市场经济规律，防止出现贪大求洋和盲目重复建设。

对具体的物流园区（物流基地、物流中心）而言，基础设施的建设也尤为重要，除了在宏观上保持与区域物流基础设施建设的衔接外，园区的基础设施建设还应从具体着手，如物流通道、交通设施、广场绿化等方面。同时，园区内的市政设施建设也十分重要，它是园区各项工作能顺利进行的前提条件。紧密结合实际情况，规划设置各类物流设施，协同各自的功能，才能使园区基础设施建设得以正常开展。

（四）各功能模块的详细设计

在物流园区功能布局规划的基础上，进行物流园区的配送中心、仓储中心、海外组装中心等的详细功能设计，这部分的设计需要结合物流园区的公共物流基础设施、装备等，以避免重复投资，提高设施的利用率。每一功能布局模块都有自身的特点，在满足物流园区总体功能布局的前提下，可根据物流需求方的特点进行设计。如仓储中心的设计要根据可能承担的物流服务对象、物流规模,考虑进出的物流量分布、货物品种的特点、流动方向、运输距离、作业环节和次数、出入库方式、仓储面积利用率、设备的选择、作业流程、设施的规划等,确定仓储的建设形式、规模、结构形式、占地面积,并详细设计仓储内部的功能分区。

（五）物流运作的网络系统规划设计

物流是供应链的一部分,专注于物品、服务及相关信息从起点到终点(消费点)的有效流通及储存的计划、执行(实现)和控制,以满足顾客的需求。对于一种具体的物品而言,它从生产者到消费者所经过的各环节串联而形成物流链。对于多种物品而言,它们所经过的环节则可结成一个网络,即物流网络,这个网络是从生产者到消费者的多个渠道的集成。为了使物品在网络中有序运行,在网络中可设立若干物流节点,如物流园区、物流中心、配送中心等等,以系统化完成物流运作的全过程。物流网络有两层含义:

(1) 物流企业相互联系形成具体的输送物品实体的企业运作网络,它是一个世界范围内的统一网络,无严格的等级之分,属企业的自身行为。

(2) 物流的商务网络,它是指产生和控制物流的权限等级的网络,具有严格的上游、中游、下游的等级之分。

（六）物流园区选址分析

物流园区的选址是物流系统规划中具有战略意义的投资决策问题。由于商品资源的分布、需求状况、运输条件和自然条件等因素的影响,使得在同一计划区域内的不同地方,设置不同规模的物流园区,划定不同的供货范围,其整个物流系统和全社会的经济效益是不同的。因此,进行科学而又慎重的选址分析具有十分重要的意义。

物流园区选址一般遵循以下原则。

(1) 靠近主要生产消费地。大型生产企业、商贸中心是物流企业、配送中心的主要服务对象。因此,靠近市场、缩短运距、降低运费、供货迅速是物流园区配送功能设计时主要考虑的因素之一。

(2) 靠近交通干道或枢纽。"货畅其流"是社会经济流通系统对交通的基本要求,物流园区作为社会流通体系中的一个节点,聚集着众多物流企业,是城市物流的供应基地,其规划建设也应充分考虑区域交通状况。

(3) 选择地价较低的地区。从经济合理性角度考虑,较低的地价有利于物流企业的低成本运作,提高企业效率。

(4) 优先利用现有存量设施。物流园区的建设需要投入大量的人力、物力和财力,为了减少资金投入,避免重复建设,应优先考虑将现有仓储区、货场等改建为物流园区。

(5) 一次规划,分期实施。物流园区的建设是一个循序渐进的过程,具有一定的超前性,这要求在园区的选址上必须注意土地的预留以及预留土地的保存和利用问题。按照一次规划、分期实施的原则,根据园区的不同发展阶段,逐步开发预留土地。

(6) 与城市总体规划相协调。物流园区建设必须从城市整体发展的角度来统筹考虑,结合城市功能布局、总体规划、土地使用规划等确定园区的具体位置,满足城市地域分工与协作的要求。通常城市的外环周边是物流园区选址的主要区域。

（7）注重环境保护。缓解城市交通压力、减轻物流对环境的不利影响是物流园区选址必须考虑的重要因素。使占地规模较大、废气噪音污染严重的配送中心远离城市中心区，既是物流园区产生的初衷，也是城市可持续发展的必然要求。

（七）物流园区作业流程设计

物流园区是集运输、配送、存储、包装、装卸、加工等功能于一身，具有高科技、高效率特征的新型货物集散中心。不同性质、不同规模、不同类型的物流园区，其功能也不相同。不同的功能其业务流程也各具特色。

根据园区的功能组合，一般可将物流园区分为如下几个作业区：仓储作业区、流通加工作业区、集货区、拣货区、办公事务区、厂区相关活动区等。各作业区拥有不同的作业项目（见图2-2）。

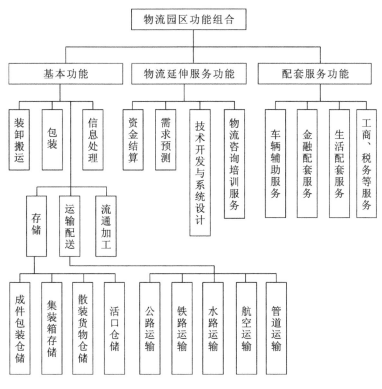

图 2-2　物流园区功能组合作业结构图

（八）物流园区经营管理机制、保障措施、社会经济效益评价

研究物流园区分期建设规划及有关建设费用，估算物流园区的建设投资总额，研究建设资金的筹措渠道，提出相应的物流基础设施建设的实施方案，并在物流人才培养等方面提出相应的保障措施。社会经济效益评价采用定性评价与定量评价相结合的方法。主要是对物流园区的建设所能产生的社会效益进行分析，并分析预测物流园区建设所带来的经济效益。定性评价包括对提高专业化、社会化物流水平，提高全社会物流资源的利用率，减少物流对城市环境造成的不利影响，对改进城市的物流环境、增强城市竞争力、增强吸引外商的投资

等方面进行评价,重点分析物流园区对提高社会生产力的作用以及所处的地理位置交通是否便利,其占地是否影响城市的发展,建成后是否影响城市景观等方面。定性分析可采用AHP(层次分析法)等评价方法。而定量评价主要评价物流园区建成后在提高物流效益、提高物流质量、降低物流成本等方面的经济效益。定量分析可采用效益费用比、内部受益率等指标进行经济评价。

(九)信息平台规划

信息化与网络化是现代物流与传统物流最重要的区别之一。发展现代物流服务离不开信息技术与网络技术的支持。尤其在一些开发区,外资企业对现代物流技术的应用需求特别强烈,希望通过与固定物流服务商之间的信息共享,物流服务商能为企业提供零库存等现代物流服务。物流企业通过信息系统可以及时了解客户的库存情况,及时安排车辆,为企业输送原材料、半成品等。通过EDI(电子数据交换)技术还可与海关等部门实现无纸传送、提前报关、提高通关速度等。在各行业众多的企业中,所有技术都要企业自己开发是不现实的,也是最不经济的。区域物流园区为企业提供信息平台,不仅可整合企业资源,提高资源配置的合理化水平,而且可有力促进物流与信息流的结合,提高区域内的信息化、网络化应用水平。在对物流园区的信息平台进行规划时,除考虑与当地政府共用信息平台的连接外,还应充分考虑区内的一些特殊企业(如外资企业等)对时效性、零库存及其将物流功能外包的要求。对物流园区信息平台进行总体规划时,需要确定各功能模块的详细功能及开发次序,如可优先开发仓储管理、货物跟踪查询、配送管理、车辆调度、订单管理、财务结算等模块。另外,还要研究信息平台建设策略,明确信息平台开发主体,制定分期实施规划等。

(十)重点工作项目的安排

对园区建设工作的重点给予适当的规划安排,有利于园区建设工作的开展,搞清楚建设工作的切入点。有时,政府部门手里拿着规划方案,却不知从何处着手,而近期建设规划可以说是从方法规划到实践的一个过渡。近期建设项目是一些基础设施项目或一些具有启动和带动作用的项目,通常有以下几类:

(1) 园区征地。

(2) 基础设施和相关配套的物流设施。

(3) 网络系统与信息平台。

(4) 人才的引进及优惠政策的制定。

(5) 重点企业的引进。

通过前期的重点工作,为企业的入驻创造一个良好的运营环境。同时,前期工作项目的安排也是整个规划方案同实际的融入点,在前期工作中,可进一步评价规划方案,对其中的一些不适当之处进行修改,使规划方案更能与实际相结合。总之,前期工作项目的安排十分重要,它基本上奠定了整个物流园区的建设框架,前期工作做得好,物流园区的建设也就有了一个好的开端。

三、物流园区规划的程序

确定物流园区规划的程序应是一个动态的过程,即经过不断的信息反馈和修正,利用定性定量相结合,充分考虑各方因素,最终得出结果,如图2-3所示。

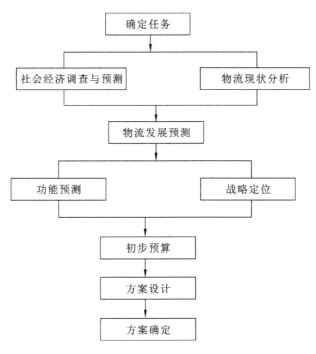

图2-3 物流园区规划流程

(一)前期准备

前期准备工作是为物流园区规划提供必要的基础资料,主要内容包括:收集物流园区建设的内外部条件及潜在客户的信息;分析物流园区经营商品的品种货源流量及流向;调查物流服务的供需情况;分析物流行业的发展状况等。

(二)确定目标及原则

确定物流园区建设的目标是物流园区规划的第一步,主要是依据前期准备工作的资料,确定物流园区建设的近期、中期和远期目标。物流园区建设的原则一般是根据物流学原理及项目的实际情况确定的。

(三)社会经济分析与物流预测

通过广泛收集区域(城市)内物流相关行业的基础资料,结合社会经济发展总体规划,分析现阶段物流各相关行业的经济特点,预测各物流功能要素未来发展状况,并按照对物流处理过程的特性(运输、配送、仓储、流通加工过程的共性和个性)分类,从不同角度把握物流的发展趋势和分布特点。

(四)战略定位

根据城市或经济区域物流现状及未来发展趋势的预测分析结果,结合具体进入园区的企业及服务对象企业对物流服务的客观需求,设计物流园区的具体功能,划分物流园区内部不同功能分区;根据功能设计的内容和要求,研究物流园区发展战略定位、园区业务经营定位,从而明确园区经营模式、平台建设等。

(五)选址规划

对于物流园区的选址规划需要给予高度重视。选址规划主要包括以下内容:分析约束条件如客户需求、运输条件、用地条件、公用设施及相关法规等;确定评价标准;选择选址方法,根据实际情况一般采用定性与定量相结合的方法;得出选址结果;作业流程规划。

作业流程规划是物流园区规划的重要步骤,决定了物流园区作业的详细要求,如设施设备、场所分区等,对后续的建设具有重要的影响。在实际规划中,应该根据物流园区的功能,结合商品特征与客户需求进行必要的调整。

(六)功能设计

将物流园区作为一个整体的物流服务系统来考虑,依据确定的目标,规划物流园区为完成业务而应该具备的物流功能。物流园区作为一种专业化的物流组织,不仅需要具备一般的物流功能,还应该具备适合不同需要的特色功能。物流园区的功能规划,首先需要对配送中心的运输、配送、保管、包装、装卸、搬运、流通加工、物流信息等功能要素进行分析,然后综合物流需求的形式、物流园区的发展战略等因素选择物流园区应该具备的功能。

(七)初步预算

通过对未来发展预测中不同特性物流量的分解,结合功能设计要求,根据有关国家和行业标准采用定量方法初步计算物流园区建设所需的资金、主要功能区划分、可实施的延伸服务和附加服务、使用面积和建筑面积等。

(八)方案设计

在根据功能设计的基础上结合初步预算的结果,为物流园区正常运转设计合理的内部工艺流程;然后在工艺流程的指导下合理布局各功能区域的基本位置、制定建筑工程方案及作业空间布置等。

例如,信息系统设计,既要考虑满足物流园区内部作业的要求,有助于提高物流作业的效率,也要考虑同物流园区外部的信息系统相连,方便物流园区及时获取和处理各种经营信息。一般来讲,信息系统规划包括两部分:物流园区内部的管理信息系统分析与设计,物流园区的网络平台架构。

此外,还包括设施设备方案设计。物流园区的设施设备是保证物流园区正常运作的必要条件,设施设备规划涉及建筑方式、空间布局、设备安置等多方面问题,需要运用系统分析的方法求得整体优化,最大限度地减少物料搬运,简化作业流程,创造良好、舒适的工作环境。在传统物流企业的改造中,设施设备规划要注意企业原有设施设备的充分利用和改造等工作,这样可以尽可能地减少投资。设施设备规划一般包括以下几方面工作:原有设施设备分析;物流园区的功能分区;设施的内部布局;设备规划;公用设施的规划。

第三节 物流园区规划存在的问题及原因分析

一、物流园区规划存在的问题

我国的物流园区规划仍然缺乏成功的经验和模式可以借鉴。我国从1993年起,一些地区开始规划建设物流园区,2003年全国物流园区建设达到了高潮,除了许多省份和经济中心城市积极规划建设物流园区外,还有许多中小城市甚至一些乡镇和街道办事处也要规划建设物流园区。但是物流园区的规划建设是一项重大的物流基础设施投资项目,需要几千万,上亿元乃至数十亿元的投资,占用大片的规划用地,甚至耕地,可是,在这些规划的物流园区中,存在一些仓促上马的项目,这些项目没有经过详细的调研和论证,有些物流园区的规划建设是出于政府的"形象工程"的目的或是有"圈地"之嫌,这些物流园区建成后没有良性的运作,也没能产生预期的经济效益和社会效益。2003年初,零点研究集团就国内物流园区的建设及物流企业的需求等问题对全国31个(省、市、自治区)的制造、商贸、运输和物流服务共304家企业进行了一项调查,得出的结论是:当前国内物流园区的建设具有一定的泡沫成分,突出表现为部分物流规划单位,尤其是某些地方政府为物流而物流,盲目发展物流园区。另据中国仓储协会2002年对我国物流园区的调查报告显示,我国的物流园区空置率高达60%。物流园区盲目建设的危害已开始显现,由于一些物流园区的规划不科学,物流园区建成后其运营已举步维艰。综上种种现象,目前国内物流园区的规划建设主要存在以下问题。

(一)物流园区规划缺乏系统性

首先,规划本身的问题,包括承担规划机构的资格,制定规划的方法,规划使用的数据,计划中的园区模式等不明确;其次,规划和规划之间的统筹和协调问题,各省市的规划中存在着省市县的协调问题,存在着各自为政的现象,省市县的规划有的是同步进行的,有的省市,县的规划在先、省里的规划在后,至于经济区域内的省市物流园区就更加难以统筹,因此,省内物流园区之间,物流园区和物流中心之间,以及相邻省市物流园区之间的覆盖半径和区域效应等协调问题在相关的规划中都没有考虑。

(二)物流园区布局规划缺少定量化的分析手段

大多停留在定性分析的基础上,我国现阶段物流园区的布局规划,大都采取定性的方法,甚至在一些地方的物流园区布局规划中,仍然沿袭计划经济时期由政府主管领导"拍脑袋"决策的做法,凭主观判断进行布局,人为随意确定经济中心城市范围内的物流园区的数量、规模、选址和建设时序,缺乏与需求的配合,以及与物流企业和企业物流发展的衔接,使得各种规划结论缺乏说服力。对物流园区的布局规划方案没有进行相应的评价,使得一些物流园区在开发建设后,存在资源严重浪费的问题。

(三)很多物流园区的规划是地方的政府行为

物流园区的规划很多是地方的政府行为,且大都处于规划和前期建设阶段,并未与上一层次规划和周边经济联系区域进行衔接。一些由政府主导规划建设的物流园区由于规划前期没有做充分的市场调研,没有明确的客户需求,因而不能克服原有的体制性弊端,不能适应物流市场需求规律,其发展现状也不尽如人意,没有发挥真正的效益。在各地和各级政府的规划之下,原先分散在经济区域的中小储运公司、集散市场、货运站等也开始在物流园区的名义下集聚,但其服务功能都达不到一个真正的物流园区的标准。这些仓促上马的物流园区项目对区域的物流需求市场调研不足,行政色彩浓厚,大部分物流园区运营都没有步入良性循环轨道,并给当地政府造成了沉重的财政负担。因此,物流园区建设存在着"重投入轻产出,重规模轻运营,重设施开发轻市场运作"等问题。

（四）物流园区布局规划大多是从行政区域出发

规划不是从经济区域出发,没有考虑物流园区的辐射效用。对物流园区的规划目前仍旧是各地为政、条块分割和行业分割,仅仅从行政地区的角度考虑,没有考虑对可能会辐射到的经济区域的相互影响,因而各地规划建设的物流园区存在着层次不清的问题,物流园区之间不能产生联动效应,导致在同一经济区域范围内物流园区基础设施投资的重复交叉建设,出现低水平的恶性竞争的局面。

（五）物流园区规划定位不明确

未能明确今后该物流园区何去何从。有些物流园区规划前由于没有做充分的市场调研,导致物流园区建成后服务对象不明确,因而物流园区的功能定位模糊不清,规划中没有很好地分析如何挖掘物流园区所具备的潜力,不能明确客观地评估它的前景,限制或夸大了物流园区的发展进程。

（六）物流园区规划存在"圈地"隐患

部分园区规划面积超过该区域的物流服务实际需求,或者土地资源开发不充分,没有完全用于物流服务。开发商以物流园区开发建设名义获得大规模土地之后,通过土地增值获得收益,而忽视了物流园区的建设,以及后期的运营发展,并未充分利用土地规模,"圈地"获利现象使得土地资源浪费。

二、产生上述问题的原因分析

（一）物流理论研究比较滞后,方法相对缺乏

我国的现代物流业刚刚起步,物流理论特别是物流园区规划建设方面的研究还处在起步阶段,研究成果相对较少,方法论也较为缺乏,可供借鉴的成果和经验也相对较少。到目前为止,我国尚未建立物流产业的行业规范,物流成本也没有规划的统计指标体系和统一的统计口径,物流园区规划中许多定性指标的"量化"也就成为规划工作的一大难题和瓶颈。在我国目前的物流园区规划建设中,缺乏数学模型和相应算法等定量化的深入分析方法,定性地强调物流规划要受区域经济、交通运输网络、货运量、相关政策影响,但对于一个具体的物流园区规划可操作性较差,很难解决实际问题。如在我国物流园区布局规划中,物流园区的用地规模普遍出现了规模偏大、贪大求洋的局面,其根本原因在于对规模确定的各种影响因素缺乏全面的分析,规模确立标准等缺乏科学方法论的指导,因而在确定物流园区的建设数量和建设地点时存在利益平衡布局问题。由于相关行业或政府部门认为投资建设大规模专门化物流基础设施可以获得投资拉动效应,增加就业岗位等好处,因而为了争夺利益人为

地要求在本地建设,一些地区对规划后的物流园区不能从整体利益的战略高度出发,争先上马建设规划的各个服务功能区,这在一定程度上造成了物流园建设数量、选址和建设序列的失控,如今各地动辄提出要建设几大物流园区或综合物流中心等,均有着这样背景。

（二）缺乏规划所需的基础数据

我国在物流方面的统计方法存在许多不足之处,导致许多统计数据有较大的偏差。另外,由于现代物流的理念还未被广泛认识,与物流方面的相关指标体系还未能建立,使得在物流园区规划中很难获得物流相关指标体系的历年统计数据。缺乏基础数据,即使有了理论指导,甚至有了评价体系,也有可能会因缺乏系统和准确的数据而无法开展。不过对此只要有了方法论的指导,采集数据也还有很多补救办法。

（三）物流园区规划方面的机构和人才匮乏

物流基础研究在我国比较薄弱,尽管在国内的一些大学或科研机构中已经成立了现代物流研究所或研究中心,但是,研究人员的数量很有限,这些研究机构的规模和力量远远不能满足我国目前物流园区规划建设的要求。

（四）现有体制和政府的管制还存在弊端

计划经济遗留下来的影响使得物流园区规划中或多或少地带有政府色彩,存在过多的政府干预。我国经济领域中,部门分割、行业分割和地区分割以及地区间市场封锁的问题,阻碍了物流园区的系统规划和建设工作。在对一些经济中心城市的调研中发现,我国许多经济中心城市在制定发展规划时,公路部门在规划自己的各级交通枢纽和物流节点,铁路部门在规划自己的各级货运站,航空部门也在规划建设自己的航空物流节点等,而很少有统筹几个方面的综合规划的部门。

【经典案例】

武汉市"十二五"物流园区发展规划

（一）武汉市物流园区规划SWOT分析

对武汉市物流园区规划的SWOT分析表明:武汉市发展物流业面临着国家经济地位增强、国家政策支持、物流标准完善、物流技术的发展以及基础设施条件的改善、武汉城市圈重点项目支持及武汉市国民经济发展势头良好等机遇;面临着市场竞争加剧、金融危机影响、需求结构与供给结构不一致等威胁;具有区位、交通、产业、物流基础建设等优势;存在现代物流认识不足、市内各区之间缺乏协调与合作、物流基地建设进度滞后且缺乏整体效应、缺少具有竞争力的物流企业、物流服务整合程度低及信息化程度不高等劣势。（见表2-1）

物流业作为基础性行业,对地区经济发展具有举足轻重的作用。在振兴和调整物流业的大背景下,武汉市必须认清物流业发展现状,理清思路,集中优势资源,抓住发展机遇,弥补不足,积极开展物流相关工作,大力推动物流业发展。

表 2-1　武汉市物流园区规划 SWOT 分析

机会 O	· 中国国际经济地位的进一步增强 · 《物流业调整和振兴规划》等政策的提出 · 物流标准的完善、物流技术的发展以及基础设施条件的改善 · 武汉城市圈重点项目的展开 · 武汉市国民经济发展势头良好	· 区位优势 · 良好的交通基础设施条件 · 武汉"1＋8"城市圈产业支撑 · 不断推进的物流基地建设 · 一定的信息技术基础	优势 S
威胁 T	· 加入WTO以来国外企业的影响 · 全球性金融危机的影响 · 其他省市物流企业对武汉市发展现代物流业的冲击 · 需求结构与供给结构不一致	· 部分地区对现代物流园区的认识不足 · 市内各区之间缺乏协调与合作 · 物流基地建设进度滞后且缺乏整体效应 · 缺乏具有竞争力的物流企业 · 物流服务整合程度低 · 信息化程度不高	劣势 W

（二）基本原则

1．坚持政府引导、企业运作相结合的发展原则

政府制定物流业发展规划、物流产业政策和相关法规，营造物流业发展的良好环境，引导物流企业的发展。物流企业的具体经营运作，由企业决策、自主经营。

2．坚持与武汉市、武汉城市圈的经济发展战略、国家及湖北省物流业调整和振兴规划相吻合的原则

根据武汉市、武汉城市圈经济发展的战略规划、国家及湖北省物流业调整和振兴规划的总体部署和要求，规划武汉市现代物流业的发展战略，实现现代物流业与经济协调发展。

3．坚持总体规划、分步实施、注重实效、重点突破的原则

在总体规划的基础上，针对武汉市现代物流业的现状，适度超前，找准武汉市现代物流业发展的关键环节，重点突破，推动武汉市现代物流的发展。

4．坚持整合、集约、高效原则

整合和改造现有的物流资源、设施，构建层次清晰（物流园区、物流中心、配送中心等）、功能完善（集多式联运、信息、加工、配送、展示、交易、保税等功能于一体）的现代物流体系。

5．坚持物流基地（园区、中心）功能建设与经济开发相同步的原则

物流园区与物流中心的建设，不仅仅是为了提高物流产业的集聚、物流活动的规模效应和增强物流服务的功能，还有一个重要的经济开发功能。因此物流园区、物流中心的建设要与经济开发建设同步发展,在建设初期及建设过程中,要将招商引资等经济开发的工作与物流功能的开发工作同时安排、同步发展。

(三)战略定位

结合国家物流业规划内容,以及武汉物流的发展现状,分别从国家、中部地区、武汉城市圈以及武汉市这4个层面对武汉物流园区的发展战略定位进行分析。

(1)武汉作为全国一级枢纽城市之一,要加强物流园区规划布局,有针对性地建设货运服务型、生产服务型、商业服务型、国际贸易服务型和综合服务型的物流园区,优化城市交通、生态环境,促进产业集聚,努力提高城市的物流服务水平,与全国其他物流节点协同发展,成为全国物流网络的重要城市节点和综合性物流基地。

(2)武汉作为中部地区的中心城市,要充分发挥中部地区承东启西、贯通南北的区位优势,充分发挥长江经济带中的区位优势,与东部物流区域、长江上下游有机衔接,成为立足中部的物流核心区域,辐射全国其他八大物流区域的物资集散中心、商贸交易中心和物流信息中心。

(3)武汉作为武汉城市圈的核心城市,应联合武汉城市圈的八大周边城市,带动周边所辐射区域物流业的发展,促进大中小城市物流业的协调发展。构建武汉城市圈多层次物流节点网络,兼具大型综合性物流市场和专业性物流市场。按照产业布局和发展一体化、区域市场一体化的要求,建立现代化、大规模、多功能、物流组织活动高度集成的综合性物流基地,利用物流基地地处多种运输方式汇集的运输枢纽和仓储、流通加工能力较强的优势,形成立足湖北、聚集中部、辐射全国、面向世界的多层次立体物流网络。

(4)武汉市现代物流业发展战略的总体定位,以服务武汉市制造业、商贸业的现代物流业为基础,以服务武汉城市经济圈产业链供应链物流发展为依托,以服务于中部地区产业链和连接区域间货物中转的区域物流业为发展方向,通过构建武汉市现代物流业的网络体系(物流园区、物流中心及配送中心)、物流信息平台和基础设施平台及合理的物流节点空间布局和功能分布,建立起武汉市现代物流业的体系结构,培育武汉现代物流服务品牌和有国际竞争力的现代物流产业群,确立武汉市在中部区域物流的中心城市及全国物流网络的重要城市的地位。

(四)总体空间布局规划

武汉市现代物流网络体系的构建,是武汉市现代物流基地运营和发展的基础,是武汉市建立高效运作的现代物流体系的关键环节,因此具有极为重要的战略意义。以武汉市为中心的区域性现代物流业网络体系,是物流园区、物流中心、配送中心相辅相成的现代物流业体系结构,结合各种交通网络所构建的多功能、多层次、现代化、合理化的物流网络结构。根据武汉市物流需求状况和交通基础设施情况，规划了以五大物流园区、九个物流中心为核心的武汉市现代物流网络体系，见图2-4。

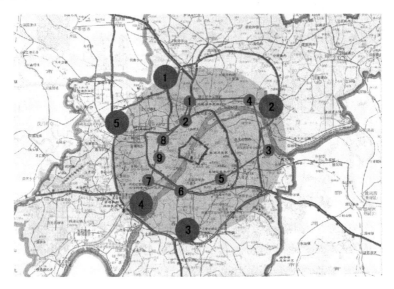

图2-4　武汉市物流基地总体空间布局

以五大物流园区、九个物流中心为基础的武汉市现代物流网络体系，最重要的功能在于配合和充分发挥武汉市规划的成为全国铁路货运中心、航空货运中心、公路货运主枢纽和最重要的内陆港口的优势，有效地支持武汉市现代四大支柱产业、五大产业板块、十五个产业链制造业的供应链整合和精益物流运作，促进武汉市现代制造业做大做强。

在物流园区的空间规划上，以传统的大型铁路编组站、公路货运站和港口为基础，考虑到交通条件和土地、运营成本，物流园区设在武汉的中环以外、外环附近交通枢纽处。

根据武汉市物流需求和交通状况，规划了五大物流园区，根据武汉市产业集群布局和规划以及专业交易市场物流需求状况，规划了九大物流中心（见表2-2）。

表2-2　武汉市物流基地总体布局节点

节点层类		节点名称
物流园区	1	武汉天河临空物流园区
	2	武汉新港阳逻物流园区
	3	江夏综合物流园区
	4	常福物流园区
	5	东西湖保税物流园区

续表

节点层类		节点名称
物流中心	1	汉口北商贸物流中心
	2	后湖-丹水池生产资料及日用品物流中心
	3	白浒山石油化工产品及危险品物流中心
	4	阳逻钢铁及冶金产品物流中心
	5	东湖技术开发区高新物流中心
	6	白沙洲农产品及装饰建材物流中心
	7	沌口汽车及机电物流中心
	8	西汉正街建材家装及日用品物流中心
	9	汉阳生物医药及医疗器械物流中心

学习并分析：
1. 武汉市物流园区是如何规划定位的？
2. 武汉市物流园区功能规划的依据是什么？
3. 武汉市物流园区规划的区位选址依据有哪些？

【本章关键术语】

物流园区规划 planning of logistics park　　战略定位 strategic positioning
方案设计 scheme design　　经济评价 economic evaluation

【本章思考与练习题】

1. 物流园区规划的内容包括哪些？
2. 物流园区规划的过程包括哪些步骤？
3. 物流园区规划的原则和目标有哪些？

【参考文献】

[1] 张晓东.物流园区布局规划理论研究[M].北京:中国物资出版社,2004.
[2] 牛慧恩,陈景.我国物流园区规划建设的若干问题探讨[J].规划研究,2005(3).
[3] 陶经辉.物流园区布局规划与运作[M].北京:中国物资出版社,2009.
[4] 潘文安.物流园区规划与设计[M].北京:中国物资出版社,2005.
[5] 王战权,杨东援.物流园区规划初探[J].系统工程,2001(1):79-83.
[6] 林敬松,周业付.规划与建设物流园区[J].中国水运,2002(8):18.

第三章 物流园区的布局、选址与规模预测

本章重点理论与问题

> 物流园区的布局需要从区域空间角度进行整体规划,避免重复建设,并加强园区之间的综合协调。整体布局空间形态分为向心型布局、轴对型布局、单极型布局和轴辐网络型布局。在物流园区的需求预测内容中,包括区域经济及市场物流服务需求量的分析,可采用市场调研与模型预测等方法进行综合预测分析。在物流园区选址时要注意考虑自然环境、经营环境、基础设施等因素,可采用专家咨询法、重心法、线性(非线性)规划法。在物流园区规模规划中需要对园区的数量、作业能力、功能分区面积进行规划分析。

第一节 物流园区整体布局规划

一、区域空间的物流园区整体布局

(一)整体布局规划

区域中多个物流园区共同组成一个大的物流系统,形成一个整体的综合布局,在城市总体规划的框架下,根据城市产业布局和经济发展,合理确定城市物流节点的位置、数量和规模。物流园区网络系统可由政府进行统一规划和布局,政府还可以通过采取一些鼓励或限制性的政策措施,达到物流企业在物流园区集中布局的目的。

物流园区,尤其是依托综合运输枢纽的物流园区,功能齐全、影响范围较大,一般是区域乃至全国物流大系统的一环。物流园区顺应了现代物流规模化、综合化的要求,一般是不同运输方式的转换节点,要求有大规模的用地,因此依托大型枢纽(如港口、铁路货运站),一般在城市远外围或郊区及产业集聚区布设,同时注重物流园区与城市对外交通枢纽的联动规划建设,借助物流园区的规划建设推动传统的交通枢纽向现代物流要求方向发展。而物流中心和配送中心影响范围一般是本市及周边城市,以配送业务为主,要求快速准时,因此要求在空间距离上尽量靠近需求点,并且有连接市区的快速干道。物流中心在城市近外围区域内,内环或外环道和快速干道的交叉处布设最为科学。区域中心区可布设小的配送网点,以小型配送车辆运行为主。见图3-1。

(二)整体空间布局规划要求

进行物流园区整体布局规划的主要目的是通过物流园区在空间的合理分布,以及物流园区在作业上的协调组织,实现物流资源的优化配置,提高整体物流系统运行效率,降低物

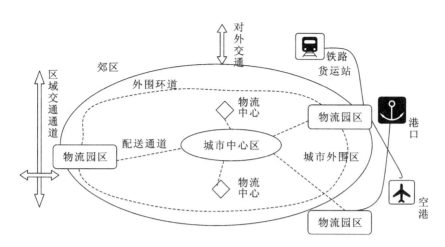

图 3-1 区域空间的物流园区整体布局

流成本,促进城市经济发展。

1. 促进区域产业布局调整,完善区域物流功能布局

经济的高速发展引发了城市格局的重大改变,城市的空间范围不断扩大。原来的城市边缘区成为市中心区,而且随着市中心地价的上涨、交通的拥挤和环境的嘈杂,部分厂家、居民把郊区作为新的选择,导致商贸、金融、饮食服务等第三产业向外发展。为此,物流园区整体布局规划既要为物流企业的发展提供便利,也要考虑到城市新的生产、消费需求,新的功能需求,有利于城市的生产区、商业区、居住区、物流区等的功能划定,促进产业布局调整,完善城市功能。

2. 推进物流资源整合,提高物流系统的运作效率

推进区域物流园区布局规划,要分析区域物流现状和既有物流系统运作情况,了解现有设施、装备的硬件问题,了解现有交通运输网络的运输能力,了解目前的物流管理、运营状况等,进而确定既有仓储设施的改建和关闭,现有物流设施的整合与否等等,实现物流基础设施和配套服务的共享,实现物流企业的专业化和互补性,降低运营成本和费用支出,获得规模效益。设立统管物流的主管部门,健全物流标准化体系,制定全国统一的法律、法规,研究协调布局的具体方法等等,都是加强城市物流资源整合及协调布局的有效措施。

3. 加强物流节点功能的综合协调

区域物流节点的功能既要涵盖运输、仓储、货物集散等基本服务,又要满足城市对其作为城市设施而在空间结构、人文历史等方面的基本要求。另外,城市社会化生产、整体经济的提升要求各物流节点实现功能协调,同一层次级别的物流节点由于服务对象、功能设置的相似性,更容易实现协调运作;不同层次的物流节点间的整合更多考虑的是技术水平、信息网络的协调整合与共享、物流服务的一体化等。

4. 优化区域生态环境,满足可持续发展要求

可持续的区域发展原则,国际性城市、区域经济中心城市、花园式园林城市的目标定位,都要求在规划建设中未雨绸缪,尽量满足环境发展要求。物流园区在国外产生的直接原因就是出于城市环境方面的考虑。因此,园区规划建设,要减少线路、货站、货场、相关设施在城市内的占地,避免对城市景观的破坏,并将分散的物流企业和仓储设施等集中起来,促进物流基地废弃物的集中处理,降低对城市环境的破坏或影响。尽量满足城市可持续发展的要求,是物流园区规划建设的基本要求之一。

(三)整体空间布局规划原则

城市物流园区是复杂的经济社会生活中的一个环节,要与城市其他系统相协调,在谋求自身发展的同时,遵循以下四个原则。

1. 与区域发展目标和城市总体规划相适应的原则

城市的各种经济活动对城市区位都有各自特殊的要求,也都有自己的区位优势,各类经济活动在一定区域内的聚集形成了城市空间结构。城市总体规划是对城市空间结构发展的总体控制,城市物流园区的布局规划必须与城市总体规划相适应,在城市总体规划下对城市物流园区进行再配置,使其与城市的其他功能相协调,促进城市经济和物流业的可持续发展。

2. 物流规划坚持以市场需求为导向原则

在发展城市物流的过程中,政府要准确把握好自己的定位与作用,更新观念与思路,坚持以市场为导向,尽量减少不必要的行政干预。要把物流发展成为一个重要的产业与新的经济增长点,就不能回到老一套的计划经济体制上来。对于政府来说,所做的事情主要是制定政策、制定规划、制定标准,从政策上引导产业发展,努力营造一个公平有序的市场竞争环境。

3. 整合各种物流资源原则

物流产业有这样一个特点,就是它通过对各种物流要素的优化组合和合理配置,实现物流活动效率的提高和社会物流总成本的降低。当物流资源分散在不同企业或不同部门时,各种物流要素很难充分发挥其应有的作用。随着物流活动从生产和流通领域中分化出来,各种物流要素逐渐成为市场资源,专业化物流企业可以根据各种物流活动的要求,在全社会范围对各种物流要素进行整体的优化组合和合理配置,从而最大限度地发挥各种物流要素的作用,提高全社会物流效率。

4. 与国际先进物流城市接轨原则

我们与国外发达国家同行相比,不管是从物流意识上,还是从物流的技术上,都有很大的差距,换句话说,我们应该向他们学习的地方很多。我们除了直接通过考察、培训、交流等方式学习外,还可以通过与国外企业的合资、合作,获得外商直接投资所带来的先进的技术、管理方面的经验以及一流的物流人才。从另一个方面来说,引进外资可以给行业带来充分的竞争,使我们的物流企业在竞争中学习进步,尽管代价可能是比较大的。作为政府部门,就是要营造一个良好的投资环境,包括从政策到基础设施配套建设,来吸引外资和人才,也可以带动其行业的发展。

(四)整体空间布局规划依据

进行物流园区布局的主要依据是未来的物流量。这里的物流量,不仅是指物流的数量,还包括物流的流向以及物流源、物流汇,而且这个物流量不是现在的物流量,而是未来的物流量,需要通过现在的规划和预测求得。

(1)物流源和物流汇的设置规划,预测主要解决已有的物流源、物流汇,新规划的物流源、物流汇,以及未来的物流量大小和流向的问题。要根据城市的历史、实际情况和今后的经济发展规划进行预测。

(2)所处的经济区域大物流系统的规划和布局,以及城市在其区域当中的地位和作用。大区域的物流系统既是城市物流园区可以利用的资源条件,也是城市物流园区运行的约束条件。作为资源,城市物流园区可以利用它充分发挥城市物流系统的作用,增强城市物流系统的活力与效益;作为约束条件,城市物流园区只有适应它才能够生存,因此进行城市物流园区空间布局需要把大区域的宏观物流规划作为自己的依据。

(3)功能分区规划和物流大企业的布局规划。物流园区空间布局最基础的工作是布点规划,就是要布置物流园区的位置。而这些点的布置是要建立在城市功能分区的基础之上的,要针对各个区片的功能设置合适的物流网点。例如在一片居民生活区,对于众多居民的多品种、小数量需求的特点,只需在其区域合适的位置布置一个配送中心即可。而对于某些工业园区、商业园区、交通枢纽区或者物流大企业,物流吞吐量特别大,可以设立物流中心,或者物流园区等。

(4)交通地理条件和永久性物流基础设施状况。这些交通地理条件和永久性物流基础设施,既是城市物流园区可以利用的资源,也是城市物流园区必须适应的约束条件,例如山川、江河湖海、高原平地,已有的港湾码头、交通路网等。

二、物流园区的整体布局空间形态

城市物流园区布局空间形态主要由城市形态、产业结构、交通格局等因素决定,由于各城市特点不同且一般物流园区的数目较少而没有呈现十分明显的态势,但都应该顺应城市及区域物流主方向,位于物流通道上。从目前一些城市的规划来看,主要有如下几类:

(一)向心型布局

物流园区主要分布在主要物流通道上的城市对外的各方向重要出入口或临近大型的产业基地,形成集中向心辐射城区、全方位辐射外围的格局(见图3-2)。在城市远外围各方向出入口附近或产业基地区布设大型物流园区,在城市近外围主干线方向上和大型市场附近布设物流中心,城市内部布置各类配送中心。这是内陆城市比较常用的一种物流系统布局形态。环形向内辐射形态是最基本的城市物流节点布局形态,其他形式的布局是其演化形态。

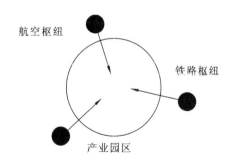

图3-2 向心型城市物流园区布局简化形态

这种布局形态比较常见,一般结合城市的交通布局和产业布局,适合规模较大的城市和团状发展的城市。以该布局模式为基础形式,其他的布局形式可在该基础上演化得到,物流园区数量多为3～4个。

（二）轴对型布局

轴对型布局以某一重要分割轴线为基准，在两侧呈对立状分布，各自主要辐射所在的侧面，物流园区沿干线轴布设，物流向垂直于轴线方向的两侧辐射（见图3-3）。

轴对型布局主要适合于受地形限制形成分散多中心的城市，或组团式发展的中等规模的城市，轴线一般为区域的重要物流干线，诸如运河、铁路、高速路等。布局数量一般为2～3个。

（三）单极型布局

单极型布局是只在城市的某一个方向布局物流园区，其他节点呈弧形展开的布局（见图3-4）。在城市的单侧方向布置大型物流园区，并逐渐向城市内布置各级物流中心。这种物流园区多分布于临海城市，依港而建，布设大型物流园区，并沿交通主干线向城市腹地方向呈扇形辐射。物流主要出入口位于港口一侧，或分布于物流通道贯穿过的狭长带状城市，布局数量一般为1～2个。

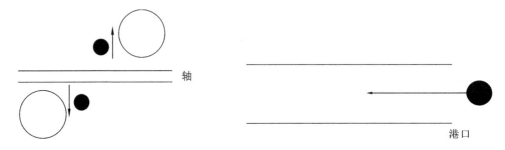

图3-3 轴对型城市物流园区布局简化形态　　图3-4 单极型城市物流园区布局简化形态

（四）轴辐式网络型布局

1. 轴辐式网络概述

轴辐式网络是指网络中的大部分节点通过和网络中的一个或少量几个枢纽（轴心）节点相互作用，实现货物、人员及服务的传递的一种网络结构。与轴辐式网络相对应的比较常见的网络是完全连接网络，也称点对点网络，如图3-5(a)所示。

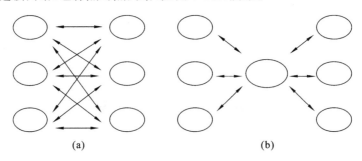

图3-5 完全连接网络与轴辐式网络

轴辐式网络是一种含有"轴心"和"辐网"的空间集合，"流"在该集合中产生、传播并终止，并通过不同的连接形式使"流"的总成本（或是其他成本，如时间等）最低。轴心是网络中的特殊节点,用来加强与其他节点间的联系。轴心的数量可以是一个或者多个。辐网指网络中的非轴心节点与轴心的联系,非轴心节点间的作用通过轴心来完成。该模式之所以称为轴辐式网络模式,是因为轴心和辐网形成具有密切联系的类似"自行车轮子"的空间网络体系,如图 3-5(b)所示。

2. 轴辐式网络的必要性

随着经济全球化步伐的加快,当今网络已经成为社会经济生活的主要组成部分。由于轴辐式网络系统便于网络运营商获得规模经济和范围经济及各种网络收益,增加网络用户的出行便利和网络用户的交易对象等特点,轴辐式网络系统已被广泛应用于现实社会中。随着产业管制的进一步放宽,企业经营范围也随之发展和扩大,各种形式的轴辐式网络在社会各行各业中也得到了迅速的发展和推广,并逐渐成为某些行业的典型特征。对于区域物流系统,辐轴式网络系统是整合物流资源、提高物流资源利用效率和降低物流成本的非常有效的网络结构。

1) 减少货物运输的不平衡性,提高运输资源的利用率

在物流运输系统中,各个节点之间的物流量存在着不平衡性。在传统的直通式物流系统中,各个节点是直接相连的,每条链路上的货物流量比较小,导致交通链路上运输工具的满载率偏低,浪费了运输资源,造成了成本损失。轴辐式物流网络设置了枢纽站,首先将非货物枢纽站的货物或者客流运到枢纽站中心,再通过枢纽站向目的站输送货物或客流。这种运输方式使得干线上运输量开始增大,满载率得到了确实的提高,从而提高了运输资源的利用效率,降低了货物的运输成本。

2) 促进物流中心枢纽站的建立,产生集群效应

轴辐式物流网络中心枢纽站的建立,也就是物流园区,使得所在地区成为货物流的集散地,并产生劳动力的需求和其他相关专业人员的需求,最终形成聚集,从而产生产业集聚效应,直接促进龙头企业发挥带头模范作用,促进一个城市乃至一个区域的经济发展。

3) 减少运输工具的使用,合理配置运输资源

如图 3-6(a)所示,直通式的物流网络线路较多,对于图中的 4 个节点,要配置 6 条线路,最起码需要配置 6 辆运输车;对于轴辐式物流网络结构,如图 3-6(b) 所示,有 4 条线,最少可以配置 4 辆运输车。另外,轴辐式的网络结构可以使得资源得到更合理的应用。直通式的物流网络各个节点之间没有主次之分,每个节点都只关注自己所涉及的区域、节点、运输中心等,这样不仅没有使资源得到合理的应用,还浪费了资源。而在轴辐式网络中枢纽站有主次之分,目标明确,有主次地将有限的资源投入到枢纽站中心建设之中,使资源得到了合理的配置。轴辐式系统大大提高进出资源搭配的可能性,它把 N 条航线与一个轴心连接,在理论上可为 $N(N-1)/2$ 个枢纽站提供中途只停一站的运输服务和另外 $N-1$ 个额外的直通服务。这样物流企业为了在一个枢纽站实现货物流搭配的最优化,就必须把抵达货物和需要的货物在合理时间内搭配起来,即必须把来自不同城市的货物流到达另一个枢纽站的时间都安排在大约的同一个时间里,来方便顾客或者货物的换乘、转载。轴辐式物流网络设置较多的枢纽站和频率较高的转乘对消费者是有好处的,枢纽站的增多允许乘客或货物选择一个比较适当的运输方案,而多样化的选择也更符合消费者的偏好。但是它与直通式物流系统相比,消费者在枢纽站等待、换乘的时间可能会有些延长,

可是消费者却可以通过价格优惠政策等办法得到补偿。所以轴辐式物流网络也能够满足客户的多样性需求。

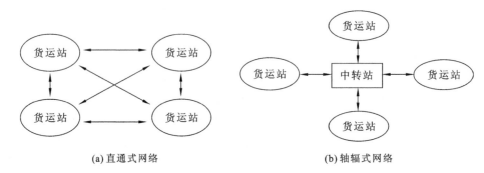

图 3-6　基本货运网络

第二节　物流园区选址

物流园区作为物流企业集聚的空间,是物流系统的重要节点,其选址合理与否直接影响物流空间分布和系统最优功能的实现。不同类型的物流园区各有不同的区位要求。在市场经济条件下,物流园区的区位选择一方面应从满足物流企业发展的需要出发,尽量靠近市场,缩短运输距离,降低运费及经营成本,并创造实现迅速供货的各种条件;另一方面还需要兼顾社会、环境等方面的要求,注意避免带来过大的城市交通压力,减轻物流活动对城市环境的负面影响,促进城市用地结构调整。

一、物流园区选址的原则和决策步骤

(一) 选址原则

最佳的物流园区建设地址能够依托有利的地理优势,最大范围地为一个地区的物流需求点提供优质的物流服务。事实上,物流园区选址广泛地存在于城市物流系统的各个层面,是一个涉及宏观战略的问题。为充分发挥物流园区的功能和作用,应按照以下原则进行选址。

1. 与地区及城市总体规划相一致原则

物流园区选址的第一个依据就是所在地区的城市总体规划,并同该城市的功能定位和经济发展目标相适应,充分考虑城市土地的利用结构、布局与可持续发展,能够顺应城市产业结构的调整,并有利于产业空间布局的优化。

2. 环境合理性原则

缓解城市交通压力、减轻物流对环境的不利影响是物流园区建设的目的之一,也是"以人为本"思想的直接体现。为人们创造良好工作生活环境,既是物流园区产生的直接原因,也是城市可持续发展的必然要求。

1) 远离城市中心区,处于城市边缘地带

由于物流园区项目一般占地规模较大,对城市环境污染(如大气、噪声污染等)严重以及

对周围生态景观破坏性强,因此应尽可能地选择城市的边缘地带,而避免在所在城市的中心区选址,否则这里交通拥挤、人口密集,将对城市居民的生活环境造成严重的影响。而物流园区建立的一个重要原因就是它能够有效地缓解物流给城市交通带来的巨大压力,为城市居民创造一个良好的生活环境,从而促使城市物流业快速持续地向前发展。

2）靠近货物转运枢纽,便于与多种运输方式相衔接

为了保证有充足的物流需求,并解决园区内货物转运问题,在选址时应当尽量靠近货物转运枢纽,包括公路货运场站、港口、机场等,且园区所在位置应覆盖发达的高速公路网络,能够有效衔接其他的运输方式,如铁路、航空等,以实现多式联运的功能。

3）靠近交通主干道出入口,对外运输便捷

为解决物流园区内大量货物集散便捷性问题,选址时应尽量选在靠近运输便捷的交通主干道进出口处。

3. 经济合理性原则

充分节约建设成本,避免不必要的资源浪费,在选址时要优先考虑将规划地区内已有的仓储区、货运场站等物流设施所在地作为物流园区的改建基地,此外还应考虑在其周围能够为相关的物流企业提供足够的发展空间。必须以物流现状分析和发展预测为依据,充分利用现有仓储用地及设施。

在诸多物流基础设施中,仓库以其庞大的规模和资产比率,成为物流企业的空间主体,国外一般经验是仓库用地占整个配送中心用地的40%左右;仓库建设投资大、回收期长且难以拆迁,充分利用好现有的仓储设施,则可基本解决原有设施再利用及优化资本结构的问题;仓库多分布在交通枢纽和商品主要集散地,交通便利,区位优势明显。因此,充分利用已有仓储用地及设施,可满足物流企业对市场区位和交通区位的要求,可减少用地结构调整和资金投入,是物流园区选址的捷径。

4. 循序渐进原则

物流园区的建设具有一定的超前性,但任何盲目的、不符合实际的超前都可能造成不必要的资源浪费。因此,必须坚持循序渐进的原则,结合地区实际,在客观分析物流业发展现状和未来趋势基础上,合理布局物流园区。

5. 结构合理性原则

物流园区的选址应将国家的物流网络作为一个大系统来考虑,使物流园区的设施、设备在地域分布、物流作业生产力、技术水平等方面相互协调。

（二）决策步骤

在进行物流园区选址时可以按照图3-7所示的程序进行。选址具体来说有以下几个步骤。

1. 选址约束条件分析

选址时,首先要明确建立物流园区的必要性、目的和意义,然后根据物流系统的现状进行分析,制定物流系统的基本计划,确定所需了解的基本条件,以便大大缩小选址的范围。

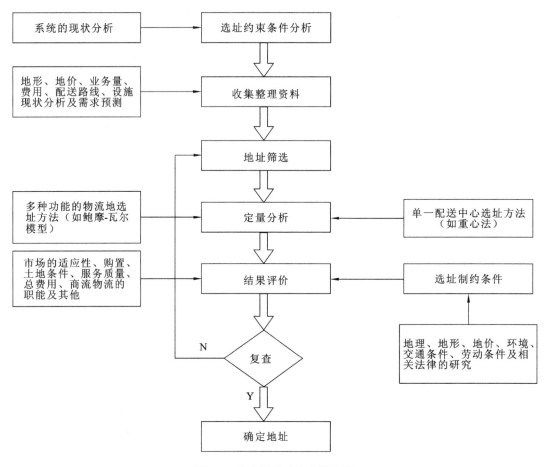

图 3-7 物流园区选址决策步骤

（1）需要条件。包括物流园区的服务对象——顾客的现在分布情况及未来情况的预测、货物作业量的增长率及服务区域的范围。

（2）运输条件。应靠近铁路货运站、港口和公路货站等运输节点，同时也应该靠近运输者的办公地点。

（3）配送服务的条件。向顾客报告到货时间、发送额度，根据供货时间计算从顾客到物流园区的距离和服务范围。

（4）用地条件。是用现有的土地还是重新取得地皮？如果重新取得地皮，那么地价有多高？地价允许范围内的用地分布情况又是怎么样的。

（5）法规制度。根据指定用地区域的法律规定，有哪些地区不允许建物流园区。

（6）流通职能条件。商流职能是否要与物流职能分开？物流园区是否要附有流通加工的职能？如果需要，要不要限定物流园区的选址范围？

（7）其他。不同的物流类别，有不同的特殊需求，如为了保持货物质量的冷冻和保温设施、防止公害设施或危险品保管等设施，对选址都有特殊要求，考虑是否有满足这些条件的地区。

2. 收集整理资料

选择地址的方法，一般是通过成本计算，也就是将运输费用、配送费用及物流设施费用模型化，根据约束条件及目标函数建立数学公式，从中寻求费用最小的方案。但是，采用这种选择方法，寻求最优的地址解时，必须对业务量和生产成本进行正确的分析和判断。

（1）掌握业务量。选址时，应掌握的业务量包括如下内容：工厂到物流园区之间的运输量，向客户提供服务的货物数量，物流园区保管的数量，服务路线上的业务量。由于这些数量在不同时期会有种种波动，因此，要对所有的数据进行研究。另外，除了对现状的各项数据进行分析外，还必须确定设施使用后的预测数值。

（2）掌握费用。选址时，应掌握的费用有：工厂至物流园区之间的运输费，物流园区到客户之间的服务费，与设施、土地有关的费用及人工费和业务费等。由于前两项费用会随着业务量和服务距离的变化而变动，所以必须对每吨公里的费用进行成本分析。第三项包括可变费用和固定费用，应根据这两者之和进行成本分析。

（3）其他。在地图上表示客户的位置、现有设施的配置方位及工厂的位置，并整理各候选地址的服务路线及距离等资料，对必备车辆数、作业人员数、装卸方式、装卸机械费用等，要与成本分析结合起来考虑。

3. 地址筛选

在对所取得的上述资料进行充分的整理和分析，考虑各种因素影响并对需求进行预测后，就可以初步确定选址范围，即确定初始候选地址。

4. 定量分析

针对不同情况选用不同的模型进行计算，得出结果。

5. 结果评价

结合市场适应性、购置土地条件、服务质量等，对计算所得结果进行分析评价，看其是否有现实意义及可行性。

6. 检验

分析其他影响因素对计算结果的相对影响程度，分别赋予它们一定的权重，采用加权法对计算结果进行复查。如果复查通过，则原计算结果即为最终结果；如果复查发现原计算结果不适用，则返回第 3 步继续计算，直到得到最终的计算结果。但是所得解不一定就是最优解，可能只是符合条件的满意解。

选择物流园区地址时，需要从整体上进行平衡和分析，既考虑宏观又兼顾微观，最终加以确定。对于一定区域来说，服务于该区域的现代化物流园区应该与其他物流节点协调配合形成有机整体，所以，在综合考虑以上因素后可以定性地确定物流园区的地址，之后则要忽略一些其他因素，以运输距离最短或成本最低等因素为基本原则，采用定量分析的方法选取地址。

二、影响物流园区选址的主要因素

影响物流园区选址的因素有很多，通常将其划分为自然环境、社会环境、生态环境、经营环境以及基础设施等五大因素,而且还可以进一步细分为若干个具体的影响因素。

(一) 自然环境因素

1. 气象条件

物流园区选址过程中,主要考虑的气象条件有温度、风力、降水、无霜期、冻土深度、年平均蒸发量等指标。如选址时要避开风口,因为风会加速露天堆放商品的老化。

2. 地质条件

物流园区是大量商品的集结地,某些质量很大的建筑材料堆起来会对地面造成很大的压力。如果物流园区地面以下存在着淤泥层、松土层等不良地质条件,会在受压地段造成沉陷、翻浆等严重后果,为此,物流园区选址要求土壤要有足够的承载力。

3. 水文条件

物流园区选址需要远离容易泛滥的河川流域与地下水上溢的区域,要认真考察近年的水文资料,地下水位不能过高,洪泛区、内涝区、故河道、干河道等区域禁止选择。

4. 地形条件

物流园区应该选择地势较高、地形平坦之处,且应具有适当的面积与外形。若选在完全平坦的地形上是最理想的,其次选择稍有坡度或起伏的地方,对于山区陡坡地区则应完全避开;在外形上可以选择长方形,不宜选择狭长或不规则形状。

(二) 经营环境因素

1. 经营环境

物流园区所在地区的优惠物流产业政策对物流企业的经济效益将产生重要影响,数量充足和质量较高的劳动力也是物流园区选址需要考虑的因素之一。

2. 商品特性

不同类型的商品物流园区最好能分布在不同区域,如生产型物流园区的选址应与产业结构、产品结构、工业布局紧密结合进行考虑。

3. 物流费用

物流费用是物流园区选址的重要考虑因素之一,大多数物流园区选择接近物流服务需求地,例如接近大中型工业、商业区,以便缩短运输距离,降低运费等物流费用。

4. 服务水平

在现代物流过程中,能否实现准时运送是衡量物流园区服务水平高低的重要指标。因此,在物流园区选址时,应保证客户可在任何时候向物流园区提出物流需求,都能获得快速满意的服务。

5. 客户的分布

物流园区的选址首先考虑的就是所服务的客户的分布,对于零售商型物流园区,其主要客户是零售店和超市,这些客户大部分是分布在人口密集的地方或大城市,物流园区为了提高服务水准及降低配送成本,多建在城市边缘接近客户分布的地区。

6. 供应商的分布

物流园区的选址应该考虑的因素是供应商的分布地区。因为物流的商品全部是由供应商所供应的,如果物流接近供应商,则其商品的安全库存可以控制在较低的水平。但是因为国内一般进货的输送成本是由供货商负担的,因此有时不重视此因素。

7. 人力资源条件

在仓储配送作业中,最主要的资源需求是人力资源。由于一般物流作业仍属于劳动力密集的作业形态,在物流园区内部必须要有足够的作业人力,因此在决定物流园区位置时必须考虑劳工的来源、技术水准、工作习惯、工资水准等因素。

人力资源的评估条件有附近人口、上班交通状况、薪资水准等几项。如果物流园区的选址附近人口不多且交通不方便,则基层的作业人员不容易招募;如果附近地区的薪资水准太高,也会影响到基层作业人员的招募。

(三) 基础设施因素

1. 交通条件

由于物流园区内有大量货物集散,物流园区必须具备方便的交通运输条件,最好靠近交通枢纽进行布局,如紧邻港口、交通主干道枢纽、铁路编组站或机场,有两种以上的运输方式相连接。

2. 公共设施条件

作为物流园区的所在地,要求城市的道路、通信等公共设施齐备,有充足的供电、水、热、燃气的能力,且场区周围要有污水、固体废物处理能力。

(四) 其他因素

1. 国土资源利用

物流园区选址应贯彻节约用地,充分利用国土资源的原则。物流园区一般占地面积较大,周围还需留有足够的发展空间,为此,地价的高低对布局规划有重要的影响,通常布置于城市边缘地带。此外,物流园区的布局还要兼顾区域和城市用地的其他要求。

2. 环境保护要求

物流园区的选址需要考虑保护自然环境与人文环境等因素,尽可能降低对城市生活的干扰。对于大型转运枢纽,应适当设置在远离市中心区的地方,使大城市交通环境状况能够得到改善,城市的生态建设得到维持和增进。

3. 周边状况

物流园区是火灾重点防护单位,不宜设在易散发火种的工业设施(如木材加工)附近,亦不宜选在居民住宅区附近。

三、物流园区的选址方法

(一) 德尔菲(Delphi)专家咨询法

专家咨询法的中心思路是将专家凭专业知识、经验做出的判断以数值形式表示,从而经过综合分析后对选址进行决策。由于定量的选址研究很难将选址中的所有影响因素考虑周全,如:地理、地形、地物、地基、环境、交通、劳动力、城市用地、城市发展等等,并且即便把这些因素考虑全面,也很难量化形成模型中的约束条件。因此,建立一种物流中心的选址评价指标体系,应用模糊评价(fuzzy judge)、层次分析(AHP)等数学方法进行综合评价,进而确定物流中心的最优位置就显得十分有效。但是,这类方法,专家的主观判断占主导地位,决策结果常常受到专家知识结构、经验以及他们所处地位、时代和社会环境等诸多因素的限制和影响。所以,对于有限的备选地点,该类方法尽管常常有效,但是若以整个城市大系统为研究对象来研究物流中心的选址,则必须具备足够的基础资料,辅以定量分析,否则将缺乏足够的说服力。

(二) 重心法模型

重心法,又称精心重心法(exact-of-gravity approach)、网格法(grid method),适用于最简单的选址问题。处理这类问题就是将一个新设施布置到一个与现存设施有关的二维空间中去。重心法模型假设生产费用中运费是很重要的因素,而且多种原材料的运费由各个原材料供应点的距离与供应量、运输费率之积的总和构成为最小,该模型在数学上,可被归为静态连续选址模型(见图3-8)。

令 $P_0(x_0,y_0)$ 表示新设施的位置,$P_i(x_i,y_i)$ 表示现有设施(各供应点)的位置($i=1,2,\cdots,n$),如图3-8所示,w_i 表示第 i 个供应点的运量,c_i 表示各运输点的运输费率,c_0 表示新址的运输费率,则根据重心法有:

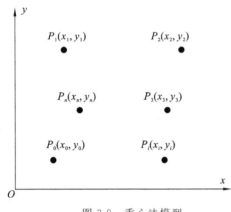

图3-8 重心法模型

$$\begin{cases} \sum_{i=1}^{n} x_i w_i c_i = x_0 \sum_{i=1}^{n} w_i c_0 \\ \sum_{i=1}^{n} y_i w_i c_i = y_0 \sum_{i=1}^{n} w_i c_0 \end{cases} \quad (3-1)$$

得到

$$\begin{cases} x_0 = \dfrac{\sum_{i=1}^{n} x_i w_i c_i}{\sum_{i=1}^{n} w_i c_0} \\ y_0 = \dfrac{\sum_{i=1}^{n} y_i w_i c_i}{\sum_{i=1}^{n} w_i c_0} \end{cases} \quad (3-2)$$

若各供应点和新址的运输费率相等,即 $c_i=c_0$,则有

$$\begin{cases} x_0 = \dfrac{\sum\limits_{i=1}^{n} x_i w_i}{\sum\limits_{i=1}^{n} w_i} \\ y_0 = \dfrac{\sum\limits_{i=1}^{n} y_i w_i}{\sum\limits_{i=1}^{n} w_i} \end{cases} \quad (3\text{-}3)$$

上式即为当运输费率相等时,用重心法求得新设施位置的计算公式。

【例 3-1】 某物流园区,每年需要从 P_1 地运来铸铁,从 P_2 地运来农产品,从 P_3 地运来煤炭,从 P_4 地运来日用百货,各地与某城市中心的距离和每年的材料运输量如表 3-1 所示。

表 3-1 距离运量表

原材料供应地及其坐标	P_1		P_2		P_3		P_4	
	x_1	y_1	x_2	y_2	x_3	y_3	x_4	y_4
与市中心的距离/km	20	70	60	60	20	20	50	20
年运输量/t	2000		1200		1000		2500	

【解】 利用式(3-3)得:

$$x_0 = \frac{20 \times 2000 + 60 \times 1200 + 20 \times 1000 + 50 \times 2500}{2000 + 1200 + 1000 + 2500} = 35.4 \,(\text{km})$$

$$y_0 = \frac{70 \times 2000 + 60 \times 1200 + 20 \times 1000 + 20 \times 2500}{2000 + 1200 + 1000 + 2500} = 42.1 \,(\text{km})$$

所以,该厂址应该在坐标为(35.4 km,42.1 km)的位置。

按重心法求得的新设施的位置是否适合建厂,还要结合其他因素综合分析而定,因为这种方法对于用地的现实性和候选位置点均缺乏考虑。例如,最适当的选址点可能是车站、公园等,就是不能实现的解。此时,可以将其最近处作为可以实现的场址点,可以在其附近选定几个现实的候补场址,再把各候补选址点代入前述的计算式(3-3)中,在分析成本的同时进行求解。

(三)对重心法单设施选址的讨论

重心法模型适用于单设施选址,该模型的优点是显而易见的:它有助于寻找选址问题的最优解,而且该模型能够充分真实地体现实际问题,因而问题的解对管理阶层是有意义的。模型的缺点则不那么明显,需要加以注意。任何模型在适用于实际问题时都会表现出一定的缺陷,但这并不意味着模型没有使用价值。重要的是选址模型的结果对失实问题的敏感程度。如果简化假设条件(比如假定运输费率与运距呈线性关系)对模型设施选址的建议影响很小或根本没有影响,那么可以证明简单的模型较之复杂的模型更有效。

必须注意,通常设计了单设施选址模型的一些简化的假设条件,例如:

(1) 模型常常假设需求量集中于某一点,而实际上需求来自分散于广阔区域内的多个消费点。市场的重心通常被当作需求聚集地,而这会导致某些计算误差,因为计算出的运输成本是到需求聚集地而非到单个的消费点。

(2) 单设施选址模型一般根据可变成本来进行选址。模型没有区分在不同地点建设仓库所需的资本成本,以及与在不同地点经营有关的其他成本(如劳动力成本、库存持有成本、公共事业费用)之间的差别。

(3) 对于总运输成本,通常假设运价随运距成正比例增加,然而,大多数运价是由不随运距变化的固定部分和随运距变化的可变部分组成的。

(4) 通常假定模型中仓库与其他网络节点之间的路线为直线。实际上这样的情况很少,因为运输总是在一定的公路网络、在既有的铁路系统或在城市街道网络内进行的,我们可以在模型中引入一个比例因子把直线距离转化为近似的公路、铁路或其他运输网络的里程。

(5) 对这种选址模型人们还有某些其他顾虑,如不是动态的,即模型无法得出反映收入和成本变化的解。

(四) 线性规划(linear programming)模型

为了寻求解决选址问题的有效方法,数学家们已经付出了多年努力以寻找求解方法,对选址问题的描述足以广泛,使其在解决物流网络设计中常见的大型、复杂的选址问题时,具有实用价值及意义,同时可以得出数学上的最优解。数学家们尝试使用了先进的管理科学技术,来丰富分析方法,或者提供寻求最优解的改进方法,这些方法包括线性规划法、目标规划(goal programming)法、树形搜索法(tree search approach)、动态规划(dynamic programming)法及其他方法。其中最有应用前景的当属线性规划法。它是商业选址模型中最受欢迎的方法。对于复合设施的选址问题,如对于一个物流园区设有多个配送中心,供应多个销售点(或仓库)的选址问题,可以用线性规划法求解,使得所有设施的总运费最小,即

$$\min \sum_{i=1}^{m}\sum_{j=1}^{n}c_{ij}x_{ij}$$

$$\begin{cases} \sum_{i=1}^{m}x_{ij}=b_j \\ \sum_{j=1}^{n}x_{ij}=a_i \\ x_{ij}\geqslant 0 \end{cases}$$

式中:m —— 配送中心数;

n —— 销售点数;

a_i —— 配送中心 i 的生产能力($i=1,2,\cdots,m$);

b_j —— 销售点 j 的需求($j=1,2,\cdots,n$);

c_{ij} —— 在配送中心 i 生产的单位产品运到销售点 j 的总运费;

x_{ij} —— 从配送中心 i 运到销售点 j 的产品数量。

【例 3-2】 已有两个物流园区 F1 和 F2,供应 4 个销售点 P1、P2、P3、P4,由于需求量不断增加,需再设一个物流园区。可供选择的地点是 F3 和 F4。试在其中选择一个作为最佳地址。根据已有资料分析得到各物流园区到各销售点的生产运输费用。如表 3-2 所示。

表 3-2 生产运输费用表

起点	终点				供应量/台
	P1	P2	P3	P4	
F1	8.00 万元	7.80 万元	7.70 万元	7.80 万元	7000
F2	7.65 万元	7.50 万元	7.35 万元	7.15 万元	5500
F3	7.15 万元	7.05 万元	7.18 万元	7.65 万元	12500
F4	7.08 万元	7.20 万元	7.50 万元	7.45 万元	
需求量/台	4000	8000	7000	6000	25000

【解】 (1) 若新的配送中心设在 F3,则根据运输问题线性规划解法,得所有供应量分配如表 3-3 所示,则设配送中心于 F3 处时,全部费用至少为:

$$c_3 = 6500 \times 7.70 + 500 \times 7.80 + 5500 \times 7.15 + 4000 \times 7.15$$
$$+ 8000 \times 7.05 + 500 \times 7.18 = 181865 (万元)$$

表 3-3 设配送中心于 F3 处的供应产量分配

起点	终点				供应量/台
	P1	P2	P3	P4	
F1	8.00	7.80	6500 7.70 ⑤	500 7.80 ⑥	7000
F2	7.65	7.50	7.35	5500 7.15 ③	5500
F3	4000 7.15 ②	8000 7.05 ①	500 7.18 ④	7.65	12500
需求量/台	4000	8000	7000	6000	25000

(2) 若设配送中心位于 F4 处,按相同解法,得结果如表 3-4 所示,则设配送中心于 F4 处时,全部费用至少为:

$$c_4 = 7000 \times 7.70 + 5500 \times 7.15 + 4000 \times 7.08 + 8000 \times 7.20 + 500 \times 7.45$$
$$= 182870 (万元)$$

两方案比较 $c_4 > c_3$,所以选 F3 设配送中心为优,可节省生产运输费用:

$$c_4 - c_3 = 182870 - 181865 = 1005 (万元)$$

表 3-4　设配送中心为 F4 处的供应量分配

起点	终点								供应量/台
	P1		P2		P3		P4		
F1		8.00		7.80	7000 ⑤	7.70	0	7.80	7000
F2		7.65		7.50		7.35	5500 ②	7.15	5500
F4	4000 ①	7.08	8000 ③	7.20		7.50	500 ④	7.45	12500
需求量/台	4000		8000		7000		6000		25000

（五）非线性规划模型

从 m 个物流节点中根据通过物流节点的产品数量的多少来评价和选择 $L(L \leqslant m)$ 个，使得成本最低。

要确定目标函数，先设定变量：

i——企业 $(1,2,\cdots,q)$；

j——物流节点 $(1,2,\cdots,m)$；

k——客户 $(1,2,\cdots,s)$；

C_{ij}——从企业 i 到物流节点 j 单位量的运输成本；

D_{jk}——从物流节点 j 到客户 k 单位量的运输成本；

X_{ijk}——从企业 i 经过物流节点 j 向客户 k 运输产品的数量；

$z_j = \sum_{ik} x_{ijk}$，即 j 物流节点的产品通过量，当 $\sum_{ik} x_{ijk} > 0$，z_j 大于 0，否则 z_j 取 0；

$C_{ijk} = C_{ij} + D_{jk}$，从企业 i 经物流节点 j 到客户 k 单位量的运输成本；

W_j——物流节点 j 单位通过量的变动费；

v_j——物流节点 j 的固定费（与物流节点规模无关的费用）；

$f(z_j)$ 表示有无配送活动，无配送活动时取 0，有配送活动时取 1，即

$$f(z_j) = \begin{cases} 0 & z_j = 0 \\ 1 & z_j > 0 \end{cases}$$

设定后，总成本函数可表示成：

$$F(X_{ijk}) = \sum_{ijk} C_{ijk} X_{ijk} + \sum_j W_j z_j + \sum_j v_j f(z_j)$$

第一项是运输配送费，第二项是物流节点的变动费，第三项是物流节点的固定费，但它与变量 X_{ijk} 无关，所以计算时可不予考虑。所求成本最低的物流节点函数为：$Y = \min F(X_{ijk})$。由于总成本函数为非线性函数，所以采取先求初次解，以后反复计算，顺次得到接近最小成本解的方法。

（六）动态仓库选址

迄今为止，我们讨论的选址模型代表的是一类复杂尖端的研究，这些研究被用来帮助物

流管理者解决实际仓库选址问题。虽然人们对这些模型做了很多改进，以使其更具有代表性，计算更有效率，但这些模型本质上仍然是静态的。即它们无法提供随时间而变化的最优选址模式。

需求和成本会随时间变化，因此选址模型根据现期数据得出的解在未来的经济环境下使用会被证明是次优的。最优网络布局是指在一个规划期内从一种布局形式转换到另一种布局形式，这样才可以保证在任何时间网络布局都是最优的。这不是简单地寻找规划期内各年仓库的最优数量、最佳规模和最佳位置。

从一种布局形式转换到另一种布局形式需要付出一定的成本。如果该网络使用公共仓库，那么经常改变网络布局或许是可行的，因为关闭一个仓库，把存货转到另一个仓库并开始营业的成本不高。反之，如果从一种布局形式转换到另一种布局形式的成本很高（比如仓库是自有的或租赁的），就不应该经常改变网络布局。这种情况下，一开始就实施最优设计会变得非常重要。

通过以下几种方法可以找到随时间变化的最优布局。

（1）可以使用当年条件和未来某年的预期情况来找出仓库的最佳位置。网络根据当年与未来年份之间的平均条件进行布局。

（2）找出当前最优网络布局，并实施。随后，在每一年到来，且该年的数据可得时，找出新的最优网络布局。如果新旧布局形式转换带来的成本节约大于搬迁成本，就应考虑改变布局。该方法的好处是总在使用实际数据而不是那些需要预测的数据。

（3）可以找到一个随时间变化的最优布局变化轨迹，精确地反映什么时候需要转换成新布局形式，应该转换成什么样的布局形式。仓库静态选址分析中已经讨论过的那些方法也可以用到动态规划中来以找出最优的布局路径。

第三节　物流园区需求预测

一、需求分析在物流园区规划建设过程中的重要性

（一）物流需求分析是规划建设物流园区的前提

物流园区是物流业发展到一定阶段的产物，在规划建设物流园区时，必须结合当地的经济发展状况及该地区的产业发展状况，这样才能对该区域的物流需求内容和规模有一个比较全面的把握，以便于对物流园区进行合理的功能定位。只有充分考虑到当地的产业发展状况和经济发展状况，才能使规划出来的物流园区所提供的服务与社会经济和产业发展相匹配，使其提供的物流服务规模和质量与当地的需求和经济发展水平相一致。因此，在规划建设物流园区的过程中，必须对当地的经济发展水平和产业发展状况有充分的了解，如果不能做到这些，规划出来的物流园区就是不科学、不合理的，与当地的区域发展不一致，甚至阻碍当地经济和产业的发展。

（二）物流需求分析是规划建设物流园区的依据

通过全面的物流需求分析，可以充分把握物流需求的内容和变化趋势，因此，可以对物

流园区进行合理的规模规划和功能规划,尽量保证物流供给和物流需求达到相对平衡,并提高物流运作效率,降低物流成本。

（三）物流需求分析是确定物流供给能力的基础

在物流业发展的初期,物流供给能力不足,无法满足物流需求,这会使一部分物流需求转化为潜在物流需求,可能抑制物流需求的产生。但是,当物流业发展到一定阶段,基础设施完好,技术发达,物流供给能力可能会超过物流需求,这将会造成物流资源的浪费,全社会物流成本上升。因此,进行全面的物流需求分析,有利于合理地规划建设物流园区,避免重复建设而带来的资源浪费,保证物流园区规划建设合理化。

二、物流园区需求分析的内容

物流园区需求分析的主要内容如图3-9所示。

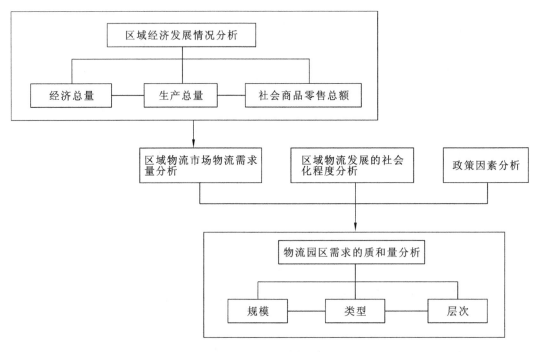

图3-9 物流园区需求分析的主要内容

（一）区域经济发展情况分析

区域经济发展的水平通常是通过国内生产总值、社会消费品零售总额和固定资产投资额等来衡量的。国内生产总值和物流需求是成正比的,经济发展越快,对物流服务的需求就越多。物流需求一般来源于两个方面:一方面是工业产品和农业产品从产地向物品需求地的移动;另一方面是将社会消费品送到消费者手中的过程中产生的物流。由此可以看出,物流需求量的大小与国内生产总值、工业产值、农业产值和社会消费品零售总额有着密切的联系,通过对国内生产总值、工农业产值和社会消费品零售总额进行科学的分析,可以更充分地了解该区域的物流需求结构和需求内容。

（二）区域物流市场物流需求量分析

区域对物流服务的需求直接影响着物流园区的需求量，区域物流量既包括物流园区产生的物流量，也包括不进入物流园区但是进入货运中心、交易中心、小型配送中心的物流量。所以，物流园区的需求量并不能代表该区域的物流需求量，应该对该区域的物流市场进行分析，进一步确定物流园区的物流需求量和物流需求的内容。

（三）区域物流发展的社会化程度分析

社会化程度指第三方物流服务所占的市场份额，用来反映区域内专业化物流的发展状况。只有充分了解到区域内专业化物流的发展状况，才能确定哪些物流服务需要在物流园区内完成，才会更加精确地确定物流园区的物流需求。而由于数据缺乏，社会化程度这一指标在获取的过程中可能会有一定的难度，可以通过市场调研和定性分析来确定。

（四）政策因素分析

国家政策和地方政策对区域物流的发展有很大影响，也会直接影响到物流需求量。对政策理解的不全面，可能使物流园区功能规划不合理、发展模式不科学、规模和布局不合理等。因此，在物流需求分析的过程中，应当对国家和地区的政策做出科学的分析，以便更好地规划和经营物流园区。

（五）物流园区需求的质和量分析

对物流园区的需求进行质和量的分析主要包括需求量分析、需求层次的分析和需求类型的分析。物流园区物流需求量的分析包括确定现实的物流量和潜在的物流需求量；物流园区需求层次的分析是指物流园区不能盲目追求"大而全"，要结合区域的物流发展状况，循序渐进，不断完善物流园区提供服务的内容和物流园区的功能；物流园区的需求类型分析，是确定物流园区的类型（枢纽型、流通加工型、国际型、区域型、市场型），是对物流园区发展方向的把握。

三、物流园区需求分析方法

对物流园区进行需求分析时，一般有以下几种方法：

1. 市场调研与模型预测相结合

在进行需求分析的过程中，应对区域内的经济发展情况、物流业发展状况、产业结构、物流园区规划影响因素等有充分的了解，因此，就需要做大量的市场调研工作。在市场上获取相关资料之后，可以用相关数学模型对相关的指标进行测算。

2. 定性分析与定量分析相结合

在获取大量一手数据后，可以用数学模型对相关的指标进行定量分析及预测，再对测算结果进行定性分析和描述，使测算结果能真实反映该区域的发展现状及发展趋势。

3. 宏观、中观与微观分析相结合

在对国家和区域的制度和政策进行全面分析的基础上，再对该区域的物流需求进行全面的分析，掌握区域内各个企业的需求，了解企业对物流需求的要求和特点，保证物流需求分析的准确性，做到科学合理地规划物流园区，使物流园区能为该区域提供适合该区域的物流服务。

四、物流需求量预测模型

（一）物流量和物流需求量的关系

在经济活动的过程中，对物流的需求可以用物流量进行表示，但"物流量"和"物流需求量"这两个概念是有区别的。

物流需求量是指在特定的时间、空间和一定的条件下，有购买能力的客户愿意购买物流服务的数量，物流量则是指物流活动的各个作业环节产生的实物（物料、零部件、半成品、产成品等），在物流活动的整个过程中（包括静止与运动）的数量的总和。物流量通常由物流各个环节中发生的作业量构成，在确定节点规模的时候，通常需要的业务量包括：运输作业量、库存作业量、配送作业量和装卸搬运工作量。物流量和物流需求量的大小都直接和物流供给有着直接的联系，但物流量和物流需求量是有区别的，不能用物流量去代表物流需求量，也不能代表物流供给量。

物流供给能力决定着物流需求量的实现状况，物流业发展刚起步的时候，物流供给严重不足，物流量不能反映社会的物流需求量，物流量体现的仅仅是全社会物流需求的一部分，但可以反映物流供给的状况，而无法满足的那部分物流需求就是潜在的物流需求。如果物流服务的基础设施不断改善，物流服务能力加强，即物流供给能力加强，无法满足的那部分物流需求量即潜在的物流需求量就可能转化为物流量，这种情况下，物流量可以反映物流需求量。

通过上面的分析可以看出，当物流供给量与需求量达到平衡的时候，物流供给量、物流需求量和物流量这三者就是一致的。当物流供给能力过强，大于社会物流需求的时候，物流量和物流需求量是一致的，均小于物流供给量。

在本书中，为了方便研究，假定物流供需平衡，即物流量能代表物流需求量。

（二）时间序列方法

时间序列分析预测技术是根据所预测对象的纵向历史数据资料，按时间进程组成的动态数列进行分析，预测未来的方法。时间序列的分析预测是基于历史的继承性这一原则而进行的，即短期内某个事物的发展趋势是其过去历史的延伸。该方法注重研究事物发展变化的内因，因此，仅能在外界影响比较稳定的条件下做短期的预测。

时间序列预测法的优点是预测所需的数据信息量较小、预测方法简便易行，只要在所研究的时间序列上预测对象没有大的波动，则预测效果较好；缺点是以时间作为单一的预测因素，无法反映预测对象的实际影响因素（尤其是经济政策和发展速度调整等外部因素）变化所引起的物流量变化。

（三）灰色系统预测法

灰色预测的思想是：对已知的数据按照一定的规则进行白色处理，将已知数据变成动态的或者非动态的白色模块，再按照一些方法求解未来的灰色模型。

微分方程所描述的动态方程是在灰色系统中比较常用的，灰色系统中最简单的模型有 GM(1,1) 以及 GM(1,N)。其中，GM(1,1) 是一阶的、只有一个变量的微分方程，而 GM(1,N) 是一阶的、有 N 个变量的微分方程。在本书中，主要介绍 GM(1,1) 模型。

灰色预测模型中,使用的数据并不是原始数据序列本身,而是对原始数据进行了处理之后的,因此,在预测时,必须做还原处理,即逆生成处理,才能得到真实的预测结果。

灰色预测法的优点是预测精度高,理论较完善,应用经验较成熟。缺点是计算比较复杂。

灰色预测法的适用范围:限制条件少、通用性强的情况;短期预测以及中长期预测。

GM(1,1)模型见式(3-4)、式(3-5)。

$$x^{(1)}(k+1) = \left(x^{(0)}(1) - \frac{b}{a}\right)e^{-ak} + \frac{b}{a} \quad (3-4)$$

$$x^{(0)}(k+1) = x^{(1)}(k+1) - x^{(1)}(k) \quad (3-5)$$

式(3-4)为GM(1,1)模型的时间响应式,式(3-5)中$x^{(0)}(k+1)$为预测值。

(四) 回归预测法

回归预测法中,首先要分析因变量与自变量之间的因果关系,这种关系可以用回归方程来表示,可以通过分析自变量数据的变化规律,去预测因变量的变化。

回归预测法的步骤如下:

(1) 分析历史数据和现实的调查资料,找出各个变量之间的因果关系,确定因变量和自变量,进而确定预测的目标。预测的目标即因变量,自变量就是影响因变量的各个因素。

(2) 根据变量之间的因果关系及变化规律,选择合适的数学模型进行预测。

(3) 检验预测结果,如果合理,得出预测值;如果不合理,重新选择模型进行预测。

一元回归分析指的是两个变量之间的线性关系,多元回归指的是多个自变量和因变量之间的线性关系,一般可用下面的表达式,用SPSS等软件求解。

$$y_t = \alpha + \beta_1 x_1 + \beta_2 x_2 + \cdots + \beta_t x_t \quad (3-6)$$

式中:y_t为因变量,即在时间段t的预测值;$x_1,x_2,\cdots,x_t$为自变量,即影响因变量y_t变化的因素;α为待定的常数,$\beta_1,\beta_2,\cdots,\beta_t$为回归系数,表示当其余自变量固定不变时,该自变量变化一个单位而使y_t平均变化的量,这些系数用最小二乘法进行回归参数估计。

回归预测法的优点是预测精度高。缺点是计算复杂,所需数据量大。

回归预测法的适用范围:预测对象与其影响因素之间存在因果关系的情况;短期预测及中长期预测。

(五) 组合预测方法

组合处理就是通过一定的方法,对各种途径的预测结果进行综合,使最终预测结论收敛于一个较窄的区间内,即得到一个合理的预测值取值范围,并将其作为最终的预测结论。这一过程可用式(3-7)表述:

$$Y = \sum_{i=1}^{n} w_i y_i \quad (3-7)$$

式中:Y为综合预测值,即经组合处理后的最终预测结果;y_i为第i种预测途径获得的中间预测值;w_i为第i个中间预测值被赋予的权重系数,$\sum_{i=1}^{n} w_i = 1$;n为中间预测值的数目。

第四节　物流园区规模规划

一、物流园区规模规划原则

在物流园区规划之初，最重要的一项工作就是确定物流园区的规模。实际上，影响一个地区物流园区规模的因素有很多，如区域位置、服务范围、服务类型以及当地政府的发展战略等。因此，物流园区的规模应根据以下四个原则来确定：

1. 适应性原则

物流园区规模确定以客观分析物流现状和未来发展趋势为依据，同城市和区域经济发展相适应。用社会各行业的统计数据，对物流现状和未来发展进行定量、定性分析和预测，分析不同空间范围、不同功能类型的物流量有助于对物流的分布及流量和结构有客观的认识，从而为确定物流园区规模提供依据。

2. 协调性原则

物流园区是为物流市场服务的，物流市场的需求大小直接决定物流园区的规模，物流园区的规模应与区域物流市场的需求相协调。一般可以根据物流市场的需求大小、层次、结构来确定物流园区的规模以及各功能区的面积，既要满足当前社会经济活动对物流的需求，同时也要考虑区域物流市场未来的需求变化情况。

3. 系统性原则

首先，物流园区作为区域物流系统的一部分，其规模的确定应从整个系统的战略规划层次出发，充分考虑区域内运输（配送）范围、货物种类以及物流园区的数量；其次，物流园区本身也是个系统，其规模应在系统内部得到优化（即合理的功能区布局和交通组织）的前提下确定，以此达到土地效用最大化的目的。

4. 发展性原则

由于物流园区是一项投资大、建设期长的基础设施建设项目，通常要根据市场的发展趋势进行"整体规划、分期建设"，而且一旦建成，园区内的各项设施很难变动，因此确定物流园区规模的过程应该是一个动态的规划过程，而在此过程中一定要用发展的眼光对物流园区的规模进行合理规划，为其长远经营提供可扩展的用地空间。

二、物流园区的数量规划

通过分析某区域或城市物流量、物流园区强度、物流园区作业系数、物流园区第三方物流量占社会总物流量的比例及单个物流园区的用地面积等相关参数确定合理的物流园区数量，按以下公式进行测算：

$$N=\frac{Qab}{us}$$

式中：N——物流园区需求数量（个）；

Q——目标年份全社会年度预测物流量（万吨）；

a——目标年份第三方物流量占社会物流量的比例;

b——目标年份物流园区作业系数,即社会物流量中通过物流园区完成的作业量的比例;

s——单个物流园区占地面积(km^2);

u——物流园区物流强度,即单位时间内单位面积的物流处理能力。

在上述计算公式中,Q 用第三节中的方法计算得出,a 和 b 则由当地经济发展情况来确定。

物流园区的用地规模直接关系到园区投资规模、服务范围、功能的有效发挥等。确定物流园区的用地规模,需考虑三个因素:

(1) 城市能够提供的用于物流基础设施的用地控制规模;

(2) 在一定的物流强度下满足物流过程中的仓储配送、运输、流通加工等各项功能的用地要求;

(3) 比照未来一定时期区域经济发展的需求,必须给予一定的预留。

三、物流园区的规模确定

从物流园区发展较好的德国和日本的经验来看,用地规模大多在 $0.3\sim1\ km^2$。从国内来看,我国物流园区的用地面积大多集中在 $0.1\sim1.5\ km^2$。参照《物流园区分类与基本要求》(GB/T 21334—2008)单个园区用地面积取值,物流园区建设应加强土地集约使用和发挥规模效益,用地规模不小于 $1\ km^2$。

物流园区物流强度推荐标准见表 3-5,标准只规定了不同类型园区物流强度的最小推荐值,属于物流强度的最低标准,实践中单个物流园区的物流强度要高于这一标准。并且,表 3-4 中推荐标准是基于对全国社会经济及物流发展平均水平的考量,而未考虑各地经济发展的差异性。因此,在运用中应该结合实际情况进行估算。

表 3-5 《物流园区分类与基本要求》(GB/T 21334—2008)物流强度推荐标准

园区类型	货运服务型		生产服务型	贸易服务型	综合服务型
物流强度 /[万吨/(平方千米·年)]	空港≥50		≥250	≥150	≥300
	海港≥5000				
	陆港≥500				

(一) 总量分摊分析的类型

侧重于定量分析的规模预测类型,在我国中心城市现代物流发展规划中应用较多,如深圳、宁波、南京、苏州等城市物流园区规模的确定。该种类型的规模预测方法与模型主要由区域物流总规模参数法模型以及东南大学李玉民等提出的比例汇总法、东南大学陶经辉等提出的多指标群决策法构成:首先应用总规模参数法模型确定区域物流用地建设总规模,其次采取比例汇总法或多指标群决策法分析具体物流园区规划建设规模。

1. 总规模参数法模型

数学模型:

$$S=\frac{Li_1i_2\alpha}{365\beta}$$

式中：S——物流园区建设总面积(hm^2)；

L——预测规划目标年份的全社会物流总量(万吨)；

i_1——规划目标年份第三方物流(3PL)市场占全社会物流市场的比例；

i_2——规划目标年份 3PL 通过物流园区发生的作业量占 3PL 全部物流作业量的比例；

α——单位生产能力用地参数(m^2/t)；

β——物流园区作业场面积占总面积的比重。

具体的参数计算如下。

1) 社会物流预测总量 L

由第三节中的方法计算得出。

2) 比例系数 i_1 的取值

第三方物流比例系数 i_1 可以综合以下两个参考值 i_1'、i_1'' 进行确定：

通过对规划地区内重要、典型的工商企业的实际走访及问卷发放，调查这些企业是否愿意在目标年份将物流外包，计算使用第三方物流的比例，由此推算出第三方物流比例系数 i_1 的第一个参考值 i_1'。

第三方物流是近年新兴的现代物流业，且发展很快，目前已经在国外的物流市场上占据比较可观的份额，据有关调查统计显示，欧洲如今第三方物流市场的占有比例约为 76%，美国约为 58%，日本约为 80%；另外未来仍有很大的潜在需求，如美国约为 33%。考虑我国当前的物流经济发展水平和物流需求现状，第三方物流市场潜力大、发展迅猛，据统计，在 2000—2010 年的 11 年间相关的工业企业使用第三方物流的比例已经从 16% 提高到 52.5%，经过近几年的快速发展，预计第三方物流比例系数 i_1 的第二个参考值 i_1'' 将达到 60% 左右。如果规划地区的经济发展快，物流市场需求大，则 i_1'' 将略高于 40%；否则，i_1'' 应低于 40%。

3) 比例系数 i_2 的取值

随着现代物流业规模化、专业化的发展，第三方物流企业在未来年份入驻已建成或在建中的物流园区经营将会成为今后的主流趋势，这也是市场竞争的必然结果，可以预计在未来年份通过物流园区完成的物流作业量将占据各类第三方物流企业的最主要部分。当然也并非所有的第三方物流作业都会通过物流园区来实现，同时还存在以下几个方面的小部分分流：

(1) 目前还存在着一定数量的零散物流市场，如货运配载市场、交易中心等，并会在将来较长一段时间存在，将会分流部分的第三方物流量；

(2) 同时还有部分小型的物流配送中心并没有进驻物流园区，也会分担小部分的第三方物流作业；

(3) 进入物流园区的物流量也会因城市物流"短路化现象"而略有减少。

虽然如此，上述物流量的分流并不会影响到未来年份进入物流园区的物流量在第三方物流市场的主体地位。综合上述分析，给出预计目标年份第三方物流市场通过物流园区完成物流作业的经验比例 i_2，其取值范围将为 60%~80%。如果规划地区经济总量大，物流市场成熟度高，则 i_2 取较大值；否则 i_2 取较小值。

4)单位生产能力用地参数 α

用地参数跟物流园区的集约化程度有关,也跟物流作业的品种品类、作业特点相关。

(1)集约化程度。

一般来说,物流园区建设强度大,单位面积处理货物的能力就强,用地参数 α 取值就小;反之,取值就大。

(2)品种品类。

不同类型的货物品种,占地情况也不一样。一般来说,生产资料型的物品,如木材、钢材、机械设备等,占地面积大,用地参数 α 就大;而生活资料型的物品,如食品、服装等,可以立体存放,占地面积小,用地参数 α 就小。

(3)作业类型。

用地参数也跟物流园区的作业类型有关。一般来说,配送型和枢纽型的物流园区,其货物周转期短,在相同时间内货物周转次数多,周转量大,单位货物占地面积小,因此用地参数 α 就小;反之,仓储型物流园区,货物周转期长,用地参数 α 就要大一些。

日本东京物流园区的单位生产能力用地参数 α 为 $40\sim60\ m^2/t$,考虑到虽然我国目前物流整体水平还比较低,但未来随着物流管理和运作水平的提高会使单位面积作业量增加等因素,物流强度 α 应当相应地取高一些。(见表 3-6)

表 3-6 各国物流强度表

园 区 名 称	占地面积/km^2	日均物流量/(t/d)	每 1000 t 生产能力占地面积/hm^2
日本 Adachi 园区	0.33	8335	4
日本 Habashi 园区	0.31	7262	4.3
日本 Keihin 园区	0.63	10150	6.2
日本平和岛公路货物集散中心	0.223	5500	4.1
德国 Augsburg 物流园区	1.12	3918	28.6
德国斯图加特物流园区	0.53	5300	10
园 区 名 称	占地面积/km^2	集装标箱量/(个/d)	1000 个标箱占地面积/hm^2
台北港货柜储运中心	1.1	7671	14
德国不来梅物流园区	2.0	630	317
汉堡港口货运中心	1.6	20000	8

5)比例系数 β 的取值

根据国家规定,至少有 15% 的地带应专设为绿化用地;考虑物流园区发展过程中不可预见因素的影响,一般应预留 3%~5% 的空地;借鉴德国的物流园区建设经验和我国的仓库和货场的建筑设计规范,物流园区作业面积和其他设施面积比例一般取值在 70%~80%。定量计算出规划目标年份的区域物流园区用地规模,再考虑区域土地利用总体规划和适度超前原则来预测区域物流园区用地总规模。

2. 比例汇总法

根据物流园区产生的原因、作用、布局原则、发展趋势及国外物流园区的建设经验,假设:物流园区布局在城市的物流通道上;某方向的物流通道上如果没有某种运输方式,则此种运输方式的预测货运量在此物流通道上的分担数量为 0;物流园区之间的交换物流量很少,忽略不计。基于上述假设,得出图 3-10 所示的比例汇总法。

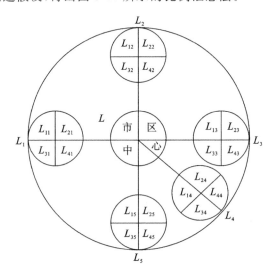

图 3-10 比例汇总法

比例汇总法思路为:先按流向比例分担,再按物流通道汇总,最后得出各园区规模。

(1) 根据规划区域的统计资料,对历年铁路、公路、水运、航空等各种运输方式的货运量进行分析,并按照不同的运输方式分别预测在规划目标年份的货运量 L'_i($i=1\sim4$,分别表示铁路、公路、水运、航空 4 种运输方式,管道运输忽略不计,i 应根据当地实际情况取值)。

(2) 根据统计资料得出历年各种运输方式的流向比例,结合交通规划、城市规划等,可以预测出规划目标年份各种运输方式在不同物流通道上的流向比例 β_{ij}($j=1\sim5$,表示规划区域对外的物流通道数,应根据实际情况取值),显然

$$\sum_{j=1}^{5}\beta_{ij}=1 \qquad(3-8)$$

(3) 把 L'_i 按照 β_{ij} 进行比例分担,得到规划目标年份各运输方式在不同物流通道上的预测货运量 L_{ij},即

$$L_{ij}=L'_i\beta_{ij}$$

$$\sum_{j=1}^{5}L_{ij}=L'_i \qquad(3-9)$$

(4) 再把同一物流通道方向上的 L_{ij} 相加,得到规划目标年份在某一物流通道方向上总的预测货运量 L_j,即

$$L_j=\sum_{i=1}^{4}L_{ij} \qquad(3-10)$$

(5) 用 L_j 除以预测物流总量 L 所得的比例系数与物流园区规划总规模 S 相乘,即得到

在某一物流通道方向上所布置的物流园区的规划建设规模 S_j，即

$$S_j = \frac{L_j}{L} S$$

根据上述又有

$$L = \sum_{i=1}^{4} L_i = \sum_{j=1}^{5} L_j = \sum_{i=1}^{4} \sum_{j=1}^{5} L_{ij} \tag{3-11}$$

成立。各运输方式的预测货运量、各物流通道上分担量的协调，要满足式(3-11)的总量控制。

3. 多指标群决策法

假设物流园区总规模已经确定。首先，由每位专家在层次分析法(AHP)的基础上，各自对影响物流园区规模确定的各种因素针对某一个物流园区构造两两比较判断矩阵，得到基于该物流园区的各位专家给出判断矩阵下的各影响因素的权重向量，然后采用权重合成方法，把各个专家的各影响因素的权重向量进行合成；其次，对各影响因素中的定量指标和定性指标按不同的方法针对该物流园区进行评分，得到该物流园区的各影响因素评分向量；最后，合成的权重向量乘以评分向量，即得到该物流园区的综合评分值。将该物流园区的综合评分值在所有物流园区综合评分总值中的比例，作为该物流园区的规模在总规模中的分摊比例。

（二）物流市场分析的类型

侧重于定量分析的规模预测类型，主要根据区域产业结构、物流运输区位等因素，明确规划年份物流园区所需承担的物流量，结合物流园区处理能力，依据数学模型，确定各个物流园区规模；将所有的物流园区规模累加，则可得出物流园区总规模。南京市物流产业发展规划曾将此方法加以应用。较为典型的规模预测方法与模型为同济大学张志哲提出的物流市场细分法。

（三）时空平衡分析的类型

侧重于定量分析的规模预测类型，利用时空消耗理论，通过货物需求的时空资源和物流园区提供的时空资源保持平衡建立数学模型，优化物流园区的规模。事实上，物流园区提供的时间资源是一成不变的，即一年365天；只有它提供的空间资源会因处理货物的种类和数量的不同而随之变化，所以运用时空消耗法确定物流园区的规模关键就在于计算这些空间资源。这种理论在进行北京城市物流规划时得到成功的应用。较为典型的规模预测方法与模型为北京工业大学程世东等提出的时空消耗法。时空消耗法的计算公式如下：

$$S = \alpha \sum_{i=1}^{n} \frac{V_i T_i Q_i F_i}{365 S_i}$$

式中，S 为物流园区合理的规模，n 为物流园区所服务货物的种类数目，V_i 为单位重量货物 i 所占的体积，T_i 为货物 i 的平均周转时间，Q_i 为货物 i 的周转量，F_i 为货物 i 的时间相关系数，S_i 为单位面积仓库所能够存储货物 i 的体积，α 为物流园区中仓库设施与配套设施占地面积的比重。

当然这个比重要综合考虑相关的规范或者标准和实际的建设需要来确定。

（四）功能区分类计算类型

根据有关调查，我国目前在建或者规划中的物流园区大部分为综合服务型物流园区。

这里以综合服务型物流园区为样本,对其内部的物流设施进行功能区分类,并计算出其中主要的功能分区的用地面积,具体为物流仓储及配送加工区、集装箱处理区、道路交通、停车场、绿化用地、生产和生活辅助设施用地、其他功能用地及发展预留用地的面积,将这些功能分区面积相加即可得到物流园区的规模。对于其他类型的物流园区可以根据具体的建设要求和实际需要进行取舍。

1. 物流仓储及配送加工区面积

物流仓储及配送加工区主要包括各类仓库、仓库装卸站台和货物装卸场等设施,是物流园区最重要的功能区,其用地面积在一定程度上决定了物流园区的规模。一般来说,该区能够占据园区规模的30%~40%。

由于物流园区处理的货物种类繁多、特性差异大,因此要根据物流园区所服务具体货物密度、存储周期、仓库利用率等参数来计算仓库的需求面积,计算公式如下:

$$C = \frac{Q\alpha\beta}{mn}$$

式中,C 为物流园区内各类仓库的需求面积(m^2),Q 为园区每天的货物处理量(t/d),α 为货物存储周期(d),β 为单位货物占地面积(m^2/t),m 为仓库利用率,n 为仓库空间利用系数。

仓库装卸站台面积通常根据园区内所建仓库的建筑形式来确定,计算公式如下:

$$Z = K\gamma(H+1)$$

式中,Z 为单个仓库装卸站台的面积,K 为单个装卸车位宽度(一般 $K=4.00$ m),γ 为装卸站台深度,H 为装卸车位数。

确定货物装卸场的面积需要分别计算运输车辆的停放区及调车通道区的面积,具体计算可参考停车场部分。

2. 集装箱处理区面积

集装箱处理区主要包括拆装箱库、拆装箱作业区、集装箱堆场等设施,相关面积的公式计算和参数选取可直接参考《集装箱公路中转站站级划分及设备配备》(GB/T 12419)。

3. 接货、分拣、发货作业面积计算

在作业量一定的情况下,作业效率越高,在单位时间内需要的作业面积也就越小。接货、分拣、发货作业的面积 $S(m^2)$ 都可以采用下式计算:

$$S = \left(Q\frac{T}{H}\right)s$$

式中,Q 为一个工作日的平均作业量(t/d);T 为完成一次作业的时间(h);H 为一个工作日的作业时间(h/d);s 为货物的平均单位面积(m^2/t)。

4. 停车场面积

物流园区内停车场的配建可参考城市交通规划中有关停车场规划部分以及公安部、住建部颁布的《停车场规划设计规则(试行)》,如果进出物流园区的车辆种类繁多、大小不一、比较复杂,停车场面积还可采用如下计算公式:

$$T = kSN$$

式中,T 为物流园区内停车场的用地面积(m^2),k 为单位车辆系数(一般 $k=2\sim3$),S 为停放车辆的单车投影面积(m^2),N 为园区内的日停车数。

5. 道路交通面积

物流园区内部的道路可分为主干道、次干道和辅助道路,其中主干道可按企业内部道路标准设计为双向四车道或六车道,次干道设计为双向两车道,辅助道路设计为单车道,园区内道路的车道宽设计为 3.5 m,道路两侧分别留净空 0.5 m,由于出入物流园区的车流较为密集,车型结构也比较复杂,为保证园区内有足够的运行空间,物流园区内部道路的用地面积一般应达到其规模的 12%~15%。

$$S_{路} = \sum_{i=1,2,4,6} L_i(i \times 3.5 + 1.0)$$

式中,$S_{路}$ 为物流园区中道路交通的用地面积,i 为物流园区道路的车道数,L_i 表示 i 条车道道路的长度。

6. 绿化用地面积

物流园区内部绿化用地分为两个部分:一是对道路两旁、广场、建筑物周围等空余地带进行绿化的绿化带;二是设置部分地带(15%~20%)为专用绿化用地。根据国家规定,物流园区的绿化率应达到 30%,当然建设物流园区的地方政府也可能有绿化方面的要求,具体规划时会略有不同。

7. 生产和生活辅助设施用地面积

确定生产和生活辅助设施用地面积时需要分别确定以下两个功能区域的面积:

(1)办公管理区的面积一般取决于物流园区内办公人员的数量和办公设施的配置,其中办公室的规模可按照人均办公面积 4.5~7 m^2 来计算。

(2)生活服务区的面积一般是根据物流园区内工作人员的数量 Q 和人均生活使用面积 $S_人$ 来确定的,计算公式如下:

$$S_{生} = QS_人$$

8. 其他功能设施及发展预留用地面积

除以上功能区用地外,根据进入物流园区企业的实际需要建设其他一些功能设施,其用地面积可通过政府拟定的入园企业调查分析得到。

根据建设物流园区的发展性原则,一般预留 3%~5%的空地以应对物流园区在未来发展过程中不可预见因素的影响,当然这部分预留用地可以暂时用作绿化或其他简易设施用地。

(五)类比分析的类型

侧重于定性分析的规模预测类型,主要结合当地经济发展水平和物流需求状况,参考国外物流园区及国内相类似物流产业发展条件的城市或地区的物流园区进行规模类比分析,确定物流园区规划建设规模。表 3-7 和表 3-8 给出了部分国内外城市建设物流园区的规模。但由于两地区之间的城市经济规模、物流需求规模等条件存在不同,因此不能直接按照参照地区的物流园区规模来建设,要在两个城市之间找出与物流园区规模相类比的指标并按照相应的比例进行类推,目前比较常用的类比指标有地区生产总值、区域物流需求总量等。

运用类比法来确定物流园区规模的计算公式为：

$$\frac{S_{11}}{S_2}=\frac{G_1}{G_2} \quad 及 \quad \frac{S_{12}}{S_2}=\frac{Q_1}{Q_2}$$

由此可得物流园区规模的两个参考值 S_{11}、S_{12}，然后可以通过咨询专家的意见，在两个参考值组成的数值区间上寻求最佳的园区规模。

$$S_{11}=S_2\frac{G_1}{G_2} \quad 及 \quad S_{12}=S_2\frac{Q_1}{Q_2}$$

式中，S 为物流园区的规模，G 为地区生产总值，Q 为区域物流需求总量。

表3-7 国外部分物流园区规模

国家	建设情况	建设规模/km²
日本	最早建立物流园区的国家	0.74
韩国		0.33
荷兰	统计了14个物流园区	0.448
比利时	Cargovil 物流区	0.75
英国	1988年建设的第一个物流园区占地不到0.01 km²	0.885
德国	莱茵河货运村占地规模0.76 km²	1.357
德国	莱比锡货运村占地规模0.96 km²	1.357
西班牙	马德里物流中心	1
加拿大	CN铁路公司多伦多货运站	0.8
意大利		1.981
法国		0.305
丹麦		1.396

表3-8 国内部分物流园区规模

地区	物流园区名称	规模/km²
北京	北京空港物流基地	1.15
北京	华通物流园区	0.39
浙江	浙江传化物流基地	0.39
上海	上海外高桥保税物流园区	1.02
上海	宝山物流园区	2.0
上海	西南综合物流园区	1
上海	西北综合物流园区	1.33
上海	洋山深水港物流园区	13
大连	大连保税物流园区	1.5

续表

地　　区	物流园区名称	规模/km²
深圳	深圳盐田港保税物流园区	0.96
	西部港区物流园区	0.4
广州	空港物流园区	4
	增城物流园区	6.67
	沙湾物流园区	3.0
南京	龙潭物流园区	1
	禄口物流园区	0.7
	丁家庄物流园区	0.5
	王家湾物流中心	0.74
	南京化工物流园区	0.5
宁波	现代国际物流园区	3
	镇海物流园区	0.3
	慈溪物流园区	0.3
	江东物流园区	0.2
西宁	青海朝阳物流园区	1.45
临沂	山东金兰现代物流基地	0.30
郑州	郑州国际物流园区	85

近年我国物流园区建设进程不断加快,现已粗具规模,其中以深圳、广州、上海等城市发展最为成熟。就目前国内已经建成或正在规划/建设的物流园区而言,其规模差别较大,少则不到 1 km²,多则十几平方公里,甚至几十平方公里,在《2012 全国物流园区(基地)调查报告》中,根据调查的 754 家各类物流园区的数据,物流园区占地以 0.1～1 km²(150～1500 亩)居多,占 46%,如图 3-11 所示。

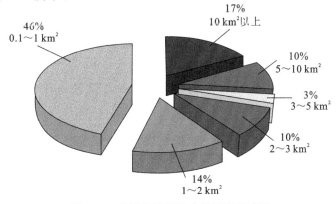

图 3-11　我国物流园区占地面积统计图

另外,在《物流园区分类与基本要求》(GB/T 21334—2008)中,给出了四种不同类型物流园区规模的推荐性指标,如表 3-9 所示。不过,为了集约使用城市土地并产生集聚效应,目前我国建设的单个物流园区规模(特别是综合服务型)一般不小于 1 km^2。为此,在制定物流园区规划时,物流园区的规模应依照当地经济发展对物流需求程度并结合城市功能、土地利用、资金限制等因素进行合理规划。

表 3-9　不同类型的物流园区规模推荐值

园区类型	货运服务型	生产服务型	商务服务型	综合服务型
规模/km^2	空港型 0.5~2	0.3~1	1~5	0.3~5
	海港型 2~8			
	陆港型 1~5			

【经典案例 1】

武汉市物流园区总体规模预测

(一)武汉市物流需求预测

采用自回归分析和灰色预测 GM(1,1)两种方法加权取综合值。

首先采用自回归分析,自回归:$y_t = f(x_t, y_{t-1}, \cdots, y_{t-s})$ 考虑了预测目标值的滞后效应,通过曲线函数 Linear,Quadratic,Compound,Growth,Logarithmic,Cubic,S,Exponential,Inverse,Power 和 Logistic 的比较,Compound 函数的拟合度较好,R 值达到 0.964,统计预测结果如表 3-10 所示。

表 3-10　自回归预测武汉市物流货运总量　　　　　　　单位:万吨

年份	2010	2011	2012	2013	2014	2015
货运量	34888.47	39385.65	44462.52	50193.81	56663.87	63967.94

再采用灰色系统预测法,作为物流需求预测的一种有效的模型,采用 GM(1,1)模型,它是由一个只包含单变量的一阶微分方程构成的模型,是 GM(1,n)模型的特例。

时间响应函数 $x(k+1) = 125086.094685 \exp(0.137618 * k) - 108041.094685$

预测结果如表 3-11 所示。

表 3-11　灰色预测武汉市物流货运总量　　　　　　　单位:万吨

年份	2010	2011	2012	2013	2014	2015
货运量	36723.47	42141.54	48358.98	55493.72	63681.10	73076.42

根据上述两种方法求得的预测值,用算术加权平均法得到武汉市物流货运总量如表 3-12 所示。

表 3-12　加权预测武汉市物流货运总量　　　　　　　　　单位:万吨

年份	2010	2011	2012	2013	2014	2015
货运量	35805.97	40763.6	46410.75	52843.77	60172.49	68522.18

(二)武汉市物流园区数量确定

采用前面的公式,确定武汉市物流园区数量。

$$N=\frac{Qab}{us}$$

其中,由武汉市的经济发展水平数据分析,a(目标年份第三方物流量占社会物流量的比例)取值 30%,b(目标年份物流园区作业系数)取值 25%。单个物流园区用地规模可参考武汉市现有物流园区的规模和全国其他地区的物流园区面积,确定 s 取值为 1.5 km²。武汉市物流产业发展迅速,湖北省产业集群密集、物流需求结构完整,其物流强度势必高于《物流园区分类与基本要求》推荐性标准。参考全国其他地区物流发展方面的规划,对物流园区所设定的物流强度基本控制在 500~1500 万吨/(km²·a)。因此,将武汉市物流强度指标设定为 600 万吨/(km²·a)。

根据表 3-12 加权算法预测的武汉市物流货运总量计算出武汉市 2015 年区域物流园区的数量为:

$$N=\frac{68522.18\times0.3\times0.25}{1.5\times600}\approx6$$

现在武汉市已在建或建成的物流园区有 5 个,说明数量基本满足物流量的需求,但用发展的眼光看,未来还需建设 1~2 个物流园区。

(三)总体规模预测

根据参数法计算公式计算区域物流园区用地总规模。

$$S=\frac{Li_1i_2\alpha}{365\beta}$$

其中比例系数 i_1 取值范围为 20%~40%。由武汉市的经济发展水平数据分析可知,武汉处于全国中等水平,因此 i_1 取 30%。入园比例系数 i_2 的取值范围为 60%~80%。武汉市处于中部集散枢纽位置,物流辐射能力和物流市场需求较大,i_2 取 75%。在物流园区规划中,单位生产能力用地参数 α 的取值范围为 30~50 m²/t。武汉物流发展水平和物流处理能力相对先进地区较为落后,α 取较大值 50 m²/t。β 取值范围为 70%~80%,在此,取 70%。根据表 3-12 加权算法预测的武汉市物流货运总量可计算出武汉市区域物流用地总规模预测值(见表 3-13)。

$$S=\frac{物流货运总量\times 30\%\times 75\%\times 50}{365\times 70\%}$$

从定性原则的角度出发,综合考虑到武汉市的发展需求、规划用地、影响辐射范围等因素和适度超前原则,定量与定性相结合,2015 年武汉市区域物流园区用地总规模大致可取值为 3017.12 hm^2。

表 3-13　武汉市物流节点总规模预测　　　　　　　　　　单位:hm^2

年份	2010	2011	2012	2013	2014	2015
总规模	1576.58	1794.88	2043.53	2326.78	2649.47	3017.12

学习并分析:

1. 选择第四节中的另外一种预测方法进行预测,与本案例预测结果进行比较;
2. 请将武汉市实际需求与供应量同预测结果之间的差异进行比较分析。

【经典案例 2】

虎门港口物流园区的货量预测

利用灰色模型,来对虎门港集装箱吞吐量进行预测。

虎门港历年集装箱吞吐量如表 3-14 所示。

表 3-14　虎门港历年集装箱吞吐量

年份	2006	2007	2008	2009	2010	2011
吞吐量/万吨	24.9	22.2	19.6	36.7	49.6	65.6

数据来源:《2007—2012 东莞市统计年鉴》。

根据残差灰色预测模型,对虎门港历年吞吐量进行预测,预测结果如表 3-15 所示。

表 3-15　虎门港历年集装箱吞吐量预测结果

年份	2006	2007	2008	2009	2010	2011
吞吐量预测/万吨	24.9	18.3	25	34.3	47.1	64.6

其中,发展系数 $a=-0.31$,虎门港吞吐量原始数据与预测结果拟合效果如图 3-12 所示。

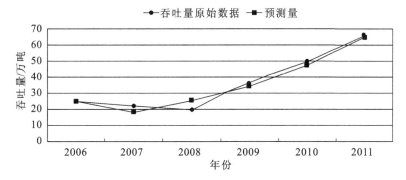

图 3-12　虎门港历年集装箱吞吐量预测结果拟合图

运用残差 GM(1,1) 得出预测结果后,对预测模型的预测精度进行检验。模型对吞吐量原始数据预测结果及残差如表 3-16 所示。

表 3-16　吞吐量原始数据预测结果及残差

年份	2006	2007	2008	2009	2010	2011
吞吐量/万吨	24.9	18.3	25	34.3	47.1	64.6
残差	0	3.9	−5.4	2.4	2.5	1.0

得 $S_1 = 18.1, S_2 = 3.3, \bar{q}^{(0)} = 0.7$,于是:

$$c = \frac{S_2}{S_1} = \frac{3.3}{18.1} = 0.18 < 0.35$$

$$p = P\{|q^{(0)}(t) - \bar{q}^{(0)}| < 0.6745 S_1\} = 1 > 0.95$$

根据表 3-16,方差比 c 和小误差概率 p,两者精度等级都为一级,于是模型的精度等级为一级,说明预测结果比较理想,因此本模型预测的虎门港未来集装箱吞吐量结果可信,虎门港未来集装箱吞吐量预测结果如表 3-17 所示。

表 3-17　虎门港未来集装箱吞吐量预测结果

年份	2012	2013	2014	2015
吞吐量/万吨	88.6	121.5	166.7	228.6

学习并分析:

1. 选择第四节中的另外一种预测方法进行预测,与本案例预测结果进行比较;
2. 请用加权预测法预测虎门港 2020 年的吞吐量。

【本章关键术语】

空间布局 space layout　　选址 site selection　　需求预测 demand forecast　　规模规划

scale planning   轴辐物流网络 hub-and-spoke logistics network   灰色预测 gray prediction   时间序列预测 time-series forecast   回归预测 regression prediction

【本章思考与练习题】

1. 物流园区整体布局的类型包括哪些?
2. 物流园区的需求预测方法包括哪些?
3. 物流园区的规模规划方法包括哪些?

【参考文献】

[1] 陶经辉.物流园区布局规划与运作[M].北京:中国物资出版社,2009.
[2] 张锦.物流系统规划[M].北京:中国铁道出版社,2004.
[3] 潘文安.物流园区规划与设计[M].北京:中国物资出版社,2005.
[4] 2012全国物流园区(基地)调查报告[R].北京:中国物流与采购联合会,中国物流学会,2012.
[5] 李玉民,李旭宏,毛海军,等.物流园区规划建设规模确定方法[J].交通运输工程学报,2004,4(2):76-79.
[6] 海峰,郭强,丁灿,等.现代区域物流网络节点选择研究及实证分析[J].珞珈管理评论,2011(2):94-101.
[7] 王国花,刘晋霞.基于物流量的物流园区数量规划[J].物流科技,2010(7):1-4.
[8] 胡宝雨.物流园区规模确定及选址方案评价[D].大连:大连理工大学,2012.
[9] 刘颖.物流园区选址与总体布局研究[D].西安:西安建筑科技大学,2005.
[10] 张世翔.基于轴辐式网络模型的城市群物流配送系统规划研究——以长三角城市群物流配送系统为例[D].上海:同济大学,2006.
[11] 张婷婷.以物流需求为导向的物流园区用地规模研究——以陕西省为例[D].西安:长安大学,2011.
[12] 于燕萍.虎门港物流园区发展研究[D].大连:大连海事大学,2012.

第四章 物流园区的功能区规划

本章重点理论与问题

> 物流园区的内部功能区规划的流程分为客户需求与系统分析、园区功能定位与功能区域确定、作业区的能力规划与功能区域的布局设计。其中，仓储功能区的规划主要根据仓储区作业流程，通过仓储区储存量规划、仓储区面积规划进行仓储功能区规模确定，并完成仓储区设备的选择规划。此外，还包括分拣功能区、流通加工功能区、配送功能区、收发站台和通道等物流园区基础设施的规划设计。

第一节 物流园区内部功能区规划

一、物流园区内部功能区规划流程

物流园区的布局规划包括物流园区的宏观空间布局规划和物流园区内部各功能区的微观布局规划。第三章是物流园区的宏观空间布局规划，是指对城市区域物流用地进行宏观空间布局，包括区域内物流园区数量确定、物流园区选址确定、物流园区规模确定；本章是物流园区的内部微观布局规划，主要是指对园区内部的功能区进行微观设计和定位。

物流园区内部功能区规划主要是对服务功能的微观设计和定位，因此，规划时首先需要进行客户需求与系统分析，即根据目标需求，结合物流园区辐射区域的实际情况，细分市场，划分功能类型。其次是进行功能定位和功能区域规划，即通过把各个单一的服务功能向物流园区归并和整合，以此确定园区的功能区域数目和类型。再次是进行园区功能区域系统布置。最后是对规划方案进行评价。图4-1给出了物流园区内部功能区的规划流程。

二、客户需求与系统分析

客户需求与系统分析是物流园区进行功能定位和功能区域划分不可缺少的前提条件，其内容主要是通过市场调研，如现场调查、集中访谈、表格问卷调查等方式，摸清主要客户的物流需求，包括物流服务需求功能的种类、物流需求量、物流流向等基本数据。在此基础上，对所获取的数据进行相应的系统分析，以便整理出规划所需要的信息。

物流园区需要依托一定的市场来规划建设，在物流园区规划建设前期的可行性论证中，其服务对象应已明确，因此，客户需求分析的主要对象应是物流园区物流服务辐射范围内的各类工商企业。在各种调研中，物流需求量和流向以及在此基础上的预测数据是确定物流

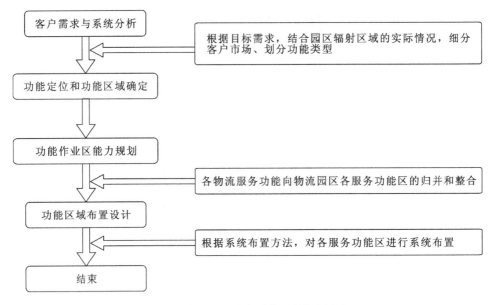

图 4-1　物流园区内部功能区的规划流程

园区规模与建设地点的重要依据,而对物流服务需求功能的调查又是确定物流园区中所需服务功能区的重要依据。物流服务需求功能的调查可采用表格形式,被调查企业可根据自身的需要在空格中选择。

在选择调查企业对象时,园区辐射范围内的大型制造企业和大型商贸企业是调研的主要对象。在物流服务需求功能的调查中,可事先设计好各种服务功能,且列出的服务功能应全面,并留有足够的空格以便被调查对象选择或根据自身服务需要进行相应的补充。同时,物流园区的建设通常呈现出阶段性的特点,因此,服务功能需求还应区分时间阶段,如近期、中期和远期等。对各种被调查的物流服务功能需求进行汇总后,可总结出各阶段物流服务功能设置进程表,其中近期、中期和远期的确定以数据为依据。

三、功能定位和功能区域确定

(一)物流园区的功能

物流园区是指在几种运输方式衔接而形成的物流节点进行活动的空间集聚体,是多种现代物流设施设备和多家物流组织机构在空间上集中布局的大型场所,是具有一定规模和多种服务功能的新型物流业务载体。物流园区的功能可分为宏观社会功能、中观效用功能和微观业务功能三个层面。物流园区宏观社会功能包括分析资源集聚功能、经济开发功能和低碳环保功能;物流园区中观效用功能包括货物集散功能、信息集散功能和物流控制功能;物流园区微观业务功能表现在通过物流园区的设施设备、技术方法、组织管理等资源为客户提供各种物流服务的能力,是物流园区宏观社会功能和中观效用功能得以实现的基础。随着经济和物流业的发展,物流业务功能的内涵也在不断拓展和丰富,从原始的集货、运输、配载、配送、中转、保管、装卸搬运、包装、流通加工和信息服务等物流活动发展到今天包括保税、海关监管、税务、金融、保险等各方面的内容。根据业务功能形态的不同,本书将物流园区的微观业务功能分为传统支撑服务功能、现代增值服务功能和配套服务功能三大类,如图4-2所示。

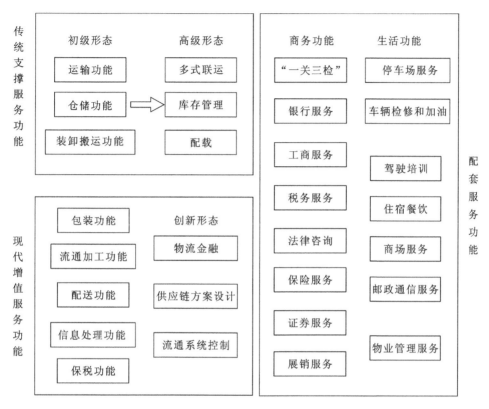

图 4-2 物流园区业务功能体系示意图

1. 传统支撑服务功能

传统支撑服务功能是物流园区业务功能的基础,包括运输功能、仓储功能和装卸搬运功能,这也是传统的货物运输功能。随着现代物流科技的发展和计算机技术的应用,以及物流的信息化发展,传统支撑服务功能也逐步向高级形态发展,如单一运输方式的运输服务发展为便捷的多式联运,单纯的仓储功能则升级为自动化的库存管理功能,物流标准化的推进使得装卸搬运由人工服务变为机械化的服务,并根据货物的性质进行配载,最大限度地利用物流资源,提高物流效率,降低物流成本。

2. 现代增值服务功能

现代增值服务功能包括包装功能、流通加工功能、配送功能、信息处理功能、保税功能等。随着现代物流的不断发展,物流渗透到各个领域,物流的现代增值服务功能拓展到物流金融、供应链方案设计、流通系统控制等。现代增值服务功能是体现物流园区特点的功能之一。

3. 配套服务功能

物流园区除要考虑以上传统支撑服务功能和现代增值服务功能外,还需引进商检、海关、税务、银行、工商配套服务,形成一站式服务模式;同时,还需要搞好物流园区基础设施的建设,包括货运道路、水电气供应、通信宽带网络等工程建设。物流园区的配套服务功能要全面考虑区域经济发展水平、服务客户、配送服务半径,确定物流园区的发展模式。物流园区还应根据不同的物流服务需求,设置合适的功能区,园区内还应有金融、保险、邮电、工商等企业。

随着运输、配送、集中储存、包装与流通加工、中转换装与集散、多式联运等传统支撑物流功能的展开,形成规模化效应后,配套服务功能的作用就逐渐凸现出来,它们对物流功能的发挥、有效运作起着重要作用。因此,当物流园区形成一定规模时,更需注重配套服务功能的规划设计。物流园区现代增值服务功能和配套服务功能最能体现物流园区的特点,它与物流园区的类型和定位有很大的关系。

(二) 功能定位

物流园区的功能定位是其战略定位和市场定位的外在体现,是按照战略定位和市场定位对物流园区的物流服务能力进行规划设计,主要是为了满足目标市场客户的物流需求。为此,物流园区的功能定位主要应确定两方面的内容:一是园区在不同规划阶段内应具有的物流服务功能;二是根据确定的物流功能进行空间分配,即划分若干物流功能区域。

一般来说,通过对辐射范围内潜在目标客户的调查分析,可了解物流园区的客户物流服务功能需求的类型和层次。但是从调查分析所反映的情况来看,通常存在一定的局限性,主要表现在:一方面,调查样本的广泛代表性受到一定制约,不可能对所有客户进行调查;另一方面,抽样调查以现有的客户为主,对潜在物流客户的调查通常不足。

因此,物流园区的功能定位在调查结果分析的基础上,应结合专家的相关经验与知识,同时还要体现四个原则:一是前瞻性原则。即园区的功能定位既应满足现在客户的需求,又要满足未来客户的需求。二是综合性原则。即园区的功能定位应综合调查的结果、物流产业的发展趋势、经济结构的调整及外来竞争压力等许多因素综合确定。三是阶段性原则。即园区的功能应体现不同规划阶段的特点,能根据不同阶段内的需求变化进行扩展。四是层次性原则。即园区的功能应体现出层次性,在发展建设初期应以物流基础性的服务功能为主,而在发展成熟期应逐步拓宽到增值服务层次的功能。

(三) 功能区域确定

从目前物流园区的规划情况看,物流园区中的功能区通常包括仓储中转区、分拣功能区、流通加工、集散配送区、商务办公区、生产服务区、生活服务区等,但对于一个特定的物流园区究竟需要规划哪些物流服务功能区,应该以其腹地范围内的市场需求分析为基础,以该园区所在地的现有物流资源和设施的整合及优化为依托,在明确其物流服务对象、服务内容及服务方式的基础上,通过调查所需的物流服务需求功能,结合一定的原则来确定。表4-1是我国物流园区典型功能区分区情况。

表 4-1 我国物流园区典型功能区分区情况

物流园区	浙江传化物流园区	天津空港物流园区	近海国际物流园区	大连国际物流园区
功能区分区	信息管理中心区	物流分拨区	中转换装作业区	集装箱转运区
	交易展示中心区	仓储服务区	保税区	临港加工区
	专业运输中心区	加工增值区	展示交易区	分拨配送区
	专业仓储中心区	展览展销	散货杂物作业区	冷藏区
	流通配送中心区	管理办公区	物流教育基地	汽车保税区
	转运中心区	配套服务区	仓储配送区	海铁联运区
	配套服务区		流通加工区	仓储服务区
			综合管理服务区	中心商务区
			货运交易区	
			农产品物流中心	
			辅助作业区	

服务功能区域的确定对物流园区的规划具有决定性意义。一方面,确定功能区域也就大体确定了物流园区的内部总体结构;另一方面,功能区域是物流园区内部布局的基本空间单元。确定功能区域主要有四个方面的内容:一是确定功能区域的数目;二是确定每个功能区域的面积;三是确定功能区域的类型、功能、主要服务对象;四是确定功能区域内部的细部组成和相互关系等。其基本方法是将功能类型相同或相近的各个单一服务功能进行归并和整合为一个物流功能区域,可得到所需的物流功能区域数目和类型(见图 4-3)。

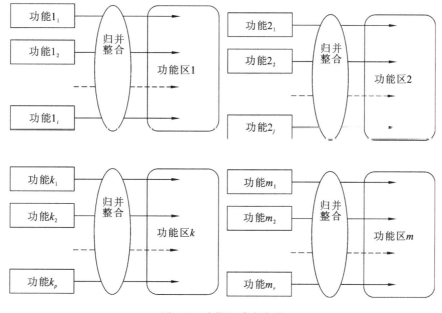

图 4-3 功能区确定方法

同时,在功能区域的确定过程中,还应兼顾下列原则:一是市场性原则。即园区的功能区域设定必须以物流市场需求为基础,立足现有物流需求,同时功能区域的类型和服务对象必须明确,能在市场经济的原则下进行规划、建设和运作。二是整合性原则。即园区功能区域的选定必须能有效整合现有的物流资源和设施,能对原有物流系统进行补充和完善。三是系统性原则。即园区功能区域之间功能上必须具有互补性、协作性和整体性,使这些功能区域既能独立承担物流服务业务,同时能共同承担层次更高、技术含量更高的增值物流服务,体现出园区物流系统化、层次化运作的能力。四是柔性化原则。即园区功能区域选择既要能满足现有市场的需求,又要满足未来发展的需求,具有一定的可扩展性和前瞻性。五是动态性原则。即园区功能区域的选择应根据市场需求环境的变化进行多阶段修正,具有一定的动态特性。

四、作业区的能力规划

在确定作业区域功能之后,根据其功能设定,进行作业能力的规划,特别是仓储区和拣货区。一般在规划物流园区各区域时,应以物流作业区为主,然后延伸到相关外围区域。而对物流作业区的能力规划,可根据流程进出顺序逐区规划。当缺乏有关资料而无法逐区规划时,则重点对仓储区和拣货区进行详细分析与能力规划,再根据仓储区和拣货区的能力,进行相应的前后作业的能力规划。

(一)仓储区储运能力规划

物流园区仓储区储运能力的规划方法主要有周转率估计法、商品送货频率估计法两种。

1. 周转率估计法

利用周转率估计仓储运转能力的特点是简便快速、实用性强,但不够精确。其计算步骤如下。

(1)计算年运转量。把物流园区的各项进出商品单元换算成相同单位的存储总量,如托盘或标准箱等。这种单位是现在或今后规划的仓储作业的基本单位。求出全年各种物品的总量,就是物流园区的年运转量。

(2)估计周转次数。就是估计未来物流园区仓库存储量的周转率。一般情况下,食品零售业年周转为20~25次,制造业为12~15次。在建立物流园区时,可针对经营品项的特性、物品价值、附加利润和缺货成本等因素,决定仓储区的周转次数。

(3)计算仓容量。以年运转量除以周转次数便是仓容量,即

$$仓容量 = 年运转量/周转次数$$

(4)估计保险系数。考虑到仓储运转的变化弹性,以估计的仓容量乘以保险系数,便是规划仓容量,以适应高峰期的高运转量要求,一般取保险系数为1.1~1.25。如果保险系数取得过高,就相应地增加了仓储空间过剩的投资费用。

(5)计算规划仓容量,即

$$规划仓容量 = (年运转量 \times 保险系数)/周转次数$$

2. 商品送货频率估计法

如果能搜集到各物品的年运转量和工作天数,根据厂商送货频率进行分析,则可计算仓

储量。其计算步骤如下。

（1）估计每天的发货天数。根据有关分析资料和经验，列出各种仓储物品在一年内的发货天数。由于物流园区仓储物品品项太多，既不易分析，也无此必要，因此将发货天数大致相近物品归为一类，得到按发货天数分类的物品统计表。

（2）计算年运转量。把进出商品换算成相同单位的存储总量，如托盘或标准箱等。这种单位是仓储作业的基本单位。按基本单位分别计算各类物品的年运转量。

（3）计算发货的平均日储运量，即

平均日储运量＝年运转量/年发货天数

（4）估计送货周期。根据厂商送货频率，估计送货周期。如某类物品厂商一年送货24次，则发货周期为15天。

（5）计算仓容量，即

仓容量＝平均日储运量×送货周期

（6）估计保险系数。估计仓储运转的变化弹性，需确定保险系数，其计算与周转率计算中计算过程相同。

（7）计算规划仓容量，即

规划仓容量＝（平均日储运量×保险系数）×送货周期

关于实际工作天数的计算有两种基准：一种为每年的实际工作天数；另一种为各产品的实际发货天数。如果能真实求出各产品的实际发货天数，则可计算平均日储运量，这一基准比较接近真实情况。但要特别注意，当部分商品发货天数很小，并集中在少数天数发货时，就会造成仓储量计算偏高，造成闲置储运空间过多，浪费投资。

（二）拣货区的运转能力计算

拣货区是以单日发货品所需的拣货作业空间为主。为此，最主要考虑的因素是品项数和作业面。一般拣货区的规划不包括当日所有发货量，在拣货区货品不足时可以由仓储区进行补货。拣货区运转能力规划建设方法如下。

（1）计算年拣货量。把物流园区的各项进出产品换算成相同拣货单位，并估计各物品的年拣货量。

（2）估计各物品的发货天数。根据有关资料分析各类物品，估计年发货天数。

（3）估计放宽比。

（4）计算各物品平均发货天数的拣货量：

平均发货天数的拣货量＝各物品的年拣货量/年发货天数

（5）ABC分析。对各物品进行年发货量和平均发货天数的拣货量ABC分析。根据这种分析，可确定拣货量等级（高、中、低档）和范围。在后续的设计阶段，可根据高、中、低档的物品类别进行物性分析和分类。这样，根据发货高、中、低档的类别，可确定不同拣货区存量水平。将各类产品的品项数乘以拣货区存量水平，便是拣货区存储量的初估值。

一般来说，假设某物流园区年工作天数为300天，把发货天数分成三个等级：200天以上、30～200天和30天以下。把各类物品发货天数分为高、中、低档三组。实际上天数分类范围是根据发货天数分布范围而定的。表4-2所示为综合发货天数的物品发货量分类情况。

表 4-2　综合发货天数的物品发货量分类

发货量分类 \ 发货天数	高 200 天以上	中 30～200 天	低 30 天以下
A.年发货量和平均日发货量很大	1	1	5
B.年发货量大,但平均日发货量较小	2	8	—
C.年发货量小,但平均日发货量较大	—	—	6
D.年发货量小,平均日发货量小	3	8	6
E.年发货量中,但平均日发货量小	4	8	7

此表中有八类,现在对各类说明如下。

分类一:年发货量和平均日发货量均很大,发货天数很多。这是发货最多的主力物品群。要求拣货区存储量应有固定储位和大的存量水平。

分类二:年发货量大,平均日发货量较小,但是发货天数很多。单日的发货量不大,但是发货很频繁。为此,仍以固定储位方式为主,存量水平可取较低一些。

分类三:年发货量和平均日发货量都小。虽然发货量不高,但是发货天数超过 200 天,是最频繁的少量物品。处理方法是少量存货、单品发货。

分类四:年发货量中等,平均日发货量较小,但是发货天数很多,处理烦琐,以少量存货、单品发货为主。

分类五:年发货量和平均日发货量均很大,但发货天数很少,可集中在少数几天内发货。这种情况可视为发货特例,应以临时储位方式处理为主,避免全年占用储位和浪费资金。

分类六:年发货量和发货天数都较少,但品项数多。为避免占用过多的储位,可按临时储位或弹性储位的方式来处理。

分类七:年发货量中等,平均日发货量较小,发货天数也少。对于这种情况,可视为特例,以临时储位方式处理,避免全年占用储位。

分类八:发货天数在 30～200 天,发货量中等。对于这种情况,以储位方式为主,但存置水平亦为中等。

上述分类可以作为一种参考,在实际规划过程中要根据物流园区的具体情况和商品发货特性来进一步调整。对于发货量较小的商品,在规划中可省略拣货区。这种情况下,可与仓储区一起规划,即仓储区兼拣货作业区。

（三）物流量平衡分析

物流量平衡分析是以每个独立的物流作业为分析单元,如一般的物流作业、运货作业、盘点移仓作业等,在各项物流作业活动中对物料从某一区域到另一区域的物料流量大小进行研究。在此必须说明,为了便于研究物流量,必须把不同搬运单位的货物转换成相同的搬运单位。

为了使物流作业有序流畅,物流园区的物品从采购进货到发货配送的每一项作业,所表现的数目、重量和容量都要保持平衡。因此,必须根据作业流程的顺序,整理各程序的物流量大小，把物流园区内由进货到发货各阶段的物品动态特性、数量和单位表示出来。由于作业的时序安排、批次作业的处理周期不同，可能在作业高峰期产生物流堵塞现象。为了避免这种情况，必须调整规划，使前后作业平衡。通过物流量平衡分析，可调整各作业流程的物流量数值，避免堵塞和脱节，以便达到物流畅通目的。

对于批发型的物流园区，其物流量平衡分析的要素如下。

（1）进货：采购地个数、数量和进货车台数。

（2）保管：托盘数、箱数、件数和项目数。

（3）出库：托盘数、箱数、件数和订货家数。

（4）流通加工：标价数和箱数。

（5）捆包装箱：捆包个数。

（6）分类暂存：按线路分个数、作业数和暂存数。

表 4-3 所示为物流园区作业流程的物流量平衡分析表。

表 4-3　物流园区作业流程的物流量平衡分析表

作业程序	主要规划参数	平均作业频率①	规划值②	峰值系数③	调整性 ④＝②×③
进货	进货车台数	10 台/日	7	1.3	9.1
	进货托盘数	250 盘/日	200	1.2	240
	进货品项数				
	进货厂家数				
存储	托盘数	2800	2200	1.2	2640
	箱数	1600	1400	1.2	1680
	品项数				
拣货	托盘数				
	箱数				
	品项数				
	拣货单数				
	发货品项数				
	发货家数				
集货	发货家数				
	托盘数				
	箱数				
发货	发货车台数				
	发货家数				

五、功能区域布局设计

(一) 内部功能区布局原则

1. 合理化原则

物流园区内部布局必须满足易于管理、能提高物流效益、对作业量的变化和商品形态的变化能灵活适应等要求,要具有与装卸、搬运、加工、保管、运输等作业活动完全相适应的作业性质与功能。因此,内部空间与作业设施布局必须满足合理化原则。

2. 有效性原则

应注意减少或消除不必要的作业流程,这是提高物流园区生产率与减少消耗的最有效方法之一。只有作业周期缩短,即空间占有面积少,商品停留、搬运和库存时间减少,才能保证投入的资金最少、生产作业成本最低。

3. 整体最优原则

物流园区作业地点的设计,实质上就是人、机械设备和环境的综合设计,因此,要运用系统分析的方法,全面、科学地考虑各种因素,才能创造一个设施完整、功能齐全、服务优质的物流园区。

4. 灵活适用原则

物流园区的规划建设需进行市场需求分析,但市场需求是动态发展的,园区现阶段的规划未必能完全满足未来入驻企业对园区各功能分区更为细致具体的要求。因此,园区的功能分区应充分考虑市场需求及物流系统自身的变化要求,使园区的功能分区具有良好的灵活性和动态适应性。

(二) 常用布局形式

根据对国内物流园区功能区布局形式的分析,物流园区的功能区布局形态大致有三种:枝状式、网状式和综合式。

1. 枝状式布局

枝状式布局是指园区各功能区与城市干道或园区内部主要道路平行布局(见图4-4),使园区与园区外道路、功能区与园区内部主要道路贴近,有利于交通基础设施资源的充分利用。此种布局形式适合于货运服务型物流园区,包括空港物流园区、海港物流园区、陆港物流园区。这一类型的物流园区大多结合交通枢纽选址,如机场、火车站场、港口、码头等,交通枢纽一般布置在园区一端,以一条主要道路为轴线,沿交通沿线布置各功能区。当然,运用这种直线型的轴线时,轴线空间不宜太过狭长,应该利用园区其他构成要素来丰富其空间层次。

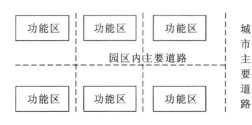

图4-4 枝状式物流园区功能区布局

2. 网状式布局

网状式布局是指园区内采用网格式道路

作为交通的骨架,园区各功能分区分别在区内主要道路两侧布置(见图4-5)。网状式布局可以使功能结构具有最大限度的可发展性和可替换性,可以为生产加工提供平整的地块,利于建设大体量的厂房,有效利用土地。此种形式主要适合于生产服务型和商贸服务型物流园区。

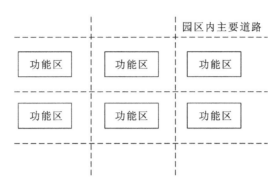

图4-5 网状式物流园区功能区布局

3. 综合式布局

综合式布局是指将区内的各功能区与园区内部道路或城市道路更灵活地结合布置,主要遵循自然环境的变化来组织空间(见图4-6)。一般用于综合服务型物流园区,位于城市交通运输主要节点处,服务于城市配送与区域运输。因此选址相对比较灵活,规模可大可小。一般在受地形限制较大的园区,如靠近山体、河流的地块中运用较多。物流园区功能区综合式布局较其他两种布局形式更加灵活,更能有效地利用空间。采用综合式布局的物流园区可以避免单一的空间布局方式带来的功能上某些局限和空间形态上的单调感,并能有效地利用各种布局方式的优点。

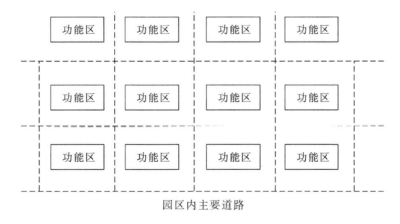

图4-6 综合式物流园区功能区布局

(三)布局设计方法

据国内外研究分析,常用的功能区布局的方法主要有以下七种。

1. 专家分析法

专家分析法主要利用专家的知识和经验,考虑物流园区的特性及其发展环境,结合物流园区发展的规律,对物流园区布局规划方案进行综合分析和评价。其代表性的方法有:因素评价法和德尔菲法。

2. 摆样法

摆样法是最早的布局方法,是利用二维平面比例模拟方法,按一定比例制成的样片在同一比例的平面图上表示设施系统的组成、设施、设备或活动,通过相互关系分析,调整样片位置可得到较好的布置方案。该方法适用于较简单的布局设计,对复杂的系统就不能十分准确,而且花费时间较多。

3. 解析法

解析法是通过建立数学模型并进行计算以求得最优选址方案的方法,一般可分为基于成本的模型和基于效益的模型两类。基于成本的模型,主要考虑总成本最小化;而基于效益的模型则主要考虑总的收益最大。虽然这两类模型所考虑的因素不同,但在数学处理方法的本质上是一致的,而在现实中,多以研究成本为主。采用这种方法,首先要根据问题的特征、外部条件和内在联系建立起数学模型或图解模型,然后对模型求解,获得最佳布局方案。解析法的优点就是能获得精确的最优解,缺点是对某些复杂问题难以建立起恰当的模型,或者是由于模型太复杂,而使求解困难或要付出相当高的代价。所以,这种方法在实际应用中受到一定的限制。

4. 图解法

图解法产生于20世纪50年代,有螺线规划法、简化布置规划法以及运输行程图等。该方法的优点在于将摆样法与数学模型结合起来,但现在应用较少。

5. 计算机模拟法(仿真)

计算机模拟法是将各种布局方案用数学方法和逻辑关系表示出来,然后通过模拟计算及逻辑推理来确定最佳的布局方案。如CRAFT(Computerized Relative Allocation of Facilities Technique)、CORELAP(Computerized Relationship Layout Planning)、ALDEP(Automated Layout Design Procedure)及MULTPLE(Multifloor Plant Layout Evaluation)等法。跟数学模型找解析解相比,这种方法简单。采用这种方法进行功能区布局时,分析者必须提供预定的各种布局方案,以供分析评价,从中找出最佳组合。所以,决策的效果依赖于分析者预定的组合方案是否接近最佳方案,这是该方法不足之处。

6. 系统布置设计法

系统布置设计法(简称SLP法,Systematic Layout Planning)是一种久负盛名的经典方法。该方法要建立一个相关图,表示各部门的密切程度。相关图类似于车间之间的物流图。相关图要用试算法进行调整,直到得到满意方案为止。接下来就要根据建筑的容积来合理地安排各个部门。为了便于对布置方案进行评价,系统布置设计也要对方案进行量化。根据密切程度的不同赋予权重,然后试验不同的布置方案,最后选择得分最高的布置方案。

7. 启发式方法

启发式方法是针对模型的求解方法而言的，是一种逐步逼近最优解的方法。这种方法对所求得的解进行反复判断、实际修正，直至满意为止。启发式方法的特点是模型简单，需要进行方案组合的个数少，因此便于寻求最终答案。此方法最不能保证得到最优解，但只要处理得当，可获得决策者满意的近似最优解。

（四）系统布置设计法

1. SLP 法的基本思想

SLP 的基本出发点是用量化的作业单位之间的相互关系密度来评定各部门之间的相关程度，得到作业单位相互关系表，然后根据相互关系表得到作业单位之间的相对位置，再根据作业单位的面积得到作业单位面积相关图，最终得到可行的布置方案。

2. SLP 分析过程

在 SLP 法中，基本要素包括产品 P、数量 Q、生产路线 R、辅助部门 S 及时间安排 T，这五个要素是布置设计工作的基本出发点。

该方法的首要工作是对各作业单位之间的相互关系作出分析，包括定量的物流相互关系和定性的非物流相互关系。物流关系的强弱可以在分析各个区域间的物流距离和物流量的基础上，用物流强度和物流相关表来表示。在对物流流量、物流强度进行分析时，可以采用从至表计算汇总各项物流作业活动从某作业区域至另一作业区域的物流流量或物流强度，作为分析各区域间物流流量或强度大小的依据。根据物流强度，确定物流相关程度等级，一般采用著名的 A、E、I、O、U 等级，一般 A 占作业单位的 10%，E 占 20%，I 占 30%，O 占 40%，U 代表那些无物流量的作业单位。非物流相互关系包括程序性的关系、组织与管理上的关系、功能上的关系和环境上的关系，定性的相互关系密切程度由高至低分别用 A、E、I、O、U、X 字母及相应的分值表示，其关联因素强度等级如表 4-4 所示。然后再将物流关系与非物流关系按照其相对的重要性进行综合，得到作业单元之间的综合关系密切程度。

表 4-4 关系密切程度等级

符　号	程度说明	分　值	作业单元配对比例
A	绝对重要	4	1%～3%
E	特别重要	3	2%～5%
I	重要	2	3%～8%
O	一般	1	5%～15%
U	不重要	0	20%～85%
X	不希望靠近	−1	0～10%

根据综合关系表中各作业单元之间的相互关系密切程度，决定各作业单元之间的距离远近，并安排各作业单元的位置。首先将综合关系密切程度最高的作业单元优先摆放，再依

次依据与该单元相互关系为 A、E、I、O、U、X 来布置作业单元,最终得到根据作业单元相互关系密切程度布置的作业单元位置关系图。得到作业单元位置关系图后,结合作业单元实际占地面积,形成作业单元面积相关图,考虑修正条件(物料搬运方法、建筑特征、道路、厂区绿化、场地环境等)和实际约束条件(给定面积、建设成本、现有条件、政策法规等)形成几个布置方案。对几个布置方案进行全面评价,选择最佳布置方案(见图 4-7)。

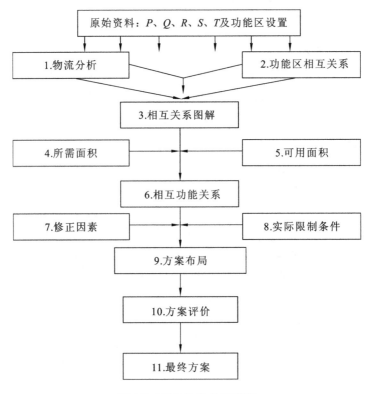

图 4-7 SLP 法布局流程图

第二节 仓储功能区规划设计

一、仓储功能区概述

仓储功能是物流园区所具有的最基本的功能,仓储功能区属于静态区域,该区域储存或分类储存的物资在此要经过一定时间的放置。和不断进出的接货区相比,该区域所占面积较大,在许多物流节点里往往占总面积的一半左右。对某些特殊物流节点(如水泥、煤炭物流节点)而言,甚至占总面积的一半以上。仓储区是存储货物的场所,在这个区域内一般都建有专用仓库,并且配置各种设备,其中包括各种货架、叉车、吊车等。

(一)仓储系统的功能

仓储系统的功能,从通常意义上讲是对物品的存储和保管。但是,存储和保管却不是物流园区仓储功能区的全部功能，也就是说，物流园区仓储功能区除了存储物品和保管物品的基本功能外，还有其他诸如供需调节、运输能力调节、流通配送加工、取得采购优惠等功能。

1. 存储和保管功能

仓储系统是具有一定的空间，用于容纳和保管物品的场所。而现代仓储系统常常不仅是一个物品存储和保管的场所，还应具备相应的设备，根据存储和保管的物品的特性进行搬运与存储。例如对于存储挥发性溶剂的仓储系统必须设置通风设备；而精密仪器的仓储系统，需要防潮、防尘、恒温，必要时还必须设置空调、恒温调控设备等。

2. 调节供需功能

创造物流的时间效用是物流系统的基本功能之一，物流系统这一功能的实现是通过仓储活动来实现的。生产的社会化、专业化整体的提高与消费多样化和复杂性之间的矛盾，生产的连续性与消费的非均衡性，或消费的连续性与生产的非均衡性之间的不协调等，所有这些决定了生产与消费之间都不是同步进行的。为了使生产与消费、供应与需求之间协调起来，就需要仓储系统的调节，使社会再生产过程连续不断进行。

3. 货物运输能力调节功能

物品从生产地向消费地的转移，是通过不同的运输方式实现的。不同的运输方式，使用的运输工具不同，其运输能力是有差别的。这种运输能力的差异，必须通过仓储系统进行调节。

4. 取得采购优惠的能力

零售型物流园区或批发型物流园区，为了在采购环节获得价格折扣，常因此采购经济批量的商品，所以仓储系统也要考虑每一批量的大小。

5. 补充拣货作业区商品存量功能

物流园区内存储作业最重要的功能，就在于补充拣货作业区的商品存量。有时一个物流园区找不到真正的存储区域，其存储区域已包含在拣货作业区内。

（二）仓储区的构成

1. 存储空间

存储空间是物流园区内仓储保管空间。在进行存储空间规划时，必须考虑到空间大小、杜了排列、梁下高度、通道宽度、设备回转半径等基本规划要素，再配合其他相关因素的分析，可作出完美的设计方案。

2. 物品

物品是物流园区仓储区的重要组成因素之一。物品的特性、物品在存储空间的摆放方式及物品的管理和控制，是仓储区需要解决的关键问题。

3. 人员

人员包括库管人员、搬运人员、拣货人员和补货人员等。库管人员负责管理和盘点作业，拣货人员负责拣选作业，补货人员负责补货，搬运人员负责入库作业、出库作业、翻堆作业等。

4. 物流设备

当物品不是直接堆叠在地面上时,则必须考虑托盘、货架等存储设备。当人员不是以手工操作时,则必须考虑使用运输机、笼车、叉车等运输与搬运设备。

二、仓储区作业流程

从作业程序上看,物流园区仓储区作业流程一般包括到货与接收、货物验收入库、货物存储保管、分拣包装、验货出库、盘点等。其他作业程序,如拣选作业将在下一节详细介绍。

(一)入库作业流程

入库是物品存储的开始,是指在接到物品入库通知单后,经过接运提货、装卸搬运、检查验收、办理入库手续等一系列作业环节构成的操作过程。

在实际应用中,由于仓储区业务的多样性,因此可能有多种不同的入库方式。比如,运输委托入库、仓储委托入库、货运单入库、退货入库及其他入库模式。不管是哪种入库模式,均有以下共同特点。

(1)物品入库都需要入库手续,这些依据就是仓库同货主签订的仓储合同或仓库上级主管部门下达的入库通知或物品入库计划。

(2)物品入库前要有准备工作,即组织准备和工具准备。

(3)完成准备工作后,物品的入库一般有如下几个环节:①入库准备;②物品接运;③物品验收;④入库交接;⑤办理入库凭证。

具体的入库流程如图4-8所示。

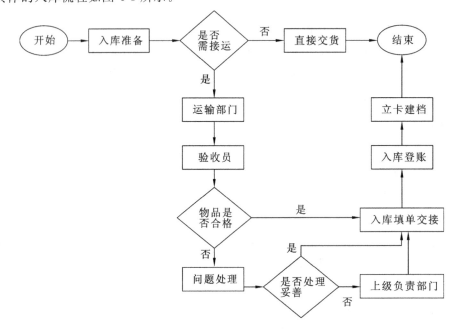

图4-8 入库流程图

（二）摆位与存储作业流程

货物接收入库之后，将货物放入储位进行存储保管。摆位过程通常采用三种形式，即按收货顺序摆位、按货品分类摆位和按目的地摆位。

1. 按收货顺序摆位

最常见的方法就是把所有订单上的货物都按照接货的顺序进行堆码，然后根据包装清单和其他相关文档进行核收。这种方法可以确保所收货品的种类和数量在向下配送前是准确可靠的，尽管上述操作流程可能很容易发现不符合的货品，并且能够轻松地对货物进行管理，但它需要较大的作业平台，同时增加了货物在站台上的作业时间。

2. 按货品分类摆位

按货品分类进行堆码的方法使得在接收到订单上所有货品之前将摆位作业完成。这种方法使用较少的存储空间，也使得把产品送到最终存货点的时间减少。

3. 按目的地摆位

为了加快产品移动速度，减少产品从接货到送达存储地点的时间，并降低作业平台的使用面积，可以将产品从运输车辆接收后直接送到最终的存货点。这样的流程比前两种方法节约时间，同时将产品送到最终存货点所需时间要少，但是这种形式需要更加复杂的管理系统和仓储系统。

摆位过程非常重要，同样重要的还包括需认识到摆位作业中的分拣对整个作业过程带来的巨大影响。分拣主要考虑的是单位货品的分拣速度和尺寸大小。例如，快速移动的、按件分拣的货品应保存在优先区，这样既可以实现快速分拣，又可以减少补货距离。根据货品尺寸的大小进行摆位的操作主要发生在货品需要直接装入发货集装箱的情况。这样，较重的货物应该在分拣顺序上优先拣选，以免对产品造成损害。

（三）盘点作业流程

仓储区的物资盘点是指在一定的时间段结束之后对仓储区的物资进行实地的清查，以确保物品储备的现状及与账存数量或者价值等相符。物资盘点的主要内容如下：

（1）清查账物是否相符；

（2）检查物资的收发是否符合先进先出的原则；

（3）检查物资的堆放及维护情况；

（4）检查物资有无超储积压、损坏变质的情况；

（5）检查不合格及呆废物资的处理情况；

（6）检查仓储安全设施及安全情况。

仓储区物资盘点基本步骤如下：

（1）盘点前准备。确定时间、范围、方式、人员、表单及盘点时物资的进出要求。

（2）预盘。正式盘点前，仓储人员对所管理的物资进行预盘点，填写相关表单，以便做正式盘点参考。

（3）复盘。按预定的时间由预定的人员对所需盘点的物资进行预盘点单和实物的核对，并检查物资堆放及其他情况。

（4）盘点报告。编写盘点报告，确定盘点物资盈亏及分析原因。

（5）结果处理。总结差异原因，加强管理，并将有关盈亏情况上报有关部门，调整账面材料差异。

对于信息化水平较高的物流园区，可以用计算机辅助进行盘点，程序如下：生成盘点账存表；打印盘点单；盘点；盘点录入、审核；生成盘点盈亏表；盘点记账。

（四）发货、集运与运输作业流程

不同的物流园区仓储区的出库流程不同，一般的做法是将核对凭证、备货加工、出货查验作为主要的出库作业流程，具体的出库作业流程如图4-9所示。

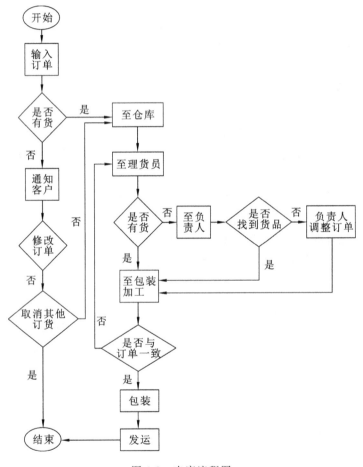

图4-9 出库流程图

三、仓储区储存作业方法

物流园区仓储区储存作业时要充分考虑最大限度地利用空间，最有效地利用劳动力和设备，最安全经济地搬运货物，最良好地保护和管理货物。良好的储存策略可以减少出入库的移动距离，缩短作业时间，充分利用储存空间。一般常见的储存方法有：

(一) 定位储存

定位储存的原则：每一项货物都有固定的储位，货品不能互用储位。因此，需要规划每一项货品的储位容量，使其不得小于可能的最大库存量。

(1) 定位储存的优点：每种货品都有固定储存位置，拣货人员容易熟悉货品储位；货品的储位可按周转率大小或出货频率来安排，以缩短出入库搬运距离；可针对不同货物特性安排储位，可以将货物之间的不良影响降至最小。

(2) 定位储存的缺点：储位必须按各项货品的最大在库量设计，因此储区空间平时的使用效率较低。

(3) 定位储存的应用场合：

① 不同物理、化学性质的货物须控制不同的保管储存条件，或防止不同性质的货物互相影响；

② 重要物品须重点保管；

③ 根据物品尺寸及重量安排储位；

④ 库房空间较大；

⑤ 多品种少批量货物的存储。

(二) 随机储存

随机储存的原则：每一个货品被指派储存的位置不是固定的，而是随机产生的，而且可经常改变；也就是说，任何品项可以被存放在任何可利用的位置。此随机原则一般是储存人员按习惯来储存，且通常按货品入库的时间顺序储存于出入口的储位。

(1) 随机储存的优点：由于储位可共用，因此只需按所有库存货品最大库存量设计即可，储区空间的使用效率较高。

(2) 随机储存的缺点：货品的出入库管理及盘点工作的进行困难较大，周转率高的货品可能被储存在离出入口较远的位置，增加了出入库的搬运距离；具有相互影响特性的货品可能相邻储存，造成货品的伤害或发生危险。采用随机储存能使货架空间得到最有效的利用，因此储位数目得以减少。由模拟试验得出，随机储存系统与定位储存比较，可节省35%的移动储存时间及增加了30%的储存空间，但是不利于货品的拣取作业。

(3) 随机储存的适用场合：厂房空间有限，需尽量利用存储空间；种类少或体积较大的货品。

(三) 分类储存

分类储存的原则：所有的储存货品按照一定特性加以分类，每一类货品都有固定的存放位置，而同属一类的不同货品又按照一定的原则来指派储位。分类储存通常按产品相关性、流动性、尺寸、重量、特性来分类。

(1) 分类储存的优点：便于畅销品的存取，具有定位存储的各项优点；各分类的储存区域可根据货品特性再作设计，有助于货品的储存管理。

(2) 分类储存的缺点：储位必须按各项货品最大载库量设计，因此储区空间平均的使用效率低；分类储存比定位储存具有弹性，但也有与定位储存同样的缺点。

(3) 分类储存的适用场合：货物的相关性大，经常被同时订购；货物的周转率差别大；货物的尺寸相差大。

（四）分类随机储存

分类随机储存的原则：每一类货品有固定存放的位置，但在各类的储区内，每个储位的指派是随机的。

（1）分类随机储存的优点：具有分类储存和随机储存的部分优点，又可节省储位数量，提高储区利用率。

（2）分类随机储存的缺点：货品出入库管理特别是盘点工作较困难。

分类随机储存兼具分类储存及随机储存的特色，需要的储存空间介于两者之间。

（五）共同储存

这种方法是当确切知道各货物进出仓库的时间时，不同货物可共用相同的储位，这在管理上会带来一定困难，但是对减少储位空间、缩短搬运时间有一定的作用。

四、仓储功能区规划与布局设计

（一）仓储功能区规模确定方法

1. 仓储功能区储存量规划

要确定仓储功能区（下简称仓储区）的储存量，需要收集各类商品的年储运量及工作天数等基础资料，然后根据仓储区进出货的频率进行分析，进而确定仓储区的储存量。其计算公式如下：

$$M = \sum M_i = \sum \lambda_i (N_i f_i)$$

其中：$N_i = \dfrac{H_i}{T_i}$

式中：M 为仓储区储存量；i 为货物的品项；N_i 为第 i 类货物发货期内日均发货量；H_i 为第 i 类货物的年发货量；T_i 为第 i 类货物的年发货天数；f_i 为第 i 类货物的厂商的送货频率（送货间隔天数）；λ_i 为第 i 类货物的仓容量放宽比，为了适应高峰时的高运转需求，通常取 1.1~1.2。

为了简化计算，可以将货物按送货频率进行 ABC 分类，则不同的货物群可设定不同的送货频率，计算各个货物群所需要的储存量，然后再求和，即可得到总的储存量。

在计算时需要注意以下几点：

（1）年发货天数的计算可采用两种基准，一为年工作天数，另外可以各商品的实际发货天数为单位，若有足够的信息反映各商品的实际发货天数，则以此计算平均日储运需求量较接近真实状况。

（2）确定放宽比时，如果物流中心商品进出货有周期性或季节性的明显趋势时，则需研究整个仓储营运政策是否需涵盖最大需求，或者可经由采购或接单流程的改善，来达到需求平衡化的目的，以避免放宽比过高，增加仓储空间，造成投资浪费。

（3）当部分商品发货天数很小并集中于少数几天出货时，易造成储运量计算偏高，从而导致储运空间闲置或库存积压。因此建议对平均发货天数的发货量进行 ABC 分析，再与实际年发货量进行交叉分析。对于年发货量小但是单日发货量大者,基本上不适用上述估计法,可将其归纳为少量机动类商品,以弹性储位规划,而其订货时机应采用机动形式,当订单需求发生时再订货,以避免平时库存积压。

2. 仓储区面积规划

根据仓储区的储运量,可知日常存货的数量,除此之外,在进行仓储区作业面积规划时,还必须事先了解货物的尺寸、堆放方式、托盘尺寸、货架储位空间和通道宽度等。采用不同的储存方式,货物所需要的仓储作业面积是不一样的。通常物流中心货物的储存方式有地面堆码、使用托盘货架、使用轻型货架和自动化仓库等多种方式。

在要求不精确的情况下,可以用下面的公式来确定仓储区储存面积:

$$A = \sum \frac{M_i}{\lambda_i}$$

式中,A 为仓储区储存面积(m^2);M_i 为第 i 类货物平均储存量(t);λ_i 为第 i 类货物在该区域的面积利用系数(t/m^2)。

λ_i 的值取决于货品的类型、存放方式以及所采用的作业设备等,应根据经验和具体条件确定。

在规划要求较精确的情况下,需要针对不同的储存方式分别分析计算。

1)地面堆码存储

当大量发货时,采用地面堆码存储方式可以方便作业,提高效率。此时应根据托盘数量、尺寸和通道宽度来确定作业面积。地面堆码存储具体有两种方式:单层托盘存储和累叠料框存储。

① 单层托盘存储。

仓储区仓储面积
$$A = \lambda \sum \frac{M_i}{N_i}(p \times p)$$

式中,M_i 为第 i 类货物的平均储存量;N_i 为每个托盘平均可堆放第 i 类商品的数量,可由商品尺寸和托盘尺寸计算得到,通常以箱为单位;$p \times p$ 为托盘尺寸;λ 为放宽比,根据通道占仓储区面积的比例而定(比如通道占全部仓储面积的 $30\% \sim 35\%$,可取 $\lambda = \frac{1}{1-35\%} \approx 1.5$)。

② 累叠料框存储。

仓储区作业面积
$$A = \lambda \sum \frac{M_i}{L \times N_i}(p \times p)$$

式中,M_i 为第 i 类商品的平均储存量;L 为商品堆放层数;N_i 为每个料框平均可堆放第 i 类商品的数量,以箱为单位;$p \times p$ 为料框尺寸;λ 为放宽比。

2)托盘货架存储

托盘货架是目前物流中心最普遍采用的储存方式,具有很好的拣取效率,但需要通道较多,影响了存储密度。

使用托盘货架储存货物,在计算作业面积时除了要考虑货物尺寸和数量、托盘尺寸、货架形式和层数之外,还应考虑相应的通道空间。

通常采用每货位存放两个托盘的货架,图 4-10 为其储存示意图。

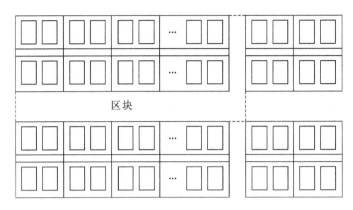

图 4-10　托盘货架储存示意图

从图 4-10 中可以看出,托盘货架具有区块特性,即每个区块由两排货架和通道组成,图中虚线所围区域即为一个区块。

仓储区面积可以用下面的公式计算:

$$A = D \cdot B = D \cdot \frac{P}{T}$$

$$P = \sum \frac{M_i}{L \cdot N_i}$$

式中,D 为每一区块的占地面积,可根据每一货位的实际的长、宽,货位列数以及通道的长、宽求得;B 为存货所需的区块数;P 为存货需要的托盘单层占地个数;T 为各区块单层容纳的托盘个数,可根据各区块的货位列数和每一货位存放的托盘个数求得;L 为货架层数;M_i 为第 i 类商品的平均储存量;N_i 为每个托盘可堆放的第 i 类商品数量。

(二) 仓储区设备的选择

1. 储存设备的选择

储存设备会因为存放货物的不同特征、包装单位、重量,以及不同的承载容器和存取方式而设计成不同的结构和样式。随着物流中心机械化和自动化程度的不断提高,储存设施特别是货架技术也在不断发展,除了传统的货架还出现了现代化的新型货架。生产力水平的不断提高,促进社会经济的发展,由此对物流服务的要求也越来越高,货架技术也适应这一趋势,向现代化方向发展。

1) 货架介绍

这里主要介绍几种通用性强的货架。

(1) 层架。层架应用非常广泛,主要适合人工存取作业,其规格尺寸及承载能力都与人工搬运能力相适应,高度通常在 2.4 m 以下,厚度在 0.5 m 以下。

层架结构简单,适用性强,方便作业的存取,是人工作业仓库的主要储存设备。层架主要用于存放规格复杂多样,必须互相隔开的物品。层架的储物形态可以是箱装或单件物品。

(2) 托盘货架。托盘货架专门用于存放堆码在托盘上的货物,其基本形态与层架类似,但是承载能力和每层空间适于存放整托盘货物,多采用杆件组合,可以依据码货高度调整层间距。通常高度在 6 m 以下。

托盘货架结构简单,可调整组合,安装简易,费用经济,出入库不受先后顺序的限制,储物形态为托盘装载货物,配合升降式叉车存取。

(3) 阁楼式货架。阁楼式货架是将储存空间分为上下两层,用钢梁和楼板将空间隔为两层,下层货架支撑上层楼板。

阁楼式货架可以有效增加空间使用率,上层用于存放较轻物品,上层物品搬运采用垂直输送设备。储物形态可以是托盘、纸箱、单件货物。

(4) 悬臂式货架。悬臂式货架是在立柱上设杆臂构成的,悬臂常用金属材料制造,其尺寸一般根据所存放物料尺寸确定。

悬臂式货架是开放式货架,不太便于机械作业,需要配合叉距较宽的搬运设备,一般高度在 6 m 以下,空间利用率较低,为 35%~50%。

(5) 移动式货架。移动式货架底部装有滚轮,通过开启控制装置,滚轮可以沿轨道滑动,货架结构可以设计成普通层架或者托盘货架。

移动式货架平时密集相接排列,存取货物时使货架沿轨道水平移动,形成通道,可以减少通道面积,地面使用率可达 80%,而且不受先进先出的限制,但是成本较高。储物形态可以是托盘、箱或者单件。

(6) 重力式货架。重力式货架与普通货架的不同之处是其层间间隔由重力滚轮或者滚筒输送装置组成,并且与水平面成一定的倾斜角度,低端作为出货端,高的一端作为入货端,这样托盘或箱装货物便会由重力作用自动向低端滑移。

重力式货架呈密集型配置,能够大规模密集存放货物,减少通道数量,有效地节约仓库面积,并且可以保证先进先出;其拣货端与入货端分离,能够有效提高作业效率。储物形态可以是托盘、纸箱或者单件。

(7) 驶入/驶出式货架。驶入/驶出式货架采用钢质结构,钢柱上有向外伸出的水平突出构件或悬轨,叉车将托盘送入,由货架两边的悬轨托住托盘及货物。驶入式货架只有一端可出入,驶出式货架两端均可以出入。

驶入/驶出式货架属于高密度配置,高度可达 10 m,库容利用率可以达到 90% 以上。适用于大批量少品种的物流中心使用,但是不太适合太长太重的物品。储物形态为托盘装载的货物。

(8) 旋转式货架。旋转式货架适合于小件物品的保管存储,能大幅度地降低拣货作业的劳动强度,通过货架旋转改变货物的位置,减少拣货作业人员行走及搬运的距离。旋转式货架分为垂直旋转式、多层水平旋转式、整体旋转式三种。

旋转式货架存储密度大,货架间不设通道,可节省占地面积,拣货效率高,拣选差错少,可以快速分拣,但是需要使用电动装置,维修费用高。储物形态为纸箱、包、小件物品。

2) 储存设备的选择

储存是物流园区内作业环节的核心,储存设备是最基本的物流设施。储存设备既可以存放和有效地保护商品,又可以提高储存空间的利用率。在选择适用的储存设备时,最主要的依据是物流园区的功能和运作方式;其次还必须综合考虑货物特性、物流量的大小、库房结构以及配套的搬运设备等因素。

物流园区储存物品种类多达数十万种,每种物品的发货量、储存方式、拣取单位和包装形式都不一样。因此可以将货物分成A、B、C三类,根据货物所属类别的不同来选择不同的储存设备。

货物的尺寸、外形包装以及货物性质等会影响储存单位的选用。由于储存单位的不同,使用的储存设备就不同,例如托盘货架适用于托盘储放,而箱式货架则适合储箱使用。若外形尺寸特别,则有一些特殊的储存设备可选用。另外,物品本身的自然属性如果有特殊要求,如易腐性或易燃性物品,就需要在储存设备上做防护。

根据要规划的仓储区对货物的出入库频率(见表4-5)来选择适当的储存设备。有些货架虽然可以达到较高的储存密度,但出入库量不大,适于低频率作业。

表4-5 储存设备以出入库频率划分表

存储单位	高频率	中频率	低频率
托盘	托盘流动式货架 (20～30托盘/小时) 立体自动仓储 (30托盘左右/小时) 水平旋转自动仓储 (10～60秒/次)	托盘式货架 (10～15托盘/小时)	驶入式货架 (10托盘左右/小时) 驶出式货架 (10托盘左右/小时) 推后式货架 (10托盘左右/小时) 移动式货架 (10托盘左右/小时)
容器	容器流动式货架 轻负载自动仓储 (30～50箱/小时) 水平旋转自动仓储 (20～40秒/次) 垂直旋转自动仓储 (20～30秒/次)	中型货架	移动式货架
单品	单品自动拣取系统 (6000件/小时)	轻型货架	抽屉式储柜

储存设备的存取作业是依靠搬运设备来完成的。因此选用储存设备时要考虑搬运设备的类型、规格和特性。货架通道宽度直接影响到叉车类型的选择。另外还要考虑举升高度及举升能力是否满足库内作业的要求。

在选择储存搬运设备时还要考虑库房的梁下有效高度。梁柱位置会影响货架的配置,地板承受的强度、平整度也与货架的设计、安装有关,还必须考虑防火设施和照明设施的设置。

3)设计原则

当储存设备的型号选定后,便进行设计。每一种货架虽然不完全相同,但基本上都是根据估计货位数来计算通道数的。在满足出入库作业的前提下,进一步计算整个体系规模及对长、宽、高等外形尺寸的要求。

在进行货架系统设计时需要遵循以下原则:首先,坚持按照建筑的长边布置货架,如果用短边将意味着牺牲大约建筑物存储能力 5% 的货位;其次,不要在货架设计中出现"口"形的通道,这也将牺牲储存能力 5% 的货位;最后,要避免在同一仓储区内出现不同的货架走向,当然也要避免沿建筑物内墙布置通道,最好每一个通道都可以两面存取。

2. 装卸搬运设备的选择

装卸搬运是在货物运输、存储等过程中发生的作业,贯穿于物流作业的始终。装卸搬运工作直接影响到物流的效率和效益。在装卸搬运作业中,要不断反复进行装、搬、卸操作,这些都靠装卸搬运设备的有效衔接。选择装卸搬运设备时要考虑物流园区仓储区的日吞吐量、作业高度、搬运距离、作业单位、通道宽度以及场地地面等因素。装卸搬运设备种类很多,物流园区仓储区主要应用到以下几种。

1) 叉车

叉车是指具有各种叉具,能够对货物进行升降和移动以及装卸作业的搬运车辆。叉车主要有以下技术指标:额定起重量、自重、自由起升高度、标准货叉尺寸、转弯半径、满载起升速度、载荷中心距、起升高度。

叉车分为低提式和高提式叉车。低提式叉车又叫手动叉车,提升高度在 100~150 mm;高提升式叉车最高提升高度可达 12 m。

2) 手推车

手推车轻便灵活,适合搬运重量轻的货物,一般可以载 500 kg 以下货物。

3) 输送机

输送机是用于沿一定路线和方向连续不断搬运成件包装物资和散装物资的设备。输送机搬运作业的优点是承载均匀,消耗功率变化不大,速度稳定且作业连续,生产效率高,作业成本低;其缺点是输送物品受局限,单件重量不宜太大。

4) 自动导引搬运车

自动导引搬运车是物流系统的重要搬运设备,它是指具有电磁或光学引导装置,能够按照预定的引导路线行走,有停车装置、安全保护装置以及具有各种运载功能的运输小车。

(三) 柱子间距设计

影响柱子间距设计的因素主要有三个:

1. 进入仓库区内的货车数量及种类

不同的车型,其体积长度不同,要求的停靠空间不一样,如图 4-11 所示。

在图 4-11 中,W_i 为柱子间距;W 为货车宽度;C_t 为货车间距;C_g 为侧面间隙尺寸。假设货车数量为 N,则柱子间距计算公式为:

$$W_i = W \times N + (N-1) \times C_t + 2 \times C_g$$

2. 保管区储存设备的种类及尺寸

保管区的空间设计应尽可能保证完整地安放设备,因此,必须配合储存设备的规划来决

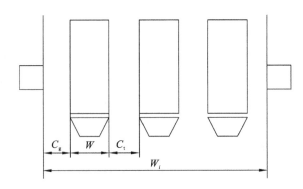

图 4-11　车辆影响下的柱子间距设计

定柱子间距。

（1）托盘（货架）纵深方向柱子间距的计算，如图 4-12 所示。

在图 4-12 中，W_i 为柱子间距；L_p 为货架深度；W_L 为通道宽度；C_r 为货架背面间隔。假设货架巷道数为 N，则柱子间距的计算公式为：

$$W_i = (W_L + 2 \times L_p + C_r) \times N$$

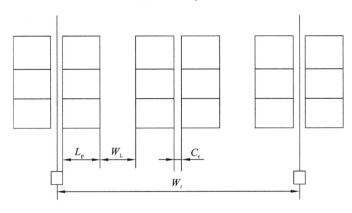

图 4-12　托盘（货架）纵深方向柱子间距设计

（2）托盘堆码或货架正面宽度方向柱子间距的计算，如图 4-13 所示。

在图 4-13 中，W_i 为柱子间距；W_p 为货架宽度；C_p 为货架间距；C_0 为侧面间隙间隔。假设货架列数为 N_p，则柱子间距的计算公式为：

$$W_i = W_p \times N_p + C_p \times (N_p - 1) + 2 \times C_0$$

3. 保管区出入口的影响

受自动输送机及叉车、吊车设备的限制，柱子间距必须依据保管区出入口中的走道宽度及储存设备间距等尺寸来计算。

（四）仓储区通道的规划

通道的正确安排和宽度设计是影响物流作业效率的一个关键因素。作为仓储区的通路，通道的设计应能提供货物的正确存取、装卸设备的进出及必要的服务。通道的设计直接

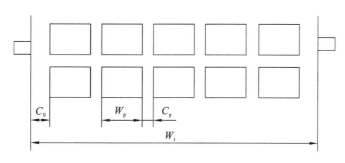

图 4-13 托盘堆码或货架正面宽度方向柱子间距设计

影响作业的效率,影响通道的因素有通道形式、搬运设备、装载单元、存储的批量尺寸以及地面负载能力等。

1. 通道类型

物流园区仓储区通道包括以下几种。

(1) 工作通道:这是物流仓储作业和出入库房作业的通道,分为主通道和存储通道。主通道连接物流中心仓储区的进出口和各作业区域,道路较宽,与码头的方向平行;存储通道连接主通道和各作业区域内的通道,一般平行或垂直于主通道,不应与库房墙壁临近。

(2) 人行通道:只用于员工进出特殊区域的通道,应维持最小数目。

(3) 电梯通道:出入电梯的通道,不应受任何通道阻碍。通常此通道宽度至少与电梯相同,距主通道 3~4.5 m。

(4) 其他通道:公共设施、防火设备或紧急逃生所需要的进出通道。

2. 通道设计原则

对通道进行规划设计时,主要考虑通道的设置方式和宽度。表 4-6 列出了通道设计的一些原则。

表 4-6 通道设计原则

基本原则	说　　明
流量经济	人和物的移动形成最佳的作业运动线
空间经济	最小的空间占用率
设计有序	先确定出入货码头位置,设计主通道和作业区之间的通道,然后设计服务设施、参观通道等
直线原则	通道应设计成直线
方向合理	主通道与码头的方向平行,存储通道垂直或平行于主通道

3. 通道设计方式

采用不同的设计方式,通道所占的空间比例不一样,见表 4-7 和表 4-8。

表 4-7　长方形仓库通道形式

长方形仓库通道形式	说　　明
	通道的面积占用率为 40%
	通道的面积占用率为 20%，通常用于堆垛存储方式
	通道的面积占用率为 40%，通常用来划分作业区

表 4-8　正方形仓库通道形式

正方形仓库通道形式	说　　明
	通道的面积占用率为 19%，是正方形仓库常用的通道设置方式，主要适用于托盘地面存放的形式
	通道的面积占用率为 28%
	通道的面积占用率为 36%
	通道的面积占用率为 51%，占用面积较大，直接影响仓库空间利用率

4. 通道宽度的设计

通道宽度设计根据不同作业区域、人员或车辆行走速度、单位时间通行人数、搬运物品体积等因素而定。

物流园区仓储区的通道主要有人行通道、手推车通道和叉车通道。通道宽度根据货物的保管率、人流量和叉车的作业效率来决定。

1) 人行通道宽度

人行通道用于工作人员作业、保管、维修和紧急避难等。人行通道宽度计算公式如下：

$$W = d \times w \times \frac{n}{v}$$

式中，v 为人员通过速度(m/s)；n 为单位时间通过人数(人/s)；d 为两人前后行走之间的最短距离(m)；w 为人身宽度(m)；$d \times w$ 为每一个人在通道上行走瞬间需要的面积(m²)；一般情况下，W 取 0.8~0.9 m。

2) 手推车通道宽度

手推车作业的通道宽度 W 取值如下：单行通道时，W 取 0.9~1.0 m；双行通道时，W

取 1.8~2.0 m。

3）叉车通道宽度

叉车是物流中心仓储区的主要存取设备，叉车通道的宽度根据叉车种类和规格的不同而不同。

决定叉车通道宽度的因素有叉车的形式、规格和尺寸，托盘输送机型号和规格，富余尺寸。设计叉车通道时，主要设计叉车通道的直线部分、装卸部分和转弯部分的通道宽度。

（1）直线通道宽度。

直线通道取决于叉车宽度、托盘宽度和侧面间隙尺寸，叉车的型号和规格取决于托盘尺寸。具体计算公式如下。

当 $W_p \geqslant W_B$ 时，$W = W_p + 2C_0$

当 $W_p < W_B$ 时，$W = W_B + 2C_0$

式中，W 为直线通道宽度；W_p 为托盘宽度；W_B 为叉车宽度；C_0 为侧面余隙。

双向通道计算公式：

当 $W_{p1} + W_{p2} \geqslant W_{B1} + W_{B2}$ 时，$W = W_{p1} + W_{p2} + 2C_0 + C_M$

当 $W_{p1} + W_{p2} < W_{B1} + W_{B2}$ 时，$W = W_{B1} + W_{B2} + 2C_0 + C_M$

式中，W_{p1}、W_{p2} 为托盘宽度；W_{B1}、W_{B2} 为叉车宽度；C_0 为侧面余隙；C_M 为两车间距。

（2）丁字形通道宽度。

通道宽度取决于叉车宽度，而叉车种类很多。在设计此通道时，首先应确定经常采用的最大叉车型号及规格尺寸。丁字形通道宽度 W_L 的计算公式如下：

$$W_L = (R + X + L_p) + C_0$$

式中，W_L 为丁字形通道宽度；R 为最小转弯半径；X 为转弯中心到托盘的距离；L_p 为托盘长度；C_0 为侧面余隙。

（3）最小直角通道宽度。

当叉车进行直角转弯时，必须保证足够的直角通道宽度 W_d。最小直角通道宽度的计算公式如下：

$$W_d = \left[R_f - \left(b - \frac{W_p}{2} \right) \div \sqrt{2} \right] + C_0$$

式中，W_d 为最小直角通道宽度；R_f 为车体最小旋转半径；b 为旋转中心到车体中心的距离；W_p 为托盘宽度；C_0 为侧面余隙。

第三节 分拣功能区规划设计

一、分拣功能区概述

（一）分拣作业

分拣作业是依据订单要求或物流园区的送货计划，尽可能迅速、准确地将商品从储位或其他区域拣选出来，并按照一定的方式进行分类和集中，等待配装送货的作业过程。

（二）分拣功能区

分拣区是分拣人员、分拣设备在分拣信息的引导下，通过查找货位、拣取和搬运货物，进行货物分拣活动的区域,这一区域往往与流通加工区联通配合作业。区域面积随物流园区不同(主要根据用户、物品种类、发货频率而定)而有较大变化,如对多用户、多品种、少批量、多批次配送(如中、小件杂货)的物流园区而言,分货、拣货、配货工作复杂,该区域所占面积很大;但在另一些物流园区,则可能将该区域面积设计得较小。分拣区是配送园区的重要区域,整个配送园区的吞吐能力往往取决于此区域的作业流程及设施设备、人员配置情况。

二、拣选作业的分类和方法

(一)拣选作业的分类

拣选方式可以从不同角度进行分类。

(1)按订单组合方式分为按单拣选和批量拣选。按单拣选,指按订单进行拣选,拣选完一个订单后,再拣选下一个订单;批量拣选,指将数张订单合并,一次进行拣选,最后根据各个订单的要求再进行分货。

(2)按人员组合方式分为单独拣选和分区拣选。单独拣选,指一人持一张取货单进入拣选区拣选货物,直至将取货单中内容完成为止;分区拣选,指将拣货区分为若干区,由若干名作业者分别操作,每个作业者只负责本区货物的拣选。

(3)按运动方式分为人至货前拣选和货至人前拣选。人至货前拣选,指人到储存区寻找并取出所需要的货物;货至人前拣选,指将货物移动到人或拣选机旁,由人或拣选机拣选出所需的货物。

(4)按拣选提示信息分为拣选单拣选、标签拣选、电子标签拣选、RF拣选。

各种拣选方式作业之间的分类关系如表4-9所示。

表4-9 各种拣选方式作业之间的分类关系

拣选作业	按单拣选(摘果式)	单独拣选方式
		接力拣选方式
		标签拣选方式
		拣选单拣选方式
		电子标签拣选方式
		RF拣选方式
		IC卡拣选方式
	批量拣选(播种式)	批量拣选方式
		接力拣选方式
		标签拣选方式
		拣选单拣选方式
		数字显示拣选方式
		电子标签辅助拣选方式
		RF拣选方式
		IC卡拣选方式

（二）拣选作业的方法

1. 按单拣选

1）作业原理

拣选人员或拣选工具巡回于各个储存点，按订单所要求的物品，完成货物的配货。这种方式类似于人们进入果园，在一棵树上摘下已成熟的果子后，再转到另一棵树前去摘果子，所以又形象地称之为摘果式，如图 4-14 所示。

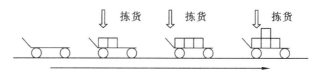

图 4-14　按单拣选示意图

2）特点

按订单拣选，易于实施，而且配货的准确度较高，不易出错。

对各用户的拣选相互没有约束，可以根据用户需求的紧急程度，调整配货先后次序。

拣选完一个货单货物便配齐，因此，货物可不再落地暂存，而直接装上配送车辆，这样有利于简化工序，提高作业效率。

用户数量不受限制，可在很大范围内波动。拣选作业人员数量也可以随时调节，在作业高峰时，可以临时增加作业人员，有利于开展即时配送，提高服务水平。

对机械化、自动化没有严格要求，不受设备水平限制。

2. 批量拣选

1）作业原理

批量拣选作业是由分货人员或分货工具从储存点集中取出各个用户共同需要的某种货物，然后巡回于各用户的货位之间，按每个用户的需要量分放后，再集中取出共同需要的第二种货物，如此反复进行，直至用户需要的所有货物都分放完毕，即完成各个用户的配货工作，如图 4-15 所示。

这种作业方式，类似于农民在土地上播种，一次取出几亩地所需的种子，在地上巡回播撒，所以又形象地称之为播种式或播撒式。

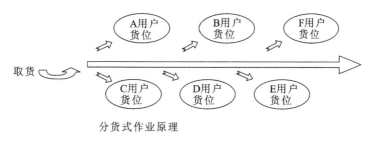

图 4-15　批量拣选示意图

2）特点

由于是集中取出共同需要的货物,再按货物货位分放,这就需要在收到一定数量的订单后进行统计分析,安排好各用户的分货货位之后才能反复进行分货作业,因此,这种工艺难度较高,计划性较强,和按单拣选相比错误率较高。

由于是各用户的配送请求同时完成,可以同时开始对各用户所需货物进行配送,因此有利于车辆的合理调配和规划配送路线,与按单拣选相比,可以更好地利用规模效益。

对到来的订单无法作及时的反应,必须等订单达到一定数量时才做一次处理,因此会有停滞的时间产生。只有根据订单到达的状况做等候分析,决定出适当的批量大小,才能将停滞时间减至最少。

3. 整合按单拣选

整合按单拣选主要应用于一天每一订单只有一种品项的场合,为了提高输送配送的效率,将某一地区的订单整合成一张拣选单,做一次分拣后,集中捆包出库;属于按单拣选方式的一种变形。

4. 复合分拣

复合分拣是按单拣选与批量分拣的组合运用,按订单品项、数量和出货频率决定哪些订单适合按单拣选,哪些适合批量拣选。

三、分拣系统拣选作业流程

（一）拣选作业流程

拣选作业在物流园区作业环节中不仅工作量大,工艺过程复杂,而且作业要求时间短,准确度高,服务质量好。因此,加强拣选作业的管理非常重要。在拣选作业的执行过程中,根据客户订单所反映的商品特性、数量、服务要求、送货区域等信息,对拣选作业进行科学的规划与设计,并制定合理高效的作业流程应是拣选作业的关键。拣选作业的基本流程如图4-16所示。

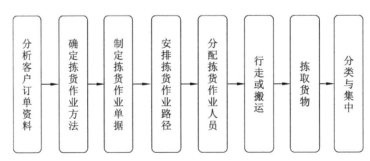

图 4-16 拣选作业流程图

1. 分析客户订单资料

通过对收集的客户订单资料的分析,物流园区可以明确客户所订购的商品的出货单位、数量、时间需求等相关信息。

2. 确定拣货作业方法

完成了客户订单资料分析后,可以确定物流园区的拣货单位、拣货人员/设备的数量分配、拣货作业方法等。

3. 制定拣货作业单据

拣货作业单据包括拣选单编号、客户编号、客户名称、订货日期、货品名称、存储区域和货位、数量等相关信息，以提示拣选人员完成相应的拣货作业操作。

4. 安排拣货作业路径

在制定完拣货作业单据后，货品的储位信息已经明确，可利用人工或计算机辅助的方式完成拣选作业路径安排。合理的拣货作业路径可以有效地缩短拣选人员和拣选设备的行走时间，极大地缩短拣货作业时间，同时能有效地降低拣选的错误率。

5. 分配拣货作业人员

结合拣选作业方法、拣选货品的种类和数量、拣货单位及储位管理策略，分配拣货作业人员，以满足拣选作业需求。

6. 行走或搬运

拣选时，要拣取的货品必须出现在拣货人员或设备面前，可以通过以下三种方式实现。

（1）人至物方式：这是指物品固定，拣货人员到物品位置把物品拣选出来的工作方式。储存设备包括托盘货架、轻型货架、储柜、流动货架、高层货架、数位显示货架。搬运设备包括无动力台车、动力台车、动力牵引堆垛机、拣选车、搭乘式存取机、无动力输送机、动力输送机、计算机辅助台车等。

（2）物至人方式：这与人至物的拣选方法相反，拣货人员位置固定，等待设备把物品运至拣货者面前拣货。这种拣货设备的自动化水平较高，本身附有动力，所以能移动物品储位或把物品取出。储存设备包括单元负载自动仓库、轻负载自动仓库、水平旋转自动仓库、垂直旋转自动仓库、梭车式自动仓库等。搬运设备包括堆垛机、动力输送带、无人搬运车等。

（3）无人拣取方式：拣取的动作由自动化机械负责，电子信息输入之后完成拣选作业，无需人员介入。

7. 拣取货物

当货物出现在拣货作业人员或设备面前时，接下来的动作便是抓取和确认。确认的目的是确定抓取的物品、数量是否与指示拣选的信息相同。实际作业都是利用拣选作业人员读取品名与拣选单作对比。比较先进的方法是利用无线传输终端机读取条形码由计算机进行比对，或采用货品重量检测的方式。准确地确认动作可以大幅度降低拣选的错误率，同时也比出库验货作业发现错误并处理来得更直接而有效。

8. 分类与集中

由于拣取方式不同，拣取出来的货品还可能需要按订单类别进行分类和集中，拣选作业至此结束。分类完成的每一批订单类别和货物经过检验、包装等作业后出货。

（二）拣货要点

拣货作业除了少数自动化设备逐渐被开发应用外，大多数是靠人工的劳动密集型作业。因此在拣选作业时，利用工业工程的相关方法，可以有效地提高拣选效率，可以从如下八点去考虑：

（1）不要等待——零闲置（zero idle）时间。以动作时间分析、人机时间分析方式改善

（2）不要拿取——零搬运。多利用输送带、无人搬运车（AGV），减少人力负荷。

（3）不要走动——缩短动线。采拣货工作分区，物至人拣取或导入自动仓库等自动化设备。

（4）不要思考——零判断业务。简化作业，不依赖熟练工，使用条形码自动识别装置及自动化设备。

（5）不要寻找——做好储位管理。随时整理、整顿货品，储位编排异动实时登录，拣取时以电子卷标灯号实时指示。

（6）不要书写——零事务作业。以计算机传输指示拣货，达到免纸张作业（paperless），避免笔误造成作业错误。

（7）不要检查——降低拣错率，缩短覆点时间。利用条形码读取由计算机辅助检查，如RFDC（无线数据通信），或实施无验货系统。

（8）无缺货——做好商品管理、储位管理、库存管理、拣货管理。安全库存量、订购时机、补货频率等状况利用计算机随时掌握。

（三）拣货作业考核指标

拣货作业的考核通过拣选人员、设备、方式、时间、成本、质量等方面的检查和考核来进行评价。评价的目的是找出存在的问题，改进系统设计与管理，进而提高效率，而评价指标的建立则是考核评价的关键。

1. 拣选人员作业效率

1）拣选人员的分工与职责

拣选作业管理人员的职责有：拣货出库计划的完成；每天拣货作业任务安排；拣货作业人员的管理；拣货作业设备的管理；对客户订单的管理；拣货作业成本管理；拣货作业质量管理。

拣货作业操作人员的职责有：拣货设备操作；每日拣货作业任务的完成；拣货出库总结和报告；盘点作业；拣货设备检查；安全管理。

2）人员业绩考核指标

① 在配送作业中，一般拣货都是以品种为单位。因此，在人工拣货或机械化程度较低或者出货多（属于多品种、小批量）的配送作业中，可以采用"每人时拣取品种数"来评价人员拣货效率。其公式为：

$$每人时拣取品种数 = \frac{拣货单总品种数}{拣取人员数 \times 每天拣货时数 \times 工作天数}$$

② 对于自动化程度较高或出货多（属于大批量、小品种）的配送作业，多采用"每人时拣取次数"来衡量拣货效率。其公式为：

$$每人时拣取次数 = \frac{累计拣货总件数}{拣取人员数 \times 每天拣货时数 \times 工作天数}$$

③ 每次货物拣取移动距离指标直接反映目前拣货区布局是否合理，拣货作业策略和方式是否得当，如果指标数值太高，则表示拣货消耗的时间和能力太多，此时可以从改进拣货区与拣货策略和方式等方面入手来提高拣货作业效率。其公式为：

$$每次货物拣取移动距离 = \frac{总拣货行走距离}{总拣货次数}$$

2. 拣货设备使用效率

不同的存储方式和拣选方式需要采用不同的拣货设备。在影响拣货设备选型的因素中,拣货包装单位的大小和拣货批量是两个主要因素。拣货设备在使用过程中的效率直接影响着配送作业的成本。因此,可以用拣货人员装备率和拣货设备成本产出来评价物流园区设备的使用效率和装备情况。

(1) 拣货人员装备率可衡量物流园区对拣货设备的投资情况。装备率越高,通常说明物流园区机械化程度越高。其公式为:

$$拣货人员装备率 = \frac{拣货设备投资成本}{拣货人员数}$$

(2) 装备率越高并不等于设备使用效率越高。所以,为了衡量设备成本使用效率的高低,引入拣货设备成本产出这一指标。该指标反映了单位拣货设备成本所拣取的商品的体积数。因此设备成本产出率越高,说明设备的使用效率越高。其公式为:

$$拣货设备成本产出 = \frac{出货物品总体积}{拣选设备成本}$$

3. 拣选时间与速度

拣选时间与速度直接反映了物流园区拣货作业的处理能力,拣选速度可以通过单位时间处理订单数和单位时间拣取品种数来衡量。

(1) 单位时间处理订单数反映了单位时间处理订单的能力。指标值越高,说明拣货系统处理订单的能力越强。其公式为:

$$单位时间处理订单数 = \frac{订单总数}{每天拣取时数 \times 工作天数}$$

(2) 单位时间拣取品种数反映了单位时间拣取商品品种的能力。指标值越高,说明拣货系统的作业速度越快。其公式为:

$$单位时间拣取品种数 = \frac{订单数量 \times 每张订单平均商品品种数}{每天拣取时数 \times 工作天数}$$

4. 拣货成本核算

拣货成本通常包括人工费用、设备折旧费、信息处理费等。拣货成本的高低可以用每份订单投入的平均拣货成本和订单中每项货物投入的拣货成本两个指标来衡量。公式为:

$$每份订单投入的平均拣货成本 = \frac{拣货投入成本}{订单份数}$$

$$订单中每项货物投入的拣货成本 = \frac{拣货投入成本}{订单上货物的总项数}$$

5. 拣货质量控制指标

物流园区拣货、出货的工作质量直接影响到服务质量和公司信誉。因此,尽可能降低拣货错误率始终是拣货作业管理的目标之一。拣货错误率可以用以下公式表示:

$$拣货错误率 = \frac{拣货作业错误次数}{同期订单累计总次数}$$

当拣选错误上升时,必须及时查找原因,解决问题,提高拣货作业的准确性。拣货作业过程中常见的错误、原因及其对策如表 4-10 所示。

表 4-10 拣选错误及原因、对策

常见错误	原 因	对 策
作业信息传递发生错误	单据打印不清 传递信息不明确 单据混乱发生错误	加强信息系统的维护 实施单据分类、编号管理
拣货指示发生错误	储位指示错误 货品放置错误	信息处理准确化 加强储位管理
商品拣取错误	拣取数量错误 看错货物 作业员注意力不集中 作业员责任感不强	提高信息传递的准确性 增强货物的区分标志 改善作用环境 提高员工工作热情
货物混位串位存放	放置空间不够 储位分配不明确	加强存货控制与管理

四、分拣功能区规划设计

在物流园区整体规划中，分拣区的规划设计是关键的内容之一。因为物流园区的一项任务就是要在有限的时间内将客户需要的货品组合送达，而客户多品种、小批量的需求使得拣选作业的难度升高，如果作业时间限制不变，必定要在分拣功能区的规划上做更大的努力。此外，决定物流园区规划规模、功能、处理能力等最主要的依据就是订单资料，而分拣区规划的起始步骤也是从货品的订单分析开始。因此，分拣功能区规划是物流园区总体规划的中心，主导其他规划环节的进行。由于分拣功能区与仓储功能区的关联性很强，使用的空间及设备有时也难以区分，所以两个功能区的规划常常组合在一起。物流园区分拣、仓储功能区规划程序如图 4-17 所示。

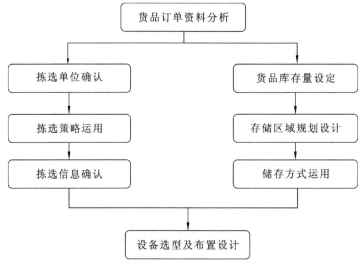

图 4-17 物流园区分拣、仓储功能区规划程序

由图 4-17 可知，规划设计时首先就是对货品订单资料进行分析，据此可得出订单数分布情况、包装单位数量、出货品项数分布情况、季节周期性趋势、货品订购频率等信息。这些分析出来的信息可在分拣区规划设计过程中得到不断应用。总体来说，分拣功能区规划设计的内容包括拣货单位的确认、拣货方式的确定、拣选策略的运用、拣选信息的处理、拣选设备的选型等。

（一）EIQ 分析

EIQ 分析是由日本铃木震先生提出的，是以宏观角度看事物的一种规划方法，"EIQ"是订单(entry of order)、货品品项(item)和数量(quantity)的英文缩写。EIQ 分析是针对不确定和波动条件的配送园区的一种规划方法，意义就在于依据配送的目标，掌握物流特性及从物流特性衍生出物流状态，探讨其运作方式，并规划出适合企业或者物流系统的一套方法。

1. 订单资料取样

EIQ 分析以定量的订单资料分析为主，常用到的统计方法包括平均值法、最大最小值法、总数法、柏拉图分析法、次数分布法及 ABC 分析法等。要了解整个配送园区实际运作的物流特性，仅对一天的资料分析将无法有效判断及产生结论，但若分析一年以上的订单资料，又因订单资料量过于庞大，而使得分析过程非常耗时。为此，可先就一天的出货量信息进行分析，找到可能的作业周期及其波动幅度。若各周期内的出货量大致相似，那么可以缩小资料的范围，对一个较小周期内的订单资料进行分析；若各周期内数据趋势相近，但是作业量仍具有很大差异性，则应对资料作适当分组，再从各群组中找出具有代表性的资料进行统计分析。这就是订单资料的取样。

2. 订单资料分解

在进行订单品项数量分析时，首先必须考虑时间的范围与单位，在以某一工作天为单位的分析数据中，主要的订单出货资料可以分解成表 4-11 格式，并由此展开进行 EQ、EN、IQ、IK 四个类别的分析。

表 4-11 EIQ 的资料分解格式

订单或客户	出货品项						订单出货量 EQ	订单出货品项 EN
	I_1	I_2	I_3	I_4	I_5	…		
E_1	Q_{11}	Q_{12}	Q_{13}	Q_{14}	Q_{15}	…	Q_1	EN_1
E_2	Q_{21}	Q_{22}	Q_{23}	Q_{24}	Q_{25}	…	Q_2	EN_2
E_3	Q_{31}	Q_{32}	Q_{33}	Q_{34}	Q_{35}	…	Q_3	EN_3
⋮	⋮	⋮	⋮	⋮	⋮	⋮	⋮	⋮
单品出货量	Q_{*1}	Q_{*2}	Q_{*3}	Q_{*4}	Q_{*5}	…		$EN = \sum EN_i$
单品出货次数	IK_1	IK_2	IK_3	IK_4	IK_5	…		$IK = \sum IK_j$

表中：Q_1（订单 E_1 的出货量）$= Q_{11} + Q_{12} + Q_{13} + Q_{14} + Q_{15} + \cdots$

Q_{*1}（品项 I_1 的出货量）$= Q_{11} + Q_{21} + Q_{31} + Q_{41} + Q_{51} + \cdots$

EN_1（订单 E_1 的出货项数）$=$ 对$(Q_{11} + Q_{12} + Q_{13} + Q_{14} + Q_{15} + \cdots) > 0$ 者计数

IK_1（品项 I_1 的出货次数）$=$ 对$(Q_{11} + Q_{21} + Q_{31} + Q_{41} + Q_{51} + \cdots) > 0$ 者计数

EN（所有订单的总出货项数）$= EN_1 + EN_2 + EN_3 + EN_4 + EN_5 + \cdots$

IK（所有产品的总出货次数）$= IK_1 + IK_2 + IK_3 + IK_4 + IK_5 + \cdots$

EIQ 表是根据订单数据制成的，当订单内容中的物品形状、尺寸和重量区别很大时，可将它们大致分类，分别制定 EIQ 表。通过该表单提供的数据，从横向看，可以了解每个订单（或客户）所订货物的品项达到了多少（EN），各品类的出货量（Q）；从纵向看，可以了解每个货物品项的需求从多少客户（或订单）处来，重复了多少次，总的出货量为多少。

3. 图标数据判断与分析

这是量化资料分析过程最重要的步骤，相应的分析有 EQ 分析、IQ 分析、EN 分析和 IK 分析，详见表 4-12。

表 4-12　EIQ 分析类别列表

资料	分析类别	意　义
EQ	EQ 分析	了解订单订货量分布，可用于决定订单处理的原则、分拣系统的规划，并影响出货方式及出货区的规划，通常以单一营业日的 EQ 分析为主
EN	EN 分析	了解订单订货品项的分布，分析产品的重要程度及运量规模，可用于储存系统的规划选用、储位空间的估算，并影响分拣方式及分拣区的规划
IQ	IQ 分析	了解每个品项的收订数量，对订单处理的原则及分拣系统的规划有很大的影响，并将影响出货方式及出货区的规划
IK	IK 分析	对了解每个品项产品的出货频率有很大的帮助，主要功能可配合 IQ 分析决定储存区与分拣系统的选择

1）出货量（EQ）分析

根据 EQ 分析表可以了解每张订单的订货数量，绘出 EQ 分布图，具体内容如表 4-13 所示。

表 4-13　EQ 分布图的类型分析

EQ 分布图类型	分　析	应　用
（图：Q-E 坐标曲线，下有 A B C 分区）	为一般配送中心常见模式，由于订单数量分布呈两极化，可利用 ABC 作进一步分类	规划时可将订单分类，少数量大的订单可作重点管理，相关拣货设备的使用也可分级

续表

EQ分布图类型	分析	应用
(图：Q-E曲线，快速下降后平稳)	大部分订单量相近，仅少部分有特大量及特小量	可以就主要量分布范围进行规划，少数差异较大者可以特例处理，但需注意规范特例处理模式
(图：Q-E曲线，线性递减)	订单量分布呈逐次递减趋势，不特别集中于某些订单或范围	系统较难规划，宜采用泛用型的设备，以增加运用的弹性，货位也以容易调者为宜
(图：Q-E曲线，平稳后快速下降)	订单量分布相近，仅少数订单量较少	可区分成两种类型，部分少量订单可以采用批处理方式或以零星拣货方式进行规划
(图：Q-E阶梯型曲线)	订单量集中于特定数量而无连续性递减，可能为整数（箱）出货，或为大型货物的少量出货	可采用较大单元负载单位规划，而不考虑零星出货

2) 品项数量(IQ)分析

通过品项(IQ)分析，具体内容如表4-14所示，可以了解每种货物品项的订货数以分析货物的重要程度，其结果可以用于货位空间的估算并影响分拣方式的确定。

表4-14 IQ分布图的类型分析

IQ分布图类型	分析	应用
(图：Q-I曲线，标有A、B、C区域)	为一般配送中心常见模式，由于量分布趋两极化，可利用ABC作进一步分类	规划时可将产品分类以划分储区方式储存，各类产品储存单位、存货水平可设定不同水平
(图：Q-I曲线，快速下降后平稳)	大部分产品出货量相近，仅少部分有特大量及特小量	可对同一规格的储存系统及寻址型储位进行规划，少数差异较大者可以特例处理
(图：Q-I曲线，线性递减)	各产品出货量分布呈逐次递减趋势，不特别集中于某些订单或范围	系统较难规划，宜规划泛用型的设备，以增加运用的弹性，货位也以容易调者为宜

续表

IQ 分布图类型	分　析	应　用
（图：Q 曲线平缓后下降，横轴 I，纵轴 Q）	各产品出货量相近，仅部分品项出货量较少	可区分成两种类型，部分体积小、数量少的产品可用轻量型储存设备存放
（图：Q 阶梯状下降，横轴 I，纵轴 Q）	产品出货量集中于特定数量而无连续递减，可能为整数（箱）出货或为大型对象但出货量较小	可以较大单元负载单位规划，或以重量型储存设备规划，但仍需配合物性加以考虑

3）订单品项数（EN）分析

订单品项数分析如表 4-15 所示。

表 4-15　EN 分布图的类型分析

EN 分布图类型	分　析	应　用
（图：N 轴标注 N'（总品项数）、GN（出货品项累计数）、N.（总出货品项数），曲线 EN=1）	单一订单的出货项数较小，EN=1 的比例很高，总品项数不大而与总出货项数差距不大	订单出货品项重复率不高，可考虑订单拣取方式作业，或采批量拣取配合边拣边分类作业
（图：N 轴标注 N'、GN、N.，曲线 EN≥10）	单一订单的出货项数较大，EN≥10，总出货项数及累积出货项数均仅占总品项数的小部分，通常为经营品项数很多的物流	可以订单别拣取方式作业，但由于拣货区路线可能很长，可以订单分割方式分区拣货再集中，或以接力方式拣取
（图：N 轴标注 N'、GN、N.，曲线 EN=1）	单一订单的出货项数较小，EN=1 的比例较高，由于总品项数很多，总出货项数及累积出货项数均仅占总品项数的小部分	可以订单别拣取方式作业，并将拣货区分区规划，由于各订单品项少，可将订单以区域别排序并以分区拣货

续表

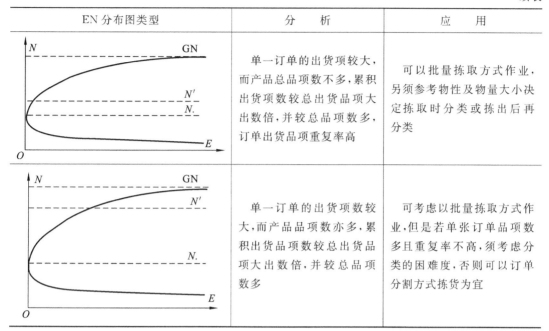

EN分布图类型	分析	应用
(图)	单一订单的出货项较大,而产品总品项数不多,累积出货项数较总出货品项大出数倍,并较总品项数多,订单出货品项重复率高	可以批量拣取方式作业,另须参考物性及物量大小决定拣取时分类或拣出后再分类
(图)	单一订单的出货项数较大,而产品品项数亦多,累积出货项数较总出货品项大出数倍,并较总品项数多	可考虑以批量拣取方式作业,但是若单张订单品项数多且重复率不高,须考虑分类的困难度,否则可以订单分割方式拣货为宜

4) 品项受订次数(IK)分析

品项受订次数分析如表4-16所示。

表4-16 IK分布图的类型分析

IK分布图类型	分析	应用
(图)	为一般物流中心常见模式,由于量分布趋两极化,可利用ABC作进一步分类	规划时可依产品分类划分储区及储位配置,A类可接近出入口或便于作业之位置及楼层,以缩短行走距离,若品项多时可考虑作为订单分割的依据来分别拣货
(图)	大部分产品出货次数相近,仅少部分有特大量及特小量	大部分品项出货次数相同,因此储位配置需依物性决定,少部分特异量仍可依ABC分类决定配置位置,或以特别储区规划

(二)拣选单位的确认

确定拣选单位的必要性在于避免拣选及出货作业过程中对货物进行拆装甚至重组,以提高分拣系统的作业效率,同时也是为了适应拣选自动化作业的需要。

1. 基本拣货模式

拣选单位基本上可以分为托盘、箱、单品三种,同时还有一些特殊货品,其基本拣货模式如表 4-17 所示。

表 4-17 拣选单位

拣货模式编号	存储单位	拣货单位	记 号
1	托盘	托盘	P→P
2	托盘	托盘+箱	P→P+C
3	托盘	箱	P→C
4	箱	箱	C→C
5	箱	箱+单品	C→C+B
6	箱	单品	C→B
7	单品	单品	B→B

物流园区分拣区的拣选单位是通过客户订单资料的分析确认的，即订单决定拣选单位。而拣选单位又进一步决定存储单位，再由存储单位协调供应商货物的入库单位。通常物流园区拣选单位在两种以上。

2. 拣选单位的决策过程

首先，进行商品特性分类，即将必须分别存储的货品进行分类，如将体积、重量、外形差异较大者，或有互拆性的货品分别进行存储。其次，由历史统计资料结合客户对外包装单位的要求，与客户协商后将订单上的单位合理化。历史订单资料主要是算出每一出货品种以托盘为单位的出货量，以及从托盘上以箱为单位拣取出货的数量，作为拣货包装单位的基础。为将订单资料合理化，主要是避免过小的单位出现在订单中，若过小的单位出现在订单中，必须合理化，否则会增加作业量，并且引起作业误差。将合理化的商品资料归类整理，最终确定拣货单位。

3. 存储单位的确定

拣货单位确定之后，接下来要决定的是存储单位（一般存储单位必须大于或者等于拣选单位），其步骤如下：

（1）订出各项货物的一次采购最大批量、最小批量及提前期。

（2）设定物流园区的服务水平，订单到达后几日内送到。

（3）若服务水平时间＞采购提前期＋送达时间，且货物每日被订购量在采购最小批量和最大批量之间，则该项货物可不设置存货单位。

（4）通过 IQ-PCB 分析，如果货物平均每日采购量×采购提前期＜上一级包装单位数量，则存储单位＝拣选单位，反之，则存储单位＞拣选单位。

4. 入库单位的确定

存储单位确定之后，货物入库单位最好能配合存储单位，可以凭借采购量的优势要求供应商配合。入库单位通常设定等于或大于存储单位。

（三）分拣方式的确认

基本的分拣作业方式就是按单拣选和批量拣选。通常，可以按出货品项数的多少及货品的周转频率的高低,确定合适的分拣作业方式。该方法需配合 EIQ 分析结果,按当日 EN 值及 IK 的分布判断货品品项数的多少和货物周转率的高低,确定不同作业方式的区间。其原理是 EN 的值越大表示一张订单所购的货物品项数越多,货物的种类越多越复杂时,批量分拣时分类作业越复杂,采取按订单拣选方式较好。相对的,IK 的值越大,表示某品项的重复订购频率越高,此时采用批量拣选可以大幅度地提高拣选作业的效率。分拣方式确定对照表如表 4-18 所示。

表 4-18 分拣方式的选择

		货品重复订购频率（IK 值）		
		高	中	低
出货品项数（EN 值）	多	按单+批量拣选	按单拣选	按单拣选
	中	批量拣选	批量拣选	按单拣选
	少	批量拣选	批量拣选	批量+按单拣选

总的来说,按单拣选弹性较大,临时性的需求能及时被满足,适合储存订单大小差异较大、订单数量变化频繁、有季节性的货物的物流园区。批量拣选作业方式通常采用系统化、自动化设备,从而使得较难调整拣选能力,适合订单大变化小、订单数量稳定的物流园区。

（四）拣选策略的运用

分拣区规划设计时,运用拣选策略很重要。拣选策略有四个要点:①分区,将拣选作业场地作区域划分;②订单分割,将订单按拣选区域进行分解;③订单分批,是为了提高拣选作业效率而把多张订单集合成一批,进行批次分拣作业;④分类,批量拣选方式。拣选策略的四个要点之间存在互动关系,在做整体规划时,只有按照一定的决策顺序,才能使其复杂程度降到最低。

图 4-18 是拣选策略运用组合图,从左至右是拣选系统规划时所考虑的一般顺序,可以相互配合的拣选策略方式用箭头连接,所以任何一条从左至右可通的组合链就表示一种可行的拣选策略。

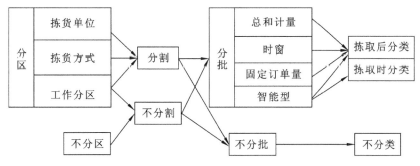

图 4-18 拣选策略运用组合图

（五）拣选信息的处理

一般来说,拣选信息与拣选区的规模及自动化程度有着密切的关系。通常货品种类少、自动化程度较低的拣选功能区以传票为拣选信息,其拣选方式偏向于按单拣选。拣选单是目前最常采用的一种拣选信息传播方式,与拣选方式的配合较为灵活。拣选标签的拣选信息除与下游零售商的标价作业适应外,也常与自动化分类系统相配合。电子信息最主要的目的就是与计算机辅助拣选系统或自动化拣选系统相互配合,以追求拣选的时效性,达到及时管控的目的。表 4-19 是拣选信息合适的拣选作业特性,可作为拣选方式决定后选择拣选信息的参考依据。

表 4-19　拣选作业方式与拣选信息配合的情形

拣选信息	适合的拣选作业方式	拣选信息	适合的拣选作业方式
传票	按单拣选、订单不分割	拣选标签	批量拣选、按单拣选
拣选单	适合各种传统的拣选作业方式	电子信息	分拣时分类、工作分区、自动化拣选系统

(六) 拣选设备的选型

表 4-20 标示出了各种拣货模式及其设备组合,可作为选择拣货功能区设备配置的参考。

表 4-20　各种拣货模式及其设备组合

方　式	拣货模式 (保管→出货)	设　备　组　合
全自动方式	P→P	托盘式自动仓储系统+输送机
	P→C	自动仓储系统+拆盘机+拣取机+输送机
	P→C	自动仓储系统+穿梭车+机器人
	C→C	流动式货架+拣货机+输送机
	C→B	流动式货架+机器人+输送机
	B→B	自动拣取机+输送机
半自动方式	P→C	自动仓库+输送机
	C→B	水平旋转自动仓库+输送机
	B→B	垂直旋转自动仓库+手推车
人工方式	P→P	托盘式货架+叉车
	P→C	托盘式货架+叉车(托盘车)
	P→C	托盘式货架+笼车
	P→C	托盘式货架+手推车
	P→C	托盘式货架+输送机
	C→B	流动式货架+笼车
	C→B	流动式货架+手推车
	C→B	流动式货架+输送机
	C→B	箱式平货架+手推车
	B→B	箱式平货架+手推车

第四节 流通加工功能区规划设计

一、流通加工功能区概述

流通加工是在物品从生产领域向消费领域流动的过程中,为促进销售、维护产品质量和提高物流效率,对物品进行加工,使物品发生物理、化学或形状的变化。流通加工区是根据客户需要对一些货物进行流通加工作业的场地。通常有零部件组装、产品分割、打印条码、销售包装等作业。流通加工区包括一般加工区、特殊加工区和包装区等。影响流通加工区空间需求的因素主要是作业量、加工作业方式、加工设备规格等。流通加工区所占的面积一般较大,尤其是煤炭、水泥、木材等生产资料加工区,所占用的面积会更大。

二、流通加工功能区规划与设计

流通加工区的设计规划比较复杂,由于不同的行业对流通加工的要求有所不同,所以应首先充分对物流园区的定位以及客户的需求进行调查。对不同的加工需求做出不同的规划设计,确定流通加工的项目、流通加工的程度和设备需求。明确需求之后,根据此行业的流通加工的相关设计要求,进行设备的选择以及房屋的建设。

三、流通加工合理化

流通加工是在流通领域中对生产的辅助性加工,从某种意义来讲它不仅是生产过程的延续,还是生产本身或生产工艺在流通领域的延续。这个延续可能有正、反两个方面的作用,即一方面可能有效地起到补充完善的作用,但也有可能对整个过程产生负效应,因为各种不合理的流通加工都会产生抵消效应。为避免各种不合理现象,对是否设置流通加工环节,在什么地点设置,选择什么类型的加工方式,采用什么样的技术装备等,需要作出正确的抉择。

(一)流通加工合理化需考虑的因素

流通加工需要一定的产地、设施、设备和专业工具,并需要将劳动力与之合理配合。在设置流通加工时,需要进行可行性分析,并掌握相关的流通加工的基本技术与方法。流通加工合理化可根据加工物品、销售对象和运输作业的要求,考虑以下几方面的因素:①选择加工场所与分析加工过程的安全性与经济性;②加工机械的配置与空间组织;③流通加工的技术与方法;④流通加工作业规程;⑤加工质量保障体系;⑥加工对象如产品的销售渠道与销售市场情况;⑦满足客户需要的指标及考核;⑧降低加工流通费用;⑨流通加工组织与管理等等。

(二)流通加工合理化原则

1. 加工与配送相结合

将流通加工设置在配送点中,一方面按配送的需要进行加工,另一方面加工又是配送业务流程中分货、拣货、配货之一环,加工后的产品直接投入配送作业,这就无须单独设置一个加工的中间环节,使流通加工有别于独立的生产,而使流通加工与中转流通巧妙结合在一起。同时,由于配送之前有加工,可使配送服务水平大大提高。这是当前流通加工合理化的重要形式,在煤炭、水泥等产品的流通中已表现出较大的优势。

2. 加工和配套相结合

在对配套要求较高的流通中,配套的主体来自各生产单位,但是,完全配套有时无法全部依靠现有的生产单位实现,进行适当的流通加工,可以有效促成配套,大大提高流通作为桥梁与纽带的能力。

3. 加工和合理运输相结合

流通加工能有效衔接干线运输与支线运输,促进两种运输形式的合理化。利用流通加工,在进行支线运输或干线运输转支线运输本来就必须停顿的环节时,不进行一般的支转干或干转支,而是按干线或支线运输合理要求进行适当加工,可以大大提高运输及转载水平。

4. 加工和合理商流相结合

通过加工有效促进销售,使商流合理化,也是流通加工合理化的考虑方向之一。加工和配送的结合提高了配送水平,强化了销售,是加工与合理商流相结合的一个成功例证。此外,通过简单加工改变包装,形成方便的购买量,也是有效促进商流的例子。

5. 倡导绿色流通加工

政府要对物流企业加以适当引导,使企业具有"绿色"意识,从而调整自己的行为,使流通加工向绿色化发展。而且,政府带头建设物流园区,就可以使物流企业集中起来,实行流通加工的集中进行,进而产生规模效益,同时,又保护了环境。

第五节 配送功能区规划设计

一、配送功能区概述

(一)配送功能区的构成

1. 配送的主体

配送的主体是指实施配送的组织,如从事专业配送的企业或企业的配送部门。要提高配送效率,达到既定的服务水平,实现配送的合理化,必须发挥配送主体的主观能动性,也就是发挥从事配送管理工作和执行工作的人的主观能动性。

2. 配送的客体

配送的客体是指配送的对象,即为客户配送的产品。配送的对象不是独立产品,而是有特定指向的产品,即为哪个客户配送的哪种产品。客户的需求和产品的特性共同决定了配送模式的选择、配送计划的制定、运输工具的选择等配送作业问题。

3. 配送的环境

配送的环境是指实施配送所面对的客观环境,如城市交通状况,现有车辆、人员,交通法规等。任何系统都是在一定的客观环境中运行的。配送是物流服务中的一个外向的环节，环境对配送系统的影响不可忽视。

4. 配送的设备

配送的设备是指在配送中具体使用的各种设备，如运输车辆、搬运设备、分拣设备等。配送设备需要根据配送对象的特点和客户的需求加以选择。

（二）配送功能区的功能要素

1. 备货

备货是配送的准备工作或基础工作，备货包括筹集货源、订货或购货、集货、进货及有关的质量检查、结算、交接等。配送的优势之一，就是可以集中用户的需求进行一定规模的备货。备货是决定配送成败的初期工作，如果备货成本太高，会大大降低配送的效益。

2. 储存

配送中的储存有储备及暂存两种形态。配送储备是按照一定时期的配送经营要求形成的对配送的货源保证。这种类型的储备数量较大，储备结构也较完善，视货源及到货情况，可以有计划地确定周转储备及保险储备结构、数量。另一种储存形态是暂存，是具体执行日配送时，按分拣配货要求，在理货场地所做的少量的储存准备。由于总体储存效益取决于储存总量，所以这部分暂存数量只会对工作方便与否造成影响，而不会影响储存的总效益，因而在数量上控制并不严格。还有另外一种形式的支持，即在分拣、配货之后形成的发送货物的暂存，这个暂存主要是调节配货与送货的节奏，暂存时间不长。

3. 分拣及配货

分拣是指按用户的要求对货物进行分类和拣选的作业，配货是对不同用户进行货物的配备。分拣和配货是配送不同于其他物流形式的功能要素，也是影响配送成败的一项重要支持性工作。分拣及配货是完善送货、支持送货的准备性工作，是不同配送企业在送货时进行竞争和提高自身经济效益的必然延伸，是送货向高级形式发展的必然要求。有了分拣及配货就会大大提高送货服务水平，所以分拣及送货是决定整个配送系统水平的关键要素。

4. 配装及配载

在单个用户配送数量不能达到车辆有效载运负荷时，就存在如何集中不同用户的配送货物进行搭配装载以充分利用运能、运力的问题，这就需要配装。和一般送货的不同之处在于，通过配装送货可以大大提高送货水平及降低送货成本，所以，配装也是配送系统中有现代特点的功能要素，也是现代配送不同于传统送货的重要区别之处。

5. 配送运输

配送运输通常是一种短距离、小批量、高频率的运输方式，以服务为目标，以尽可能满足客户要求为优先。配送运输过程中，货物可能是从工厂等生产地仓库直接送至客户，也可能通过批发商、经销商或由配送中心转送至客户手中。

6. 送达服务

配好的货运输到用户还不算配送工作的完结，这是因为送达货和用户接货往往还会出现不协调,使配送前功尽弃。因此,要圆满地完成运到之货的移交,并且有效地、方便地处理相关手续并完成结算,还应该讲究卸货地点、卸货方式等。送达服务也是配送独特的特性。

7. 配送加工

在配送中,配送加工这一功能要素不具普遍性,但往往是有重要作用的功能要素。主要原因是通过配送加工,可以大大提高用户的满意程度。配送加工是流通加工的一种,但配送加工有它不同于一般流通加工的特点,即配送加工一般只取决于用户要求,其加工的目的较为单一。

(三)配送功能区的目标

配送功能区的目标和整个物流园区系统的目标是一致的,就是要在满足一定的服务水平的前提下,尽可能地降低配送成本。具体可以分为以下几个目标。

1. 快速

快速是配送的要求,也是配送服务存在的基础。作为一种新型的物流手段,配送的最大作用就在于能够为客户提供快速的"门到门"服务,缩短流通时间。

2. 及时

及时是配送的生命。在配送方式下,客户会更依赖于配送中心的服务,尤其是实施零库存战略的企业,完全依赖配送服务将生产所需要的零部件直接送到生产线而不保持自己的库存。如果配送不能达到及时的要求,企业就会转为寻求自我库存的保障,配送也就失去了存在的意义。

3. 可靠

可靠是配送的基本要求,配送不但要以最快的速度及时供货,还要做到货物保质保量地送到客户手中,不能在配送中发生货物的短缺、破损等问题,保证货物安全到达客户手中。

4. 节约

节约是配送的利润源泉。适当的配送方式能够有效地改善支线运输和货物的搬运流程,特别是准时配送方式,可使生产企业大大降低库存,减少库存资金的占用。

配送的目标之间具有二律背反性,服务水平的提高必然带来费用的上升,配送系统管理就是要在服务水平和费用之间加以权衡,实现最佳的配送效益。

(四)配送作业需考虑的因素

1. 配送范围

为了提高车辆的装载率,实现配送成本的节约,确定合适的配送范围是物流园区考虑的因素。配送范围必须与服务水平一起综合考虑以求成本与服务的平衡。

2. 服务水平

服务水平是指接到订单后到把货物交到客户手中的时间长短。一般来说,服务水平越高,需要的响应速度就越快,所需的成本也就越大。

3. 配送方式（具体如下）

（五）常见的配送方式

1. 定时配送

这是一种按固定的时间和固定的时间间隔进行配送的服务。比如"日配制"、"时配制"。

2. 准时配送

所谓准时配送，就是按照客户的规定时间，双方协议配送。一般不随意改动配送时间，配送的品种也不轻易改变。

3. 定时、定路线配送

配送的车辆每天按照固定的行车路线，按照规定的时间进行配送，恰似配送班车，按部就班、准时准点。

4. 共同配送

共同配送主要指在一定区域内，为使物流合理化，有若干个定期需求的货主，共同要求某一个卡车运输企业或物流中心，利用同一个运输系统完成的配送。共同配送的目的：降低费用；车辆满载，避免交叉、重复、迂回和空驶；减少配送网点，节约设施费用支出；减轻交通拥挤和废气公害，保护环境。

除了上述几种配送方式外，还可以列举出定量配送、快递、宅急送、加工配送、应急配送等。物流园区可根据客户需求的性质加以分析整合，从而制定出符合实际的配送方式。

（六）配送运输方式

配送运输方式主要有汽车整车运输、多点分运和快件货运。汽车整车运输是指同一收货人、一次性需要到达同一站点，且适合配送装运3 t以上的货物运输，或者货物重量在3 t以下，但因其性质、体积、形状需要一辆3 t以上车辆或一批运输到目的地的运输。多点分运是在保证满足客户要求的前提下，集多个客户的配送货物进行搭配装载。快件货运是指从委托的当天15时起算，300 km运距内，24小时内送达；1000 km运距内，48小时内送达；2000 km运距内，72小时内送达。

（七）车辆调度

根据客户所需货物、物流园区位置以及交通线路布局的不同，灵活采用定向专车调度法、循环调度法、交叉调度法、最短线路法、表上作业法等方法，合理调度车辆。

二、配送功能区规划设计

（一）确定配送功能区目标

在开始设计配送功能区之前，首先应明确配送功能区的目标。在具体设计过程中，目标要进一步明确、量化。比如，顾客的订单传输时间不超过24小时，接受到的订单要在12小时内处理完毕；85％的顾客订货时间不超过24小时，所有订货要在48小时内送到；送达货物的可用性不低于99％。

（二）详细调查

详细调查是指对现有配送功能区的组织结构、功能体系、业务流程及薄弱环节等方面进行调查分析。在调查分析的过程中尽可能使用各种形象和直观的图表，帮助管理人员描述功能体系、记录要点和分析问题。

1. 组织结构调查

组织结构调查要对配送功能区的组织结构状况，也就是部门划分及它们的相互关系进行调查。调查中应详细了解各部门人员的业务分工情况和有关人员的姓名、工作职责、决策内容、存在问题和对功能区改进的要求等。将配送企业的部门划分及它们的相互关系用图形表示出来，就构成了一个配送功能区的组织结构图。

2. 功能体系调查

配送功能区总目标必须依赖于各子功能区的完成，各子功能区功能的完成，又依赖于各项更具体的操作来执行。功能结构调查的任务，就是要了解进而确定配送功能区的各种功能构造。因此，在掌握配送功能区组成体系的基础上，以组织结构为线索，层层了解各个部门的职责、工作内容和内部分工，就可以掌握配送功能区的功能体系。

（三）业务流程调查

通过对组织结构和功能体系的调查，可以看出配送功能区的部门划分，即这些部门的主要职能。进一步的任务就是要弄清这些职能在有关部门具体完成的情况，以及在完成这些职能时信息处理工作的一些细节，即完成对管理业务流程的调查与分析。

（四）制约因素分析

在进行功能区设计时必须对配送功能区的制约因素加以分析。这些因素在功能区设计时，需要作为约束条件进行处理。

（五）收集数据

数据是配送功能区设计的基础，在配送功能区系统设计时，主要有以下数据需要收集：

1. 配送的产品

关于产品数据，需要收集的有产品的种类、状况、数量、地理分布、生产或销售的季节性以及使用的配送方式。

2. 现有的设施

这方面的数据包括物流园区的位置及存储和配送设施的能力、订单处理的速度和准确性等。

3. 客户

对现有客户和潜在客户进行分析考察，应收集的信息包括：现有和潜在客户的地区分布，每位客户订购的产品，订货的季节性，对客户服务的重要性，客户所需的特殊服务，对每位客户的销售数量和可获得的利润。客户数据收集是设计的关键性内容，因为功能区设计的最终目的就是满足客户的需求。

（六）数据分析

通过上述步骤，将配送功能区的信息资料进行汇总后，就可以进行数据分析了。简单的局部分析可以采用图表的方式，如某些配送线路的分析，但对整个配送功能区进行分析时，数据量通常很大,需要采用比较复杂的技术,一般有模拟法、SAD法和PERT法。

（七）配送功能区设计的完善

功能区设计的最后工作是对研究结果进行完善。配送功能区的改进不是一次就可以解决的,而是一个持续递进的过程。配送功能区的全面变革对于大多数物流园区来说影响都很大,往往无法承受,而且也可能导致对客户服务功能的中断,如订单遗失、配送货物数量错误、缺货现象频繁发生,这些都是配送功能区在短期内变化太快而可能引发的典型问题。此外,配送功能区的工作人员也可能抵制这些变革。一般来说,大多数物流园区倾向于使用模拟法和PERT法寻找那些首先应该改革的方面。因为这些方面的功能是提高效率的最大的瓶颈,并且费用支出也可能比较高。

三、物流功能区配送运输路径优化

配送路线设计是指在考虑影响配送运输的各因素及约束条件下,根据道路状况,及时、安全、方便、经济地将客户所需货物准确送达客户手中。配送合理化是配送决策系统的重要内容,而配送线路的合理化又是配送合理化的关键。

（一）点点间配送运输——最短路径求解方法

最短路径的Dijkstra算法,可以用于求解任意指定两点之间的最短路径,也可以用于求解指定点到其余所有节点之间的最短路径。该方法目前被认为是求非负权网络最短路径问题的最好方法。

给定带权值有向图G和源点V,求V到图中其余顶点的最短路径,如图4-19所示的带权值有向图G_5中从V_0到其余各个顶点之间的最短路径如表4-21所示。

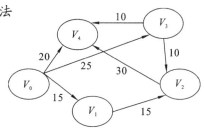

图4-19 有向图G_5

表4-21 有向图G_5中从V_0到其他顶点的最短路径

始　　点	终　　点	最短路径	路径长度
V_0	V_1	(V_0,V_1)	15
V_0	V_2	(V_0,V_1,V_2)	30
V_0	V_3	(V_0,V_3)	25
V_0	V_4	(V_0,V_4)	20

从图4-19中可看出,从起始点V_0到顶点V_2有两条路径(V_0,V_3,V_2)和(V_0,V_1,V_2),路径(V_0,V_3,V_2)长度为35,路径(V_0,V_1,V_2)长度为30,显然路径(V_0,V_1,V_2)是V_0到V_2的最短路径。Dijkstar提出了一个按路径长度递增的次序产生最短路径的算法。首先引入一个中间辅助变量D[i],它表示当前源点V到每个终点V_i最短路径的长度。D[i]的初始值:如果源点V到终点V_i之间有直接相连的路径,则D[i]为这条路径的权值;否则,设定D[i]=MAX。设

$$D[j] = \min\{D[i] | V_i \in V\}$$

显然D[j]为从源点V出发的一条最短路径,下一条最短路径的长度一定是

$$D[j] = \min\{D[i] | V_i \in V - S\}$$

其中：S 为已经求得最短路径的终点集合。经典 Dijkstar 算法描述如下：

Step 1　系统初始化。假设采用带权的邻接矩阵 arcs 表示带权有向图，arcs$[i][j]$ 表示弧 $<V_i,V_j>$ 上的权值。若顶点 V_i 和顶点 V_j 不直接相连，则 arcs$[i][j]$ 给定 MAX（极大值）。S 为已经找到的从 V 出发的最短路径的终点的集合，它的初始状态为空集。那么，从 V 出发到图上其余各顶点（终点）V_i 可能达到的最短路径长度的初值为 $D[i]=$ arcs$[LocateVex(G,V)[i]|V_i\in V-1]$。

Step 2　选择 V_j，使得 $D[j]=\min\{D[i]|V_i\in V-S\}$。$V_j$ 就是当前求得的一条从 V 出发的最短路径的终点。令 $S=S\cup\{j\}$。

Step 3　修改从 V 出发到集合 $V-S$ 上任意一顶点 V_k 可达到的最短路径长度，如果 $D[j]+$arcs$[j][k]<D[k]$，则修改 $D[k]$ 为 $D[k]=D[j]+$arcs$[j][k]$。

Step 4　重复 Step2 和 Step3，就可求得 V 到图上其余各个顶点的最短路径。

（二）多点间运输——运输算法

多点间运输问题是指有起始点或目的点不唯一的运输调配问题，其模型见图 4-20。多点间运输中最为常见的问题是产销平衡运输，它们设计的总供应能力和总需求是一样的，但是由不同的路径进行配送时，会导致最终的总运输成本不一样，此类问题的目标就是寻找最低的总运输成本。

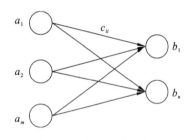

图 4-20　多点间运输模型

该问题的数学模型为：一般有 m 个已知的供应点 $A=\{a_1,a_2,\cdots,a_m\}$，同时还有 n 个已知的需求点 $B=\{b_1,b_2,\cdots,b_n\}$，它们之间由一系列代表距离或者成本的权重值 c_{ij} 连接起来。

建立数学模型如下：

条件变量：A：供应点的供应能力矩阵；B：需求点的需求矩阵；C：运输距离或成本矩阵。

决策变量：$x_{ij}=$ 从 a_i 到 b_j 的发送量

目标函数：
$$\min\sum_{i=1}^{m}\sum_{j=1}^{n}c_{ij}x_{ij}$$

满足：$\sum_{i=1}^{n}x_{ij}=a_i, i=1,2,\cdots,m, \quad \sum_{i=1}^{m}x_{ij}=b_j, j=1,2,\cdots,n$

$x_{ij}\geq 0, \quad i=1,2,\cdots,m, \quad j=1,2,\cdots,n$

多点间的运输调配问题，目前主要有两大类的求解方法。其中有相对比较精确的求法——单纯形法。另外一种方法叫做表上作业法，它将运输问题用表格的形式来描述，而且通过在表格上面对表格的操作来完成求解，这种方法的原理也是单纯形法。由于该表格叫做运输表，而且主要涉及的都是运输问题，所以表上作业法也叫做运输算法。该算法适合于对比较简单的问题进行求解。

（三）单回路运输——TSP 模型及求解

1. TSP 模型

单回路运输问题是指在路线优化中，设存在节点集合 D，选择一条合适的路径遍历所有的节点,并且要求闭合。单回路运输模型在运输决策中,主要用于单一车辆的路径安排。目的在于在该车辆遍历所有的用户的同时,达到所行驶距离最短。

TSP 模型是单回路运输问题的最为典型的一个模型,它的全称是 traveling salesman problem(TSP),中文叫做旅行商问题。它是一个典型的 NP-Hard 问题,对于大规模的线路优化问题,无法获得最优解,只有通过启发式算法获得近优解。TSP 模型可以描述如下:在给出的一个顶点网络(有向或无向),要求找出一个包含所有顶点的具有最小耗费的环路。任何一个包含网络中所有顶点的环路称为一个回路(tour)。在旅行商问题中,要设法找到一条最少耗费的回路。既然回路是包含所有顶点的一个循环,故可以把任意一个点作为起点(因此也是终点),这也是 TSP 模型的一个特点。

TSP 模型的数学描述为:连通图 H,其顶点集 A,

顶点间的距离为:$C=\{C_{ij}|i,j\in N,1\leqslant i,j\leqslant n\}$

$$\min \sum_{i=1}^{n}\sum_{j=1}^{n}c_{ij}x_{ij}$$

满足: $\sum_{j=1}^{n}x_{ij}=1, i=1,2,\cdots,n, \quad \sum_{i=1}^{n}x_{ij}=1, j=1,2,\cdots,n$

$x_{ij}\in\{0,1\}, \quad i=1,2,\cdots,n, \quad j=1,2,\cdots,n$

决策变量:$x_{ij}=\begin{cases}0,\text{从 }i\text{ 到 }j\text{ 无通路;}\\ 1,\text{从 }i\text{ 到 }j\text{ 有通路。}\end{cases}$

解法:

(1) 枚举法:对于小型问题,这也是一种十分有效的方法;不适用于大型问题。

(2) 整数规划(integer planning)法:可以用于解决部分 TSP 模型,其中分支定界法是一种比较实用的算法,但是该算法也是只能对一部分中小规模的 TSP 问题进行求解,对于大多数问题的求解都存在一定的难度。

(3) 对于大规模的 TSP 问题,一般采用启发式算法。启发式算法不仅可以用于各种复杂的 TSP 问题,对中小规模问题也同样适用。它的不足之处在于,它只能保证得到可行解,而各种不同的启发式算法所得到的结果也不完全一样,当用启发式算法求解时,如何设计算法是对求解结果的精度影响较大的一个因素。

2. 最近邻点法(nearest neighbor)

最近邻点法是由 Rosenkranz 和 Stearns 等人在 1977 年提出的一种用于解决 TSP 问题的算法。该算法十分简单,但是它得到的解并不十分理想,有很大的改善余地。该算法计算快捷,但精度低,可以作为进一步优化的初始解。

最近邻点法可以由 4 步完成。

(1) 从零点开始,作为整个回路的起点。

(2) 找到离刚刚加入到回路的上一顶点最近的一个顶点,并将其加入到回路中。

(3) 重复步骤(2),直到顶点集 A 中的所有顶点都加入到回路中。

(4) 最后,将最后一个加入的顶点和起点连接起来。

这样就构成了一个 TSP 问题的解。

3. 最近插入法(nearest insertion)

最近插入法是 Rosenkrantz 和 Stearns 等人在 1977 年提出的另外一种用于解决 TSP 问题的算法,它比上面的最近邻点法复杂,但是可以得到相对比较满意的解。最近插入法仍旧由 4 步来完成。

(1) 找到 C_{1k} 最小的节点,形成一个子回路(subtour),$T=\{V_1,V_k,V_1\}$。

(2) 在剩下的节点中,寻找一个离子回路中某一节点最近的节点。

(3) 在子回路中找到一条弧(i,j),使得 $C_{ki}+C_{kj}-C_{ij}$ 最小,然后将节点 k 插入到节点 i、j 之间,用两条新的弧(i,k)、(k,j) 代替原来的弧(i,j),并将节点加入到子回路中。

(4) 重复步骤(2)、(3),直到所有的节点都加入子回路中。

此时,子回路就演变为一个 TSP 的解。

(四) 多回路运输——VRP 模型及求解

1. VRP 模型

VRP(vehicle routing problem)模型(见图 4-21)最早是由 Dantzig 和 Ramser 在 1950 年首次提出的,它是解决多回路问题的一个相当成功的模型,是运筹学与组合优化领域的前沿与研究热点问题。

该问题的研究目标是:对一系列顾客需求点设计适当的路线,使车辆有序地通过它们,在满足一定的约束条件(如货物需求量、发送量、交发货时间、车辆容量限制、行驶里程限制、时间限制等)下,达到一定的优化目标(如里程最小、费用最少、时间尽量短、车队规模尽量小、车辆利用率尽量高等)。它与前面问题的区别在于:顾客群体大,只有一条路径满足不了顾客的需求,也就是说,它涉及多辆交通工具的服务对象的选择和路径(服务顺序)确定两个方面的问题。相对前面的问题,显得更为复杂,但也是更为接近实际的一个模型。

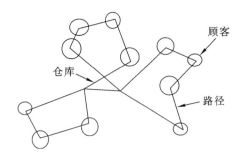

图 4-21 VRP 基本模型

运用 VRP 模型,对实际问题进行研究时,需要考虑以下几个方面:①仓库:仓库的级数,每级仓库的数量、地点和规模;②车辆:车辆的型号和数量,每种车的容积和运作费用,出发时间和返回时间,司机休息时间,最大的里程和时间限制;③时窗:由于各处的工作时间不同,需要各个地点协调;④顾客:顾客需求,软硬时间窗,装载或卸载,所处的地理位置,分离需求,优先等级;⑤道路信息:车流密度,道路交通费用,距离或时间属性;⑥货物信息:货物的种类多少,兼容性,货物的保鲜;⑦运输规章:工人每天的工作时间,车辆的周期维护。

典型 VRP 模型的表述:

基本条件:现有 m 辆相同的车辆停在一个共同的源点,它需要给 n 个顾客提供货物,顾客为 $v_1,v_2,\cdots,v_n$。

模型目标:确定所需要的车辆的数目 N,并指派这些车辆到一个回路中,同时包括回路内的路径安排和调度,使得运输总费用 C 最小。

限制条件:

(1) $N \leqslant m$;

(2) 每一个订单都要完成;

(3) 每辆车完成任务之后都要回到源点 V_0;

(4) 车辆的容量限制不能超过;

(5) 特殊问题还需要考虑时窗的限制;

(6) 运输规章的限制。

2. 节约算法

节约算法(saving algorithm)是 Clarke 和 Wright 在 1964 年提出的,它是目前用来解决 VRP 模型最有名的启发式算法。节约算法是用来解决运输车辆数目不确定(运输车辆数目在 VRP 问题中是一个决策变量)的 VRP 问题,这个算法对有向和无向问题同样有效。

它的核心思想就是将运输问题中存在的两个回路合并为一个回路。在上面的合并操作中,整个运输问题的总运输距离将会发生变化,如果变化后总运输距离下降,则称节约了运输距离。相应的变化值,叫做节约距离,如图 4-22 所示。

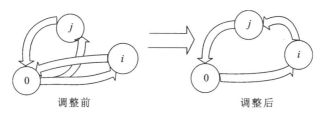

图 4-22 节约算法图

Step1:计算所有的 $s(i,j)=C_{i0}+C_{0j}-C_{ij}$,令集合 $S=\{s(i,j)|s(i,j)>0\}$。

Step2:在 S 内将 $s(i,j)$ 按从大到小的顺序排列。

Step3:若 $S=\varnothing$,则终止,否则取出集合中的第一项元素 $s(i,j)$,考查对应的 (i,j),如果它满足下面的条件之一,则转 Step4,否则转 Step5:

(1) 点 i 和点 j 均不在已构成的线路上;

(2) 点 i 或点 j 在已构成的线路上,但不是线路的内点,即与车场相连;

(3) 点 i 和点 j 都在已构成的不同线路上,但是都不是内点,一个是起点,另一个是终点。

Step4:检查点 i 和点 j 连接后的线路上的总货运量是否小于或等于车辆的载重限制,如满足则连接点 i 和点 j。

Step5:令 $S=S-s(i,j)$,转 Step3。

3. 扫描算法

扫描算法(sweep algorithm)是 Gillett 和 Miller 在 1974 年首先提出的,它也是用于求解车辆数目不限制的 CVRP 问题。

扫描算法分四个步骤完成。

(1) 以起始点 v_0 作为极坐标系的原点,并以连通图中的任意一顾客点和原点的连线定义为角度零,建立极坐标系。然后对所有的顾客所在的位置进行坐标系的变换,全部转换为极坐标系。

(2) 分组。从最小角度的顾客开始，建立一个组，按逆时针方向将顾客逐个加入到组中，直到顾客的需求总量超出了负载限制。然后建立一个新的组，继续按逆时针方向将顾客继续加入到组中。

(3) 重复(2)的过程，直到所有的顾客都被分类为止。

(4) 路径优化。对各个分组内的顾客点，就是一个个单独的 TSP 模型的线路优化问题，可以用前面介绍的 TSP 模型的方法对结果进行优化，选择一个合理的路线。

第六节 物流园区基础设施的规划设计

一、库房设计

（一）结构形式

库房建设可根据实际要求，结合建筑设计规范，采用相应的结构形式。目前，随着物流的发展及要求，流行的库房结构形式为门式钢架结构和拱形彩板结构。

门式钢架结构（见图 4-23）是一种建筑钢结构，因柱子与梁连在一起，形成一个门字形状，故称为门式钢架结构。它具有强度高、自重轻、造价低、跨度大、抗震性能好、施工速度快、周期短、投资回收快、地基费用省、占地面积小、工业化程度高、维护费用低、施工污染环境小、外形美观、可拆迁等一系列优点。一般跨度在 18~36 m。

拱形彩板结构（见图 4-24）是直接将彩板根据跨度及载荷的要求制成拱形，做成库房的屋顶，墙体可采用混凝土或砖墙。其主要技术特点是：无梁无檩，空间开阔，跨度在 8~42 m；造价低，投资少；施工周期短；彩色镀锌钢板，机械锁边连接，自然防水，没有渗漏。

图 4-23 门式钢架结构

图 4-24 拱形彩板结构

（二）库房层数与库房面积

库房可采用单层库房或多层库房，但从出入库作业的合理化方面考虑，尽可能采用平房建筑，这样储存产品就不必上下移动，因为利用电梯将储存产品从一个楼层搬运到另一个楼层费时费力，而且电梯往往也是产品流转中的一个瓶颈，因为有许多材料搬运机通常都会竞相利用数量有限的电梯，影响库存作业效率。

库房的长度和宽度应由库房所存储的货物类别、搬运方式及建筑构造选型等因素确定。

库房长宽比例应适当,一般采用矩形,长度为宽度的 3 倍左右比较合适,高架库房的最小宽度与长度不宜小于 30×60 m,不宜大于 60×180 m,但可根据货物的存储需要建成超大型库房。

(三)库房高度

在确定物流园区库房最佳高度的时候要考虑到仓库的建筑成本、物流搬运成本以及货物的堆码。当库房的高度增加一倍时,库房的容积也将增加一倍,但建筑成本不会增加一倍;但是高度增加了,货物堆码和拣选的时间会变长,将导致物料搬运成本的增加。同时,货物的堆码特性、货架承载能力、搬运机械的堆码能力以及梁下间隙尺寸也会影响库房高度的选择。运营者还需要考虑库房未来发展的需要,这也会对库房高度造成影响。

一般来说,单层高架库房的净高不应小于 7 m,以能存放 4 层托盘的货物为宜。若是两层建筑则二楼高度为 5 m 左右,一楼与二楼高度总共约为 13 m。若是三层建筑,则三楼高度约为 5 m,一楼、二楼与三楼高度总共约为 18 m。

在实践中,如采用门式钢架结构,净高取 8~10 m;采用拱形彩板库房,净高为 8~12 m 比较合适。

(四)库房门窗

(1)库房门高度与宽度。表 4-22 为库房门高度与宽度参数表。

表 4-22　库房门高度与宽度参数表

作业机械	铲车、汽车	手推车、电瓶车
门洞高/m	3.9~5.4	2.1~2.4
门洞宽/m	3.3~4.5	1.8~2.1

(2)库房门宽不大于 3.3 m 时,宜用双扇外平开门,并在适当的位置设置定门器。库房门宽大于 3.3 m 时,宜用双扇推拉门。

(3)门上方设置雨罩,雨罩比门洞每边应宽出 500 mm,伸出墙外的长度应不小于 900 mm,门外有站台,按站台设计。

(4)库房的窗地面积比宜为 1∶10~1∶18,窗的功能以采光为主的库房,宜用固定窗,窗地面积比应取大值;窗的功能以通风为主的库房,宜用中悬窗,窗地面积比应取小值,但应按自然通风换气次数核定。

(5)库房的通风口面积应通过计算确定,单个通风口的面积不宜大于 0.2 m^2,应设置安全防护措施,通风口底部距库房内地面高度差应不大于 250 mm。

(五)地面

地面的构造主要考虑地面的耐压强度,地面的承载力必须根据承载货物的种类或堆码高度具体研究。通常,一般平房普通库房 1 m^2 地面承载力为 2.5~3 t,其次是 3~3.5 t,多层库房层数加高,地面负荷能力减少,一层是 2.5~3 t,二层是 2~2.5 t,三层是 2~2.5 t,四层是 1.5~2 t,五层是 1~1.5 t 甚至更小。地面的负荷能力是由保管货物的重量、所使用的装卸机械的总重量、楼板骨架的跨度等所决定的。流通库房的地面,还必须保证重型叉车作业的足够受力。

传统的地面基本以水泥混凝土地面为主,而随着物流园区的发展,目前存在三种新型地面形式,分别是耐磨地坪、环氧涂装地坪和增硬水泥地坪。对于新建的物流园区,可考虑经济实用的耐磨地坪;对于改造的物流园区,在考虑采用耐磨地坪的同时,可以在原地面的基础上考虑采用环氧涂装地坪或增硬水泥地坪进行处理。

二、收发站台设计

(一) 进出货站台配置形式规划

1. 进出货共用站台

进出货共用站台(见图4-25)可以有效提高空间和设备的使用率,但管理较困难,容易出现"进"与"出"相互影响的情况,特别是在进出货高峰时间。

2. 进出货相邻,分开使用站台

这种形式不会使进出货相互影响,可以共用设备,但空间利用率低(见图4-26)。

图4-25 进出货共用站台

图4-26 进出货相邻,分开使用站台

3. 进出货站台完全独立,两者不相邻

这种形式是进出货作业完全独立的站台设计,不但空间分开而且设备也独立(见图4-27)。

4. 多个进出货站台

这种形式是有多个进出货口,进出货频繁,且空间足够(见图4-28)。

(二) 站台形式设计

站台的设计形式有锯齿型(见图4-29左)和直线型(见图4-29右)两种。锯齿型站台的优点是车辆旋转纵深较浅,但占用仓库内部空间较大。直线型站台的优点是占用仓库内部空间小,缺点是车辆旋转纵深较大,且需要较大的外部空间。

图4-27 进出货站台完全独立,两者不相邻

图4-28 多个进出货站台

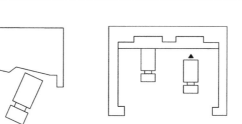

图 4-29 锯齿型站台(左)和直线型站台(右)

(三)站台与厂区的配合

在设计进出货空间时,除考虑提高作业效率和充分利用空间外,还必须考虑安全问题。尤其是设计车辆和站台之间的连接部分时,必须考虑防止风、雨水进入货柜或仓库内部。同时,还应考虑避免库内冷暖空气外溢。为此,停车站台有以下三种形式:

1. 内围式

把站台围在库区内(见图 4-30),安全性高,有利于防止风雨侵袭和冷暖气外溢。这种形式造价较高。

2. 齐平式

站台与仓库外边齐平(见图 4-31),优点是整个站台仍在仓库内,可避免能源外溢,造成浪费,造价也很低,目前被广泛采用。

3. 开放式

站台全部突出在仓库之外(见图 4-32),站台上的货物完全没有遮掩,库内冷暖空气容易外泄,安全性差。

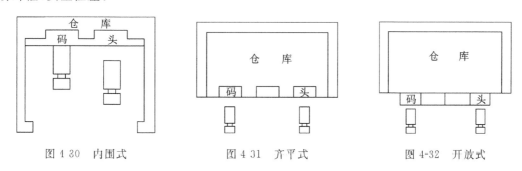

图 4-30 内围式　　　图 4-31 齐平式　　　图 4-32 开放式

(四)站台数量计算

估计站台的需求数量,以此计算码头的空间需求量,必要时须再调整码头的位置。要想准确估计站台的数量,最好能确实掌握以下资料:有关进出货的历史资料;高峰时段的车数;每车装卸货所需时间。此外亦须考虑未来厂房扩大或变更的可能性,在规划时即留有余地。

(五)收发站台设计

收发站台设计的主要参数见表 4-23。

表 4-23　收发站台设计主要参数

项　　目	汽车站台	铁路站台
一般站台宽度	2.0～2.5 m	约 3.5 m
小型叉车作业站台宽度	3.4～4.0 m	≥4.0 m
站台高度	高出地面 0.9～1.2 m	高出轨顶 1.1 m
站台雨棚高度	高出地面 4.5 m	高出轨顶 5.0 m
站台边距铁路中心距离	—	1.75 m
站台端头下降坡度	≤10%	≤10%

（六）装卸载平台设计

装卸区是整个配送中心实现高效率运转的重要环节。一般装卸区均应设置装卸载平台，其位置如表 4-24 所示。在装卸区要设置雨棚以减少不良天气对作业的影响，遮阳（雨）棚与站台的高度至少需要 3 m，与地面的高度至少需要 4 m，遮阳（雨）棚的长度至少需要 5 m。

表 4-24　装卸载平台位置

项次	装卸载平台的位置	出入口位置配合联外道路的物流动线形式
1	装卸载作业共用同一平台	
2	装卸载作业区域相邻，在厂房的同侧但是不共用	
3	装卸载作业区域位于厂房两相邻边	
4	装卸载作业区域位于厂房的两侧	

■ 表示厂房卸货平台位置　　▨ 表示厂房装货平台位置　　→ 表示厂房内物流动线方向

三、通道设计

（一）布局原则

物流园区的道路网布局规划，首先要分析影响道路交通发展的外部环境，确定外部道路交通发展的目标和趋势，主要从经济发展、有关政策的制定和执行、建设资金的投入等方面入手，预测物流园区的货流量，预判物流园区的货物流向，最后确定道路网的布局。物流园区的道路网除满足货运需求和人流的安全畅通外，同时还应满足市政工程管线的敷设、通风及消防、疏散等要求，使道路在物流园区建设和发展中的作用得以充分发挥。具体地讲，物流园区道路网规划布局要考虑以下几个原则。

1. 与上位规划相协调

与城市总体规划——道路系统规划相一致、相协调，并与物流园区空间布局相协调；路网分割用地的规模及形态应满足功能布局对用地的要求；路网布置应有利于各类用地间相互联系。

2. 满足交通需求

物流园区道路网布局应结构清晰、等级明确，主要道路的走向、等级要根据交通需求等因素确定。道路网布局不仅要使园区内形成完整协调的道路系统，还要使园区与外部交通有紧密的联系，以保证物流园区交通的安全、顺畅。

3. 满足景观需求

道路网的布局应充分结合绿地、水体、地貌特征等，组织园区内的景观，有利于园区形成自然、协调的景观风貌。道路的走向以及沿道路的建筑形态和空间构成要素等是形成道路景观的重要方面。另外，还可以设置过街楼、人行天桥等跨越道路上空，适当使用"空中步行体系"，既可以合理输导人流，避免大量的人流交叉，又能够形成园区的立体景观。

4. 满足配套需求

物流园区道路网布局要结合市政基础设施的布局，要注意配套齐全，还要考虑地下管线的布局需要，如电力、电信、给水、雨水、污水、燃气、供热等应该地下敷设，各种设施之间要相互协调，便于其功能的充分发挥，尽量减少这些基础设施对物流园区正常运作的干扰。道路网布局还应满足消防、救护、抗灾等特殊需要。

5. 预留发展空间

随着物流园区的发展，交通量急剧增长所带来的交通压力是必然存在的，在物流园区道路网布局时要充分考虑物流园区的发展态势，尤其要认真分析物流园区对交通量的吸引作用。

（二）布局形式

如前所述，道路网是物流园区保持基本运作的空间骨架，道路网除了能满足基本的物流要求外，也是园区内部主要的景观流线。物流园区主要道路的形态大多为直线型，根据地形的不同也会出现折线型、曲线型两种。直线型的道路使人视线集中，达到的地点明确；折线型和曲线型的道路景观是逐渐展开的，步移景异，变化较多。那么园区根据功能分区、空间布局形式的差异以及道路线形的不同可以形成多种道路网布置形式，总

结起来有如下三种:

1. 尽端式

尽端式布局形式(见图4-33)是指由于受运输要求或园区地形条件的限制,道路不纵横贯通,只到某个地点就终止。尽端式道路布局的优点是:对场地地形适应性强,园区内道路总长度短,一般适用于运量较少、货流较分散的物流园区。这种布局形式的缺点是:园区内相互间运输联系不便,灵活性较差,需单独设置回车场或转向设施。

2. 环状式

环状式布局形式(见图4-34)是指根据物流园区功能区的布局,主要道路围绕各功能分区布置,大多平行于主要建筑物、构筑物,形成纵横贯通的道路网。这种布局形式的优点是:使物流园区各部分间的相互联系更加顺畅,更好地组织货流与人流,更有利于功能分区、交通运输、消防及工程技术管线的敷设,是采用较多的道路网布局形式;环状式布局形式的缺点是:园区道路用地规模较大,总长度长,对园区地形条件要求较高。一般适用于交通运输流量较大(如综合服务型物流园区)、地形条件较好的物流园区。

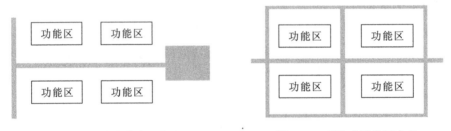

图4-33 尽端式道路网布局　　图4-34 环状式道路网布局

3. 混合式

混合式布局形式(见图4-35)是指在物流园区内同时采用环状式和尽端式两种道路网布局形式。这种布局形式具有环形式和尽端式的优点,既满足了生产、运输的要求,人流、货流通畅、安全,又能较好地适应园区地形,节约用地,并减少土石方工程量,是一种较为灵活的布局形式。

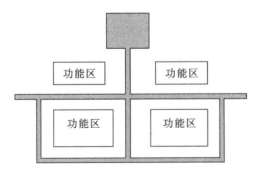

图4-35 混合式道路网布局

(三)物流园区道路分类

目前物流园区规划中常见的道路分类有两种:一种分为主干道、次干道和组团级道路,主、次干道通过红线宽度来划定,组团级道路一般是指建设当中可适当调整的道路,以弹性规划为主,对近期建设意向较明确的园区,确定组团级道路的线形、设计断面走向,远期园区内的组团级道路只建议设计断面和走向;另一种分为主干道、次干道、支路和人行道,将人行通道加以强调,主、次干道则根据连接园区的主、次出入口来划定。本书根据对物流园区功能布局及用地构成的分析,建议在物流园区道路交通规划中应根据道路的分工、在园区中的地位以及其所担负的交通功能将园区内道路划分为主要道路、次要道路与辅助道路三类,其中辅助道路包括引道和搬运通道。

1. 主要道路

主要道路衔接物流园区的出入口,联系园区的主要功能分区,具有较大的通行能力,构成了园区内部的货运通道,承担了物流园区的主要货运交通任务。

2. 次要道路

次要道路连接园区内交通运输繁忙的主要道路,分担园区主要道路的货运流量,也是功能分区内部的核心道路,衔接功能区内部的各组成部分,联系相邻的功能分区。

3. 辅助道路

辅助道路中包含的引道是指物流园区内的仓库、堆场以及生活配套设施等建筑物出入口与主要道路或次要道路相连接的道路,搬运通道是指物流作业区内用于搬运货物的通道。辅助道路直接与两侧建筑物出入口相连,也可以作为消防道路以及功能分区的内部道路。辅助道路应在物流园区内各功能分区确定后,再根据入驻企业的具体要求进行规划设计。

四、停车场布置

停车场在物流园区中占据着一定的比重,而且分布较密。发达国家认为停车设施不仅仅是一个静态交通供应问题,更是一个"以静制动"的重要手段,它会影响动态交通的正常秩序。例如,若停车设施不足,各种车辆随处停放的现象就会出现,人行道上甚至主要道路中均有类似现象出现,这不但使车辆停靠不便,并且大大降低了道路的通行能力,使交通的紧张程度进一步加剧。所以在物流园区的空间布局中,不仅道路网布局应合理,停车设施的布局也应给予充分考虑。

停车设施布局主要包括停车方式、场地位置、车位数量、车位类型等方面的设计与选择,兼顾其他影响停车设施布置的因素,如停车设施地面结构、绿化、照明、排水等。

(一)停车设施布局原则

1. 重点要素优先确定原则

停车设施布局的重点是停车位的数量和位置的选择,这两个要素主要是由路段内的交通量及构成内容所决定的。交通量及构成内容的预测要充分考虑物流园区远景的发展规划,避免设计与物流发展相脱节。

2. 集中与分类布局原则

同一类型停车场尽量集中于一处,避免设置诸多分散的小停车场,以提高停车场综合利用率;为提高服务水平,应将服务大中型车与小型车的停车场分开设置,小型车的停车场布置在距餐饮、娱乐等配套设施较近的位置,大中型车的停车场围绕物流作业区布置。

3. 停车流线明确原则

停车设施的设计必须明确车辆在停车场内的交通路线,尽量采取单向行驶方式,避免互相交叉;停车场内宜用标牌标明区域,并用标线指明行驶路线,各停车位以标线划分,并给予编号,以便于驾驶员停放、寻找车辆,提高车辆驶入与驶出停车场的效率,保证交通顺畅。

4. 集约利用土地原则

在满足物流园区各项功能的前提下,停车场的设置应尽可能地节约土地资源,保证城市用地的集约利用。

5. 可持续发展原则

在物流园区停车设施布局时应以市场需求为导向,满足物流园区内部的实际停车需求,且在指标控制及土地兼容性方面尽可能留有余地,以适应市场的弹性发展需求。

(二) 停车设施布局要点

1. 与上层次规划协调

物流园区内除专用停车场外还应设有部分社会停车场。从规划协调的角度出发,物流园区内社会停车场的布置应与该物流园区所在区域的上层次规划相结合,纳入中观(甚至是宏观)道路交通系统整体考虑,而不应仅仅以本物流园区的停车需求作为规划依据。

2. 配建指标适当提高

物流园区内的专用停车场主要与物流园区的特定功能分区(如配送中心)相关,对于园区内各物流企业的配建停车场而言,一般情况下,配建指标高于其他类型的产业园区,这与物流运输中大、中型运输货车所占比重较高有很大的关系(因为货车所需停车面积较大)。

3. 重视绿化设计

在物流园区内部,绿化不仅能美化园区环境,而且能遮挡一定的日照,避免车辆的曝晒,适当地调节车厢内的温度,能为车辆提供一个良好停泊环境。所以在物流园区停车场规划设计时,绿化设计是其中重要的一环。

4. 充分利用地形

在物流园区停车设施布局时应在满足整个服务区使用功能的前提下,充分利用地形,灵活布置车位,减少土石方量。另外,为使停泊车辆不至于滑动,停车场的竖向设计应在满足场内地面排水要求的基础上严格控制。

5. 选择较好的路面材料

物流园区内的停车场路面材料一般采用水泥混凝土或沥青混凝土。应多采用水泥混凝土材料,这样可避免采用沥青混凝土路面时被停泊车辆滴漏的汽、柴、机油所污染,从而延长场地使用的寿命。

6. 控制安全距离

物流园区的停车设施应与周围设施保持合理的距离,尤其是加油站、汽修车间等建筑,避免进出停车场的车辆与加油或维修车辆行驶路线相互干扰。

（三）停车方式设计

物流园区内停车方式应以占地面积小、疏散方便、保证安全为原则,具体停车方式有三种:平行式(见图 4-36)、斜列式(见图 4-37)和垂直式(见图 4-38)。具体选用哪一种停车方式,应根据物流园区的实际情况及车辆管理、进出车的要求等确定。

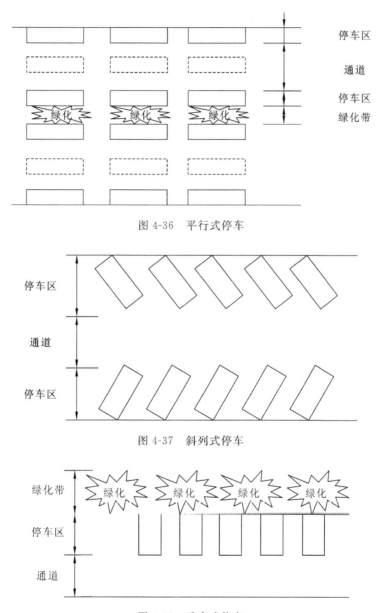

图 4-36　平行式停车

图 4-37　斜列式停车

图 4-38　垂直式停车

物流园区内场地及道路情况是车辆停驶方式设计的根本依据之一,具体停驶方式有以下几种:①前进停车、后退发车;②后退停车、前进发车;③前进停车、前进发车。

五、其他建筑公用设施规划

为配合整体物流园区运作与使用,包括厂房建筑结构的主要形式,所需相关水电、动力、土木、空调与安全消防等厂房建筑之外围设施等,在物流中心厂房布置规划时,亦须配合考虑,并针对主要设施进行规划选用。因为部分与建筑主体有关的设施形式、跨距等因素,均将影响后续规划的内容。但是由于部分设施,必须待主要物流作业区域与外围辅助区域完成基本规划后才能进行,因此在系统设计阶段,仅就实际具有作业空间区域的设施进行初步规划,并预估各区域所需的作业面积,其程序与辅助作业区域的设施规划相同。至于属于全厂整体结构性质的建筑设施,在此阶段则暂不规划设计,须至厂房区域布置完成欲进行细部布置规划时,再逐一完成相关需求设施的规划设计。

(一)给水与排水设施

1. 给水设施

给水设施负责对物流园区生产、生活、消防等所需用水进行供给,包括原水的收集、处理,及成品水的输配等各项工程设施。物流园区给水设施的规划,应根据物流园区的用水需求和给水工程设计规范,并对给水水源的位置、水量、水质及给水工程设施建设的技术经济条件等进行综合评价,对不同水源方案进行比较,作出方案选择。同时,给水设施规划要考虑所在区域给水系统整体规划,应尽量合理利用城市已建成的给水工程设施。给水设施不应设置在易发生滑坡、泥石流、塌陷等不良地质条件的地区及洪水淹没和内涝低洼地区,地表水取水构筑物应设置在河岸及河床稳定的地段,工程设施的防汛及排涝等级不应低于所在城市设防的相应等级。物流园区输配管线在道路中的埋设位置,应符合国家标准《城市工程管线综合规划规范》(GB 50289—1998)的规定。

2. 排水设施

排水设施负责收集、输送、处理和排放物流园区的污水(生活污水、生产废水)和雨水。污水和雨水的收集、输送、处理和排放等工程设施以一定的方式组成,用不同管渠分别收集和输送污水及雨水,为使污水排入某一水体或达到再次使用的水质要求而对其进行净化。根据水资源的供需平衡分析,应提出保持平衡的对策,包括合理确定产业规模和结构,并应提出水资源保护的措施。而对于物流园区,应更注重考虑水污染的防治,避免排水设施的建设对所在地的环境造成不必要的污染。

排水管道规划设计时,应严格遵守国家标准《给水排水管道工程施工及验收规范》(GB 50268—2008),尤其对管道的位置及高程设计,需要经过水力计算,并考虑与其他专业管道平行或交叉要求等因素来确定。排水管道的管材、管道附件等材料,应符合国家现行的有关产品标准的规定,并应具有出厂合格证,具体施工时应遵守国家和地方有关安全、劳动保护、防火、防爆、环境和文物保护等方面的规定。

(二)电力设施

电力设施由供电电源、输配电网等组成,应遵循国家标准《城市电力规划规范》(GB 50293—1999)进行规划。在物流园区规划过程中,要求物流园区的电力设施应符合所在城市和地区的电力系统规划;应充分考虑电力设施运行噪声、电磁干扰及废水、废气、废渣排放对周围环境的干扰和影响,并应按国家环境保护方面的法律、法规的规定,提出切实可行的防治措施;电力设施应切实贯彻"安全第一、预防为主、防消结合"的方针,满足防火、防洪、抗震等安全设防的要求;电力系统应从所在城市全局出发,充分考虑社会、经济、环境的综合效应;电力系统应与道路交通、绿化及供水、排水、供热、燃气、邮电通信等市政公用工程协调发展。

物流园区新建和改建的供电设施的建设标准、结构选型,应与城市现代化整体水平相适应;供电设施的规划选址、备选路径,应充分考虑城市人口数量、建筑物密度、电能质量和供电安全及可靠性的特点与要求;新建的供电设施,应根据其所处地段的地形、地貌条件和环境要求,选择与周围环境景观相协调的结构形式与建筑外形。

为实现物流园区的各项功能,保证物流作业正常(冷库存储、机电设备的运行等),避免或减少不必要的损失,供电系统的设计显得尤为重要。电力设施必须严格按照国家标准《供配电系统设计规范》(GB 50052—2009)设计和施工,应注意以下几点。

(1) 电力负荷应根据对供电可靠性的要求、中断供电所造成损失或影响的程度进行综合确定。这里,物流园区内的冷库、机电设备、通信设施等的中断供电将会造成较大的损失,属于一级、二级负荷;物流园区的其他设施设备属于三级负荷。

(2) 应急电源与正常电源之间必须采用防止并列运行的措施。

(3) 供配电系统的设计,除一级负荷中特别重要的负荷外,不应按一个电源系统检修或故障的同时另一个电源又发生故障进行设计。

(4) 物流园区的供电电压根据用电容量、用电设备特性、供电距离、供电线路的网络数、当地公共电网现状及其发展规划等因素,经技术经济比较后确定。

(三) 供热与燃气设施

1. 供热设施

集中供热设施利用集中热源,通过供热等设施,向热能用户供应生产或生活用热能,包括集中热源、供热管网等设施和热能用户使用设施。供热设施在规划时应符合《城镇供热系统安全运行技术规程》(CJJ/T —2000)的要求,同时还应符合国家有关强制性标准的规定。

供热设施的热源应符合以下要求。

(1) 新装或移装的锅炉必须向当地主管部门登记,经检查合格获得使用登记证后方可投入运行。

(2) 重新启用的锅炉必须按国家现行的规程《锅炉安全技术监察规程》的要求进行定期检验,办理换证手续后方可投入运行。

(3) 热源的操作人员必须具有主管部门颁发的操作证。

(4) 热源使用的锅炉应采用低硫煤,排放指标应符合国家标准《锅炉大气污染物排放标准》(GB 13271—2001)的规定。

供热设施的热力网运行管理部门应设热力网平面图、热力网运行水压图、供热调节曲线图表。热力网运行人员必须经过安全技术培训,经考核合格后方可独立上岗。他们应熟悉管辖范围内管道的分布情况、主要设备和附件的现场位置,掌握各种管道、设备及附件等的作用、性能、构造及操作方法。

供热设施和泵站与热力站要求基本相同,要具备设备平面图等图纸,管理人员也要经过培训考核。此外,供热设施的泵站与热力站的管道应涂有符合规定的颜色和标志,并标明供热介质的流动方向,安全保护装置要求更加灵敏、可靠。

供热设施的用热单位向供热单位提供热负、用热性质、用热方式及用热参数,提供热平面图、系统图、用热户供热平面图。供热单位应根据用热户的不同用热需要,适时进行调节,以满足用热户的不同需求;用热单位应按供热单位的运行方案、调节方案、事故处理方案、停运方案及管辖范围,进行管理和局部调节;未经供热单位同意,用热户不得私接供热管道和私自扩大供热负荷,热水取暖用户严禁从供热设施中取热水,用热户不得擅自停热。

2. 燃气设施

燃气供应设施是公用事业中的一项重要设施,燃气化是我国实现现代化不可缺少的一项内容。燃气系统向物流园区供应作为燃料使用的天然气、人工煤气或液化石油气等气体能源,燃气设施由燃气供应源、燃气输配设施和用户使用设施所组成。

物流园区在选择燃气供应源时,应考虑以下几点。

(1) 必须根据国家有关政策,结合本地区燃料资源情况,通过技术经济比较来确定气源选择方案。

(2) 应充分利用外部气源,当选择自建气源时,必须落实原料供应和产品销售等问题。

(3) 根据气源规模、制气方式、负荷分布等情况,在可能的条件下,力争安排两个以上气源。

物流园区在设计燃气输配设施时,应考虑以下几点。

(1) 燃气干线管路位置应尽量靠近大型用户。

(2) 一般避开主要交通干道和繁华街道,以免给施工和运行管理带来困难。

(3) 管线不准铺设在建筑物下面,不准与其他管线平行或上下重叠。

(4) 物流园区应向供气单位提供燃气负荷、用燃气性质、用燃气方式及必要的用燃气参数,提供供气平面图、系统图和用户供气平面位置图。供气单位应根据物流园区的用户需求,适时进行调节,以满足物流园区的需要;物流园区应按供气单位的运行方案、调节方案、事故处理方案、管辖范围,进行管理和局部调节;未经燃气供应站及公安消防部门同意,未由这些相关部门进行施工监督和验收,物流园区不得私接供气管道、私自扩大供气负荷和擅自启用未经批准的燃气输配设施。

【经典案例1】

葛洲坝现代商贸物流中心内部规划

葛洲坝现代商贸物流中心是武汉市规划中的重点物流节点,是以汽车配件和综合商贸物流为对象,综合货物中转、分拨、集运输、仓储、搬运、装卸、配送等基本功能于一体,以及提供物流信息处理、流通加工等综合服务功能的现代商贸物流中心。

(一)功能区的确定

作为现代化的专业型商贸物流中心,按照葛洲坝现代商贸物流中心的战略定位和市场定位,从物资流、资金流、业务流、信息流等四个层次考虑,按现代物流的规律规划和建设。葛洲坝现代商贸物流中心分为仓储配送区、交易展示区、流通加工区、商务办公区和附属区五大功能区。功能分区如图4-39所示。

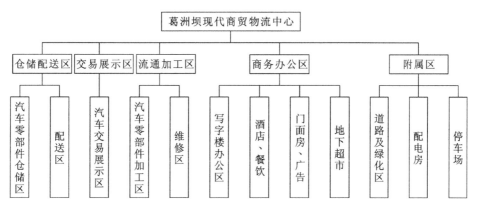

图 4-39 葛洲坝现代商贸物流中心功能分区图

(二)各功能区布局设计

1. 面积计算

根据中心总体建设占地面积87亩(58304.02 m²)的规划,其各部分功能分区占地面积数据如表4-25所示。

表 4-25 葛洲坝现代商贸物流中心功能分区占地面积表

类 别	占地百分比	占地面积/m²	建筑面积/m²
商务办公区	17%	9911.68	40000
交易展示区	43%	25070.74	
流通加工区	10%	5830.40	
仓储配送区	10%	5830.40	30018
大型停车场	6%	3498.24	
道路及绿化区	14%	8162.56	
总面积	100%	58304.02	70018

其中:

(1) 功能区用地规模。

商务办公区:占地9911.68 m²,包括写字楼办公区、酒店及餐饮、门面房、地下超市等。商务办公大楼建筑面积约为40000 m²,其中写字楼办公区占地

15000 m²(其中80%的区域用于商业办公室的出租,20%的区域为中心管理办公室),酒店区占地10000 m²,餐饮区占地3000 m²,地下超市占地4000 m²,门面房占地8000 m²。

交易展示区:占地25070.74 m²,主要提供汽车展示及交易服务,建设5个面积为5000 m²的汽车4S店。汽车交易及展示服务是葛洲坝现代商贸物流园区的核心服务内容之一,将来也会成为葛洲坝现代商贸物流中心的核心竞争力,这一服务板块发展到一定规模后对整个中心、对武汉经济开发区乃至更大的区域范围的影响都是巨大的。

流通加工区:占地5830.40 m²,提供汽配零部件简单加工及汽车维修服务。这一区域主要是与汽车交易及展示区的功能相配套,为客户提供与汽车相关的综合服务。

仓储配送区:占地5830.40 m²,提供汽配零部件的仓储及配送服务。仓储配送区是葛洲坝现代商贸物流中心的核心功能区之一,主要提供贵重物品的仓储保管服务,后期可以开展其他服务,例如建材等的储存服务。

(2)基础设施和配套设施的用地规模。

大型停车场:占地3498.24 m²,主要为运输配送的大货车的停车场。

道路及绿化区:占地8162.56 m²,中心内道路采用水泥混凝土路面结构,主干道四车道,宽度为12 m;地绿化系统充分结合自然地貌布置绿化景观,同时在专业办公大楼主入口处种有大量树木、花卉,构成该功能区的生态绿化空间;仓储及加工区的绿化沿围墙及区域道路展开,形成以乔木为主、绿地为辅的景观空间。

2. 功能区关系分析

首先分析葛洲坝现代商贸物流中心功能分区之间的关系,主要分为物流关系和非物流关系,其关系分析主要通过相互关系图来表示。

(1)物流关系分析。

根据作业单位对物流量和距离的乘积得到物流强度从至表,以此确定各区之间的物流关系强度和赋值,如图4-40、图4-41所示。

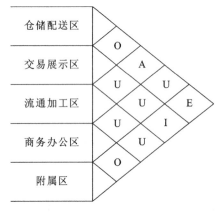 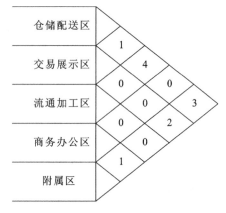

图4-40 各区域间物流关系等级　　图4-41 各区域间物流关系等级赋值

(2) 非物流关系分析。

根据物流园区内的作业流程,不考虑各作业区之间的物流关系,从各作业单元逻辑上的联系来考虑,确定各单元之间的非物流相互关系。主要考虑因素有作业流程的连续性、作业性质的相似性、作业管理的便利性、人员联系的便捷性和环境关系。各区域之间的非物流关系的强度和赋值如图4-42、图4-43所示。

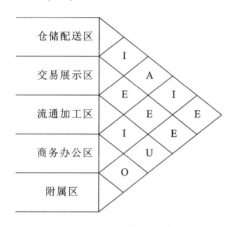 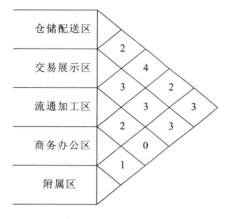

图4-42 各区域间非物流关系等级　　　图4-43 各区域间非物流关系等级赋值

(3) 综合关系分析。

根据物流相关表和非物流相关表中的等级,按照选定的加权值来计算物流作业单位综合相互关系。一般而言,物流关系与非物流关系的权值比在3:1和1:3之间,本例中加权值选定为物流关系:非物流关系＝0.6:0.4,得到各区之间的关系分值及等级,如图4-44、图4-45所示。

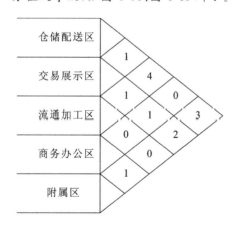 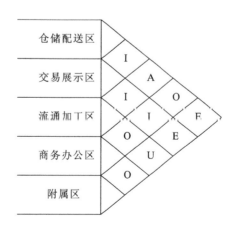

图4-44 各区域间综合关系分值　　　图4-45 各区域间综合关系等级

(三) 平面布局方案

通过以上物流关系和非物流关系的分析,得出各功能区之间的综合关系,并根据各功能区之间的综合关系的强度,运用 SLP 方法进行布局,得出各功能区之间的逻辑关系,如图 4-46 所示。其中,四条线代表关系最为紧密。线的数目依次递减代表关系递减,黑虚线表示尽量不要靠近。

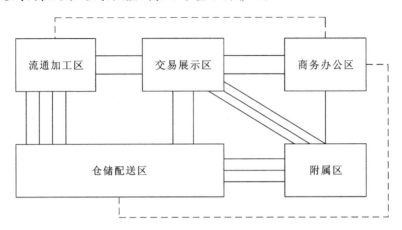

图 4-46　功能区之间相对位置逻辑关系

根据以上测算面积和各区域之间的关系图,结合葛洲坝现代商贸物流中心的实际用地情况对其进行布置,如图 4-47 所示。图 4-47 中箭头指向为车流方向。

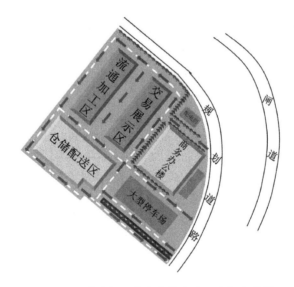

图 4-47　葛洲坝现代商贸物流中心空间布局图

学习并分析:
1. 各功能分区的面积计算方法有哪些?
2. 本案例中各功能区的空间布局采用何种方法获得?

【经典案例 2】

天津机场航空物流园区总体功能与布局规划

(一) 天津机场航空物流园区总体功能规划

航空物流园区不同于一般的物流园区,在功能规划上有其自身的特点。通常航空物流园区的功能规划围绕航空货运的前后产业链,进行了两个方向上的拓展和延伸,即它不仅提供运输、装卸、仓储等货运服务,还提供加工、展示、贸易等增值服务。在考虑充分利用现有物流园区资源的基础上,结合机场的前期规划,将规划区域划分为核心操作区和配套服务区(见图4-48)。其中核心操作区包括货机坪、货站、快件中心等,配套服务区包括海关集中监管区、保税物流区、简易加工区、一站式服务中心、展览展销中心、会议商务中心、管理办公设施、能源保障设施、生活附属设施等。

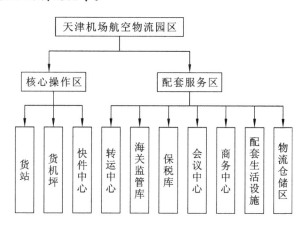

图 4-48 天津机场航空物流园区总体功能规划图

(二) 天津机场航空物流园区总体布局规划

天津机场航空物流园区总体规划范围为:东至机场一跑道,南至津滨高速公路,西至外环线,北至津汉公路;主要包括货机坪、机场货运区、空港国际物流区、仓储物流扩展区、管理办公区等;面积约为 8 km²。天津机场航空物流园区三期建设完成后,其整体布局如图4-49所示。

(三) 各功能区及规模(面积)规划

天津机场航空物流园区各区域的用地规模及相关说明见表4-26。

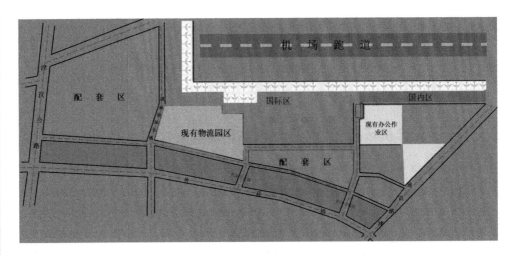

图 4-49　天津机场航空物流园区总体布局规划图

表 4-26　天津机场航空物流园区各区域用地规模及说明

区　域	占地面积/亩	说　明
现有物流园区	1425	已经建设的空港国际物流园区
跑道西侧货运区域	2025	主要作为二期建设用地,规划有国际货站和国际快件中心等
成林道延长线以北区域	3000	主要作为三期建设用地,规划有物流仓储区、配套生活设施以及预留用地
跑道、停机坪等	3000	机场跑道、停机坪所占区域,包括与飞行有关的相应设施
现有办公作业区等	1800	现在的综合办公区域,包括机场大厦及相关配套服务设施等
绿化带	1000	总规划区域和外环线之间的绿化区域
总面积	12250	天津机场航空物流园区总规划面积

天津机场航空物流园区重点功能区域的具体功能及面积规划见表 4-27。

表 4-27　天津机场航空物流园区主要功能区域的具体功能及规模

功能分区	总占地面积/亩	说　明
货站(一期)	450	年处理能力 100 万吨
货站(二期)	800	年处理能力 200 万吨
货站(三期)	1500	年处理能力 400 万吨

续表

功能分区	总占地面积/亩	说　　明
快件中心（国际）	100	吸引国际物流公司入驻，作为其中国市场或亚洲市场的快件处理中心
快件中心（国内）	80	吸引有航空快件业务的相关企业入驻，具有综合功能
保税库	150	保税仓储、国际物流配送、简单加工和增值服务等
海关集中监管区	600	海关监管仓库区，区内可以办理进出口货物仓储、分拨、中转等物流业务
会议中心	10	为机场和园区内企业提供商务洽谈和日常会议的场所及相关服务
商务中心	30	为园区内企业提供工商咨询和法律、会计事务咨询服务
大型停车场	50	为进出园区的车辆提供停车服务
配套生活设施	700	为员工生活提供便捷服务
简易加工区	300	根据货物需求提供简单加工服务
普通货库	500	普通仓储服务
预留地	1500	为园区未来发展预留足够的空间

（四）天津机场航空物流园区各阶段功能与空间布局规划

根据机场货邮吞吐量增长的三个不同阶段（100万吨以内，100万～200万吨，200万～400万吨），天津机场航空物流园区的功能规划和空间布局也分三个不同的阶段进行。

一期规划（年货邮吞吐量达到100万吨）：完成航空物流园区总体规划和空间布局规划；完成机场货运区控制性详细规划和"七通一平"等基础设施建设；规划建设天津韩进外运货运站；国际快件中心和国内快件中心；规划建设联检单位"一站式"服务中心；启动简易加工区业务；申报保税物流区；有效整合和充分发挥新建物流设施与原有物流设施的作用。

二期规划（年货邮吞吐量达到200万吨）：完成跑道西侧货机坪整体规划建设；规划建设天津空港货运有限公司货站（二期）；天津华宇航空货运站有限公司货站（二期）和中国国际货运航空有限公司天津营运基地货站（三期）；规划建设国内货站（一期）；规划建设海关集中监管区（三期）；规划建设保税物流区；规划建设普通货库；规划建设会议、商务中心；规划建设管理办公设施、能源保障设施等。

三期规划（年货邮吞吐量达到400万吨）：整体开发建设成林道以北仓储物

流扩展区;规划建设国际货站;规划建设海关集中监管区(四期);规划建设简易加工区(二期);规划建设普通货库;规划建设生活附属设施,并为园区未来发展预留足够的空间。

学习并分析：

1. 机场物流园区的功能规划与其他一般物流园区有哪些不同？
2. 分析本案例中各阶段建设内容规划的依据有哪些？

【本章关键术语】

功能区域 function areas　仓储面积 storage area　通道 passageway　停车场 parking lot　库房 warehouse　收发站台 receiving station　给水与排水设施 water supply and drainage facilities

【本章思考与练习题】

1. 物流园区功能区规划的步骤包括哪些？
2. 物流园区仓储功能区的规模确定方法有哪些？
3. 物流园区的基础设施规划包括哪些内容？

【参考文献】

[1] 周凌云,赵钢.物流中心规划与设计[M].北京:清华大学出版社,北京交通大学出版社,2010.

[2] 陈子侠,张芮,陈颢.物流中心规划与设计[M].北京:高等教育出版社,2005.

[3] 李安华.物流系统规划与设计[M].成都:四川大学出版社,2006.

[4] 陶经辉,乔均. 物流园区内部功能区规划建设探析[J].中国流通经济,2006(6):11-14.

[5] 郝红娟.物流中心仓储区规划方法研究[D].长春:吉林大学,2007.

[6] 唐文君.北京京北物流园区平面布局规划研究[D].北京:北京交通大学,2010.

[7] 张连富.配送中心物流系统规划方法研究[D].长春:吉林大学,2007.

[8] 阎欣,海峰,朱建群.航空物流园区的形成机制探讨[J].珞珈管理评论,2013(1):175-182.

第五章 物流园区的开发建设

本章重点理论与问题

> 物流园区的开发建设模式由于现实中的复杂情况,形式也具多元化,包括经济开发区模式、主体企业引导模式、工业地产商模式、PPP开发建设模式、BOT开发建设模式。各种开发模式都具有其优缺点及其适用范围。物流园区的建设序列可采用多指标模糊评价等方法。物流园区开发建设的组织构成包括开发领导机构、开发执行机构、开发商以及监督组织,需要做好协调与分工。

第一节 物流园区的开发建设模式

一、物流园区的开发建设模式

物流园区是对物流组织管理节点进行相对集中建设与发展的具有经济开发性质的城市物流功能区域;同时,也是依托相关物流服务设施进行与降低物流成本、提高物流运作效率和改善企业服务有关的流通加工、原材料采购和便于与消费地直接联系的生产等活动的具有产业发展性质的经济功能区。作为城市物流功能区,物流园区包括物流中心、配送中心、运输枢纽设施、运输组织及管理中心和物流信息管理中心等适应城市物流管理与运作需要的物流基础设施;作为经济功能区,其主要作用是开展满足城市居民消费、就近生产、区域生产组织所需要的企业生产、经营活动。国内的物流园区的规划和建设应该着眼于拟建园区的实际,包括交通状况、市场需求、环境、政策条件、规模、园区的整体定位等综合因素。

（一）经济开发区模式

政府引导投资的经济开发区模式是指投资者(政府)将物流园区项目作为类似于当前经济开发区、高新技术开发区或者工业开发区的项目来组织开发和建设。它是在特定的政策、专门的开发规划和成立专业的开发部门的条件之下,组织进行的经济开发项目。由于物流园区具有经济发展促进功能和物流组织管理功能的双重特性,因此,实行经济开发区模式开发的物流园区建设项目,实际上就是在新的经济发展背景下的全新的经济开发区项目,而且从现代物流的发展特点、趋势和在经济发展中的地位和作用来看,物流园区毫无疑问是构筑高效经济、转变经济增长方式与增长质量的新的经济发展体系的重要组成部分。

在这种模式下,投资主体是政府部门,由政府派出的物流园区开发机构单独投资整个项目,并自行组建管理公司,对建成的物流园区进行独立运营管理,并获得所有项目的回报,同时承担全部风险。或者由政府派出的物流园区开发机构投资土地、基础建设,进行项目经营权的招标，由中标公司投资主要物流设备及相关设施建设，并由其组建管理公司，对建成后的物流园区进行营运，同时承担项目风险。政府派出的物流园区开发机构通过出租的方式获得收益。

1. 这种模式的优点

如果拥有足够的融资投资能力，以及专业的物流园区管理团队，政府选择自行营运将获得最大的收益及项目控制权。

政府自行投资，取得整个项目的使用权或所有权，能够保证物流园区的定位和功能设计得到切实的体现，真正带动区域物流的发展，为该区域的经济发展提供动力。

能从全局出发，最大限度地使物流园区配合地区经济发展需要，在物流园区建成后，对周边配套的产业形成推动作用。

2. 这种模式的不足

政府派出的物流园区开发管理机构要承担全部的风险，在这种情况下，风险过大，如果项目运营得不够成功，则政府必须为此买单。

物流园区的开发建设和运营需要十分专业的能力和经验，而政府部门缺乏足够的专业的物流园区管理运营人才，派出的开发运营人员如果不能保证其专业性，很可能直接导致物流园区的项目运作失败，不能保证其有效运营。

物流园区的投资开发需要的资金较多，涉及多个方面。由政府派出的物流园区开发运营企业，融资的难度较大，渠道较为单一，主要为银行贷款，这在客观上又增加了物流园区运营的负担。

（二）主体企业引导模式

主体企业引导模式是指站在市场经济发展的角度，从利用市场进行产业资源和物流资源的合理有效配置的角度，在政府提出规划的前提下，通过物流技术和企业供应链管理中具有优势的企业率先致力于园区的投资和开发，在宏观政策的合理引导下，逐步实现物流产业的集聚，并依托物流外部的环境进行生产、贸易型企业的引进，最终达到物流园区投资开发的目的。这种物流园区开发模式要求改进和创新城市的经济发展体制和管理体制，要求能站在发展中心城区和促进区域经济的高度，培育物流园区发展所必需的有较强实力的企业和优良的市场环境。

在这种模式下，从市场经济发展的角度出发，从有效配置产业资源和物流资源以及整合物流市场的角度，通过选择和利用专业物流管理公司，由其牵头并进行物流园区项目的投融资，由其率先在园区进行开发和发展，并在政府宏观政策的合理引导下，逐步实现物流产业的有效整合、聚集，依托物流发展的工业、商业型企业的引进，达到物流园区开发和建设的目的。这就是主体企业引导下的物流园区开发模式。

1. 这种模式的优点

充分发挥和利用了专业物流公司的融资能力和管理能力，做到了物流园区的专业化。政府在此不扮演投资人的角色，而是在宏观上进行调控。政府、企业各自发挥所长。

在这种模式下，政府不需投资，在规划好物流园区以及将物流园区作为整体项目发包给主体企业以后，政府只需要在宏观上进行调控，保证物流园区的功能设计符合经济发展的需求,能带动区域性物流的发展即可。在项目不理想的情况下,政府的财政状况不受影响,无须背上负担。

作为主体企业而言,能尽可能在政府许可范围内,依托本企业的主营业务带动物流园区的发展。自身的定位从物流运营商向第三方物流运营管理商转化,能有效整合和提升主体企业的业务及资源。

2. 这种模式的不足

相对而言,政府没有物流园区的所有权和经营权,无法保证物流园区实现规划时设定的功能定位。由于企业追求利润最大化的天性,物流园区的经营过程中可能会偏离最初的目的,不能起到带动区域物流发展、服务于区域经济的目的。

主体企业引导开发的物流园区,需要在城市经济发展体制、管理体制等方面有大的改进和创新,要求政府能给予足够的支持与协助。

主体企业引导开发物流园区,对市场环境有较高的要求。市场环境不良可能导致物流园区的经营和赢利出现问题。

对企业的融资能力要求较高,主体企业必须具有强大的融资能力和良好的现金流,才能保证物流园区的顺利开发。

(三) 工业地产商模式

物流园区开发的工业地产商模式,是指把物流园区当做工业地产项目来运营,通过给予投资者适应工业地产项目开发的适宜的土地政策、税收政策和市政配套等相关政策,由工业地产商来投资和建设物流园区的仓储设施、基础性装备和其他物流基础设施,然后通过租赁、出让、合资和合作经营等方式来经营和管理物流园区的相关设施。在很多经济发达国家,如德国、美国、澳大利亚等国家均有这种开发模式的成功例子。此外,在日本的神户、东京等经济中心城市和德国的不来梅等城市,也有类似于工业地产商开发模式的范例。在这些城市,由政府投资建设物流园区的物流基础设施和配备相关基础性设备,然后将物流园区整体委托或承包给一个或多个物流设备设施营运能力较强的企业,由其在政府制定相对优惠的使用政策的框架下进行经营管理。之所以会出现物流园区的工业地产商开发模式,其理论基础是物流园区的开发和建设的目的在于构建优良的物流营运与管理环境,为生产型、贸易型企业以及物流经营企业提供降低物流成本和提升物流效率的条件;园区建设是一种非营利行为,也创造和体现了社会效益。对于城市及政府而言,其收益来自于城市经济规模的扩展和整体经济效益与效率的提升。

1. 这种模式的优点

由于工业用地的价格远低于商业用地,采用工业地产商开发模式开发的物流园区投资成本较低,能较好地满足开发商的利润获取要求。

工业地产开发项目完成后租售并举的运营模式,比较灵活,开发商资金回笼的渠道相对多元化。园区中的设施设备可租可售,开发商更容易收回投资。

在配套设施的开发上,如建设一定数量的职工宿舍、商务中心等配套设施,以方便园区内企业职工的生活需要。由于地价较低,园区内配套设施的建设成本比较低廉,对于开发商而言,投资回报相当高。

采用工业地产商开发模式开发物流园区,物流园区由专业的地产商来开发,可以保证物流园区按时按质按量建设好。

2. 这种模式的不足

政府的主导权相对而言弱化,物流园区的所有权、经营权不归属政府。物流园区开发之初的功能定位和作用不一定能得到妥善的贯彻实施,物流园区可能会偏离开发时设定的功用,而变成纯粹的地产项目。

物流园区建设完成后租售比例比较难以控制,开发商为了尽快回笼资金,减少资金压力,因此非常重视销售,并以销售作为赢利的主要手段。这会导致开发商虽然赚取了物业本身的价值,却会失去物业资源固有的土地价值。而且由于在销售过程中,回收投资是其主要目的,这会导致市场混乱,商业业态难以得到有效控制,甚至会使得空置率偏高,导致后期租赁缺乏资源,难以形成商业效应,起不到物流园区服务城市的作用。

对开发商的要求较高,要求开发商不仅具有强大的融资能力,还需要有专业的运营管理经验。开发商自身缺乏管理能力和运作经验,会使得物流园区在后期的运作过程中,难以发挥物流产业聚集和产业升级的作用。

(四) PPP 开发模式

PPP(public—private—partnership)是指公私部门的合作伙伴关系,是公共部门(政府)和私人部门(企业)就提供公共物品而结成的一种长期合作关系。物流园区的 PPP 开发模式是指政府与企业就提供物流园区基础设施、设备和相关服务达成的一种制度安排。在 PPP 开发模式下,政府和企业共同投资,共同承担风险和责任,共享回报。在实际运作中,政府和企业共同构建一家专门成立的特别目的的公司 SPC(special purpose company),由这家专业的 SPC 来承担物流园区的建设运营等管理任务。

在资金缺乏的情况下,由政府部门牵头,招徕具备专业开发资质、经验和具有先进管理水平的施工单位,通过公私合作的模式进行物流园区的开发,合作的形式和内容由政府部门和私营部门协商确定。根据我国的财政实力不雄厚,缺乏大型的有经验的物流服务商的现状,可以考虑引入 PPP 模式来开发物流园区,解决物流园区开发过程中政府承担风险较大、缺乏经验的问题;同时避免由于企业追求利润而导致物流园区的公益性得不到保证的问题。

1. 这种模式的优点

避免费用的超支。政府部门和私营企业在初始阶段共同参与项目的识别、可行性研究、设施建设和融资等过程,保证了项目在技术和经济上的可行性,缩短前期工作周期,使项目费用降低。PPP 模式只有当项目已经完成并得到政府批准使用后,私营企业才能获收益,因此 PPP 模式有利于提高效率和降低工程造价,能够消除项目完工风险。研究表明,与传统的融资模式相比,PPP 项目平均为政府部门节约 17% 的费用,并且建设都能按时完成。

有利于转换政府职能,减轻财政负担。政府可以从繁重的事务中脱身出来,由过去的基础设施公共服务的提供者变成一个监管者的角色,从而保证质量,也可以从财政预算方面减轻政府压力。

促进了投资主体的多元化。利用私营企业提供资产和服务能提供更多的资金和技能,促进了投融资体制改革。同时,私营企业参与项目还能推动项目设计、施工、设施管理过程等方面的革新,提高办事效率,传播最新管理理念和经验。

政府部门和私营企业可以取长补短,发挥政府公共机构和私营企业各自的优势,弥补对方的不足。双方可以形成互利的长期目标,可以以最低的成本为公众提供高质量的服务。

使项目参与各方整合组成战略联盟,对协调各方不同的利益目标起关键作用。

风险分配合理。与BOT等模式不同,PPP模式在项目初期就可以实现风险分配,同时由于政府分担一部分风险,使风险分配更合理,减少了承建商与投资商的风险,从而降低了融资难度,提高了项目融资成功的可能性。政府在分担风险的同时也拥有一定的控制权。

2. 这种模式的不足

依赖于合作伙伴的正确选择。对于政府部门而言,以PPP模式来开发物流园区,选择合作伙伴是至关重要的事情。私人部门实力雄厚,资本充足,在开发工程中出现的问题可能较少。反之,对于物流园区的开发会有负面影响。

投资的多元化也会导致管理的多元化。物流园区的后续管理中,政府对物流园区的控制力相对而言,会比由政府投资的物流园区弱。如何保证物流园区设计功能的实现,保证物流园区的初始定位,对于政府而言,是需要值得重视的问题。

存在风险合理分配的问题。PPP模式开发物流园区,意味着政府和私人部门都需要承担一定的风险,风险比例的合理分担,是物流园区开发过程中必须面对的问题。风险分担比例的不合理、不均衡,可能会导致政府财政负担过重,或者私人部门的压力过大等问题。

(五) BOT 建设模式

BOT 是私人资本参与基础设施建设,向社会提供公共服务的一种特殊的投资方式,包括建设(build)、经营(operate)、移交(transfer)三个过程。政府通过契约授予私营企业(包括外国企业)以一定期限的特许专营权,许可其融资建设和经营特定的公用基础设施,并准许其通过向用户收取费用或出售产品以清偿贷款,回收投资并赚取利润;特许权期限届满时,该基础设施无偿移交给政府。

BOT这种投资与建设方式被一些发展中国家用来进行基础设施建设并取得了一定的成功,被当成一种新型的投资方式进行宣传,然而BOT并非一种新生事物,它自出现至今至少有300年的历史。17世纪英国的领港公会负责管理海上事务,包括建设和经营灯塔,并拥有建造灯塔和向船只收费的特权。

1. 特征

从权利转移看:政府只是通过与项目公司签订特许权协议(合同),将物流园区建设的经营权交给项目公司,项目公司则在经营一定的时期后将其转交给当地政府。

从责任范围来看:政府依据签订的协议(合同),通过经济活动的方式将设计、融资、建设、经营、维护物流园区设施的责任转移给项目公司。

从项目的资金来看:采用BOT融资的项目所需要的资金全部由外国投资者或国内投资者通过融资、贷款解决,政府不提供担保资金,但可适当贷款或参股,共同投资。

从参与主体来看:政府与项目公司作为主体通过合同达成合作意向,项目公司分别通过贷款合同、经营合同、建筑合同、设计合同与银行、经营承包商、建筑商、工程设计机构达成有关贷款、经营、建设、设计方面的合作意向。

从风险的转移方面来看：基础设施项目的建设运营周期长，规模大，风险也大。在BOT模式中，政府将风险转移给了项目的投资者，项目借款及其风险由投资商承担，而政府不再需要对项目债务担保或签署，减轻了政府的债务负担。

2. 这种模式的优点

节省投资：BOT开发建设模式对于政府而言，最大的好处是节省项目建设的投资，减轻招标、安装、施工的压力，实现项目资源的最优化配置。

便于管理：对于物流园区管理方，BOT可以形成建造、运营的延续性，避免项目建设产生的负面影响，把园区管理费用产生盈亏的可能结果转化为预定量化指标。

好的客户体验：客户在按时、按质地得到物流服务的同时不再支付设备的维修费用，项目公司在承包期限到期后基础设施无偿转让给政府。

社会效益好：最大化地完善系统，节约能源，避免能源浪费。

3. 这种模式的不足

BOT投资方式使政府存在两难选择。国家若要控股，则需要投入大笔资金，国家股份太多，非国有投资主体失去兴趣；为调动私人部门的积极性，国家不控股，BOT项目控股权的丧失会引发私人垄断等行为。

投资者追求的是利润目标，以实现经济效益为原则；而基础设施项目往往有实现公平目标的要求，这两个方面是矛盾的。

BOT涉及的经济主体比较多而且复杂，多个经济主体的利益协调相当困难，而政府作为经济主体参与而不是仲裁者，又增加了协调难度。

从政府的角度看，由于受BOT项目授权协议及相关条例的约束，应变的弹性较差。

任何BOT项目，投资额相当大，相对授权期限较长，对投资者而言，投资回收期也较长、投资风险大，构成了对投资者不利的一面。

4. 发展演变

BOT建设模式不断演变出其他更多的模式，以适应不同项目类型。包括以下几种：

(1) BOO(build—own—operate)，即：建设—拥有—经营。项目一旦建成，项目公司对其拥有所有权，当地政府只是购买项目服务。

(2) BOOT(build—own—operate—transfer)，即：建设—拥有—经营—转让。

项目公司对所建项目设施拥有所有权并负责经营，经过一定期限后，再将该项目移交给政府。

(3) BLT(build—lease—transfer)，即：建设—租赁—转让。项目完工后一定期限内出租给第三者，以租赁分期付款方式收回工程投资和运营收益，以后再行将所有权转让给政府。

(4) BTO(build—transfer—operate)，即：建设—转让—经营。项目的公共性很强，不宜让私营企业在运营期间享有所有权，须在项目完工后转让所有权，其后再由项目公司进行维护经营。

(5) ROT(rehabilitate—operate—transfer)，即：修复—经营—转让。项目在使用后，发现损毁，项目设施的所有人进行修复整顿、经营、转让。

(6) DBFO(design—build—finance—operate),即:设计—建设—融资—经营。

(7) BT(build—transfer),即:建设—转让。

(8) BOOST(build—own—operate—subsidy—transfer),即:建设—拥有—经营—补贴—转让。

(9) ROMT(rehabilitate—operate—maintain—transfer),即:修复—经营—维修—转让。

(10) ROO(rehabilitate—own—operate),即:修复—拥有—经营。

(六)综合运作模式

当前,我国物流园区的开发基本上都采用综合运作模式,即根据不同功能分区或特殊项目的具体情况,有针对性地选用经济开发区模式、主体企业引导模式和工业地产商模式的其中一种,或采用其中的某一种开发模式为主,辅以其他开发模式的形式。从我国现阶段的国情和经济体制的实际出发,不管物流园区采用哪种开发模式都应该坚持以下的开发思路:

首先是政府的统筹规划。坚持政府的统筹规划是物流园区的规划建设能够较好体现政府指导思想的重要保证。政府或其委托机构根据城市或区域的经济发展水平、物流市场需求等客观条件,规划物流园区的平面布局、道路交通、信息平台和运作模式等方面的内容。

其次是政府推动、市场引导、以企业为主体、分期开发。在统筹规划的基础上,政府充分发挥其公共政策制定者的职能,对物流园区的开发建设进行合理引导,充分发挥企业作为市场主体的积极作用,采用综合运作模式让各类物流相关企业参与到物流园区的开发建设中,实现开发融资的多元化和投资风险的合理分担,保证物流园区开发建设的顺利进行。

最后是企业化经营管理与政府的退出。物流园区的成功开发最终是通过入驻企业良好的经营管理得以体现,所以在保证物流园区的规划建设较好地体现政府的指导思想后,政府就应该有计划地从物流园区统筹规划者的角色中退出,实现企业的自主经营,避免政府对企业经营活动的参与和干涉。

二、物流园区开发建设模式适用范围

(一)政府投资经济开发区模式的适用性分析

这种投资模式适用于开发综合性、公益性较强的物流园区,此类物流园区投资回报率较低,但是对地方的经济具有较大的推进作用,在地方财政状况比较宽裕、交通物流都比较发达的地方才能推进该投资模式,也即是说,一般经济比较发达的省、市、自治区可以采用这种模式。这些地区的政府部门拥有足够的资源独立投资开发物流园区,同时由于经济发达,有较大的交通运输流量和相当的物流产业规模,政府投资建设物流园区,可以带动地方经济发展,为相关产业发展提供配套的物流服务。此种情况下,政府部门投资物流园区,能保证物流园区的服务性。

(二)主体企业引导模式的适用性分析

这种投资模式通常是由利用物流技术进行企业经营和在供应链管理中具有优势的企业来投资开发物流园区。这种开发模式对企业的要求较高,因为投资物流园区需要大量的资金,同时也需要相关的专业人才和物流技术;对于政府财政部门而言,没有资金上的负担。

一般而言,投资物流园区的企业,或者是从事物流行业的企业,本身就有巨量的物流业务,为了更好地运作自己的企业,而投资开发物流园区,比如港务集团投资的保税物流园区;或者是有巨大物流量的大型企业为了自营物流而投资建设的物流园区,为本集团的商品提供配套的物流服务,比如青岛海尔的物流园,就是主要为海尔集团的产品提供物流服务。此种开发模式适合有巨大物流量的大型企业和提供物流服务的专业物流公司。

（三）工业地产商开发模式的适用性分析

工业地产商开发模式开发的物流园区,适用于几乎所有物流园区的建设,没有明显的缺点。尤其是在大型物流园区的开发和建设中,如空港保税型物流园区的开发和大型保税物流园区的开发建设,更能发挥工业地产商开发模式的优势。工业地产商开发物流园区后,一般不自营物流,而是将物业出租给零售商、制造商和物流企业,自身单纯负责物流园区基础设施——道路、仓库、厂房和配套基础设施的建设与运营。该模式避免了政企不分和效率低下的弊端,同时也避免了政府开发和主体企业开发模式中开发方和入驻方利益冲突的问题。工业地产商扮演了物业的开发者和提供者的角色,有利于建立物流园区良好的管理与运作环境,同时提高了物流效率、降低了物流成本。

（四）PPP开发模式的适用性分析

PPP开发模式,适用于该地域需要构建物流园区,但是地方政府没有足够的资金和能力建设物流园区,同时也没有合适企业来开发物流园区的情况。此种模式下,政府只负责确定物流园区需要达到的建设规模、服务标准、服务水平和服务收费等要求,私人部门则需对物流园区需要投入的资金、应建的设施、需要雇用的员工、采用的技术及设备和维护保养等做出合理的安排。此种模式更有利于发挥PPP模式合作方——政府和私人部门——各自的优势。

（五）BOT开发建设模式的适用性分析

由于该种模式,要求BOT项目的特许运营期满后,设施需无偿地转让给政府。一般不得进行转让和出让,再加上投资规模大、经营周期长、项目难度大等特点,BOT项目的执行是一个非常复杂的任务和过程,它牵涉到很多关键的、需要相互之间能良好协调和合作的关系人。例如:项目的投资者、政府、股东、项目的承包商、贷款方、项目产品的用户、保险公司等。

BOT模式特别适合于提供社会性产品或服务的项目,政府是项目成功的关键角色之一,要求各方通力合作,BOT项目的规模决定了参加方为数众多,它要求参加方都参与分担风险和管理。

三、我国物流园区开发建设概况

（一）开发概况

经过近年来的规划建设,我国物流园区已初具规模。根据中国物流与采购联合会2012年第二次全国物流园区调查报告,已出现一些较具特色的物流园区,如北京空港、上海西北和外高桥、浙江传化、山东盖家沟、苏州综合物流园区等。在这些物流园区规划与建设开发中,其开发模式呈现多样化,各地根据拟建的物流园区的功能、性质、基础条件、政府财力状况、有无引导开发的主体企业等,采用了不同的建设开发模式。既有以政府为主投资进行园区基础设施建设的(如深圳平湖物流基地),也有以主体企业引导开发建设的(如大连国际物流园),也有当地企业与境外战略投资合作伙伴合作开发建设的(如苏州中新工业园物流园区)。

(二)全国范围的物流园区开发建设主体

调查显示,我国物流园区建设呈现投资热情高、投资主体多元化的特点。目前,我国在建、运营的物流园区多数由政府或国有企业、民营企业作为投资主体建设,外资、合作投资占比较小,如图 5-1 所示。

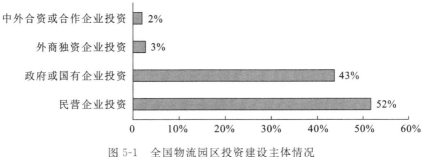

图 5-1　全国物流园区投资建设主体情况

2012 年全国物流园区(基地)问卷调查结果显示,与 2006 年和 2008 年调查结果一样,政府规划、企业主导开发仍是目前物流园区开发的主导方式,占比都超过 60%,如图 5-2 所示。在典型园区访谈过程中,大部分园区建设者、管理者都表达了对我国物流园区未来发展走势的持续信心,肯定了各级政府对于园区发展的指导作用。

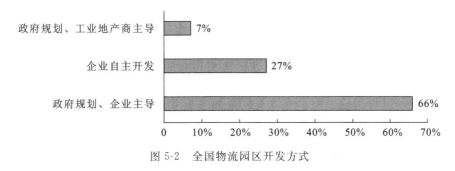

图 5-2　全国物流园区开发方式

(三)我国物流园区的建设模式存在的问题

我国物流园区开发建设主体形式过于单一,竞争机制不健全。我国物流园区的开发建设主体主要有政府、大型企业、政企联合及企业联合等几种形式。由于物流园区开发建设具有投资大、周期长、效益回收慢等特点,政府、大型企业作为独立的开发建设主体,承担风险较大,不利于政府或企业的正常运作,同时也会由于资金不足等造成物流园区建设周期过长、入驻企业流失、经营管理脱节等现象,致使物流园区缺乏竞争实力。

就目前我国已建成的物流园区来讲,政企联合形式的较多。这种模式较前两种模式而言有其独到之处,政府从独资转化为多家合资就可以有效地降低风险。在政府进行征地之后,由政府与一家或多家企业成立开发建设股份公司进行统一的规划开发,这样就减轻了政府的财政负担,也减少了企业的征地费用。但这种模式存在的问题是土地的权属关系容易混淆不清,而且由于直接涉及政府利益,政府给予的优惠较多,可能会影响市场公平竞争。

第二节 物流园区建设序列选择的决策方法

一、物流园区建设序列选择的决策方法概述

（一）决策方法研究的必要性

目前，很多经济中心城市的政府部门已意识到物流园区所具有的经济效益、社会效益和环境效益优势，积极规划和开发建设物流园区，通过政府投资基础设施、制定优惠政策和贷款的倾斜，促进物流园区的建设和吸引物流企业进驻。如深圳市将物流业确定为21世纪经济发展的三大支柱产业之一，规划建设八大物流园区，上海和天津分别规划建设五大物流园区，南京规划建设六大物流园区，宁波规划建设"一主六副"七个物流园区的布局等。

在宏观的物流规划之后，紧接着就是大规模的物流园区建设时期。由于物流园区的建设需要占用大量的土地资源和资金等，如果不对物流园区的建设进行科学合理的评价和选择就盲目进行投资建设，其风险是十分巨大的。另外，由于受到土地资源和资金等条件的限制，规划的物流园区并不能全部同时进行建设。因此，规划的物流园区存在着近期建设和中远期建设之分。

（二）决策方法研究现状

目前，有关物流园区建设序列评价和选择的研究还不多，已提出的方法包括应用层次分析法（AHP）和多指标决策方法。在综合考虑经济效益、社会效益和环境效益等各种因素的基础上，通过决策者对各项指标评分，运用多指标决策方法，建立综合评价指标对规划的物流园区进行排序，并按照排出的先后顺序确定各规划的物流园区的建设顺序。

事实上，由于影响物流园区建设序列选择的评价指标体系中包含了许多定性指标和定量指标，决策者在给定性指标评分时，并不能给出一个精确的评分值，即使是定量指标的评估，由于物流园区尚处于规划阶段，使定量指标的评估也难以获得精确的数据，从而给物流园区建设序列选择的整个评价决策过程带来极大的模糊性；另一方面，若不考虑资源因素的约束，依据排出的先后顺序安排物流园区的建设是合理的，但在一般情况下，经济中心城市的物流园区建设要受到若干因素的约束，如土地资源约束、投资总额约束等，此时若依据排出的先后顺序安排物流园区的建设顺序，并不能保证利用有限的资源投入，达到资源效益的整体最大化。

基于以上分析，本教材利用模糊环境下多指标决策的理论和方法，运用三角模糊数来描述决策者对各个评价指标的模糊评分，建立加权模糊综合效应值指标，对每个规划的物流园区进行模糊综合评价。在此基础上，以总体贡献最大为目标函数，以各种资源投入限制为约束条件，建立模糊整数规划模型，并利用三角模糊数中位值的大小比较方法，求解模糊整数规划模型，以合理选择需要先期开发建设的物流园区。

二、物流园区建设序列选择的评价指标

目前,对于物流园区建设序列选择还没有一套统一的评价指标,这里通过对我国已有的各经济中心城市的物流园区规划报告的分析,总结出以下11项评价指标。

1. 年货物处理能力

物流园区的年货物处理能力是指一个物流园区在一年内可以处理货物的数量,通常用货物的周转量来衡量。年货物处理能力反映了各个物流园区满足顾客服务水平要求的基本能力。各物流园区的年货物处理能力通过预测而得到,然后参考表5-1进行定性处理。

表5-1 年货物处理能力(Q)定性确定参考值　　　　　　　　　　　　　单位:万吨

很大	大	一般	较小	小
$Q<100$	$80<Q\leqslant100$	$60<Q\leqslant80$	$40<Q\leqslant60$	$Q\leqslant40$

2. 单位运量年营业收入

单位运量年营业收入反映了各个物流园区的服务效率。单位运量年营业收入可通过以经济中心城市《交通统计年鉴》中基年的交通部门运输企业的单位运量年营业收入(万元/万吨)为历史数据,通过增长率法、时间序列法等预测方法预测得到。

3. 预计的年营业收入

预计的年营业收入反映了各物流园区的总体赢利能力。年营业收入可通过年货物处理能力(万吨)与单位运量年营业收入(万元/万吨)之积得到。预计的年营业收入的定性确定参见表5-2。

表5-2 预计的年营业收入(m)定性确定参考值　　　　　　　　　　　　单位:万元

很大	大	一般	较小	小
$m<400$	$300<m\leqslant400$	$200<m\leqslant300$	$100<m\leqslant200$	$m\leqslant100$

4. 人均产值

人均产值反映了各个物流园区的劳动效率。人均产值可通过以交通、运输、仓储、邮电、通信行业的年人均产值为基年的历史数据,通过增长率法、时间序列法等预测方法预测得到规划目标年的预测值。

5. 交通噪声

由于物流园区噪声中,交通噪声的危害最大,因此可选取交通噪声作为评价指标。噪声预测模型通常采用选取等间距半自由声场自由车流模型,其形式为:

$$L = 10\lg \sum_{i=1}^{N}\left[\alpha_i \times 10^{0.1(a+bv_i)}\right] - 10\lg r - 8 - 10\lg d/\pi$$

式中：L——预测的声功率级(dB(A))；

a,b——系数，依车种而确定；

v_i——第 i 种车的车速(m/s)，$i=1,2,\cdots,N$；

r——路中心到测点的距离(m)，取路幅宽度的 1/2；

d——车头间距；

α_i——第 i 种车所占的比重。

交通噪声的定性确定见表 5-3。

表 5-3 交通噪声的定性确定

差	较差	一般	良	优
$L<70$	$65<L\leqslant70$	$60<L\leqslant65$	$55<L\leqslant60$	$L\leqslant50$

6. 环境污染

物流园区环境污染中，各种废弃物对土壤的污染最为严重，因此，可采用土壤污染状况评价方法来评价各物流园区的环境污染程度。环境污染状况评价通常采用综合污染指数法，用内梅罗综合指数来衡量，其计算公式如下：

$$P=\sqrt{\frac{1}{2}[(G_i/S_i)_{\max}^2+(G_i/S_i)_{\text{ave}}^2]}$$

式中：$(G_i/S_i)_{\max}$——土壤污染物中污染指数最大值；

$(G_i/S_i)_{\text{ave}}$——土壤污染物中各污染指数的平均值。

环境污染的定性确定见表 5-4。

表 5-4 环境污染的定性确定

差(重污染)	较差(中污染)	一般(轻污染)	良(警戒线)	优(安全)
$P<3$	$2<P\leqslant3$	$1<P\leqslant2$	$0.7<P\leqslant1$	$P\leqslant0.7$

7. 增值服务系数

增值服务系数反映了各物流园区的增值服务能力。增值服务系数可由增值服务产生的营业收入来计算。

8. 处理单位货运量所需面积

处理单位货运量所需面积反映了各物流园区所处理的货物的特性。一般来说，生活资料等消费品的单位货运量所需面积比生产资料等初级产品的小，电子产品的单位货运量所需面积比原材料的小。

9. 可能创造的就业岗位数

可能创造的就业岗位数反映了各物流园区创造社会效益的能力。就业岗位数可通过预计的年营业收入与人均产值的比值得到。

10. 优化城市布局

优化城市布局反映了各个物流园区对城市布局优化的贡献程度,即与城市"做美"的协调程度。"做美"就要把经济中心城市建设成为生态环境好,空间形象佳,有历史、文化内涵及生活丰富多彩并充满活力的城市。一般来说,提供基本服务功能的物流园区对城市优化布局的贡献相对于提供增值服务功能的物流园区要大。

11. 减少城市交通压力

减少城市交通压力反映了各个物流园区对吸引城市中心组团区的交通流向边缘组团区分流的程度。一般来说,提供基本服务功能的物流园区对吸引交通流向边缘组团区分流的贡献相对于提供增值服务功能的物流园区要大。

上述 11 项指标是目前我国经济中心城市物流发展规划中常用的对各个物流园区的评价指标,但在某个具体的物流园区的建设序列评价选择中,应根据评价指标初选、精选和次要指标筛选等指标选取程序和方法,并结合具体物流园区的实际情况来合理选择所需要的评价指标体系。

对于上述所选择的 11 项指标,可建立如图 5-3 所示的评价层次结构。

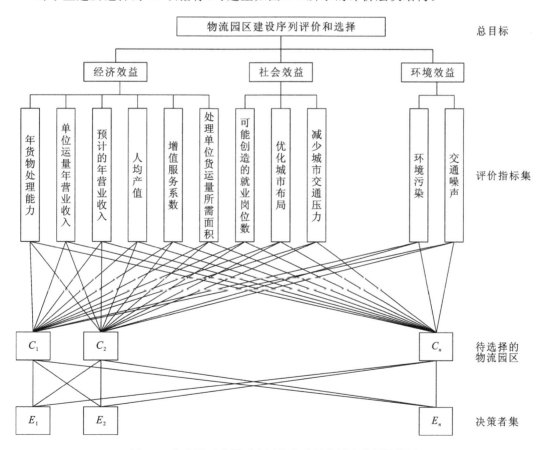

图 5-3 物流园区建设时序评价和选择的层次分析结构图

第三节　物流园区开发建设组织管理

一、园区开发组织构成分析

开发物流园区往往标准高、开发量大、土地权属复杂、涉及利益主体多、协调难度大，因而组织设立的合理与否将直接关系到开发的成败。本着投资、建设、管理、监督四分开的原则，应建立开发领导、开发执行和开发监督三类组织。

二、开发领导机构

开发工作由谁来组织，这不仅涉及开发利益的最终归属问题，而且涉及开发权限的分配问题，即最终应该由谁对开发目标的实现负责。为此，不论是国内还是国外，凡是城市建设和发展等大规模综合开发项目，一般都是由政府出面牵头组织和把握。

另外，物流园区开发具有其特殊性，整个开发工作可由政府出面成立专门的领导机构，而不由个别单位自行实施，理由有三个：第一，物流园区在城市中具有特殊的地位、区位和价值，从规划和利用的角度看，只有完整的而不是零散的构思和策划才能取得最好的效果和创造最大的价值，反之，如果由各个单位个别自行开发，则各个单位势必受到其所拥有的土地资源状况和自身利益的限制。第二，根据城市功能和城市形态的要求，物流园区开发的容积率一般较低，并应该在此条件下尽可能多地安排各种公共设施和绿地的建设。显然，仅从财务的角度看，单纯依靠开发单位自身的经济力量将很难解决这对矛盾。因此，在没有政策优惠或各种外部补贴的情况下，各开发单位根本不可能有积极性去遵循统一的规划意图以及实现统一的规划目标。第三，根据国外的成功经验，类似的大范围的土地开发工作，往往不能一蹴而就，而需要一个相当长的实施周期。这意味着，为了使土地价值显化的作用能够充分显现，从而在经济上达到最好的开发效果，应充分重视市场规律，即对物流园区及其周边地区的改造要有足够的耐心，要充分重视开发时机的等待和把握。但是，如果没有统一的组织，则各个单位在自身利益驱动下，常常会出现一些孤注一掷的行为且彼此影响，恶性循环，最终，不仅不能很好地增进自己的利益，而且会破坏整个土地市场合理的供求关系。

物流园区开发涉及的范围广，政府必须设置专门的领导协调机构，配备强有力的人员力量，以增强协调的权威性。

（1）成立物流园区管委会。可由园区主要领导任领导小组组长，建委、纪委、规划局、房地产局、财政局、开发涉及区政府及相关部门参加，下设办公室（简称开发办），主要负责方案审核、指导实施、协调各方利益关系，制定和落实开发政策，把握整体开发的协调性，协调处理事关全局的重大问题等。

（2）设立物流园区开发专家咨询委员会。重点吸引国内外知名专家参加，定期对所涉及的重大问题、规划等提供决策咨询建议。

三、开发执行组织

有了领导机构,还必须有具体实施的组织。无论国内还是国外,对于物流园区的开发,都有专门的开发公司在政府引导下进行具体实施。在我国当前的开发机制下,可以选择两种方式实施。

(1)方式一:对于园区的基础设施类的开发建设,一般由国有投资公司投入或者政府财政支持。可以组建专门政府性公司(开发投资公司),作为政府投入的出资代表和政府优惠政策实施的载体(政策性公司),规范政府政策性资金投入方式。该公司代表政府履行在土地市场上的运作职能,即负责土地的收购、储存和基础设施建设,并将"熟地"出让,但不负责具体土地上的项目开发,即各种房地产经营开发活动。

(2)方式二:区域商业运营活动设施建设可由社会投资者也包括国有投资公司投资建设。专业的投资公司可以对外融资和进行资产运作,此外,由于物流园区开发持续时间长、任务艰巨,需要一个市场层面的专业性机构负责运作。要利用开发办和现有的政府投资公司的力量。在这种方式中,开发商是物流园区开发的主体。考虑到成规模开发、整体开发的要求,根据功能定位和规划要求,将物流园区划分成若干个功能地块,由开发商通过投标或竞拍方式获得开发权进行功能开发。开发商接受开发办的引导和监督,同时也有权向开发办或开发投资公司要求提供符合开发政策和市场要求的服务,监督开发办和开发投资公司的施政和开发行为。

四、监督组织

物流园区开发,一方面涉及众多部门利益,并与公众利益息息相关,另一方面建设管理过程中常出现权责不明、监督不力等问题,进而产生腐败现象,因而建立相应的监督组织是非常必要的。对于国内物流园区的开发,可组建"物流园区开发联合审核委员会"(联审会),对物流园区开发的全过程实施全面监督。联审会由规划、土地部门牵头,由有关专业部门的官员、相关学科专家、市民代表、业主代表共同组成,以非常设的形式,针对较大规模或影响较大的开发项目,协调立场,联合审批,谋求整体利益。既可以使开发项目所代表的利益面具有广泛性,同时也减少了审核时间,并可以有效地减少腐败现象的发生。另外,所有功能地块的开发与建设应尽可能采用公开招标或拍卖的出让方式,尽量避免协议出让行为,以减少行政干预和幕后交易。

【经典案例】

青海朝阳物流园区发展建设项目实施方案

(一)项目内容

本项目将建设一个综合性的物流园区,从西宁市、青海省及周边地区的流通业和物流业现状出发,以建设青海朝阳物流园区为契机,以改造和提升西宁市、青海省及周边地区传统的流通业和物流业水平为目的，大力发展现代物流业、现代流通业（专业市场）、物流CBD（商务配套），积极构建布局合理、功能完善的现代化综合物流园区，把青海朝阳物流园区建设成为融物流、商流、资金流、信息流于一体，以现代物流、商品展示与交易为主的市域配送、区域物流、公铁联运、供应链管理、保税物流、国内货代、城际快运、商品批发零售展示、物流CBD、电子商务等多种功能于一园的立足西宁、服务青海省、辐射周边地区的大型现代化综合物流园区。

园区由生活消费品物流配送区、生产资料物流配送区、商品展示与交易区、物流CBD、公铁联运区、第三方物流区、保税物流区等七大功能区及一个电子商务平台构成。园区总占地面积131万平方米，本次规划新建面积100万平方米，建筑面积132万平方米，其中第一期项目占地面积64万平方米，建筑面积92万平方米，第二期项目占地面积36万平方米，建筑面积40万平方米。

（二）园区用地分析

1. 建设用地地价分析

朝阳东路与宁大铁路间的土地主要为三级用地，宁大铁路与宁大高速路间的土地为四级用地。根据西宁市国土局的建议，宁大铁路与宁大高速之间土地实际地价可按375元/m^2，合25万元/亩的标准来计算，宁大铁路与朝阳东路之间土地实际地价可按525元/m^2，合35万元/亩的标准来计算。

2. 建设用地整合策略及可规划用于物流的土地面积估算

（1）对居住用地的整合策略。

居住用地总面积为244900 m^2，其中楼房较新的居住用地面积为83847 m^2，予以保留；楼房较旧的居住用地面积为161053 m^2，可以全部推倒再利用，整合用作物流用地，原住户重新安置。

（2）对未开发的400960 m^2土地，全部征用作物流用地。

（3）对划拨土地402289.17 m^2，全部征用作物流用地。

（4）对村住宅用地和村对外出租用地177925 m^2，全部征用作物流用地。

以上为园区可整合征用的土地，计981174 m^2（不含居住整合用地），占总用地面积的74.9%。

（5）园区可规划的物流用地面积估算及用地规划。

可规划用于物流的土地，主要包括：未开发土地400960 m^2、推倒较旧的楼房地161053 m^2、已用的物流用地432441 m^2、工业用地128199.8 m^2、村对外出租用地32525 m^2，合计为1093379 m^2，占总用地面积的83.46%。

（6）园区可规划用地面积分配与性质。

园区用地大致按物流配送区、商品展示与交易区、物流CBD、保税物流与集装箱中心、预留物流用地、道路用地和绿化用地进行分配，详见表5-5。

表 5-5　园区规划用地面积分配表

序号	功能区名称	占地面积(含绿地)/万平方米	百分比	用地性质
	园区总面积	109.3		
1	物流配送区	61.1	55.9%	物流或工业用地
2	商品展示与交易区	26.1	23.9%	商业用地
3	物流 CBD	3	2.8%	商住用地
4	保税物流与集装箱中心	4	3.7%	物流或工业用地
5	预留物流用地	6	5.4%	物流或工业用地
6	道路用地	9.1	8.3%	物流或工业用地

3．建设用地整合利用策略

园区可规划用于物流的土地必须按园区发展建设可行性研究报告要求和园区控制性详细规划要求利用。

（1）对按园区规划要求开发的企业和项目按园区政策鼓励其开发；

（2）对不积极按园区规划要求开发的企业由园区收回土地对外招商开发；

（3）对园区征用的原未利用土地按规划要求对外招商开发，重点引进国内外知名物流企业和先进、重点物流项目；

（4）鼓励在园区内有土地使用权但无力开发的企业按园区规划要求对外合作开发；

（5）不按园区规划要求开发的项目，一律不准开工。

（三）园区开发策略

1．开发方式

在园区管委会统一规划、统筹开发、负责基础设施和新征地的"五通一平"、开发部分物流 CBD 的前提下，具体项目实行企业自主、合作、合资开发经营。

2．开发中的资源整合问题

朝阳物流园区在开发过程和经营中，需要整合青海省和西宁市的物流资源。

（1）园区管委会要加强与省、市政府各工交、商贸主管部门的合作，共同推动各物流供应和需求企业参与物流园区建设，如园区管委会与省、市药监局共同规划推动医药批发与连锁经营企业入园建设经营药品物流配送中心区，分别开展药品展示、交易与配送。

（2）在朝阳物流园建设货运枢纽，将西宁市分散在各专业市场街边的干线货运车辆统一集中到朝阳物流园货运枢纽内。

（3）通过政策扶持、互惠互利等措施，鼓励和引导西宁市的大中型工商企业参与园区建设，或将物流业务委托给园区物流企业，或双方合作经营。

(4) 加强与青藏铁路公司合作，引进铁路货代企业，优化资源配置，开展公铁联运，提高运作效率。

(5) 鼓励和吸引全国各地的物流企业、分销企业入园经营。

(6) 整合现有的商流和物流资源，以电子商务平台为基础形成虚拟交易网络，新建一批新型专业市场形成有形交易平台，新建、改建一批新型物流设施形成专业化物流运作平台，改变现存的工商企业主辅不分离的落后经营模式。

3．开发面积及时间

园区开发可分两期进行：

(1) 第一期土地面积，计 64 万平方米，开发时间为 2 年，即 2006 年 1 月—2007 年 12 月。

(2) 第二期开发土地面积，计 36 万平方米，开发时间为 1 年，即 2008 年 1 月—2008 年 12 月。

学习并分析：

1. 青海朝阳物流园区的征用土地具有哪些特点？
2. 青海朝阳物流园区的开发建模适用模式及其理由是什么？

【本章关键术语】

经济开发区 economic development zone　主体企业引导模式 the main business guide mode　工业地产商 industrial real estate developer　PPP public—private—partnership　BOT build—operate—transfer　ROT rehabilitate—operate—transfer　BLT build—lease—transfer　ROO rehabilitate—own—operate

【本章思考与练习题】

1. 物流园区的开发建设模式有哪些？
2. 物流园区的各种开发建设模式各有何优缺点，其适用范围如何？
3. 物流园区的开发建设组织包括哪些？

第六章 物流园区的信息平台规划与建设

本章重点理论与问题

> 物流信息平台最重要的作用就是能整合各物流信息系统的信息资源，完成各系统之间的数据交换，实现信息共享。在功能需求分析中要对平台需求层次以及不同的用户进行相应的功能需求分析。信息平台的功能包括基本功能和扩展功能，其中基本功能包括物品管理、计划管理、存储管理、配送管理、运输管理等，扩展功能包括远程商品展示、智能仓储、物流监控、堆场管理等功能。

第一节 物流园区信息系统概述

一、物流信息概述

（一）物流和信息流的关系

现代物流是涉及社会经济生活各个方面的错综复杂的社会大系统。具体地看，现代物流涉及原材料供应商、生产制造商、批发商、零售商及最终消费者，也即市场流通的全过程。现代物流必须完成几个使命：一是商品的流动，即商流；二是信息的流动，即信息流；三是资金的流动，即资金流。商品的流动要准确、快速地满足消费者需求，离不开前期的信息流动，资金的及时回笼也离不开相关信息的及时反馈。

物流信息是指物流活动的各个环节所产生的信息，它一般是随着物品从生产到消费的物流活动所产生的信息流，这些信息与物流过程中的装卸、运输、保管、包装等各种职能有机地结合在一起。因此，物流信息与运输、仓储等各个环节的关系密切，它相当于人的大脑神经中枢。

物流和信息流之间的关系是密不可分的。第一，物流活动产生大量的原材料供应、成品消费等信息，为提高物流的效率，要求信息流保持通畅，并准确反馈物流各个环节运作所需要的信息。第二，信息技术的不断进步为信息的及时大规模传递创造了条件，反过来促进物流服务范围的扩大和物流组织管理手段的不断改进，促进物流能力和效率的提高。第三，现代通信技术和网络技术的发展和应用，使得跨地区的及时信息交流和传递成为可能，加之网上支付已经成为现实，使物流在较大范围内运作、构建跨地区的物流网络也成为现实。

（二）物流信息的特点

1. 信息量大

物流信息随着物流活动及商品交易活动的展开而大量发生。多品种少量生产和多频度小数量配送使库存、运输等物流活动的信息大量增加。零售商广泛应用 POS（销售终端）读取销售点的商品品种、价格、数量等即时销售信息，并对这些销售信息加工整理，通过 EDI（电子数据交换）向相关企业传送。同时为了使库存补充合理化，许多企业采用 EOS（嵌入式操作系统）系统。随着企业间合作倾向的增强和信息技术的发展，物流信息的信息量在今后将会越来越大。

2. 更新快

物流信息的更新速度快。多品种少量生产、多频度小数量配送、利用 POS 系统的即时销售使得各种作业活动频繁发生，从而要求物流信息不断更新，而且更新的速度越来越快。

3. 来源多样化

物流信息不仅包括企业内部的物流信息（如生产信息、库存信息等），而且包括企业间的物流信息和与物流活动有关的基础设施信息。企业竞争优势的体现需要各供应链与企业之间相互协调合作。协调合作的手段之一是信息即时交换和共享。许多企业把物流信息标准化和格式化，利用 EDI 在相关企业间进行传送，实现信息分享。另外，物流活动往往利用道路、港湾、机场等基础设施，因此为了高效率地完成物流活动，必须掌握与基础设施有关的信息，如在国际物流过程中必须掌握保管所需信息、港湾作业信息等。

（三）物流信息的分类

处理物流信息和建立信息系统时，对物流信息进行分类是一项基础工作。物流信息有以下若干种分类方法。

1. 按信息领域分类

按信息产生和作用的领域来分类，物流信息分为物流活动所产生的信息和提供物流使用的其他信息源产生的信息两类。一般而言，在物流信息工作中，前一类是发布物流信息的主要信息源，不但可以知道下一个物流循环，也可以提供给社会，成为经济领域的信息。后一类信息则是信息工作收集的对象，是其他经济领域、工业领域产生的对物流活动有作用的信息，主要是用于指导物流。

2. 按信息的作用不同分类

按物流信息作用不同可分成以下几类。

(1) 计划信息，是指尚未实现的但已当作目标确认的一类信息，如物流量计划、仓库吞吐量计划、车皮计划、与物流活动有关的国民经济计划、工农业产品产量计划等，许多具体工作的计划安排等，甚至是带有作业性质的，如协议、合同、投资等信息。只要是尚未进入具体业务操作的，都可归入计划信息之中。这种信息的特点是带有相对稳定性，信息更新速度较慢。

计划信息对物流活动有非常重要的战略性指导意义。其原因在于，掌握了这个信息之后，物流活动便可进行战略思考：如何在这种计划前提下规划自己战略的、长远的发展目标。计划信息往往是战略决策或大的业务决策不可缺少的依据。

(2) 控制及作业信息，是指物流活动中发生的信息，带有很强的动态性，是掌握物流现实活动状态不可缺少的信息。如库存种类、库存量、载运量、运输工具状况、运价、运费、投资在建情况、港口发运情况等。这种信息的特点是动态性非常强,更新速度很快,信息的时效性很强,往往是此时非常有价值的信息,瞬间就变得一文不值。

物流活动过程中,不断作业中产生的信息,都是上一阶段作业的结果信息,但并不是此物流活动最终结束后的信息。这种信息的主要作用是控制和调整正在发生的物流活动和指导下一次即将发生的物流活动,以实现对过程的控制和对业务活动的微调。这是管理工作不可缺少的信息。

(3) 统计信息,是指物流活动结束,对整个物流活动的一种终结性、归纳性的信息。这种信息是一种恒定不变的信息,有很强的资料性,虽然新的统计结果不断出现,从总体上来看具有动态性,但已产生的统计信息都是一个历史性的结论,是恒定不变的。诸如上一年度发生的物流量、物流种类、运输方式、运输工具使用量、装卸量,以及与物流有关的工农业产品产量、内外贸易数量都属于这类信息。

统计信息具有很强的战略价值,它的作用是用以正确掌握过去的物流活动规律,以指导物流战略发展和制定计划。物流统计信息也是经济活动中非常重要的一类信息。

(4) 支持信息,是指能对物流计划、业务、操作产生影响或有关的文化、科技、产品、法律、教育、民俗等方面的信息,如物流技术的革新、物流人才的需求等。这些信息不仅对物流战略发展有价值,而且对控制、操作起到指导、启发的作用,是可以从整体上提高物流水平的一类信息。

3. 按信息的加工程度不同分类

物流空间广泛、时间长,决定了信息发生源多,且信息量大,致使人们无法容纳、收集、洞察和区分有用信息,无法有效利用信息。为此,需要对信息进行加工。按加工程度不同可将信息分成两类。

(1) 原始信息,是指未加工的信息,是信息工作的基础,也是最有权威性的凭证性信息。原始信息是加工信息可靠性的保证。有时人们只重视加工而放弃原始信息,而一旦有争议、有疑问,无法用原始信息核实时,加工信息便毫无意义,所以,忽视原始信息也是不对的。

(2) 加工信息,是指对原始信息进行各种方式、各个层次处理之后的信息,是原始信息的提炼、简化和综合,可大大缩小信息量,并将信息梳理成规律性的东西,便于使用。加工信息需要各种加工手段,如分类、汇编、汇总、精选、制档、制表、制音像资料、制文献资料、制数据库等。同时还要制成各种用于指导使用的资料。

4. 广义和狭义的物流信息

物流信息包含的内容可以从狭义和广义两方面来考察。从狭义范围来看,物流信息是指与物流活动(如运输、保管、包装、装卸、流通加工等)有关的信息。在物流活动的管理与决策中,如运输工具的选择、运输路线的确定、每次运送批量的确定、在途货物的跟踪、仓库的有效利用、最佳库存数量的确定、订单管理、如何提高顾客服务水平等,都需要详细和准确的物流信息,因为物流信息对运输管理、库存管理、订单管理、仓库作业管理等都具有支持保证的功能。

从广义范围来看,物流信息不仅指与物流活动有关的信息,而且包含与其他流通活动有关的信息,如商品交易信息和市场信息等。商品交易信息是指与买卖双方的交易有关的信息,如销售和购买信息、订货和接受订货信息、发出货款和收到货款信息等。市场信息是指与市场活动有关的信息,如消费者的需求信息、竞争者或竞争性商品的信息、销售促进活动信息、交通通信等基础设施信息等。在现代经营管理活动中,物流信息、商品交换信息相互之间有着密切的联系。

5. 按活动领域分类

物流各个分系统、各个不同功能要素领域,由于活动性质有区别,信息流亦有所不同。按这些领域分类,分为运输信息、存储信息、装卸信息等,甚至更细划分成集装箱信息、托盘交换信息、库存量信息、火车运输信息、汽车运输信息等。

按物流的不同领域分类的信息具体指导物流各个领域活动,是物流管理细化所必不可少的信息。

二、物流园区信息平台概述

(一) 物流园区信息平台的概念

信息平台是在现代软件工程概念上建立的,实施最大限度的软件和系统资源的重用,启动数据共享工程(SHDADE),把真正与领域业务需求有关的部分提取出来,把信息基础设施与公共应用支持开发成平台。信息平台主要由四部分组成:信息源、信息处理单元、信息的管理、信息的传输。

物流园区信息平台是指利用信息平台对物流园区内物流作业、物流过程和物流管理的相关信息进行采集、分类、筛选、储存、分析、评价、反馈、发布、管理和控制的通用信息交换平台。尤其对于中小物流企业来说,这是实现企业物流信息化的最优途径。只需接入物流信息平台,就可以真正实现企业之间、企业与客户之间物流信息的共享。可以说,物流园区信息平台为企业提供了低成本实现企业信息化的条件,通过共享信息,使企业能以更低的成本为客户提供更好的服务,真正实现物流的现代化。

物流园区信息平台是现代物流企业收集和整合资源的重要手段,是为其他企业提供物流服务的重要场所。由于互联网的发展以及物流信息技术应用的成熟,物流信息平台已成为物流行业发展的一大趋势。物流信息平台能够整合现有企业的物流信息资源,优化行业物流运作,从而实现社会物流系统整体效益的最大化。

现代物流信息平台正是通过公用或私有物流信息的采集和交换,达到为物流企业提供基础支撑的物流信息的目的,以满足物流企业对这些公用信息的需求。同时,这些物流信息的共享,可以协助政府管理部门、相关职业部门实现对物流行业的监管与规范化管理。

(二) 物流信息平台建设的必要性

通过构建物流信息平台,能使商流、物流和信息流在信息平台的支持下实现互动,从而能提供准确和及时的物流服务。而作为单一的物流企业,自行建立一个物流信息系统所耗费的资源是巨大的、昂贵的,中国物流企业迫切需要一个公共物流信息平台。利用公共平台整合物流资源,能实现物流资源的共享,发挥物流系统的整体优势,从根本上改善物流发展的现状。这也可以避免各企业对于物流信息系统的重复建设和功能重叠,防止资源浪费。城市物流的发展过程中,建立公共信息平台具有以下几个方面不可比拟的优势:

(1) 在不重复建设的基础上,通过现代化的计算机网络通信技术,有效整合城市物流资源,加强各种物流功能和物流环节的联系,打破物流管理条块分割带来的不利影响。

(2) 专业物流企业可与多个物流代理建立长期合作伙伴关系,当代理提出物流请求时,可迅速建立起供应链连接,提供相关物流服务。这有利于提高大量闲置物流资源的利用率,也利于中小物流企业向现代化、网络化、信息化的平稳过渡。

(3) 大规模联合作业降低了系统整体运行成本,提高了工作效率,也降低了系统对单个节点的依赖性,抵御风险能力明显增强。

(三) 物流园区信息平台的总体特征

物流信息系统具有集成化、模块化、实时化、网络化和智能化等特点。随着社会经济和科学技术突飞猛进的发展,物流信息系统正向着信息分类的集成化、系统功能的模块化、信息采集的在线化、信息存储的快速化大型化、信息传输的网络化、信息处理的智能化及信息处理界面的图形化方向发展。

1. 集成化

物流信息系统将企业的各项在逻辑上相互关联的业务连接在一起,为企业物流活动中的集成化信息处理工作提供基础。在系统开发过程中,数据库的设计、系统结构及功能的设计、输入/输出设计、界面设计等都应遵循统一的标准、规范和规程,以避免"信息孤岛"现象的出现。

2. 模块化

在系统设计中,把物流信息系统划分为许多具有独立功能的子系统(模块),各子系统通过统一的标准进行功能开发,然后再集成组合使用,如此既可满足企业内部不同管理部门的需要,也可保证各子系统的正常使用和访问的安全性。

3. 实时化

实时化反映在下述几个方面:借助于编码技术、自动识别技术、GPS 技术、GIS 技术等现代物流技术,对物流活动进行准确实时的信息采集;采用先进的计算机与通信技术,实时地进行数据处理和传递物流活动中的各种信息;通过 Internet/Intranet 的应用将供应商、分销商、零售商按业务关系连接起来,使整个物流信息系统能够及时地共享业务链中不同环节的信息。

4. 网络化

通过 Internet 将分散在不同地理位置的物流节点连接起来,形成一个复杂且紧密联系的信息网络,从而通过物流信息系统实时地了解各节点业务的运行情况。物流信息中心将对各地传来的物流信息进行汇总、分类及综合分析,然后通过信息网络把各种分析结果传达至各节点,以指导、协调和综合各节点的业务工作。

5. 智能化

信息技术的飞速发展使得物流信息系统的智能化水平越来越高,先进的物流信息系统如决策支持系统应当能帮助企业管理者快速做出正确的决策。不过,物流信息系统智能化还是一个亟待发展和提高的领域,这一领域将是现在和将来物流信息化过程中一个重要的发展方向。

综上所述,物流园区信息平台以网络的形式将生产企业各部门、物流企业和商业企业等连在了一起,实现了社会性的各部门、各企业之间低成本的数据高速共享,从平面应用发展到立体应用,企业物流更好地与信息流和资金流综合,统一加工消除了部门间重复劳动,实现了信息的可追溯性。

三、物流园区信息平台的作用

1. 物流信息资源的整合与共享

物流信息平台最重要的作用就是能整合各物流信息系统的信息资源,完成各系统之间的数据交换,实现信息共享。物流信息平台可以担负信息系统中公用信息的中转功能,各个承担数据采集任务的子系统按一定规则将公用数据发送给信息平台,由信息平台进行规范化处理后加以存储,根据需求规划或者各物流信息系统的请求,采用规范格式将数据发送出去。通过物流信息平台能实现各系统之间的信息交换和信息传递,满足不同客户的信息需求,提高物流系统的效率。

2. 社会物流资源的整合

通过物流信息平台,可以加强物流企业与上下游企业之间的合作,形成并优化供应链。当合作企业提出物流请求时,物流企业可通过物流信息平台迅速建立供应链接,提供相关物流服务。这有利于提高社会大量闲置物流资源的利用率,起到调配社会物流资源、优化社会供应链、理顺经济链的重要作用,不但会产生很好的经济效益,而且会产生很好的社会效益。像上海、深圳、天津的物流信息平台都有为车主和货主提供车货配载的功能,这样就有效地利用了空车资源。

3. 政府管理部门间、政府与企业间信息的沟通

规范和加强政府的宏观决策和市场管理,提高政府行业管理部门工作的协调性,提高物流业行业管理、发展与规划的科学性,提高现代物流整体运作效率、服务质量、信息化建设水平,为企业参与国内外市场竞争提供平等发展的舞台与空间。

4. 现代物流系统运行的优化

通过平台减少物流信息的传递层次和流程,提高现代物流信息利用程度和利用率,以最短的流程、最快的速度、最少的费用完善物流系统的正常运行,实现全社会物流系统运行的优化,有效地降低物流成本。

5. 优化供应链

对现代物流市场环境快速响应,形成供应链管理环境下固定电子物流和移动电子物流

两种模式共同支撑的平台体系结构;解决行业间信息互通、企业间信息沟通、企业与客户间信息交流问题,使现代物流信息增值服务成为可能,从根本上提升现代物流的整体服务水平。

四、物流园区信息平台构建的影响因素分析

物流园区信息平台不同于企业内部的物流信息系统,它的涉及面很广,数据采集量大,与之相联系的外部系统更多更杂,因而影响它规划的主要因素有以下几点。

1. 园区内的核心物流业务流程

物流信息平台应紧紧围绕园区内的核心物流业务流程进行详细的规划和设计,尽量突出其最有特色的一面,而对非核心的物流业务流程只需要借用现有的成果进行完善和升级即可。

2. 与相关信息系统的衔接和交换

信息平台中各类信息间的相互关系及数据流向对宏观物流系统规划和企业物流运作提出了信息要求。物流园区信息平台不仅要为园区内各类企业提供管理和运作服务,而且要为相关政府及行业管理部门提供信息服务。因此在物流信息平台规划期间,就应该考虑如何将与物流活动相关的一系列不同信息系统整合在一起,为各级用户提供全面快捷的服务。同时,应充分考虑信息平台和其他相关行业的接口,保证平台的成长性和增容性。

3. 不同层次客户对物流园区信息平台功能的需求

物流园区信息平台涉及的用户,包括当地政府的行政管理部门、政府相关职能部门、物流园区运营商、各类物流企业、客户企业。从时间来看,又可分为永久性客户、长期固定性客户、短期流动性客户和一次性客户。不同用户对物流活动的目的和要求有所不同,因此对物流信息系统的功能需求也不一致。物流园区用户存在着多层次、范围广、需求各异、变化快的特点,物流园区信息平台不仅通过公用信息平台为各相关部门提供基本的信息交换与共享场所,也为不同用户提供了不同的接入方式和接入权限。

4. 物流园区内的各种物流信息系统进行整合规范

物流信息平台是一个复杂的大系统,除了涉及各个物流企业间的物流、商流、信息流和资金流外,更牵涉到多个物流枢纽、物流环节、物流企业,以及其他相关的单位和部门。在物流过程中信息的流动是跨企业、跨地区,物流系统必须实现跨地区的信息实时传输、远程数据访问、数据分布处理和集中处理的结合、多个异地局域网连接等功能。

第二节 物流园区信息平台的功能规划

一、物流园区信息平台的用户需求分析

基于物联网的物流园区信息平台的规划与建设是为用户服务的,因此平台用户的需求

决定了平台的功能。

(一) 用户结构模型分析

物流园区提供综合物流功能服务。物流园区信息平台是社会性的公用信息服务平台，应用范围广、服务内容众多，因此对物流园区信息平台的建设需要全面考虑社会物流系统中各种层面的需求。总结出物流园区信息平台的用户如图 6-1 所示。

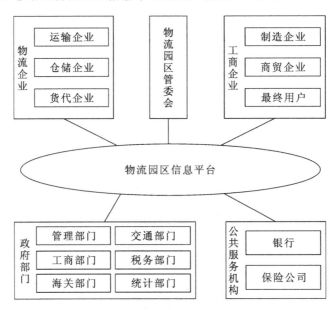

图 6-1　用户结构模型

由图 6-1 可以看出，物流园区信息平台用户可以分为以下五类：

1. 物流企业

物流企业主要包括进驻物流园区或使用物流园区信息平台的运输企业、仓储企业和货代企业等。物流企业可以借助信息平台发布、查询相关的物流信息，开展网上服务竞价，订单执行与跟踪，费用结算与支付，从而高效、有序地开展物流交易活动。同时，物流园区是物流企业服务的集中点，物流企业对运输货物的起运、中转，货物的仓储，货物的配送等物流业务都是在物流园区内集中完成，需要物流园区提供相关的管理条件。因此，物流园区的需求主要是物流交易、综合物流作业管理。

2. 工商企业

工商企业包括制造企业、商贸企业和最终用户，一般入驻物流园区内的制造企业很少，商贸企业较多。制造企业位于供应链的起点或中间节点，制造企业的需求主要是原材料、物料、日常耗用品的采购及采购物资的运输、仓储、配送等，以及对产成品的销售等。商贸企业本身不生产商品，但它为用户提供商品，为制造企业提供销售渠道，是用户与制造商的中介。首先是产品销售，与其他企业或机构进行数据交换，并接受报价服务、协议价服务、单据管理、单证查询，以及货物在途跟踪等信息服务；其次是货物运输需求，通过信息平台发布货源信息,发布运输需求信息,寻找运输方。因此,商贸企业的需求主要集中在商品交易、数据交换、信息服务以及货运配载等方面。

3. 政府部门

政府部门主要包括政府管理部门与相关职能部门。政府管理部门将物流园区信息平台视为搜索物流信息的有效渠道,通过物流园区信息平台,政府可以获取大量的实时物流信息,从而为其进行物流行业管理决策提供有力支持。同时用户通过物流园区信息平台实现与政府各个相关职能部门电子信息系统对接,可以方便地实现交易的监管、网上报税等。

4. 公共服务机构

公共服务机构主要包括银行、保险公司等服务机构。这些服务机构为入驻物流园区的企业及其他物流园区信息平台的用户提供网上支付、办理网上投保等相关的物流增值服务。

5. 物流园区管委会

物流园区管委会是园区运营的管理者。他们通过物流园区信息平台完成对园区本身的日常业务的管理与运营,并通过物流园区信息平台与驻园企业保持信息交流,向企业提供相关的服务、管理及监控。

通过对平台用户结构模型的分析可以看出,物流园区信息平台为供应链上的各类企业提供服务,而在物流园区内也集聚了供应链上的大部分企业,主要包括物流企业、商贸企业等,这些企业通过物流园区信息平台联系在一起,形成了物流一体化格局。

(二)用户信息需求分析

物流园区信息平台所涉及的用户范围广泛,这些用户因其专业分工不同,对物流园区信息平台的信息需求也有明显的差异。任何活动的开展都需要外界相关信息的支持,同时在活动过程中也会产生相关的信息,因此物流园区信息平台的每个用户既需要平台信息的支持,也为平台提供专业的信息,这些用户与信息平台之间存在的不单是信息的获取或提供,还是信息的交互。

1. 物流企业的信息需求

运输企业主要是根据客户需求,结合多种运输模式,最大限度地满足客户要求,同时达到利润最大化。其业务模式主要分为干线运输和配送运输两类,主要包括水路、铁路、公路及航空四种运输方式。对运输企业而言,运输管理主要包括订单处理、编制运输计划、配线配载、运力调度、在途监管控制、运输信息查询、费用管理等内容。因此运输企业与信息平台的交互信息主要包括运输需求信息、车辆跟踪信息与交通信息等。

仓储企业主要为客户提供仓库租赁与管理等服务。管理流程主要包括入库流程、出库流程以及库存盘点流程等。对仓储企业而言,仓储管理主要包括进货验收、储位管理、出货管理、保管安全等。因此仓储企业与信息平台的交互信息主要包括仓储需求信息与仓储作业信息等。

货代企业是指签订委托代理合同,在约定的权限范围内代办与货运进出口、运输、仓储、流通加工等全程物流服务的相关事宜,并按规定收取相应报酬的企业。因此货代企业与信息平台的交互信息主要包括相关联盟企业信息、政府相关信息等。

2. 工商企业的信息需求

工商企业包括制造企业、商贸企业和最终用户。这些商家关心的是货物的安全存放及货物的及时运输。他们希望通过物流园区信息平台实现对货物储存状态及运输状态的实时监控,同时以物流园区信息平台为媒介,发布运输需求信息,从而寻找到物流企业帮助其完成货物的运输任务。因此工商企业与物流园区信息平台交互的信息主要包括物流供需信息、货物的实时状态信息等。

3. 政府部门的信息需求

政府管理部门通过物流园区信息平台可以发布与物流行业有关的政策法规信息,同时,政府管理部门为了完成对物流行业的宏观调控与决策制定的任务,需要通过物流园区信息平台获取物流园区的总体运作信息、物流园区的基础设施建设及使用状况的信息。

政府相关职能部门主要包括工商、税务、海关等。他们在向物流园区信息平台用户发布相关的物流行业政策信息的同时,可以通过信息平台开展对物流行业的网上政务服务,因此政府职能部门需要通过物流园区信息平台获取运输、缴税、报关等信息。

4. 公共服务机构的信息需求

银行、保险等公共服务机构通过物流园区信息平台为平台其他用户提供网上支付与在线投保等服务,因此他们与物流园区信息平台交互的信息主要包括支付信息、保险程序与投保金额等信息。

5. 物流园区管委会的信息需求

物流园区管委会通过物流园区信息平台完成对园区的日常经营管理、对驻园企业的管理与监控。因此物流园区管委会与物流园区信息平台交互的信息主要包括物流园区的基础设施设备信息、物流园区的日常经营管理信息、市场供求信息等。

通过对物流园区信息平台的用户信息需求分析可以看出,物流园区信息平台汇聚大量的信息,信息种类繁多,且平台用户对所提供的部分信息的及时性、有效性要求很高。

针对信息种类繁多的问题,依照物流园区信息平台用户与信息之间的供需关系,将这些信息分为两类,即用户提供给信息平台的信息(见图 6-2)与用户在信息平台上所获取的信息(见图 6-3)。

二、物流园区信息平台的功能规划

为了满足平台用户的上述需求,使物流园区信息平台更好地为用户提供信息服务,物流园区信息平台的功能应该涵盖以下几方面:

(1)提供高效的物流园区供应链物流全程信息化服务,以提高物流园区的整体物流运作效率和物流服务水平;

(2)为物流企业、工商企业、最终用户的物流服务需求提供信息化支持,以帮助物流交易主体完成物流交易服务;

(3)为政府管理部门及相关职能部门进行物流行业决策与监管提供信息化支持,以提

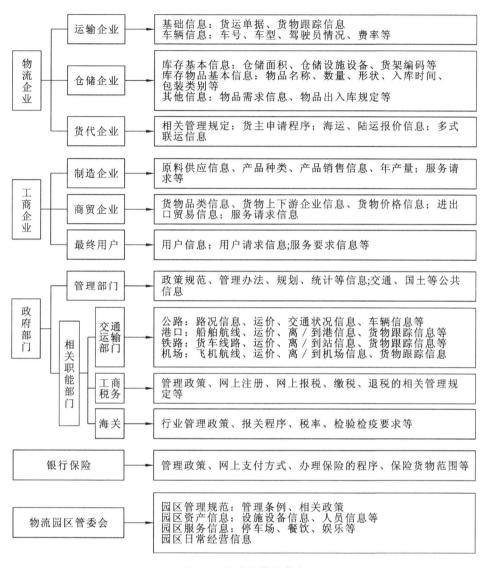

图 6-2 用户提供的信息

供政府对物流的一站式管理环境;

(4) 为工商企业等用户的商品交易行为提供信息化交易环境,以促进商贸活动的开展;

(5) 为物流园区本身的运营与管理提供支持,以提高物流园区的管理服务水平;

(6) 为统一的物流技术标准与统一的数据传输格式提供支持,以方便信息的共享与交互。

综上所述,将基于物流园区信息平台的功能分为基本功能与扩展功能两类。

(一) 基本功能

物流园区信息平台的基本功能满足平台各类用户对信息化的基本需求,主要包括以下几个方面:

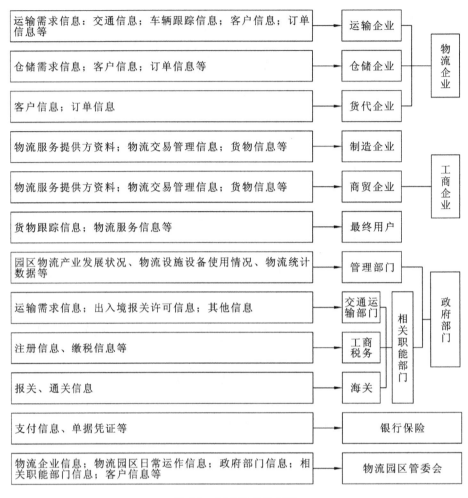

图 6-3　用户需求的信息

1. 物流管理功能

物流企业是物流园区的主要参与者,也是物流园区信息平台的主要服务对象,因此为物流企业提供的物流管理功能是平台的基本功能之一。这一基本功能一般由运输、仓储、货代等一系列与物流业务相关的管理功能构成。

物流管理功能包括的主要功能子系统有计划管理子系统、物品管理子系统、配送管理子系统、生产调度子系统、订单处理子系统、运输管理子系统、财务管理子系统、设备管理子系统等,如图 6-4 所示。

1) 计划管理子系统

计划管理子系统是制造企业物流管理信息系统的重要组成部分。计划是企业物资管理的一个重要环节,物资的数据原则上从这里开始输入。计划管理系统基本涵盖了企业生产经营活动中的所有计划,包括经营规划、年度生产计划、生产作业计划等,如图 6-5 所示。

2) 物品管理子系统

物品管理子系统是对企业生产涉及的原材料、产成品进行全面管理的信息子系统,涵盖

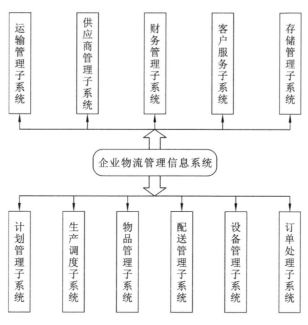

图 6-4 物流信息系统总体功能

的范围比较广泛,从原材料的采购计划、审批、采购合同、合同执行情况的跟踪反馈到原材料的到货入库、产成品的发货等。具体包括采购计划管理、采购合同管理、原材料出入库管理、产成品出入库管理等,如图 6-6 所示。

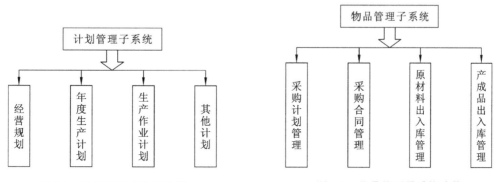

图 6-5 计划管理子系统功能　　　　图 6-6 物品管理子系统功能

采购计划管理的主要任务是产生原材料采购计划,供原材料采购使用。主要功能有计划的制订、计划审核、查询修改及报表打印等,可根据企业对原材料的需求对采购进行合理安排。

采购合同管理的主要功能是产生原材料及其他设备的采购合同,包括合同生成、合同录入、查询修改、合同审核、合同处理跟踪及报表打印等。

出入库管理是对各种物品的出入库信息进行综合管理的模块,包括单据录入、查询、修改、统计及结算等功能。

3) 生产调度子系统

该子系统的功能是对生产过程中各种物料、设备、人员等进行统筹安排,目的是确保生产计划、作业计划的顺利完成。

4）存储管理子系统

如图 6-7 所示，日常管理包括物品凭单录入管理、冲账管理及日常管理查询等。凭单一般由物品入库凭单、物品出库凭单、销售出库凭单、报废出库凭单、物品库存调整凭单组成。报表统计管理可统计各种物品的出入库及使用情况，并且有进一步了解仓库库存、仓库总账、损耗误差、原材料进货以及统计各种材料的计划采购数量和实际库存数量及总的库存数量等的功能。数据查询是对物品的消耗、库存数量及物品各种费用支出的查询，可分别进行单一物品的消耗查询、各部门消耗物品的查询、各类物品消耗金额的查询、物品明细库存查询，据此企业管理人员可以实时地监控仓库的储备金额和各部门材料的使用情况，并及时、准确地对整个企业物品调度做出科学的决策。账单管理是对仓库的使用资金账单进行管理，有利于管理人员了解并掌握仓库资金的调度。

5）配送管理子系统

该子系统的功能视生产企业的管理模式而定，如企业自行送货、客户自提或第三方物流企业送货都将影响该模块的功能设定。从现代物流管理优化的角度考虑，生产企业的所有配送任务应由第三方管理，而企业集中精力做好核心产品的生产工作。一般配送管理子系统应包括如图 6-8 所示的功能。

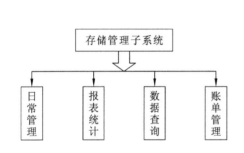

图 6-7 储存管理子系统功能

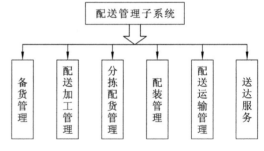

图 6-8 配送管理子系统功能

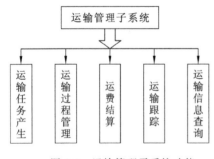

图 6-9 运输管理子系统功能

6）运输管理子系统

该子系统主要针对生产企业原材料采购中运输、厂内运输和产品销售中的运输车辆管理调度、运输过程管理、车辆跟踪及运费结算等而设，如图 6-9 所示。

7）订单处理子系统

根据企业生产的实际情况对客户的订单进行各种处理和反馈，如承诺的交货日期、质量保证、要求客户付款方式、付款时间等，同时根据客户订单和库存情况安排原材料采购、产品生产等。

8）客户服务子系统

客户服务子系统是生产企业和上游供应商、物流企业和下游分销商联系的通道，是现代物流信息系统的基本组成要素，也是企业提高服务水平和提升竞争力的有效手段。一般客户服务子系统应有网上下单、信息反馈、订单处理、情况查询、订单更改、网上支付等功能。

9）供应商管理子系统

供应商管理是企业保证物资供应、确保采购质量和节约采购资金的重要环节。供应商管理子系统的功能是建立和维护企业资源市场，区分供应商级别，加强物资供应渠道选择的管理，从质量、价格、售后服务、交货期等方面对供应商进行综合的、动态的评估。

10）设备管理子系统

设备管理子系统包括系统管理、设备资料管理、固定资产管理、检修计划、点检管理、检修管理、备品备件管理、维修标准管理和专业设备管理等功能。

11）财务管理子系统

财务管理子系统实现物资供应各环节中发生资金预算、资金支付情况的录入和统计、稽核出入库单据和资金使用计划等功能，对资金的使用进行监督。

2．信息发布与查询功能

物流园区信息平台为用户提供物流相关信息，用户可以通过互联网、手机 Wap 等多种方式从平台上获得需要的物流信息。这些信息主要包括两大类，一类是为整个物流和物流相关行业提供经过整合的物流资讯和专业的咨询服务，另一类是支持物流交易活动的物流供需信息。

3．交易服务功能

主要包括物流交易与商品交易两个方面。商品交易在物流交易之前，有商品的流通才有用户对物流服务的需求。平台将根据客户的需要，为物流服务的供应方和需求方提供在线物流交易服务，同时还为买卖双方提供商品交易服务。

4．政务支持功能

通过与政府部门沟通，将政府相关职能系统接入园区信息平台用以集成应用系统，为企业提供一个统一的政务服务窗口，为政府与企业间的沟通提供方便。

5．物流园区日常办公管理功能

物流园区信息平台为园区的日常办公提供信息化支持，实现园区管委会的办公自动化，提高物流园区的企业管理水平。

6．数据交换功能

物流园区信息平台由众多的业务系统构成，各个业务系统间存在着信息的交互，而且作为一个开放性的平台，它与外界系统也存在着大量的信息交互。为了平台内部各业务系统之间、平台与外界系统之间的信息共享，平台必须具备数据交换功能。数据交换功能是平台必备的基本功能之一，它支持各种不同格式的文件传输，并能够保证所传输信息的完整性与一致性。

（二）扩展功能

物流园区信息平台的基本功能能够很好地满足用户对非实时信息的需求，但对于实时信息的需求，还需要物联网技术来加以实现。以物流园区为主体的供应链物流全过程如图 6-10 所示，由图 6-10 可知，物流园区供应链由商品交易—运输—仓储—运输/配送—最终消费者等关键环节构成。

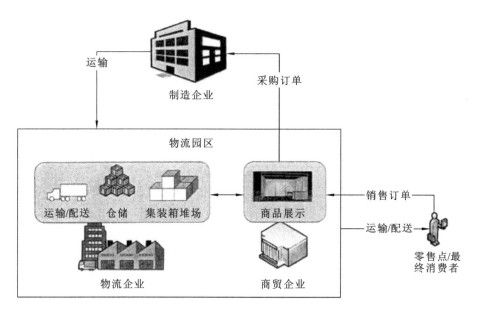

图 6-10 物流园区服务全过程

在物流园区基本功能的支持下,物流园区在物流关键环节的活动中还面临难以解决的问题:①在商品交易环节,由于异地的客户无法了解商品的实际状态,影响到商品的正常交易。②在仓储管理环节,货物的入库、出库与库存控制完全靠人工操作,致使物流效率低下。③在运输/配送环节,无法及时了解运输途中的车辆与货物信息,致使冷链运输质量无法监控。

为了解决这些问题,利用物联网技术对原有的物流园区信息平台进行扩展,物流园区信息平台的扩展功能主要包括:

1. 远程商品展示功能

在商品交易中,为不在商品交易现场的客户提供远程视频展示服务,让客户直观地看到商品,有助于客户做出选择,也有助于扩展驻园企业的销售范围。

2. 智能仓储功能

为对仓储水平要求较高的企业提供货物的自动出入库、库存智能控制等服务,提高仓库作业的效率。

3. 物流监控功能

及时了解运输途中车辆、人员及货物信息,有助于工作人员对车辆、人员的管理与控制。

4. 冷链温度监控功能

针对物流园区中的冷链物流对温度的特殊要求,平台提供冷链温度监控功能,以实现对冷链物流全程中的温度控制,保证货物的质量。

5. 集装箱堆场管理功能

实现物流园区集装箱堆场管理的决策支持智能化和自动化,解决集装箱堆场管理人工化、业务效率低的问题,从而缩短集装箱操作时间,提高堆场作业效率。通过物联网技术在物流园区供应链物流的全程一体化应用,实现物流园区供应链物流的自动化管理与关键环节的可视化管理,从而提高物流园区的物流服务水平。

三、总体功能框架

根据对物流园区信息平台的功能需求分析,物流园区信息平台需要具备以下功能,如表6-1所示。

表 6-1　物流园区信息平台功能总体框架

功能类型	服务内容	服务目标
基本功能	物流管理功能 信息发布与查询功能 交易服务功能 政务支持功能 物流园区日常办公管理功能 数据交换功能	为物流园区内外的平台用户提供物流交易服务、电子商务服务、电子政务服务;为物流企业提供物流管理服务;为物流园区管委会提供办公自动化服务
扩展功能	远程商品展示功能 智能仓储功能 物流监控功能 冷链温度监控功能 集装箱堆场管理功能	实现物流园区供应链物流全程的一体化、自动化、智能化管理

根据表 6-1,将基于物联网的物流园区信息平台分为"六大平台",即物流交易服务平台、电子商务交易平台、电子政务支持平台、企业应用服务平台、园区内部管理平台及物联网应用服务平台。这些平台所提供的服务功能集中表现在物流园区信息平台的门户网站上,平台用户可以通过 Web 网站、手机 Wap 网页、电话呼叫、手机短信等形式获取平台上的相关信息。基于物联网的物流园区信息平台总体功能框架如图 6-11 所示。

1. 物流交易服务平台

物流交易服务平台是面向所有用户的,它充分利用信息采集等现代信息技术,实现信息资源的整合与共享,从而为平台所有用户提供实时、有效、可靠的物流信息服务;为政府监管、物流运作提供高效便捷的信息服务;为物流服务提供商、物流服务需求商寻求物流合作伙伴和客户,提供贯穿物流各环节的专业化的物流在线交易服务。

2. 电子商务交易平台

电子商务交易平台提供 B2B 模式的商品交易系统,面向除物流行业外的各种行业、各个企业以及各种类型的产品交易服务。为用户提供一个集商品展示与交易于一体的商品交易环境。

3. 电子政务支持平台

电子政务支持平台主要通过与政府部门沟通,实现与物流企业在业务操作时需要联系的政府相关机构与部门信息系统的连接,建立政务支持平台,集成应用系统,为企业提供一个统

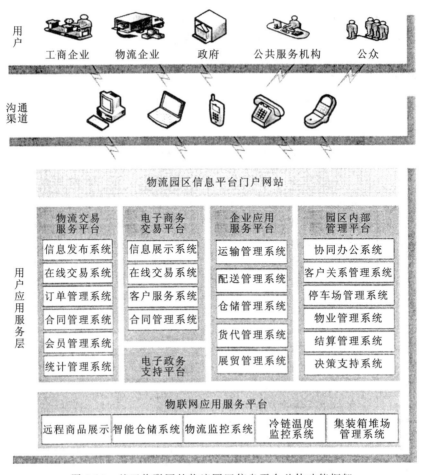

图 6-11　基于物联网的物流园区信息平台总体功能框架

一的服务窗口,从而减少企业办公环节,提高工作效率,并且加强政府对物流宏观调控的力度。

4. 企业应用服务平台

企业应用服务平台是在充分考虑物流园区各类企业的信息需求的基础上,用 SaaS 模式为用户提供的物流管理应用系统。企业应用平台可以优化系统资源,完善系统间的衔接,并与电子政务平台等整合,从而确保政府与企业、企业与企业、企业与客户间信息资源的充分交互与共享。

5. 园区内部管理平台

园区内部管理平台是在园区先进的基础设施上所建立的、用以支持园区内部各项工作高效完成的管理支撑平台。园区内部管理平台可以实现园区经营、办公的信息化管理。

6. 物联网应用服务平台

物联网应用服务平台是为物流园区供应链物流各环节参与企业提供的物流增值服务,通过物联网应用服务平台实现物流园区内供应链物流各环节的可控与可视,从而实现物流业务数据采集的实时性、准确性,提高供应链物流的运营效率。

第三节　物流园区信息平台的系统设计

一、平台设计原则

物流园区信息平台涉及众多单位与企业的参与，数据传输与处理量十分巨大，因此在规划设计中，要注意以下原则：

1. 跨行业性

物流园区信息平台上的信息流贯穿于物流企业、物流需求企业、政府部门及平台其他用户之间，这些企业从属于不同的行业，因此物流园区信息平台也具有跨行业的特点。不同的行业在商务模式、信息需求、信息传递格式与方式方面都存在着差异，因此在物流园区信息平台的规划过程中，需要各类用户的积极参与，经过反复的讨论与调整才能得到平台的最佳规划方案。

2. 可扩展性

物流园区信息平台的规划设计在充分考虑与现有系统的无缝对接的基础上，要考虑未来新技术的发展对平台的影响，保证平台改造与升级的便利性，用以适应新的技术与新的应用功能的要求。

平台的可扩展性包括两个层面：一是空间上的可扩展性；二是时间上的可扩展性。空间上的可扩展性是指平台能够实现不同地理位置上的规模拓展，因为物流系统设施（如仓库）在空间上的变动很大，因此，物流信息平台必须适应物流设施的地域变化。时间上的可扩展性是指当用户需求、技术进步、企业构架随着时间的变化而变化时，系统能够对现有的某些功能模块进行改造，或增加某些功能模块，以适应新的变化。

3. 开放性

为实现物流园区管理的一体化和资源的共享，物流园区信息平台应充分考虑与外界信息系统之间的信息交换，因为它是一个开放的系统，需要通过接口与外界的其他平台或是系统相连接，因此物流园区信息平台的规划设计要充分考虑到平台与外界系统的信息交换。

物流园区信息平台的使用者既要包括大型企业，也要包括中小企业，这样才能达到通过城市现代物流信息平台推动全社会信息化的目标。平台采取进入方式多样化的策略：信息化水平高的企业及其他相关部门希望平台提供与其的接口，而信息化水平较低的企业则通过 Web 进行网上交易。

4. 安全性

物流园区信息平台的业务系统直接面向广大用户，在业务系统上流动的信息直接关系到用户的经济利益，并且这些系统都是高度共享的，因此要保证信息传输的安全性，只有保证系统的高度安全，才能为用户的利益提供保障。

5. 平台的可靠性和稳定性

可靠性是物流园区信息平台建设的首要原则，也是物流园区信息平台未来推广的最重要的条件。平台的可靠性包括技术上的可靠性和运作的可靠性。物流园区信息平台的基础数据库及网络通信系统等不能瘫痪，运作过程中不允许发生不该泄漏的机密信息泄漏的情况。因此除了技术上的完备、安全，运作中也要实行严密的认证与监督。

6. 规范性

平台必须支持各种开放的标准，系统软件（操作系统、数据库管理系统、开发工具、应用开发平台等）和硬件（工作站、服务器、网络等）符合当前主流的计算机软硬件标准、国家标准和行业标准。

物流园区信息平台必须支持各种开放的标准，在支持传统信息平台所依据的标准的基础上，基于物联网的物流园区信息平台还要重点支持 EPC Global 标准（产品电子代码国际标准）。不论操作系统、数据库管理系统、开发工具、应用开发平台等系统软件，还是工作站、服务器、网络等硬件，都要符合当前主流的国家标准、行业标准和计算机软硬件标准。

二、平台体系结构分析

通过对平台用户需求及功能需求的分析，物流园区信息平台的建设要从供应链管理的角度出发，充分考虑物流园区供应链物流对现代信息技术的需求，从而更好地实现信息资源的集成与共享。在这种理念下，本文提出基于物联网的物流园区信息平台体系结构，如图 6-12 所示。

（一）感知层

感知层处于平台体系结构的最底层，它是物流园区信息平台体系的末端神经，同时也是物联网技术在物流园区应用的基础。感知层主要是在货物、车辆及其他相关设备上使用 RFID（视频识别）标签和读写器、GPS、各种类型的传感器、摄像头等感知终端来标记和识别物体，采集有关物体的数据信息，然后通过传感器网络对所采集到的信息进行短距离传输到网络层。对这些信息的获取，有利于管理者对物体的统计、组织与管理，为上层的业务管理与作业控制工作提供有力支撑。感知层对物体的全面感知功能需要 RFID 技术、GPS/GIS（地理信息系统）技术、传感器网络技术等关键技术的支撑。

1. RFID 技术

RFID 技术可以通过非接触的方式实现静止或运动物体的自动识别。RFID 标签是重要的终端感知设备，它可以分为有源电子标签与无源电子标签两类。按照工作频率的不同，可以将 RFID 标签分为低频、高频、超高频以及微波等不同种类。低频段标签的典型工作频率是 125 kHz 和 133 kHz，该频段具有良好的物体穿透能力，被广泛应用于进出管理、门禁管理、车辆管理、固定设备等。高频段标签的典型工作频率是 13.56 MHz，被广泛应用于物流、人员识别、防伪等。超高频短标签的典型工作频率为 860～960 MHz，被应用于供应链、物流、仓库管理、移动商务等。微波频段标签的典型工作频率为 2.45～5.8 GHz，被应用于定位

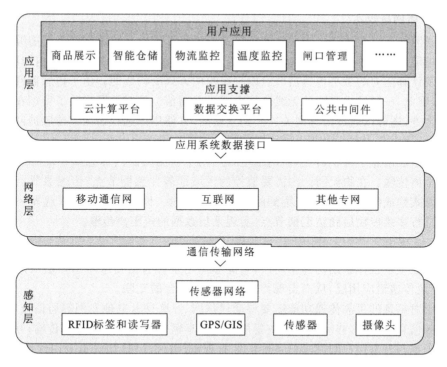

图 6-12　物流园区信息平台体系结构图

跟踪、移动车辆识别、自动收费系统等。

目前，国际上使用的 RFID 标准主要有三类，即 ISO/IEC、EPC Global 和 UID。ISO 组织的 ISO/IEC 标准主要关注 RFID 的基本模块构建、空中接口、数据结构、实施问题。美国的 EPC Global 标准规定了用于 EPC 的载波频率为 13.56 MHz 和 860~930 MHz 两个频段。该标准因为有 EPC IP 协议成员使用均免收专利费的优惠政策，使其成为最有影响力的标准协议，我国的大多数 RFID 设备的制造商也都选择了 EPC Global 标准。日本的 UID 泛在 ID 标准局限在日本使用。

在物流园区信息平台中，RFID 主要应用于仓储环节对货物信息的自动采集和运输配送环节对物流的监控。①RFID 在仓储环节的应用可以实现货物出入库的信息自动采集与处理的自动化，货物装卸、分拣与存储等物流操作环节的自动化，库存管理与决策的自动化和智能化。②RFID 在运输配送环节的应用可以实现对运输车辆及货物的实时跟踪，配送路线的优化等。

2. GPS/GIS 技术

GPS 技术与 GIS 技术相结合可以实时确定移动物体的位置。GPS 能够快速获取静态、动态对象的动态空间信息，并且不受天气与时间的影响与限制，从而计算出地球上任何地方的 GPS 用户所处的方位。GIS 系统可以将这些方位信息转换为地理图形显示，并可以对显示的结果进行浏览、分析等操作。

在物流园区信息平台中，GPS/GIS 技术用于对运输车辆的实时定位跟踪，使货主及时掌握运输车辆与货物的情况，并进行有效的远程控制。

3. 传感器网络技术

传感器网络可以对感知终端采集的信息进行短距离传输。传感器网络是能够根据环境自主完成指定任务的分布式、智能化网络系统。它是由大量部署在作用区域内、具有无线通信能力以及计算能力的微小传感器节点以自组织的方式所构成的。由于传感器网络节点间的距离短，因此，一般采用多跳的无线通信方式进行通信。传感器网络除了可以在独立的环境下运行之外，还可以通过传感网关连接到互联网，方便用户远程访问。传感器网络由传感器节点、区域路由节点和汇聚节点构成。

在物流园区信息平台中，传感器网络主要应用于物流园区内部感知终端所采集的数据信息的短距离传输。在物流园区内需要监控的区域部署传感器节点，传感器节点能够通过自组织的方式构成网络，并且将采集到的数据进行传输。传感器节点可以选择一条或多条区域路由进行多跳传输后到达汇聚节点，实现采集数据的短距离传输。

（二）网络层

网络层处于平台体系结构的中间层，它能够运用多种通信技术将感知层所感知的信息高效、安全地传递给应用层，从而实现物流园区信息平台的互联。

网络层对信息的可靠传递功能需要移动通信网、互联网及其他专网等通信技术的支撑。在物流园区信息平台中，移动通信网主要用于运输车辆与司机相关信息的传输；互联网主要用于园区内部与外部用户间共享的各种信息的传输；园区专网（如虚拟专用网络）主要用于园区内部供应链物流各环节间的商务信息及储运设备信息的传输。感知层感知到的数据经过网络层的汇总、处理与分流后，可以通过相应的系统接口被高速、准确地传输至应用层，从而服务于供应链物流的各个环节的管理与应用。

（三）应用层

应用层是物联网与物流园区实际运作的深度融合，它将与物流园区的信息化需求相结合，最终实现物流园区供应链物流的智能化。应用层主要依据感知层所采集的物流数据资源，将其接入到物流园区信息平台，并且通过数据交换技术形成统一的数据标准，将其应用于用户的应用服务之中。其中数据接口用于支撑跨行业、跨系统间的信息协同、共享与互通的功能的实现。

应用层可分为应用支撑与用户应用两个子层。应用支撑层主要用于数据的汇集、分析与转换，为用户的应用服务提供支撑。应用支撑层对数据的智能处理功能需要云计算技术、数据交换技术、中间件技术等的支撑。

1. 云计算技术

云计算是基于互联网相关服务的增加、使用和交付的模式，它可以通过互联网来提供动态、易扩展的虚拟化资源。在物流园区信息平台中，利用云计算技术建立云计算服务平台，为用户提供异构分布的海量数据分析与挖掘服务，从而为用户的决策管理与供应链物流的优化提供支持。

2. 数据交换技术

数据交换是以互联网等为传输媒介，按照规定的数据格式标准，传递和接收相应的信息内容，并对这些数据进行识别与利用的过程。物流园区信息平台建立的数据交换平台根据平台用户应用服务系统与外部系统数据对接的需求，按照规定的数据标准格式，为异构系统间定义相应的数据接口,从而实现异构系统之间数据的自由交换。

3. 中间件技术

中间件是应用于客户机与服务器的操作系统之上的、用于管理计算机资源与网络通信的独立的系统软件或服务程序。中间件可以满足大量的应用需求,支持分布计算、支持标准的协议与接口,从而可以使相连接的系统即使拥有不同的接口仍然能够互相交换信息。物流园区信息平台的公共中间件的应用可以实现用户应用服务系统间的资源共享。

目前,物联网中间件主要有 RFID 中间件、嵌入式中间件、通用中间件、M2M 中间件等。其中,RFID 中间件是物联网中间件的主要代表,RFID 中间件介于 RFID 标签与应用程序之间,从应用程序端使用中间件来提供一组通用的应用程序接口(API),从而读写 RFID 标签。

三、网络拓扑结构分析

物流园区所涉及的物流作业复杂,且货物、车辆、托盘、集装箱等物体很多时候都是移动的,因此物流园区需要集成移动通信网、互联网等通信网络。在这些网络集成的基础上建立满足园区联通目标、支持 RFID 及移动数据终端等多种数据采集及交换方式的物联网。物流园区信息平台的网络拓扑结构如图 6-13 所示。

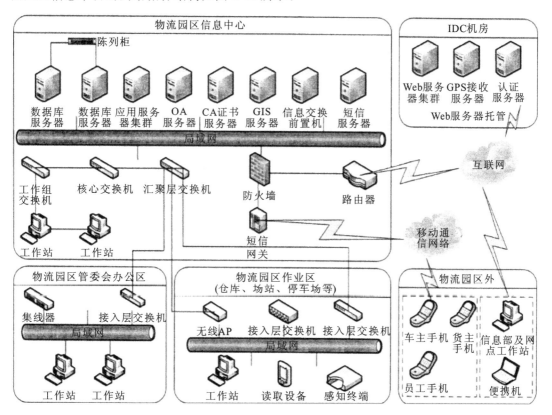

图 6-13 基于物联网的物流园区信息平台网络拓扑结构图

在物流园区信息平台的网络拓扑结构中:

(1) 园区内部供应链物流各环节间主要通过局域网进行商务数据的采集与交换,例如运输企业与仓储企业之间的运输订单数据。

（2）运输企业与运输车辆、司机等主要通过移动通信网等无线网络进行车辆与货物相关数据的采集与交换，例如车辆的当前位置数据。

（3）物流园区内部的货物及托盘、集装箱等储运工具的相关数据通过物流园区的传感器网络进行采集与交换，然后经由移动通信网、互联网等网络通信技术进行传递，从而使得物流园区的内部与外部相关用户获得此数据。

【经典案例】

三峡物流园信息平台规划

（一）三峡物流园信息化需求分析

在三峡物流园企业战略的指导下，三峡物流园信息平台的建设目标是：以信息平台为基础，以打造现代化农副产品展贸物流中心为引导，整合各种资源，集成各应用系统功能，为三峡物流园提供全方面业务服务的多功能、专业化、网络化、关键业务可视化的物流信息平台。因此，三峡物流园信息平台需要实现货物从供应到销售之间的物流供需信息发布、商品交易、货物运输、跟踪监控、仓储、配送等全过程的各种单证的流转与信息化管理。通过物联网技术实现对整个物流环节的全过程的可视化管理，优化物流服务，提高物流资源的利用率，为用户提供透明、实时、可视的现代化物流园信息平台。

1. 三峡物流园信息平台用户需求

三峡物流园信息平台为各类物流企业、货主企业、政府部门、宜昌三峡物流有限公司、银行保险等公共服务机构而服务，并且他们之间存在着大量信息的交互，如图6-14所示。

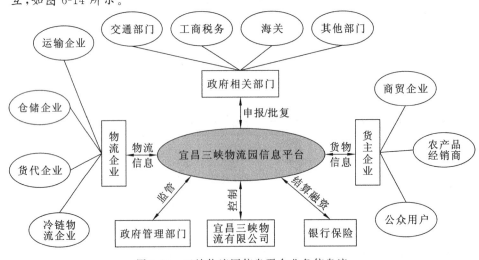

图6-14 三峡物流园信息平台业务信息流

宜昌三峡物流园信息平台为运输企业、仓储企业、货代企业、冷链物流企业、商贸企业、农产品经销商、公众用户等提供物流在线交易服务和政府各相关职能部门的一站式集成服务环境。进驻三峡物流园的运输企业、仓储企业、货代企业、冷链物流企业等各类物流企业，可以利用信息平台接受货主企业的物流服务委托，向市场提供物流服务信息等；并且利用三峡物流园信息平台提供管理决策的支持，实现物流作业自动化与整个物流业务环节的可视化，实现高效的物流作业管理。为进驻三峡物流园的茶商等各类商贸企业、农产品经销商以及公众用户提供商品在线展示与在线交易环境。宜昌三峡物流有限公司作为三峡物流园的运营主体是进驻企业的协调者与组织者，三峡物流园信息平台首先要满足宜昌三峡物流园有限公司在运营与管理上的需求。政府管理部门通过三峡物流园信息平台实现对宜昌地区物流业务的监管与控制。同时，平台要为银行与保险等公共服务机构提供支持，从而使其更好地为用户提供结算融资等相关的服务。

2. 三峡物流园信息平台功能需求

基于三峡物流园信息平台用户需求分析，以园区内部物流、资金流、信息流的协同为突破口，导出三峡物流园信息平台的功能需求主要包括公共信息服务、园区管理服务、客户应用服务、辅助业务服务。

（1）公共信息服务。

宜昌地区尚无物流交易平台，物流信息沟通普遍不畅通，造成车找不到货、货找不到车的局面，物流活动效率低且资源浪费严重。物流交易服务面向货主、承运人、货运代理人，是物流信息资源的汇集中心，使得物流市场内供与求之间、买与卖之间能够有效协调。为配合三峡物流园成为茶叶集散地的业务目标，建立茶叶交易平台，为茶产品提供现货交易的平台，全面开拓茶叶茶具业务。同时，为用户提供对外宣传的门户；与政府部门沟通，建立政务支持平台用以集成应用系统，为企业提供一个统一的服务窗口，为政府与企业间的沟通提供方便。

（2）园区管理服务。

园区管理服务从三峡物流园企业角度出发，支持三峡物流园日常企业活动的正常开展，提高三峡物流园的办公效率，实现园区的自动化办公、安防及物业等方面的信息化管理服务。

（3）企业应用服务。

物流企业是三峡物流园中入驻的主体企业，部分中小型物流企业信息化程度较低，为了给这些中小型物流企业提供一个高效的业务操作环境，以 SaaS 模式为其提供相关的物流业务系统。这样既减少了中小企业的信息化成本，又使园区物流作业规范化。

（4）辅助业务服务。

辅助业务服务是为了支持三峡物流园重要业务的开展，充分利用物联网技术,为用户提供的物流增值服务。其中,物流监控与仓库自动出入库为对运输和仓储有较高要求的企业提供货物在库与在途的可视化管理;集装箱堆场管理是为了配合三峡物流园的铁路专线运输业务而建设的;远程商品展示的开展可以有效地扩展三峡物流园农产品和工业品展示的业务范围;冷链配送是三峡物流园建立冷链配送中心的可靠支持;猪肉蔬菜追溯是三峡物流园与政府合作建立宜昌猪肉可追溯系统的重要实施节点的有效支持。

三峡物流园信息平台的不同用户在物流园内开展的业务不同,因此对物流园信息平台的功能需求也就不同,表6-2对平台的功能与用户类型进行了分析。

表6-2 三峡物流园信息平台功能与用户类型对应表

	平台功能	用 户
公共信息服务	物流交易服务	政府、物流企业、工商客户、服务机构等
	农副产品(茶叶)交易服务	茶商、茶农等
	企业之窗服务	物流企业、货代公司、制造企业、商贸流通企业等
	电子政务支持	工商、税务、运管等有关机构
园区管理服务	人力资源	三峡物流园内部
	财务管理	三峡物流园内部
	协同办公	三峡物流园内部
	物业管理	三峡物流园内部
	客户关系管理	三峡物流园内部
	一卡通管理	三峡物流园内部
	结算管理	三峡物流园内部
企业应用服务	运输配送管理	物流企业、运输企业等
	仓储管理	物流企业、仓储企业等
	货代管理	货代企业等
	展贸管理	园区入驻企业等
辅助业务服务	集装箱堆场管理	从事集装箱堆场管理企业等
	物流监控	物流企业、货代企业等
	远程商品展示	商贸流通企业等
	冷链配送	冷链配送企业等
	仓库自动出入库	物流企业、仓储企业等
	猪肉蔬菜追溯	与政府合作

（二）三峡物流园信息平台功能结构

三峡物流园功能结构分为五大平台，包括物流交易平台、农副产品（茶叶）交易平台、企业应用服务平台、园区内部管理平台、物联网应用服务平台。如图 6-15 所示。

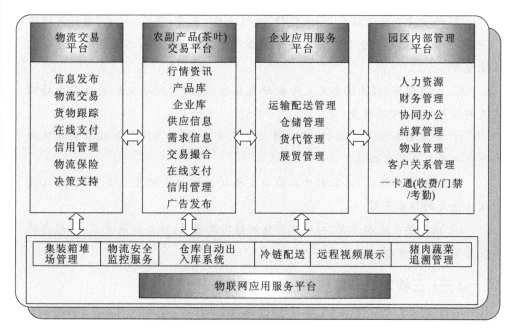

图 6-15　三峡物流园信息平台功能结构

（1）物流交易平台，主要面向物流业中的物流服务提供商、物流服务需求商，寻求物流合作伙伴和客户，为其提供贯穿物流各环节的专业化的在线物流综合服务。主要包括物流交易信息发布、物流交易、货物跟踪、在线支付、信用管理等。

（2）农副产品（茶叶）交易平台，旨在为农副产品提供现货、期货交易的平台。前期将以茶叶交易为突破口，为茶产品提供现货交易的平台，全面开拓茶叶茶具业务；未来向其他农副产品拓展。

（3）园区内部管理平台，是支持园区内部员工各项工作的支撑平台，包括结算管理、物业管理、客户关系管理、一卡通等等。除此之外也包括由大集团部署的人力资源管理、财务管理、协同办公系统。

（4）企业应用服务平台，以 SaaS 方式为会员企业（主要是中小型企业的物流部门以及中小型第三方物流公司）提供物流业务管理系统，主要有运输管理、仓储管理、货代管理、展贸管理。

（5）物联网应用服务平台，是园区及第三方提供的物流增值服务，目的是为园区业务提供支持，提高运营效率和数据采集的实时性、准确性。包括集装箱堆场管理、物流监控服务、冷链温度监控、仓库自动出入库系统、远程视频展示、猪肉蔬菜追溯管理。

① 集装箱堆场管理：实现堆场管理、分配机械和场位、流程控制、智能识别及定位集装箱。

② 物流安全监控服务：物流监管、车辆安检（录音、录像、拓号、固话及网络查询）。集成区域物流网络，与有关方面合作建立物流 GPS，实现物流全过程透明监管。

③ 冷链配送：园区配套完成冷链配送监控系统，实现冷链配送过程中的温度的监控，保证食品质量。

④ 仓库自动出入库系统：园区建设示范仓库，使用 RFID 等技术实现货物进出库的信息的自动采集。

⑤ 远程视频展示：为农副产品展示交易提供远程视频展示交易服务，拓展园区企业的销售范围。

⑥ 猪肉蔬菜追溯管理：对冷库存储的猪肉及蔬菜，根据政府要求，实现在批发环节的追溯管理。

（三）三峡物流园信息平台总体结构

三峡物流园信息平台依据统一规划、分步实施的原则，充分考虑平台的先进性、开发性与可扩展性等特点而建设。三峡物流园信息平台充分利用物联网技术，在体系结构上依据物联网的三层结构而建设，满足三峡物流园对信息化服务的需求，其总体结构如图 6-16 所示。

在感知层与网络层，通过为货物、托盘、集装箱、叉车等储运设备设置 RFID 等数据采集设备、为运输车辆设置 GPS/GIS 车载终端等数据采集设备、在仓储区及冷库区等地设置传感器节点等数据采集设备、在展贸区设置摄像头等数据采集设备，建立集成移动通信网、互联网、无线网、局域网等多种通信网络的物联网系统。该物联网系统支持 RFID、车载终端等多种网络数据的实时采集。

在应用层，通过云计算平台、数据交换平台、公共中间件等作为应用支撑，支持三峡物流园平台各应用系统自主访问、支持各应用系统之间数据交互和共享。在此基础上，平台为用户提供集物流交易、农副产品交易、企业应用、园区内部管理以及物联网应用于一体的五大服务平台。

用户可以通过计算机、电话呼叫、手机短信、手机 Wap、交易大厅显示屏等方式获取平台相关信息与服务。

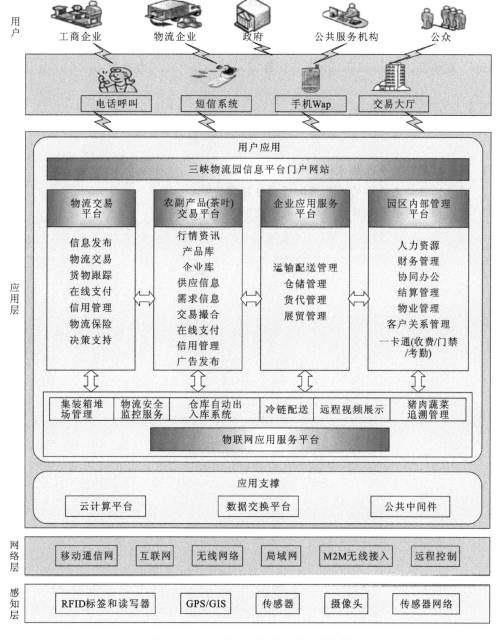

图 6-16 三峡物流园信息平台总体结构

学习并分析：

1. 本案例中的信息需求分析包括哪些方面？
2. 本案例的系统设计构架有哪些特色优势？

【本章关键术语】

管理信息系统 management information system　系统需求分析 system requirement analysis　系统设计 system design　云计算 cloud computing　物联网 internet of things

【本章思考与练习题】

1. 物流园区信息平台构建的影响因素有哪些？
2. 物流园区信息平台的功能模块通常包括哪些？
3. 物流园区信息平台设计的原则有哪些？

第七章 物流园区的运营管理

本章重点理论与问题

> 物流园区的运营行为主体，包括物流服务需求者、物流服务提供者、政府管理部门和其他关联主体，这四类行为主体在运营中相互作用；物流园区的运营管理内容，包括物流园区的运营规划，对园区的发展环境和定位进行分析，物流园区的招商引进、宣传，物流园区的服务和赢利模式设计，物流园区的管理制度设计；运营管理模式，包括管理委员会模式、股份公司模式、协会模式、业主委员会模式、房东模式、第三方企业管理模式；运营管理模式的选择受到多种因素影响，但是一般受到开发建设模式的影响较大；物流园区的协调运营模式，分为基于环节的纵向协调、基于产权的横向协调和基于平台的集群化协调三种；物流园区的网络化发展趋势，需要不断创新园区的运营发展模式。

第一节 物流园区的运营管理体系

一、物流园区运营管理的重要性和意义

物流园区的运营管理是指园区在延伸服务链、大力发展现代物流的过程中，结合园区物流发展实际条件和市场需求环境，对物流业务内容、市场运作主体以及市场运营的具体方式等方面采取的发展思路和运营策略。

物流园区规划建设后的赢利和发展成效关键在于如何运营管理，物流园区的运营管理水平的高低具有重要的影响作用。在各级各地对物流GDP跟风逐浪的时候，物流园区建设良莠不齐的局面相继出现。物流园区由科学建设阶段进入了科学管理阶段，如何有效地管理园区，进行市场化运作，使物流园区的发展回归健康发展的轨道，是目前迫切需要解决的问题和难点。因此，对物流园区进行综合治理，建立一个高效的物流园区管理体系，探讨物流园区有效的运营管理模式，具有很强的现实意义。

（一）有利于实现物流作业效率最大化

物流园区"信息化、自动化、智能化、集成化"的物流信息技术是实现物流作业高效率的基础条件，而物流园区运营管理公司功能完备的管理信息系统对实现物流作业效率最大化起着决定性作用。通过管理信息系统这个平台，使整个物流园区的物流企业形成一种战略联盟，可以创造集群化效应。

（二）有利于实现物流信息流通双向化

物流园区运营管理公司功能完备的管理信息系统是对供应链的有效整合，其中的办公系统、基础信息系统、电子商务系统等子系统都是加强双向信息流通的有效工具，实现物流园区内企业之间、企业与市场之间及各个物流园区之间信息的畅通无阻的双向流通。双向的信息流通有利于正确及时地把握市场需求的变化，作出最优的决策。

（三）有利于实现物流成本最小化

物流园区运营管理公司不同于一般的工业园区或科技园区里的物业管理公司，也不同于提供一般信息咨询或服务的中介公司，它不但提供公共服务、基础信息服务等一般性的服务，它还具有主动发现、创新、整合市场需求的设计能力，能够及时地把握市场需求，第一时间作出物流作业方案，从而更加有效地整合物流资源，避免造成不必要的资源浪费，降低物流成本。

（四）有利于实现物流园区运营管理的灵活多样化

企业化运营管理模式较行政化运营管理模式的一个最大的优点就是它的灵活性。因为企业化运营管理模式的经营理念就是以市场为导向，以客户需求为中心，提供灵活多样、低成本的综合物流服务，所以采用企业化运营管理模式，可以为物流园区和园区物流企业提供广阔的空间。

（五）有利于实现物流园区持续发展长远化

物流园区是不同类型的物流企业在空间上集中布局的场所，不同的物流企业在规模上或运作上都有不同，于是出现有的公司业务繁忙，而有的却经营惨淡。出现这种"两极分化"是不利于物流园区的持续发展的，也就无法达到物流园区进行物流资源整合的初衷。而物流园区运营管理公司的信息化全程管理就能够尽量缩小这种不平衡发展的程度。通过及时分析市场需求，设计出最优的物流作业方案，充分发挥不同规模企业的作用，从而实现园区内所有企业的共赢，也就实现了物流园区长期的繁荣发展。

二、物流园区运营管理的原则和目标

（一）运营管理的原则

1. 保障规划目的原则

物流园区虽然有赢利的目的，然而其本质上是准公益性质的公共设施，因而物流园区规划的目的主要在于服务地方经济，为地方经济发展提供必要的物流保障。在物流园区的管理方面，应当注重物流园区的服务能力是否和地方经济的需求相配套，是否能带动和促进地方物流业的发展，这也是物流园区存在的意义。

2. 效益原则

物流园区面向社会提供服务，具有赢利的性质。因而在物流园区管理过程中应当注意物流园区的效益问题，这关系着物流园区是否能存在并得到持续的发展。在保证了物流园区规划目的以实现的情况下，园区管理者应当思考物流园区的赢利问题。毕竟物流园区建设完成后，从本质上来说是自负盈亏的。如何整合物流园区拥有的资源，开拓市场，提供优良的服务,降低运输、配送、仓储、流通加工、包装、信息服务等服务的成本,提高园区运作的效益,是管理工作的核心。

3. 整体性原则

在园区之中还有物流中心、配送中心、仓储中心、后勤中心、信息中心等不同的部门,提供的服务多种多样,既有运输、配送、仓储等主要的服务,有些园区同时还提供诸如信息服务、后勤服务、物业服务等增值服务。这些不同的部门提供的服务各不相同,有些服务更涉及各部门的配合。因而理顺这些不同部门和功能之间的关系,需要物流园区的管理者从系统的角度出发,整合物流园区内部的资源,理顺各服务部门之间的关系,组织入驻企业分工合作,共同为物流园区的客户提供全方位的物流服务,满足城市生产、消费物流的需求。这样才能降低物流园区的内耗,提高服务效率,把物流园区的各部门、各功能有效整合,形成合力,力求物流园区运作整体最优化。

4. 运作流程合理化原则

物流园区中的部门和功能繁多,货物进入其中应当做到流程合理化。每个流程的衔接应当是顺畅的,其中的环节应当尽可能优化。不合理的操作应该尽量控制并减少,这有助于园区运作起来更加高效,在减少了不必要的操作后提高了效率,也降低了服务成本。

(二) 运营管理的目标

1. 统一管理、服务优先

物流园区管理应当做到统一管理、服务优先。在管理过程中,物流园区应当发挥管理职能,对于入驻的企业进行监管。统一管理的含义不仅仅是指把所有入驻企业纳入管理范围,还应当提高各企业的服务标准,进行标准化管理,这有利于物流园区以整体形象打造品牌效应。物流园区是准公益性质的企业,无论是从规划的目的而言,还是从参与市场竞争获得赢利的角度考虑,提高服务水平不仅能更好地服务于区域经济的发展,同时也能打造良好的品牌效应,从而在激烈的市场竞争中取得先机。

2. 控制价格、增强竞争力

物流园区应当对服务的价格进行控制。虽然园区中各物流公司独立经营、自负盈亏,但物流园区对外而言是一个密不可分的整体,园区内企业的竞争应该是良性的,应该既有竞争又有合作互补的一面。对于园区整体而言,控制价格能消除园区内物流企业之间的恶性竞争,对外而言起到了规范市场的作用。与此同时,能降低物流园区的内耗,有助于园区入驻的企业专注于核心业务,提高服务质量。控制价格并非指统一价格,而是指依据市场环境和市场定价水平设定一个合理的价格区间,防止入驻企业之间为了争抢客户而恶性竞争。

3. 控制成本、提高效率

物流园区应当控制运作过程中的开支。物流行业整体而言属于微利行业,物流园区的支出应当进行合理控制,减少不必要的开支,降低成本。惟其如此,物流园区才有利可图,真正做到在为区域经济提供推动力的同时,也获取应得的收益。控制成本有助于物流园区的长远发展。提高效率是指物流园区应当提供配套的设施和服务,让入驻企业专注于发展其核心业务,各司其职,分工合作,从而提高物流园区整体运作的效率,更好地服务于客户。

4. 优化流程、降低内耗

物流园区中部门繁多，功能多样化。物流园区管理部门不仅应当严格管理各流程，对每个流程进行优化，同时也应当对各流程的衔接环节进行行之有效的管理。对流程进行管理有助于物流园区控制每个流程的环节和各流程之间的衔接，使之更高效有序地运转；同时，降低每个流程的消耗，使园区的资源得到更合理的利用。

三、物流园区的运营行为主体

物流园区作为一种大型物流节点，吸引了物流、配送转运中心等物流企业在园区集聚，在物流园区投入运营后，无论是对入园企业经营活动规范管理，还是对物流园区内水、电、道路等基础设施和公共设施的管理，以及作为园区整体代表与政府打交道，都需要成立专门的机构进行管理，因而涉及物流园区的管理体制和组织形式，具体包括园区管理机构的组成、管理权限和范围等方面。

（一）物流服务需求者

这是系统能够维持运行的动力来源，他们提出物流服务的时间需求、价格预算以及所需要物资的运输、仓储、配送、流通加工等物流服务作业要求。物流服务需求者分为个人需求和企业需求，企业需求可根据企业所处产业层次分为第一产业、第二产业和第三产业的企业物流需求，也可根据企业所处行业分为汽车、食品、服装等不同行业的企业物流需求。

1. 个人需求及其需求特点

随着互联网的发展普及，中国电子商务迅猛发展，中国网购人数在 2010 年达到 1.85 亿，产生规模巨大的个人快递物流需求。此类物流需求的特点是种类多、批量小、批次多，愿意为了速度付出较高的单位物流运输费用。该类需求服务的重点环节是终端配送，对散居不同地点的客户的货物进行收发。

2. 不同产业层次的企业需求及其需求特点

第一产业包括林木、粮食、水产、鲜蔬、水果、肉禽蛋等，此类物流服务的需求特点是对于生鲜冷链技术的要求较高。第二产业包括化工物资运输，房地产建造，汽车、钢材等重工业制造，以及纺织、服装等轻工业制造。重工业物流服务的需求是能够完成超大、超重和危险物资的运输、仓储的保障和作业能力，轻工业物流服务的需求是速度快、成本低，以适应市场需求变化。第三产业主要是流通和服务业，进行商品的配送，该类物流需求的特点是通过信息化配送实现快速的终端反应和零库存。

（二）物流服务提供者

物流服务提供者包括物流服务运营商、物流设施设备开发建设商和物流辅助服务者。建设商根据市场需求建设物流园区、物流中心、配送中心、道路、桥梁等网络中的点、线硬件设施，并不断根据客户行业特点开发专业、高效的物流服务设备。物流服务运营商利用建设商所提供的硬件资源，进行运输、仓储、配送、流通加工等物流服务，满足客户物流需求。物流辅助服务者则包括物流信息系统开发公司、物流咨询和培训类企业、金融机构和中介组织，为物流网络系统运作提供配套的技术支持，营造良好的运营环境。

1. 物流服务运营主体

物流服务运营主体的界定可以根据2005年发布的国家标准《物流企业分类与评估指标》,是指至少从事运输或仓储一种经营业务,并能够按照客户的物流需求完成运输、储存、装卸、配送、包装、流通加工等基本功能,具有组织管理运营能力,实行独立核算、独立承担民事责任,非法人组织可比照适用。

物流服务运营企业是物流活动的直接承担者。根据其运行的作业环节分为运输型物流服务运营商、仓储型物流服务运营商、配送型物流服务运营商、快递型物流服务运营商和综合型物流服务运营商。根据社会化程度分为企业内部的物流组织、专业的社会化第三方物流组织和半社会化物流组织。其内涵和服务对象如表7-1所示。

表7-1 物流组织的类型及其内涵

分类方式	类　　型	内涵及特点
按照社会化程度分类	专业的社会化第三方物流公司	专业化地进行社会物流市场需求的服务
	半社会化物流组织	服务所在企业的同事,承接企业外的业务
	企业内部的物流组织	物流服务需求企业的一部分,专注服务于所在企业
按照服务运营环节分类	运输型物流服务运营商	完善的运输工具、便利的运输网络和运输管理能力
	仓储型物流服务运营商	仓储作业能力、仓储资源整合能力
	配送型物流服务运营商	综合拥有运输和仓储的资源整合能力同简单加工作业能力
	快递型物流服务运营商	有高速运输工具和网络通道资源,通过信息化实现高效作业
	综合型物流服务运营商	拥有上述各环节资源整合能力和一体化作业管理能力,服务范围广,综合服务能力强

2. 物流开发建设商

1) 节点设施开发建设商

节点设施包括仓库、港口、配送中心、物流中心和综合物流园区等。早期的仓库多为物流需求企业自建,发展到现在,有部分企业将仓库对外出租。目前对于大规模的、专业化的物流节点设施建设,都是由工业地产商通过投标进行独立开发建设或者联合多主体开发建设的。

2) 交通道路开发建设商

交通道路、桥梁等线路设施的建设属于公共基础设施建设,建设商多为具有建筑资质的建筑工程公司,参与竞投标之后承包相关路段工程。

3) 物流设备制造商

物流设备是物流作业的重要工具载体,根据各作业环节分类包括包装设备(如封口设备、贴标设备等)、仓储设备(如货架、室内搬运车等)、配送设备(如分拣机等)、运输设备(如货车、货船等)、装卸设备(如起重机等)。物流设备制造商需要根据现代物流服务的市场需求,不断开发改进物流设备,实现自动化、智能化、高速化、高承重性等优点。

3. 物流辅助服务者

物流辅助服务者包括专业的物流咨询公司、中介公司、第四方物流公司,这是不同于以往物流产业形态的运营关键行为主体,除了提供物流方案服务和咨询以外,也可以参与园区的协调管理。

物流软件供应商根据网络物流服务需求、服务资源分布信息和作业流程，开发和维护信息网络平台。信息网络平台可以辅助物流网络系统管理者进行协同运作管理，这是现代物流网络系统成功有效运行的关键要素。

物流协会可以作为政府、客户和物流服务提供商之间的沟通媒介，将物流服务企业的运行需求向政府反映汇报，亦可将客户资源及市场需求引荐介绍给物流服务企业。

高校及相关科研部门作为智囊团，为物流网络系统的协调运营管理提供方案建议，为政府出台规划和政策提供借鉴方案，为物流客户提供物流服务解决方案。

其余的物流辅助服务者包括银行、餐饮、住宿等单位，主要负责物流网络系统运行的配套服务，负责物流企业融资服务，以及物流企业员工和客户的餐饮、住宿和娱乐等。

（三）政府管理部门

物流业本身是一个复合型产业，涉及运输、仓储、商贸、信息、财政、土地等多个领域，具体到每一个企业要符合地方政府的相关管理规定，因此相关主体包括主管部门和地方政府两类，承担管理制度制定、组织指挥、管理监督与运营协作的责任。

政府及相关部门进行物流建设规划，包括节点设施的选址和面积，以及交通道路的建设规划，并推出物流行业政策，税收、路桥费、企业扶持等政策都将影响物流建设商和物流服务运营商的决策和运营行为。

（四）其他关联主体

其他关联主体如其他园区等，可与这类主体建立战略合作关系，协调发展，促进物流园区市场扩大和经营稳步增长，实现园区与客户互利双赢。除此之外，还可以借助其他物流园区的先进管理经验和运营能力，按照客户需求延伸物流服务链，完善物流经营网络。

上述四类行为主体共同构成物流园区运营系统中不可缺少的部分，各主体的决策和活动行为受到其他主体的影响，也将反过来影响到相关主体，由此建立如图 7-1 所示的多维行为主体体系。

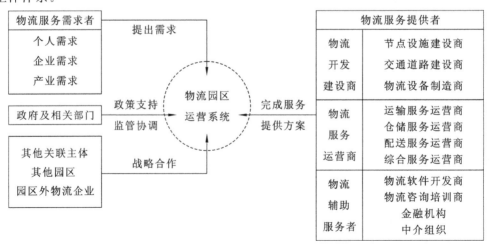

图 7-1　物流园区运营系统中的行为主体

（五）相关运作主体的综合关系分析

在物流园区的运营过程中，以物流企业为经营主体，一方面受政府相关部门的监督管理和指导协调，另一方面与客户、园区外物流园区以及物流企业在服务供给、市场运营等方面形成了广泛的网络关系。

四、物流园区的运营管理组织

（一）物流园区管理组织架构

不管物流园区是采取何种投资开发模式建设而成，在其运营管理过程中都离不开政府的扶持与引导。物流园区的管理模式沿用工业区、开发区的管理经验，使得行政管理主体与运营主体合二为一。在这种模式下，政府过多地参与到园区运营过程中，容易产生非市场化的行为，难以实现完全的市场化运作。因此，物流园区组织管理机构要将行政主体和运营主体分离。园区管委会作为政府的派驻机构在物流园区内行使行政管理职能，为物流园区提供规划、审批、建设等各阶段政策方面的支持和行政服务。物流园区经营管理的目的在于最好地组织安排物流园区内的各项活动。物流园区管理组织机构的设置应遵循以下原则：①分工协作原则，按照职能与专业把相同或相近职能的工作合并到同一部门，尽量减少不同部门之间业务交叉；②权责对应原则，组织机构各个岗位的权利与其所担负的责任应对等，避免两者不对称；③精干、高效原则，各管理机构的人员配备应本着少而精的原则，注重人员素质，保证人员精干、人尽其用。

（二）物流园区管理组织工作职责

物流园区管理组织代表物流园区履行经营管理职能。在政府部门的监督指导下，负责物流园区开发建设及运营的全过程管理。

（1）土地开发与交通基础设施的规划建设管理。

（2）物流园区经营模式设计。根据地理位置、区域经济水平以及需求等情况，对园区的各项经营活动进行设计，如赢利模式、业务范围和招商策略等。物流园区管理公司根据区域经济发展水平、区位优势的特点，从总体和战略的角度，对园区的经营活动（赢利模式和业务范围）进行规划，实现园区的经济效益和社会效益最优，并以此指导物流园区的招商活动。

（3）物流园区的管理。负责园区的物业管理服务，园区各主体之间关系的协调，园区信息平台的建设与运营，企业及领导人员的培训与进修，安全监管等工作。

（4）负责物流园区的营销、推广和物流园区潜在客户的开发等。负责物流园区招商活动全过程的指导。依据物流园区的定位和业务范围规划，对入驻园区的企业进行甄选，保证物流园区招商活动的成功，实现物流园区优质运营。负责物流园区的营销、宣传、推广工作，组织博览会，制作宣传册，办客户杂志等。

（5）为企业提供咨询、信息、维修等公共服务，提高园区的服务水平。提供综合运输或远程运输方面的网络连接，进行联合采购（能源与电信）以获得规模效益，负责园区内部网络平台的建设，组织企业及领导人员的培训与进修，作为危险货物专职代理人，负责特殊仓库的建设与管理及产品货物的配送，以及安全监管等工作。

五、物流园区的运营管理内容

物流园区运营管理的主要内容就是物流园区的开发前期的规划建设管理、投入运营后的经营管理和为入驻企业提供各种配套服务等。针对物流园区以企业为主导的特点以及目前物流园区"轻经营重管理"的现象,物流园区经营管理者应该注重物流园区的经营和服务。确定物流园区的近远期发展目标,为了实现这个目标而制定一系列的发展战略和经营计划,确定园区采用何种赢利模式,设计物流园区业务模式,对收益预测、客户分析、园区销售、市场推广策略、投资收益等作概要分析,保证物流园区的可持续发展。

具体包括以下几项:

第一,物流园区的开发前期的运营规划管理,包括物流园区的发展环境分析、各种定位分析、园区的选址、规模以及整个园区的总体规划等;

第二,物流园区的招商引资、品牌建设、宣传推广;

第三,物流园区投入运营后的服务及赢利,包括为入驻企业提供各种配套服务,包括经营管理咨询、政策法规咨询、商务服务、联合采购(能源与电信)、融资、工商税务代办、信息发布、保险、通信、组织企业联谊会与参观考察、小型购物、后勤、保安、环卫、消防、文化娱乐、餐饮、住宿、协调企业与政府之间及企业之间的关系,处理企业投诉、入驻企业信息系统开发与维护、特殊物流设施(冷冻库、危险品库等)经营、人员培训、安全监管等服务;

第四,物流园区运营管理的制度设计。

上述园区规划建设和投入运营后的经营管理都需要好的运行机制作为保障,因此,运营机制的设计也是非常重要的一项内容,它包括建立现代企业制度和现代产权制度、企业入园准入制度、日常工作制度等。

(一)物流园区运营规划管理

物流园区的产生是物流业发展到一定阶段的产物,物流园区的建设需要一定的条件,既要有物流需求,又要求物流企业相对集中,还要求至少存在两种以上的运输方式,可实现多式联运;同时,有一定的土地资源可以征用。总之,物流园区要成功运营,前期的规划管理工作很重要。物流园区的规划包括:

1. 物流园区发展环境分析

物流园区是市场发育到一定程度自发产生的,是受市场这只无形的手调节的。因此,物流园区的规划要以市场为依据。物流园区的建设是否成功,应该接受市场的检验,其中一个重要标志是物流企业或生产加工制造企业或流通企业等是否愿意进驻园区,进驻后能否生存、健康地运作和发展。物流园区项目开发的首要工作是进行市场调研和竞争情报分析,把握客户的需求,洞察市场走向,为市场定位、功能设置、模式设计等提供决策依据。物流园区规划要有翔实的市场分析,货流量预测,准确的园区定位,真正为物流园区的发展起到积极作用。物流园区很难在短期内实现赢利,加上市场竞争愈来愈激烈,因此物流园区的规划工作也显得愈加重要。

1) 宏观经济环境分析

宏观经济要素是发展物流园区的首要条件。根据国外的经验,当一个地区内第二产业在三大产业结构中占主导地位时,是大力发展物流业的最好时机;当第二产业比重向第三产业转移,并且第三产业占主导地位时,物流业在国民经济中占有举足轻重的地位。

2) 市场需求环境分析

物流业要在市场中锤炼崛起,需要有强大的市场竞争规模与企业经营规模做后盾。任何一种经济行为都必须遵循市场规律,物流不仅是市场行为,也是企业行为,因此,开展物流科学的市场需求分析是十分重要的。物流园区的决策应当以市场需求为依据,这个依据就是生产制造和批发零售等企业组织对物流服务的市场需求,包括现实需求的依据和未来需求的预测,对城市以及周边地区的物流需求进行分析,准确把握各种可能的市场需求。

3) 自然环境因素分析

物流园区优越的地理位置、强大的辐射能力和运输组织能力要靠发达的综合运输网络支持,它要求区域内不仅要具备公路、铁路、航空、港口等多种运输方式,还要具有一定的规模和等级,并且具备相互无缝连接的可能性。必须拥有非常发达的通信系统,以满足庞大的信息交换需求,有一定规模的通信管网为物流园区提供相当数量的卫星定位系统、公众互联网以及宽带系统,并具有随时接入的可能。

4) 竞争对手分析

对周边地区其他物流园区的定位、服务、功能以及发展策略等进行深入的了解,明确与同区域内其他物流园区的区别,避免重复建设所导致的价格竞争和设备闲置。

5) 政策环境分析

物流园区在规划建设的初期,一定要得到国家和地方政府的支持,并有相应的支持导向政策。由于针对物流园区发展的优惠政策在不同的地区没有达到统一,因此,在物流园区建设开发的前期对当地的政策环境进行分析也是一项必不可少的工作,其中包括用地优惠政策、税收优惠政策以及信贷融资优惠政策等。

2. 物流园区的定位分析

物流园区的定位关系到物流园区的组织结构设计、经营模式、服务方式设计等一系列问题,关系到物流园区的经营效果。因此,物流园区的定位要依据本地的实际,结合物流园区的地域特征、服务对象、辐射范围以及服务功能等综合确定。一般来说,在确定城市物流园区功能定位上,体现功能互补、错位发展的原则。要符合园区所处城市特殊区位条件,符合现代物流产业发展趋势,确定目标市场,注意同周边城市的协调,避免过多的功能雷同,着重解决物流园区的目标定位、市场定位、业务定位、客户定位、服务定位和形象定位等问题。

1) 目标定位

目标定位决定物流园区提供服务的内容及范围。定位策划应该根据园区的地理位置、交通条件、本区域的经济结构、产业发展情况、物流业发展、货物流向等来确定园区的目标定位。

2) 市场定位

物流园区的市场定位是指物流园区所经营的市场区域范围,是一个能对国际物流提供有效服务的经济实体,还是能对区域物流或本地物流提供有效服务的经济实体。例如,物流园区是准备适应跨国公司全球经营战略需求的国际物流运作系统,还是高时效性的区域物流综合服务运作系统,或是能够提供快速、准时、高速服务的本地配送服务系统。

3) 客户定位

物流园区的客户定位是指对物流园区的服务对象进行定位。不同的目标顾客具有不同的业务需求和满足需求所需要的特定服务方式,因此它直接决定了物流园区的经营模式和服务方式的选择。

4) 功能定位

物流园区的功能定位是指对物流园区准备承担的业务功能进行定位,如货物配送功能、交易功能、信息功能、综合服务功能等。

（二）物流园区招商

物流园区是基础设施型长期投资项目，其进入成本和退出成本都比较高，一个物流园区少则投资 1 亿～2 亿元，多则十几亿元，其投资回报期较长。为有效规避物流园区在建设上的盲目性及由此带来的市场风险，成功的招商必不可少。

物流园区招商主要是引进物流及其相关企业进驻园区内，开展相关业务。物流园区与不同功能的入驻企业之间的关系主要是资产入股、租赁、合作开发与经营等。进驻企业在综合考虑物流园区内及其周边物流资源状况、物流园区的投资环境、企业运营硬件和软件以及运营的软环境等因素后，确定企业进入园区所预期取得的效益，最后确定是否需要进驻物流园区。物流园区招商的目标是吸引更多的有利于园区长远发展的企业入驻，确保资源利用率的最大化。

1. 现状和问题

在入园企业的类型上，《2006 年全国物流园区发展调查报告》对 23 个物流园区的调查数据显示，主要是以商贸企业和物流企业为主。报告中将物流园区内入驻的企业和实体的类型分为 8 类：①物流公司；②货代公司；③商贸企业；④生产企业；⑤运输企业；⑥快递公司；⑦银行等服务机构；⑧其他。调查表明，入驻物流园区的企业和实体中，商贸企业最多，其后依次是货代公司、物流公司、生产企业、运输企业、银行等服务机构、快递公司、其他类型的企业。如果从广义的物流企业定义来分析，物流企业应包括货代公司、运输企业和快递公司。这样物流企业的数量基本与商贸企业接近。

入园企业选择方面主要存在以下问题：

1）招商水平低，园区空置率高

很多园区的招商停留在"招商"与"卖地"的层次上，出现了违规操作、打着物流旗号恶意"圈地"的现象，为物流行业的整体发展带来了不利影响。同时，在没有明确园区市场定位和经营服务方向的前提下进行招商，导致物流园区建设未能充分考虑有关企业和区域经济发展的需求，建成后无企业入驻，出现闲置。长三角地区目前已建成和在规划中的物流园区已达 90 多个，这个数字是德国所拥有物流园区数量的 3 倍；而在这 90 多个物流园区中，除少数的几个物流园区特色比较明显外，绝大多数物流园区都是大同小异，造成了人为的混乱和重复建设，致使长三角地区目前的物流园区空置率就达到 60% 左右。

2）入园企业选择不得当

当前，各地政府都将大部分精力集中在物流园区、物流基地的建设上，较少关注物流园区入园企业选择体系的设计。部分物流园区沿用工业园区地产经营思路，采用了"招商"和"售楼"的经营思路，缺乏物流供应链的解决方案与能力，脱离了我国供应链物流服务的实际需求。目前，由于缺少入园企业选择体系，出现"杂"、"乱"等一系列不良现象。许多物流园区招商不够专业，招商人员不具备相关的知识，也没有将物流园区的统筹发展纳入招商管理中，造成物流园区功能单一、缺乏服务能力；同时行业"门槛"要么设置得过高，将大量的中小型物流企业挡在大门之外，要么设置得过低，把很多不具备条件的物流企业放入园内，加大了潜在的风险。

3）入园企业业务重叠，园区功能单一

大量经营相同业务的企业涌入园区，园区业务水平单一，缺乏物流供应链整体服务能力。同时，大量同质企业并存，使得物流需求相对不足；加上园区功能单一，无法达到客户要求的服务水平，不能激发更多新的需求，造成需求绝对不足，出现恶意竞争。部分物流园区的服务内容单一，提供的服务局限于库房货场出租和物流设备租赁，不能满足客户差异化的需求，不能对入驻园区企业的运作提供各种支持性配套服务，整个园区难以为跨国公司等高端客户提供高附加值的物流服务，导致物流园区招商不力、入驻不佳、客户留不住、效益不好，达不到预期的经济效益和社会效益。

2．基本工作过程

物流园区招商工作主要包括编制招商策划书、招商推广和引进客户三个基本过程。

1）编制招商策划书

招商策划书是指导整个招商推广工作的策略性文件，对整个招商工作来说非常重要，是招商推广时期各项工作开展的重要依据，通常由物流园区委托具有丰富经验的顾问机构完成。

2）招商推广

招商推广首先要成立专门的招商组织，规划招商过程的各项事宜；其次要布置招商现场，既要清楚地展示物流园区的功能，又要保持现场良好的气氛；再次，开展宣传工作，制订市场推广计划，选择宣传渠道，制作宣传资料。

3）引进客户

招商必须进行客户甄别和目标客户的发掘，确定哪些是本项目的潜在客户，适时传递项目最新进展信息，以使其保持对项目的关注，全程把握其投资心理及进驻意向，直到进驻园区为止。

3．实施重点

1）制订成功的招商策划书

一个成功的招商策划可以使招商工作达到事半功倍的效果，有助于加快招商进程，缩短招商时间。在招商过程中，必须保证所制定的招商策划书切实可行，确定准确的目标客户，对于客户的跟进工作必须持续进行，以便及时反馈客户的信息。成功的招商策划要遵循动态性原则，根据招商的进展与客户信息的反馈及时调整现有的策划方案。同时，适时提供一定的优惠政策也将会明显改善园区招商的效果。

2）与中介机构合作

采用多种方式与中介机构合作，以此推进招商工作的进展。选择有良好信誉的、对物流行业具有较高认知度的、拥有丰富招商经验与庞大客户群体的中介机构进行合作将有利于提高物流园区建设的成功率，有效避免市场风险。合作的方式有很多种，可以全程跟进或只在某一阶段介入，也可以采取为物流园区提供策划方案以及作为园区招商代理等方式进行，这都将大大提高物流园区的招商效率。

3）为入驻企业预留一定的发展空间

相当多的物流企业对其进驻地区的未来发展空间都非常关注，作为接纳该类企业的物流园区在规划建设过程中必须充分考虑到这一点，尽量满足有意向进驻园区的企业对发展空间的需求。

4）把握好园区招商的时机

园区应根据不同的分类和具体情况确定招商时机。如陆路交通枢纽型物流园区必须待园区的基础设施的建设基本完成后才可开展招商工作，而改建的物流园区在规划出台后便可以开始招商。同时,根据物流园区具体情况的不同,招商时机的准确把握还有诸多影响因素:如园区建设的工程进度、对外宣传力度以及市场的认知程度等都需要综合考虑。若物流园区在其建设初期时,尚无法展示园区的总体形象和基础设施情况,就必须加大相应的宣传力度。另外,在园区招商的初期对于国际知名物流企业或者行业龙头企业等潜在的进驻企业要给予最大的政策优惠,以便带动园区后期的招商势头。

5)积极引进国内外优秀物流企业

国内外知名物流企业入驻园区后同样可以提高整个物流园区的知名度,有利于吸引更多物流企业入驻,形成良性循环。园区的招商工作者应及时了解把握国内外知名的物流企业的投资意向,对于有意向进入本地区的企业要有针对性地对其进行招商推荐,必要时可以提供最大限度的优惠条件。

4. 入驻企业的选择

物流园区并不是物流服务的直接提供者,其入驻的物流企业才是真正的物流活动的组织者和实施者。因此,物流园区的成败直接由入驻的物流企业的数量和质量所决定。入驻企业选择模式设计是物流园区管理者从园区发展的整体上予以考虑,对入园企业进行的选择,是物流园区运营模式的重要组成部分,决定了园区的赢利水平。根据我国物流园区及物流产业发展现状,借鉴发达国家物流管理经验,构建我国物流园区入园企业选择体系,从入园企业的技术实力、业务范围、规模、竞争优势、社会声誉等方面进行评价,避免入园企业良莠不齐,促进物流的集约化和专业化发展,并用以规范物流园区招商引资活动。

1)入园企业选择的经济分析

物流企业作为市场竞争活动的自主竞争主体,其商业行为表现为趋利避害性,并以谋求经济利益最大化为依据。企业在做出投资决策时,总是深思熟虑地通过成本、效益分析或依据趋利避害性原则对其所面临的各种可能的机会、目标及实现目标的手段进行权衡比较、优化选择,以期找到一种可以投入最少而所获收益最大的投资组合方式。另一方面,政府作为物流园区的发起者,其关注的不仅有物流园区对区域经济发展的带动、国民生产总值增加等经济效益,还有物流园区的社会效益。基于以上两点,对入园企业的选择应立足于政府与企业的双赢。

2)考虑因素

从我国经济发展水平和国际惯例来看,物流园区入园企业选择体系必须以完善体制机制,提高经济效益为目标,参照国际惯例,吸纳各种资源参与,积极培育和规范市场主体,营造公平、公正、公开的市场竞争环境。

物流园区的运营目标不仅表现为园区内企业协同运作、降低物流费用、实现规模效益,更重要的是建立大范围物流系统运作网络组织,实现区域物流系统物流链管理目标。实现这一目标的关键在于园区组织、管理优势的发挥。设计物流园区入园企业选择体系应考虑以下因素:

基本资质条件。企业必须达到国家关于物流企业评估标准的一定等级,并是具有经营资格的独立法人核算单位且遵守法律、职业道德,接受政府和社会公众的监督。

管理及服务要求。有健全的经营、财务、统计、安全、技术等机构和相应的管理制度;拥有相当的市场信誉度。

业务范围及潜力要求。以资质和业务范围划分标准,选择不同业务范围的物流企业进入,保证园区内部要素多样性,实现入园企业优势互补,避免恶性竞争。此外,各物流园区可根据地区经济发展状况和地区物流业发展水平制定符合自身实际的标准。

不同类型的物流园区,功能侧重点不同,应设立不同的选择体系,以有利于园区支柱业务、园区物流企业专业化和集约化及地区经济发展为标准,因地、因时灵活构建选择体系。

3) 入园企业选择指标建立

制定入园企业选择指标是入园企业选择体系设计的基础,通过企业选择指标的设立对招商过程中各类物流企业进行选择和评价。

① 指标选择的原则。

指标的选择是进行评价的基础,也是决定选择体系优劣的关键。必须科学地分析招商企业的情况,建立合理的指标评价体系。选择指标体系主要应遵循以下原则:

客观性原则。对物流企业进行选择评价是为了对物流企业资质和能力有一个全面的了解和认识,园区的管理者据此判断该企业是否满足入驻园区的一般要求。

全面性原则。选择指标的全面性是指评价指标不仅仅是对选择企业的一个评价,同时在指标中也要考虑物流园区自身的发展情况、战略定位和区位经济优势,还要兼顾已经入园经营的企业,业务上是否重叠,未来相互间整合资源、协同运作的可能性等。

动态性原则。物流园区招商是一个持续发展的过程,所以设计指标体系时应充分考虑园区环境的动态变化,能综合地反映现状和发展趋势。

可操作性原则。选择指标体系应充分考虑到数据的可获得性和指标量化的难易程度,定量与定性相结合。入园企业选择指标设定的最终目标是指导、监督和推动物流园区的健康持续发展。因此,每项指标应该是可观、可测、简洁及具有可比性。

② 指标的确立。

物流园区入园企业选择指标的确立主要包括三个方面:物流企业评估指标、园区企业生态指标和协同运作指标。其中物流企业评估指标是基础,对于入园的企业必须达到指标之上;园区企业生态指标具有排他性,如果园区生态指标不达标,为了保障园区已入驻企业的利益,原则上不选择入驻;协同运作指标更多的是一种潜力、一种预期,是企业的隐性竞争力,它关注的是在园区发展成熟阶段园区内企业以信息化为手段,通过整合资源、协同运作走向一体,提供供应链一体化服务的能力,这也是发展物流园区的终极目标。

物流企业评估指标的确立主要以《物流企业分类与评估标准》为基础,并根据物流园区自身发展的要求确立多层指标体系,包括经营和资产状况、设备设施、管理及服务、人员素质、信息化水平等。

园区企业生态指标是指物流园区的企业结构,即已经入驻企业的业务范围,以及物流园区发展第三方物流需求的种类,园区企业的竞争状况等。设置该指标的目的,是为了避免在第三方物流需求不足的情况下,大量同质企业进入,造成物流服务供大于求,出现恶性竞争,影响物流园区的长远发展。园区企业生态指标包括园区内企业指标和物流需求指标。

协同运作指标是指园区内企业以信息化为手段,整合资源、优势互补的可行性指标,它由企业的协同运作能力和意愿两方面决定。

具体指标及其说明如表 7-2 所示:

表 7-2　入园企业选择指标

一级指标	二级指标	指　标　说　明
物流企业评估指标	经营和资产状况	是对企业整体业务能力和财务状况的评估,包含企业年营业收入、资产总额和企业资产负债率三个方面
	设备设施	是物流企业进行物流生产的基础,反映了物流企业运作能力的保障,包括自有车辆、运营网点和自有设施设备比率等
	管理及服务	主要是对企业自身有无健全的经营、财务、统计、安全、技术等机构和相应的管理制度以及服务能力的评价,包括管理制度、质量管理水平、业务辐射面和顾客满意度等
	人员素质	包括中高层管理人员和一般业务人员两个方面
	信息化水平	包含网络系统、电子单证管理、货物跟踪和客户查询等
园区企业生态指标	园区内企业指标	是对园区现有物流企业经营状况的一种评估,包含园区内现有企业的业务范围、服务能力大小、种类和数量、园区内企业的竞争状况、待选企业入园后对园区生态的影响等。该指标主要是对园区内已经进驻企业的结构、业务范围和竞争态势进行分析,并将待选企业的业务与之比对,分析此类企业有没有进入园区的必要,会不会出现垄断和恶性竞争。如果待选企业的进入不会对园区的企业生态造成影响,则该企业满足该指标。 (1) 园区现有企业业务范围:从园区内企业的角度出发,分析园区现有企业的业务范围,找出哪些业务范围未涉及或还没有满足。 (2) 服务能力:对现有企业的业务能力的评价,是否现有的企业已经可以满足物流需求的要求。 (3) 数量与种类:从事不同业务的企业的数量。 (4) 竞争状况:从事相同业务的企业由于物流需求等因素的限制形成竞争,园区内企业的竞争状况指标很大程度上决定了是否需要继续吸引该类企业进入园区
	物流需求指标	物流需求指标是从物流园区需求入手,找出园区在现阶段最需要引入的企业经营业态。需求指标包含需求的种类、需求满足情况以及需求的变化趋势等。物流需求是招商的出发点,如果没有需求或者需求已经满足则不应继续引进提供此类服务的企业。 (1) 物流需求种类:是指要实现物流仓储、运输、配送、流通加工、物流信息服务、增值物流服务等某一方面或某些方面的功能。 (2) 物流需求的满足情况:指园区各种物流需求的满足情况,需求不足或者是还未达到满足需求的能力。 (3) 物流需求的变化趋势:从长期看这种需求的变化趋势,持续增长还是正在不断减少

续表

一级指标	二级指标	指标说明
协同运作指标	能力型指标	(1) 外溢效应型指标：聚焦于如何利用资源、技术的"外部性"，能够在协同运作中提高自身的能力，取得比原来更好的效益。 (2) 流程重组型指标：聚焦于企业能否在重组业务流程方面，适应协同化运作的要求，是否具备这方面的潜力。包括集成管理，集中于企业内部管理，特别是打破职能界限的效益。 (3) 竞争能力型指标：聚焦于企业是否具备在未来协同运作中占有一席之地的能力，竞争优势在哪里，是综合能力的体现。 (4) 信息化水平指标：聚焦于企业信息化水平的高低、系统的开放性等方面，信息化水平的高低关系着协同实现效果的好坏。 (5) 管理水平指标：聚焦于管理模式的改变，管理模式能否适应协同化运作的要求，能否更好地协同运作管理模式是关键。 (6) 人员素质指标：聚焦于协同化运作中对人员素质的要求，人作为经济活动的参与者和规则制定者要具有协同运作的意识
	意愿型指标	(1) 客观要求型指标：聚焦于企业在业务运作方面是否有协同运作的需求，与园区内其他企业在业务上优势互补的必要性。 (2) 重视程度型指标：聚焦于企业对协同运作的重视程度。 (3) 企业文化型指标：聚焦于企业文化对协同化运作的影响

5．实施建议

设置入园企业选择体系标准，是为了规范物流园区管理过程中的招商行为，确保招商活动的顺利进行。因而，在构建物流园区入园企业选择体系，选择入园企业入驻经营的招商过程中，要避免地方保护主义现象，为每一家有意入驻园区的企业创造公平、公正、公开的环境。

重视市场运行机制和规律，坚持以市场作为资源配置的基本手段，支持、鼓励物流企业间正当、充分竞争。

以《物流企业分类与评估标准》为基础，合理设计入园企业的标准要求，鼓励有资质的企业进入园区经营。

合理设定园区企业生态，在满足需求的情况下，避免入园企业过多而出现恶性竞争。对符合条件并进入园区的企业实施优惠的鼓励政策，鼓励行业技术水平和管理水平的提高。

注意对物流需求的分析，对于某些处于减少状态的需求，或从长远看不具备发展潜力的需求，不能因为满足一时之需要，而引入大量相关企业，待未来需求减少时造成这部分企业无法赢利，造成资源和设施的闲置。

合理使用生态指标的排他性，对于园区内竞争激烈但经营水平较低的企业，可以通过吸引行业内优势企业的方式进入，促进园区整体经营水平的提高。

要重视协同运作类指标的应用,在入园企业选择时考虑今后协调发展与合作的可能性,重视不同物流企业的业务互补性,在提高物流园区合作水平的同时,避免大量同质企业的进入。

重点扶持龙头物流企业,使其逐渐成为园区发展的主要动力,随着物流园区的发展,可将园区的部分管理职能有条件地转移给引导型物流企业。

(三)物流园区的服务和赢利模式设计

目前物流园区的赢利模式还停留在土地增值、租赁物流设施设备等方式上,信息化程度低,赢利水平低下,很少考虑利用创新的经营模式创造增值效应。据不完全统计,目前物流园区的赢利收入主要来源于仓库和货场租金。

物流园区的经济收益具体包括园区运营商的收益和园区内企业赢利的部分,对物流园区的合理的赢利模式进行研究有利于提高物流园区的运营效果和资源配置的优化。运营商的赢利来源主要有土地增值、物业出租、项目投资收益、提供配套服务以及个性化的增值服务等;园区内企业的赢利来源主要有通过提供仓储、配送、信息中介、流通加工等物流服务取得收入等。

物流园区的建设可以适度超前,但同时需注重实用、适用。部分物流园区建成之后设施设备的闲置问题比较严重,而物流园区建设是一个投入大、回收期长的项目,一步到位的园区建设需要耗费大量的资金,资金问题是大部分物流园区建设面临的问题,因此,物流园区的发展可以分阶段进行,在建设初期为将来的发展留足空间。

物流园区的赢利模式设计,是指基于园区的发展确定怎样的经营服务模式使投资回报最大化。因此,物流园区赢利模式的设计应该根据园区发展所处的阶段的不同而有所侧重,在不同发展时期其获取利润的模式存在较大差异。

(四)物流园区的管理制度设计

各地政府都十分重视物流园区的规划建设,较少关注物流园区的管理制度建设。针对物流园区目前的发展现状及问题,有关部门应该严把项目评审关,进行充分论证,并将其制度化。

1. 建立现代企业制度和现代产权制度

对物流园区进行企业化管理,是要把物流园区按照现代企业制度建设成适应市场经济的产权清晰、权责明确、政企分开、管理科学的独立的经济核算组织。现代企业制度和现代产权制度是物流园区需要特别重视的问题。物流园区不但是物流企业的聚集区域,它本身也应当是企业,应当按照现代企业制度建立健全企业化的物流园区。

2. 企业入园准入制度

物流园区经济效益实现的主体是物流园区内的企业,因此,选择合适的、有利于园区发展的企业参与到园区的经营是物流园区运作成功的关键步骤,物流园区的企业准入制度是对物流园区进行管理的一项基本制度。

该制度通过对入园企业的资质、经营范围、资产规模、服务宗旨等方面作出限定,以利于园区的规范化管理和改善园区的运营环境。目前,各地对物流园区企业准入制度的建立尚无统一的标准,都在根据自身实际情况作出要求。由于部分园区把关不严,造成园区内企业良莠不齐的现象。因此,研究物流园区的企业准入制度,为物流企业营造一种公平、公正、规范的市场准入环境,对提高园区的竞争实力、促进园区物流的集约化和专业化、带动区域经济的发展具有重要的意义。物流园区选择入园企业要考虑的因素有以下几个方面:

1) 企业的基本资质条件

规定企业需要达到国家物流企业评估指标的一定等级才能入驻,且是具有合法经营资格的独立法人核算单位。

2) 管理及服务要求

具有完善的技术支持、经营策划方案、财务统计程序、安全管理相关机构和相应的管理制度,且拥有一定的市场信誉度。必须遵守法律规范、职业道德,接受政府和社会公众的监督。

3) 业务范围要求

以业务范围作为划分标准选择不同业务的物流企业入驻,使整个物流园区内部的业务范围具有广泛性,避免入园企业的恶性竞争,实现优势互补。此外,各物流园区可根据地区物流业发展水平和经济发展状况制定符合自身实际的标准。

4) 选择指标多样性

物流园区的类型不同,功能侧重点亦不尽相同,应设立不同的指标来规范物流企业的入驻,以有利于物流园区支柱业务的增长、物流运作的集约化以及促进区域经济发展为目标,灵活地选择企业入驻。

3. 日常工作制度

日常工作制度主要是关于园区内企业和物流园区管理者在日常工作过程中的行为规范,包括人员的指挥调度和工作安排,明确职责分工,按职责分工各负其责,加强协调配合;入园企业自主经营,公平竞争;为保障建设资金的筹集制定财务管理制度,规范物品采购流程等各项经费的管理;为提高个人安全意识,保障安全施工,排除安全隐患而制定安全管理制度,以及为实现管理的目标而采取一系列奖惩措施,以保证物流园区有一个良好的运营环境。

六、物流园区的运营管理平台

(一) 公共平台建设

建立健全物流园区公共服务平台,能够更好地发挥物流园区的集聚效应。

物流园区公共平台建设主要包括六个方面:园区信息服务平台、园区金融服务平台、园区物流服务平台、园区仓储服务平台、园区政府服务平台和园区供应链管理平台。

(二) 园区信息服务平台

信息服务是物流园区公共服务平台的必备能力,而且信息服务和商流服务往往是同时进行的,所以园区信息服务平台建设对公共服务平台建设的影响举足轻重。

园区信息服务平台应包括公共信息服务平台、物流业务及其他产业信息服务平台、政府管理部门信息平台和政府职能部门支撑信息平台。其中,公共信息服务平台是物流园区信息平台建设的基础,其他三个信息平台同时对其提供信息支持;物流业务及其他产业信息服务平台是物流园区信息平台建设的核心部分，为园区内各物流企业的业务运作提供最基本的信息支持，同时为其他产业客户提供相关产业信息；政府管理部门信息平台是各级电子政务在物流园区信息平台的窗口；政府职能部门支撑信息平台是对物流运作提供相关业务数据支持的所有政府职能部门的信息集成、管理和交互的网络空间，包含了政府相关部门对物流要素的管理认定。

（三）园区金融服务平台

物流园区金融内生机制为物流园区集群中企业的诞生、健康发育与成长提供金融支持。金融内生机制的构建可以帮助物流园区产业集群实现融资渠道外源化、国际化、多样化，金融机构联合地方政府也可以为集群内企业建立发展准备金，通过提供资金优惠政策来间接推动物流园区集聚效应的发挥。

金融服务平台建设将集融资、金融产品交易、托管托收和监管等综合性金融服务于一体，针对园区内企业不同发展阶段的金融需求，通过整合银行、担保、保险、创投等资源，不断集成和创新金融产品，发挥综合服务优势，为园区企业提供个性化的金融服务。金融服务平台建设将坚持政府引导与市场运作相结合、全面服务与重点服务相结合、拓宽资金投入渠道与畅通资金退出机制相结合，为企业提供融资担保等渠道，为银行等金融机构提供代支代付和监管等信息。

（四）园区物流服务平台

物流园区物流服务平台将基于园区的集约配送功能、入驻物流企业的协同功能和物流配载调度功能而建立，对社会物流资源进行整合，实现物流管理的系统化直至社会化。物流园区物流服务平台的建设将引导物流企业向着集约化和系统化的方向发展，主要表现为两个方面：

（1）物流园区是多种物流配送企业在空间集中的场所，是具有一定规模和综合服务功能的物流配送集结点。物流园区的建设有利于实现物流企业的专业化和规模化，发挥它们的整体优势和互补优势。

（2）物流企业可充分发挥互联网的信息优势，及时准确地掌握全球物流动态信息，调动自己在世界各地的物流网点，构筑起本公司全球化的物流网络，节省时间和费用，将空载率压缩到最低限度，为货主提供优质服务。

（五）园区仓储服务平台

园区仓储服务平台旨在充分利用园区的空间资源和信息资源管理等优势，提高仓储效率，增加园区效益。该平台的特色包括：支持多运营商模式；应用物联网云计算技术进行仓库库位动态管理；仓储物品标准化管理；灵活多样的费用管理；货物仓单电子化；仓储日志管理，提高仓库安全等级；采用二维码标签、RFID等设备跟踪识别货物。

（六）园区政府服务平台

建设服务型园区政府，搭建政府服务平台，提高行政效率，整合部门资源，为企业提供产业信息和市场需求报告，引导企业积极健康发展。园区政府服务平台将建立入园物流企业信息数据库、供应商基本信息和产业信息数据库、客户与供应商合同数据库和银行等金融机构的数据库，向园区企业发布产业信息、产业现状与问题的分析报告、基于供应链数据的其他产业现状和问题分析报告、基于供应链数据库的其他产业市场需求分析报告以及各产业融资环境与信息发布等。

（七）园区供应链管理平台

供应链管理平台是在第四方物流理论基础上建立起来的，基于互联网，面向企业与客户、供应商、合作伙伴间开展供应链管理的信息服务平台。供应链管理平台将为整个供应链的管理活动提供支撑。其目的在于整合现有物流资源，对物流信息进行搭配选择，最终优化整个行业供应链。根据供应链中的主体，将园区供应链管理平台进一步分为客户服务平台和供应商服务平台两个子平台。

七、物流园区运营管理中政府的角色

（一）国外物流园区运营中的政府角色

政府作为宏观经济的管理者，政府管理范围和决策内容的逐步减少就是市场化程度的提高。在计划经济模式下，政府必定是一个全能政府，而在现代市场经济条件下，应是一个有限政府。有限政府是指政府的权力与行为限制在一定范围之内的政府。政府的主要作用是界定产权、强制执行合约、设立一般竞争规则等。没有政府对企业或作为市场参与者的个人行为进行法律的、行政的、规范的微观管理，就不可能有长久的、良好的市场秩序。

日本的物流园区自始至终都是由政府推动建设的，首先政府以极优惠的价格将土地出让给企业，再推动银行对这些企业进行低息或无息长期贷款，极大程度地减轻这些企业建设物流园区的资金压力。在建设及运营过程中，政府更是积极完善配套设施建设，推动园区地价上涨，为建设者和经营者谋取更大的利益。

在德国物流园区的发展过程中，政府的推动作用并不十分明显。当时，德国正值"二战"恢复期，政府为了促进物流业的发展，集中力量修建了大量物流基础设施，这些基础设施为之后的物流园区的发展提供了必要且非常重要的支持。

美国政府为了尽快将圣安东尼奥市物流园区发展成为北美贸易走廊，出台了若干税收方面的优惠政策，如销售税点返还政策，最初10年财产税全免政策等，同时政府通过并购和战略合作等途径，协助企业进行资源整合。

纵观国内外物流园区的发展过程，物流园区的规划运营都离不开政府部门的参与，关键问题是各级政府在物流园区运营管理过程中要有准确的角色定位。物流园区的发展需要政府的引导与扶持，政府的作用主要在于制定物流发展规划及产业政策，清除地区和行业壁垒，创造公开、公平、公正的市场环境。对于具体的经营活动，要放松管制，放手让企业按照市场经济规律去运作，促进物流企业通过市场竞争发展壮大。

面对中国物流行业发展初期的现状，政府针对各个问题给出了相应的解决办法。中国的物流市场集中度比较低，大多是从传统行业中分离出来的小物流公司，功能较为单一，不成规模，实施整合与并购是目前中国物流行业发展的必然。政府正是看到了这一必然，简化流程，积极配合大中型综合物流公司实施并购，协助零散小物流公司有机整合。在土地使用方面，由于物流园区占地较大，土地使用成本在总成本中占相当大的比重，在《城镇土地使用税暂行条例》（修订案）将土地使用税率提高一倍的情况下，政府仍对物流企业实行原税收政策,切实减轻了物流企业的资金负担。

(二)我国政府在物流园区运营中的角色定位

从国内外物流园区的发展过程来看,物流园区的产生和发展都离不开政府的支持与参与。政府在物流园区发展过程中的角色定位将直接影响物流园区未来的运营结果。因此,各级政府在物流园区发展中准确的角色定位是保证物流园区正常运营的关键。物流园区在不同的发展阶段,各级政府所扮演的主要角色不尽相同。

1. 在物流园区的发展前期

1) 在物流园区开发建设中起主导和整合协调作用

政府的推进与支持作为起始点的原动力。由于物流园区建设项目一般投资较大,投资回收期比较长,又涉及多个方面,而物流园区建设对于整合物流资源,降低物流成本,减少城市污染,促进经济发展和投资环境改善等方面具有较大的公益性职能,因此,无论哪种建设和经营管理模式都离不开政府的扶持。

在物流园区的发展初期,政府帮助物流园区在较短时间内快速完成对社会资源的整合,并且提高了园区的发展起点。政府可以协调部门之间相互分割的局面,为物流园区的快速发展清除一些体制性障碍。政府部门在我国物流园区的建设和发展过程中起到了至关重要的作用,有利于物流园区在较短时间内完成社会资源的有效整合,并获得较高的发展起点。

2) 市场化体制支持

政府参与物流园区建设具有积极的作用,但是政府的过度干预将遏制物流服务市场主体的竞争力。因此,政府在做物流园区规划时要给"看不见的手"留有足够的空间,避免干预物流园区经营的行为。因此政府应打破部门间的封锁,清除制约现代物流快速发展的体制性障碍,制定积极的税收、土地、融资等产业政策,理顺行政管理体制,建立物流公共信息网络平台,创建公平有序的市场环境,设立创新整合的人才机制,确定鼓励物流企业引进和使用先进物流技术与方法的措施,积极促进物流园区的建设发展。

3) 政策扶持

政府应该是物流园区运营政策环境的创造者,同时,政府可以通过制定优惠的税收、土地、融资等产业政策以及对入园企业给予园区用地政策、贷款政策、税收政策等政策方面的支持来推进园区的发展;协调和解决产业集聚过程中所面临的征用土地问题、基础设施建设问题,以及被征用土地的劳动力的安置问题等。

4) 完善配套设施

如道路建设、物流信息化设施建设、绿化工程建设、休闲配套设施建设,为物流企业提供工商、海关、检疫等服务,以形成一个产业链。因此,政府应积极承担起物流园区配套工程建设的责任。

2. 在园区运营阶段

1) 承担市场管理者、服务者的角色

从国外物流园区运营的成功经验来看,在对物流园区的经营方面,企业比政府更有效率。因此,在物流园区的运营阶段,政府不应参与物流园区的经营。对于有政府直接投资的物流园区,政府也不宜直接参与园区的管理,而应委托专业的管理公司来代替政府行使管理的职责,以实现公司化运营。

在这一阶段,政府的主要角色是市场管理者、服务者。监督、检查企业的不法经营行为,维护物流市场的秩序,改善经贸、工商、金融、税务、海关等各部门的服务质量和服务水平。

政府作为为企业提供服务的部门,应增强为市场、企业服务的意识,提高工商、税务、商检等相关部门的服务质量和服务水平,简化操作流程,提高工作效率。应按照市场经济的原则,应该致力于为所有企业的市场准入、运营和退出创造一个公平的环境。理顺行政管理体制,简化工作流程,提高园区运作效率,保护物流企业和公众的利益。制定物流标准,负责物流统计、调研、咨询等,向园区企业宣传政府的物流政策,介绍国内外先进的物流运作经验,搭建物流交流平台,解决物流企业遇到的实际问题等,充分发挥政府的服务功能。

2) 精简化管理

园区管委会,作为政府的一级派驻机构,要按照"精简、统一、效能"原则和扁平化模式,整合政府职能,减少管理层次,凡可设可不设的机构一律不设,部门职能尽可能综合化,相近职能实行合并;坚持因事设岗、因岗选人、一人多职、一专多能、适度分权、交叉兼职,将原来多个职能部门承担的职能合并由一个部门承担,并将其他可以剥离给管理公司的权利分离出去,由管理公司承担。树立"亲商"理念,从管理职能向服务职能转变,建设服务型政府,寓管理于服务之中,为园区企业提供人性化、专业化服务。

3) 采取间接管理手段

在管理手段上,从直接管理向间接管理转变,由计划式的直接管理转向以经济、法律为主要调控手段的间接管理,努力提供公开、公平、公正的游戏规则,积极创造与国际惯例接轨的游戏规则,给入园企业一个综合成本低、成长前景明朗的投资环境;从被动服务向主动服务转变。园区管委会要定期上门拜访和询问入园企业关心和需要解决的问题,力求提供超越并领先于企业需求的政府服务。

4) 建立公共服务平台

建立以"一站式服务"为核心的政府公共服务平台,简化手续,优化服务。构建"全过程、全天候、全方位"服务体系,全程跟踪、协调解决企业发展过程中遇到的各种问题。设立企业服务部门,听取企业意见,主动为企业提供全天候服务。以走访企业、举行企业座谈会、现场办公等形式,在政策争取、项目融资、市场开拓等方面给予企业有力支持。此外,园区管委会应增强应对突发事件的能力,帮助企业克服困难。

第二节 运营管理模式

一、物流园区运营模式的内涵分析

物流园区的运营管理模式是指对物流园区开发、建设及运营过程进行管理的方式和方法,为达到物流园区开发建设的预期目标而采取的组织、管理、决策形式。由于物流园区的开发建设中涉及物流园区的开发主体、运营管理方(一般为开发主体或其聘用的第三方)、入驻企业、园区外的物流服务需求者以及政府等多方的利益,因此物流园区运营管理的本质就是协调物流园区各主体之间的利益关系,实现各方的利益诉求。

与企业都具有完善的组织管理体系不同,物流园区作为松散型的组织,其经营活动价值最大化大都是期望于通过"跨组织协同"来实现,因而在对物流园区运营管理模式进行研究时,需要从物流园区整体考虑的角度来对经营活动进行设计。选择合适的经营管理模式是物流园区从规划建设走向实际运作的重要步骤,也是物流园区运营管理模式研究的核心。

据此,将物流园区运营模式定义为:物流园区运营模式是指物流园区在规划、建设完成后,在政府相关政策的扶持下,通过建立适当的组织管理体系,对物流园区主要战略和经营层面的活动进行设计,为实现园区社会效益和经济效益最大化目标而采用的方式方法。

二、运营管理模式分类

物流园区的管理模式依据投资模式的不同,可以分为六类:管理委员会模式、股份公司模式、业主委员会模式、协会模式和房东模式、专业第三方企业管理模式。每种模式各有特点,适用于不同投资开发模式的物流园区。

(一)管理委员会模式

管理委员会模式是指政府参照开发区的管理模式,设立管理委员会,由政府派驻的专员组成,管委会主要负责人都是政府任命。对物流园区进行管理,提供企业登记、土地使用、人事代理等服务。物业管理方面则委托专业的公司负责。从某种程度来说,此种模式具有较强烈的行政管理的性质。以东莞虎门港为例,该港口的保税物流园区就设立有管理委员会,其中的管理者是由东莞市政府派驻,负责虎门港保税物流园区的运作和日常事务的管理。

这种模式适用于完全由政府投资建设物流园区的情况,如政府按经济开发区模式建设的物流园区,或者规模很大的生态型物流园区。有助于实现物流园区开发的目的,切实起到为地方经济服务的作用。但由于过多行政参与而缺乏灵活性,无法充分调动市场。

(二)股份公司模式

股份公司模式是指采用股份公司的形式来管理物流园区。在物流园区中设立董事会、监事会、总经理以及相关部门等管理层级,按照权责利相结合的原则来管理物流园区。

此种模式是纯粹的市场化运作模式,把物流园区当做一家独立自主、自负盈亏的公司来进行管理。深圳白沙物流园区就是此种管理模式的代表,该园区是由湖南白沙集团投资建设的自营物流园区,主要为白沙集团提供物流服务,同时也面向其他企业提供社会化的物流服务。

此种管理模式适用于由政府和企业共同投资建设物流园区的情况,可以由政府和企业按照投资比例成立一个股份制公司来共同负责园区建成后的运营管理。主体企业引导模式就可采用这种运营管理模式,在充分发挥政府宏观调控作用的前提下,又不失企业自主经营的灵活性,如果开发商是物流龙头企业,采用这种模式的可能性比较大。同时PPP模式开发的物流园区也可以采用该管理模式。

(三)业主委员会模式

业主委员会模式是指参与了产业园区建设的企业组成业主委员会,成为园区的决策机构,组建管理部门负责具体的经营。

业主委员会模式主要是针对产业园区的投资开发者不止一家企业的情况。此种治理模式是一种松散的结合,产业园区的大小事务都由业主委员会来决定,随着业主的增加,决策的时间也会越长,效率比较低下。但此种模式的好处在于更公平,每家投资的企业依据占有股份的不同而享有相应的话语权。

此种模式目前在我国的管理中少见范例,以后随着产业园区的发展,该模式会逐渐得到应用。

(四)协会模式

协会模式是指由物流行业协会来负责园区的日常运作、整个园区的经营管理,组织、协调园区内企业开展物流服务,政府给予必要的支持。

日本产业园区建设中就不乏这样的案例。日本政府从20世纪60年代就由政府确定了市政规划,至今已建成20多个产业园区。政府将已规划的产业园区用地转让给各物流行业协会,然后由各协会以股份制形式向其会员企业融资,所筹集资金用来购买土地以及设备和建设产业园区的相关设施,不足部分由政府提供低息贷款。这样,企业、协会和政府形成了一个利益共同体,企业成为产业园区的股东,同时也是园区的客户。与此同时,政府对产业园区周边进行投资,建设交通设施等产业园区的配套设施,在促进物流企业发展的同时,促使产业园区的地价和房产升值,使协会中的各投资者获得回报。

但协会模式在我国尚不多见,主要是因为我国的物流协会的定位和体制本身还不健全。

(五)房东模式

房东模式是指开发商在完成了物流园区的基础设施建设和配套设施的开发之后,把土地、房屋、仓库、办公楼、信息平台等设施出租给入驻园区的物流企业。投资开发商自身退居幕后,自己成为"房东",只收取租金,不参与物流园区的经营管理。

物流园区为企业提供的服务职能由政府相关部门供给,或者由专业公司运营。当然,开发商在出租设施设备的同时,为了尽快获利,也会采取出售一部分物业的做法,仅仅收取物业管理费用。

此种管理模式是由工业地产商开发模式所开发的物流园区所采用,工业地产商在取得了政府批准的工业用地后,建设园区并采用"租售并举"的方式来运作物流园区。此时工业地产商扮演了入驻园区物流企业的房东角色。如美国普洛斯工业地产集团在苏州工业园区投资开发苏州普洛斯物流园,此物流园区的管理模式就是典型的房东模式。

(六)专业第三方企业管理模式

上述几种类型缺乏专业化的物流园区运营公司管理,在工业地产商完成物流园区的土地购买、基础设施及配套设施建设之后,如何招商引资,如何为入驻企业提供完善的服务就是当务之急了。物流园区的投资建设主体在物流园区规划建设完成后,将根据实际情况选择派驻机构对园区进行管理,或者将管理职能委托给专业的物流园区管理公司。

第三方企业管理模式由专门的物流园区运营管理公司来负责园区建成后的招商引资、物业管理、信息服务等整个物流园区全程的企业式物流管理。这就要求这样的公司在技术和理念上都处于领先水平,以市场为导向,以客户需求为中心,提供灵活多样、低成本的综合物流服务,达到园区内不同类型企业共赢的目的。所以此种管理模式将是实现物流园区高效运作的一种选择。

这样的公司通过对园区内各个物流企业及外部的相关信息进行整合配置,为入驻的企业提供高效的增值服务。其资源配置模式大致是:物流信息技术平台＋市场需求设计中心＋公共物流信息平台。

(1)以信息技术为核心,提高物流装备的现代化水平。通过条形码、无线终端、GPS、互联网等通信设备对配送的货物进行跟踪查询,通过立体仓储和自动控制实现库存环节的自动化,通过销售情报系统对需求链进行分析,使整个物流装备信息化、自动化、智能化、集成化,形成现代物流发展的新格局。

(2)主动发现、创新、整合市场需求的设计能力。了解市场的终端和供应链的始端,通过整合供应链上的相关企业如生产企业、运输企业、配送企业、仓储和加工包装企业以及消费者,能够为供应链上的企业提供最佳的管理咨询服务,实现供应链最佳流程。以客户需求为中心提供量体裁衣般的、灵活的综合服务,以降低社会运营的总成本,让供应链上的所有企业实现共赢。

(3)功能完备的管理信息系统。管理信息系统的功能完备,是进行物流园区全程管理的最有利的工具。它是实现企业自身的信息交流、发布、业务交易、决策支持等信息化管理的公共物流信息平台。它也是物流园区的物流作业与市场需求实现零距离的最重要因素。

(七)运营管理模式综合比较

通过对物流园区开发模式的分析,这些管理模式各有优劣,管理委员会模式行政色彩比较浓,能较好地体现政府的规划意图;股份公司模式运营效率较高,但可能片面地追求经济效益而偏离政府的规划目标;业主委员会模式和协会模式的组织与决策比较松散,管理的效率较低;房东模式属于投资行为,对物流园区的整体开发能力较差。协会模式和业主委员会模式的不同在于,协会所代表的物流企业更为广泛,协会只是组织者,并没有对园区进行直接投资。

物流园区的管理模式很大程度上取决于园区的投资开发主体,因此我国当前物流园区的管理模式基本上也是对上述管理模式的综合运用。

几种管理模式的含义及特点分析见表7-3:

表7-3 物流园区的管理模式及特点分析

管理模式	含 义	特 点
管理委员会模式	仿照经济开发区的管理模式,政府抽调人员组建管委会对物流园区的规划建设、招商引资等各项工作进行管理,并为园区内企业提供工商税务、商务服务等配套服务,将物业管理交给专门的公司	由政府组成的管理机构行政色彩比较浓,各种优惠政策相对容易落实,能较好体现政府规划的意图,适合规模偏大的物流园区。过多行政参与导致缺乏灵活性,无法充分调动市场
股份公司模式	开发商成立专门的物流园区经营管理公司,全面开展园区的开发建设管理、日常经营管理和为入驻企业提供各种配套服务,主要侧重经营和服务	运营效率较高,经济效益较好,但是可能片面追求经济效益而忽略社会效益,操作难度较大

续表

管理模式	含 义	特 点
业主委员会模式	参与园区开发建设的各主体组成业主委员会,组建园区管理决策部门,负责物流园区的具体经营、服务和管理,侧重服务和管理	决策层比较松散,难于取得一致意见,效率较低
协会模式	由物流行业协会来负责园区的日常运作、整个园区的经营管理,组织、协调园区内企业开展物流服务,政府给予必要的支持	政府将园区用地转让给各物流行业协会,由各协会以股份制形式向其会员企业融资,不足部分由政府提供低息贷款。这样,企业、协会和政府形成了一个利益共同体
房东模式	投资商完成物流园区的物流基础设施建设之后,把土地、仓库、信息平台、办公楼等基础设施出租给物流公司,成立物业管理公司或部门,收取租金,侧重于物业管理,经营和服务方面的内容少	物业管理公司重点在前期的招租和后期的物业管理,不参与经营,配套服务不多,属于投资行为,对整个园区的开拓能力较差,不利于园区的长期发展
专业第三方企业管理模式	由专门的物流园区运营管理公司来负责园区建成后的招商引资、物业管理、信息服务等整个物流园区全程的企业式物流管理	要求这样的公司在技术和理念上都处于领先水平。对园区内各个物流企业及外部的相关信息进行整合配置,为入驻的企业提供高效的增值服务

三、物流园区运营管理模式的选择

(一) 模式选择的影响因素

在物流园区的运营管理模式的选择上,不同国家的运营管理主体不尽相同。一般而言,物流园区管理模式选择受到以下几个方面因素的影响:一是物流园区的建设目标,这决定了政府对其在物流园区管理中职能定位的思考;二是物流园区的开发模式,投资开发主体不同,园区的管理模式也不尽相同;三是物流园区的规模与功能,如果物流园区的规模较小、功能比较单一,则可以采用比较简单的管理方式,如果园区规模很大、综合功能强大,则管理模式也相应有所不同;此外,还受到地区行业协会情况等因素的影响。

但总的来说,目前,物流园区的管理模式主要由其投资建设主体来决定。

(1) 采用政府主导开发模式和政企联合开发的、规模较大的物流园区,其经营管理模式一般会采取管理委员会模式;

(2) 由大型物流企业主导开发的物流园区,其经营管理模式通常采用股份公司管理模式;

(3) 由工业地产商开发的物流园区,其经营管理模式通常采取物业管理(房东)模式;

(4) 如果物流园区的开发建设是由几个物流企业主导进行的,则采取业主委员会模式,参与开发建设的物流企业组成业主委员会,成为园区的决策机构,组建管理部门负责具体的运作管理;

（5）采用综合管理模式，政府为主导规划建设的物流园区占大部分，这类物流园区的运营管理主要集中于管委会与物流园区管理公司并存的形式。如贵阳市二戈寨物流园区采用"管理委员会＋开发经营公司"的管理模式，其中管理委员会统一领导园区的开发建设和运营管理工作，负责重大事项的决策，把握园区未来发展方向等；开发经营公司由管理委员会负责组建，部分参与园区开发建设的企业也参与其中，经过管理委员的授权行使部分政府职能，并负责对整个园区的开发建设和运营管理实施企业化的具体管理。该模式既保证了物流园区的规划发展始终坚持政府的规划意图，又保证了园区建设和管理的效率，兼顾了企业的赢利需求。

（二）物流园区运营管理模式选择的标准

通过上述分析，物流园区经营性为主导的特点较为突出，因此，物流园区运营管理应实现真正意义上的市场化运作，避免过多的行政干预。

1. 有效的整合资源

物流园区的管理与一般的工业园区或科技园区里的物业管理不同，除了要提供公共服务、基础信息服务等一般性的服务，还需要具备整合市场需求、创新经营服务模式的设计能力。能够及时地把握市场需求的变化，不断地改进物流作业方案和服务水平，从而更加有效地整合物流资源。

2. 应对市场的灵活性

物流园区的管理者要以市场的发展为导向，以园区内企业和园区企业的客户的需求为中心，能够满足灵活多样、低成本的综合物流服务的需求，同时可以为物流园区和园区物流企业提供广阔的发展空间。

3. 有利于物流园区长远持续发展

物流园区内的不同物流企业在经营模式、服务功能、发展规模上有所区别，因而出现业务繁忙或惨淡经营这种"两极分化"的现象，不利于物流企业的协调发展。物流园区的管理主体应对市场需求进行充分分析，为园区企业的经营模式的设计提供建议，充分发挥不同规模的企业在物流园区资源优化配置中的作用，从而实现园区内企业的互利共赢、繁荣发展的局面。

四、国内物流园区运营管理发展概况

研究我国物流园区的运营模式，目前主要是以政府为主导的自上而下建立的模式和以企业为主导自下而上建立的模式，而其中以政府为主导的物流园区占总数的绝大部分。《2006年全国物流园区发展调查报告》对205家物流园区的管理经营模式做了调查，结果显示：179家物流园区采用政府主导或者政企联合主导，占总数的87%，仅有26家园区采用企业自发建设模式，占总数的13%。

无论是政府主导、企业主导还是政企联合的模式，都始终将进行企业化经营的物流公司作为园区的经营主体，但同时无一例外地离不开政府部门的支持和指导。政府进行行政管理，公司进行有限自由经营。运营管理模式则主要集中于管委会与开发公司并存的形式。一般采用的方式是：政府委派工作人员在园区成立园区管理委员会，负责园区内的一切行政事务,提供政府服务,承担社会管理职能;园区建设企业或行业协会组成物流园区管理公司,提供物业管理、项目管理、基础设施开发、园区总体策划、宣传等服务,但不参与园区内企业的经营活动;园区内企业实行自主经营。

通过建立园区的企业化经营管理模式,加强园区规划管理的力度,通过一定的方式使物流企业从整个园区的角度来开发建设征用的土地,严格按照土地使用性质进行开发,避免园区土地利用的混乱;负责园区公共服务设施和服务平台建设;严格入园企业准入制度,实行入园企业自主经营。政府在政策上对物流园区的发展加以扶持,对区域现代物流的发展进行规划,积极通过创造有利于企业发展的政策吸引物流服务提供商来入园开展业务,大力发展现代物流教育,创造激发社会物流需求,为发展现代物流创造良好的条件,同时研究与现代物流有关的政策问题,规范园区运作秩序,为发展现代物流业提供良好的政策环境。

从过去几年间我国物流园区的建设实践来看确实取得了一定的实效,但也存在不少问题,很多物流园区没有多少物流企业入驻,空置率比较高,究其原因可以发现我国物流园区在运营过程中存在以下问题:

（一）物流园区管理体制不够完善

1. 政企不分

我国物流园区的规划与管理涉及多个部门,在政府的各项职能中,没有专门负责物流园区管理的部门,使得物流园区管理的现状混乱,不利于物流园区的健康发展。此外,物流园区组织机构设置和人员配置不合理,忽视了整个园区的经营工作。行政管理部门多,经营与服务部门少,缺乏统一的经营标准和经营模式来规范物流企业。部分政府主导的物流园区,由于物流产业发展规划是政府做,物流产业开发项目由政府批准,土地资源实际上掌握在各级政府手中,能够制定招商政策的也只能是各级政府部门。园区的管理部门是政府的派出机构,实际从事物流园区招商和运营的又是有政府背景的公司,许多地方政府角色"错位"、"缺位",政府对企业干涉太多,参与了物流园区的具体经营,政府型的管理模式或公益事业型的管理体制,势必难以适应园内现代物流企业的要求。

2. 物流园区管理运营缺乏明确的市场化机制

在我国,目前很多物流园区是政府主导进行开发建设的。由于政府在物流园区开发中发挥了主导作用,为其制定了物流园区的发展规划,审批物流园区的开发项目,并提供土地资源,因此政府往往选择有政府背景的企业作为开发主体。在运营管理中,政府型的管理模式或公益事业型的管理体制极为常见,企业化、市场化的运营机制难以落到实处,导致组织机构设置上的混乱,管理效率低下。

（二）物流园区组织机构设置不合理

目前,国内多数物流园区开发建设都是由政府主导的,没有成熟的管理经验,在组织机构的设置上比较混乱,行政管理部门多,经营与服务部门少,导致管理效率低下,经营与服务效果差。目前国内许多物流园区的管理机构主要是作为管理和协调机构,在职能的发挥上偏重于按照政府对园区的规划和要求,对园区的规划、建设、招商、税收、物业、环境、治安等进行管理,忽视了整个园区的经营管理工作。

通过考察调研各地比较成功的物流园区管理运营经验可以得知,只有从企业化运营管理的角度对物流园区的运营管理模式进行设计,把物流园区管理委员会的运营管理职能分离出来,交给专门的物流园区管理公司,物流园区管理委员会只作为行政管理主体对物流园区的经营管理提供服务和良好的发展环境,这样的物流园区才会取得良好的经营效益。

(三)政府部门与物流园区协调不够

物流园区外部环境建设尚须完善,整个物流系统还没有形成规模化、系统化,物流服务理念不强,信息系统、运输环节与政府部门协调不够,这就造成了物流园区物流供应效率不足,无法满足物流园区的物流需求。整体上缺少宏观的、系统的、协调的物流发展战略,物流市场面临着条块分割、行业界限造成的部门隔阂,阻碍着各物流子系统能力的发挥。

(四)缺乏物流园区运营定位与规划

物流园区在投入运营后所呈现出的定位不准、空置率高、效益不佳等一系列问题,是由于大部分建成或在建的物流园区缺乏深入市场调研和明确的目标定位,进而导致很多物流园区在功能定位和目标客户锁定上表现出盲目性。因此,对物流园区的规划建设以及运营的过程进行规范管理是必要的。为了真正达到物流园区开发建设的预期目标,避免出现建起后无人进驻、有园无市的现象,就必须优化物流园区的运营管理模式,对物流园区整个运营过程进行全程监控。

(五)政策支持不到位

物流园区在发展的过程中,遭遇政策瓶颈,在投资融资、税收、用地等方面缺少政策支持,造成项目审批困难和用地困难等现象。同时,由于国家没有出台全国性的物流园区发展政策,现有的政府在土地、融资、税费优惠等方面的政策不统一,造成了物流园区之间,以及物流园区与其他企业之间严重的不平等竞争,从长期看不利于物流园区的发展。土地问题已成为物流园区发展的瓶颈。调查显示,有41%的物流园区认为现行的土地政策限制了物流园区发展;有13%的物流园区认为现行的土地政策支持了物流园区的发展;有28%的物流园区认为无明显影响;有18%的物流园区不了解现行土地政策对物流园区的影响。

此外,物流园区建设政策支持不统一。在各地区物流园区的建设过程中,当地政府都会为其提供各类优惠政策。但是,由于国家没有出台全国性的物流园区发展政策,因此不同地区的政府在土地、融资、税费优惠等方面的政策不统一,造成了物流园区之间以及物流园区与其他企业之间的公平竞争难以实现,影响了物流园区的长期稳定发展。同时,物流园区周边的基础设施,包括道路交通、水电、生活服务等需要政府预先为其提供,但是往往难以落实,这不仅加大了物流园区运营管理的难度,对未来物流园区土地增值也产生了负面影响。

(六)配套不完善

物流园区的运作以市场为导向,以企业为主体,在物流园区的功能开发建设,企业的进驻和资源整合等方面,都要靠园区优良的基础设施、先进的物流功能、健康的生活环境和周到有效的企业服务来吸引物流企业和投资者共同参与,真正使物流园区成为物流企业公平、公开和公正竞争经营的舞台。物流园区配套设施的不完善,包括两个方面:一方面是周边配套的缺乏;另一方面是内部配套的不完善,无法提供物流信息、物流金融、物流培训、通信、综合办证、员工公寓、休闲、娱乐等全方位的配套服务项目,没有为入驻企业提供良好的环境,制约了物流园区的进一步发展。

第三节　物流园区之间的协调运营

一、协调运营系统

（一）协调过程模型

采用多重边图和从属关系网络对区域物流协调过程进行具体的描述，如图 7-2 所示。

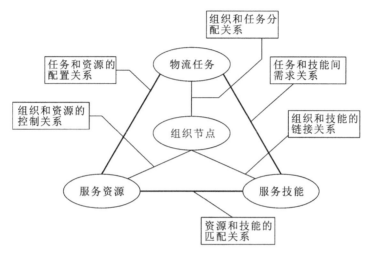

图 7-2　物流组织网络协调运作模型

图 7-2 中包括同种要素构成的单模式网络和不同要素间的二分图网络，共有物流组织和三个要素构成的四种单模式网络，分别为物流组织网络、物流任务（需求）网络、物流服务资源网络和物流服务技能网络。六种关系来自于不同要素间的相互作用，体现了区域物流网络协调的过程，物流任务根据组织节点的服务资源和服务技能状况进行分配执行，各组织节点合理利用资源和能力协调完成物流任务。具体表现如下。

任务和技能间的需求匹配过程：不同的任务需要不同的技能，如快递业务需要较高的信息和网络能力，存储任务需要较强的保管和装卸搬运作业能力。

任务和资源的配置调用过程：不同的任务需要不同的资源，如长距离的运输需要航空、铁路、水路运输资源及中转换装的设施设备资源，而短距离的配送则对公路运输资源有较高的要求。

资源和技能的匹配过程：不同的资源具备不同的技能，因此提供的服务也有很大差别，比如专业化的仓储资源主要具备存储和装卸能力，而港口资源主要提高车船的换装能力。

组织和任务的分配过程：物流任务的完成往往要涉及很多个组织，如仓库、车站、运送企业、代理企业等等，不同的组织在物流任务中负责不同的作业，承担不同职能。

组织和资源的控制过程：物流组织或拥有或控制一定的资源（包括信息资源和其所控制的其他组织资源），因此可以利用自有的资源或外部资源提供一定的服务，因此物流组织和物流资源之间存在着拥有、控制或使用关系。

组织和技能的链接过程：物流组织都在尽可能利用自己所拥有或控制的技能进行协调活动。

（二）协调层次

根据企业各协调要素的不同作用和特征，利用复杂系统的分析方法，将企业的协调要素划分为三个层次：宏观层次、中观层次、微观层次。如图 7-3 所示，这个层次是自顶向下逐层分解的。

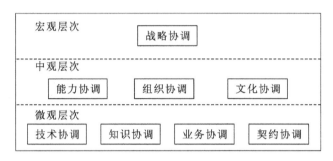

图 7-3　模块化物流企业群协调体系

宏观层次反映的是园区内物流企业在战略方面的协调，这是园区内物流企业之间进行合作的前提条件，它体现了合作的可能性。中观层次反映的是物流企业在管理层面的协调，这是企业之间进行合作的基础条件，包括组织协调、能力协调、文化协调，它说明了合作的可行性。微观层次反映的是园区内物流企业运作层面的协调，这是物流企业之间进行合作的方法措施，包括技术协调、知识协调、业务协调、契约协调，它规划了合作的可操作性。在宏观、中观、微观各个层面上，各项内容相互作用，构成了统一的协调体系，体现了从无序走向有序的自组织特征。

（三）协调系统及其要素

为了实现上述区域物流企业的协调过程，需要构建协调化运作的基础平台，实现各种要素和资源在物流企业组织间的流动和传递。在此基础上，还需要依据物流企业的运作特点和组织形式，制定出适合物流企业协调化运作的相关机制，这些机制是物流企业协调化运作的管理规则。

物流企业协调化运作的基础平台可以通过服务能力资源整合、组织整合、任务整合来实现，在此协调的基础上，需要重点研究保障集成化运作实现的激励机制（利益分配机制）、监督机制（服务质量监督机制、价格监管机制）、信任机制、风险管理机制。区域物流协调化运作的基础平台和运作机制之间不是孤立的，而是高度相关的，并且是互为因果、互相促进的。将协调化运作的基础平台与四种集成化运作机制有机联系起来，就可以构造出区域物流协调化运作的总体框架，如图 7-4 所示。

在图 7-4 中，围绕着网络型物流企业集成化运作的核心目标，存在两大核心体系：一是集成基础平台，即由各种集成对象所组成的集成基础平面，这是实现网络型物流企业集成化运作的基础；另一个是集成化运作机制，即由各种运作机制组成的运作机制平面，这是实现网络型物流企业集成化运作的关键。网络型物流企业的集成化运作需要集成基础平台和运

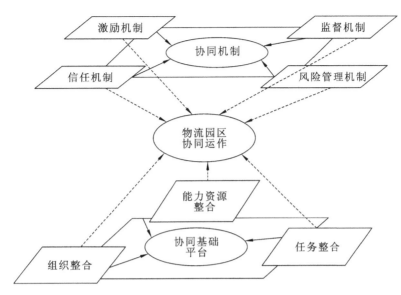

图 7-4　物流园区协调化运作内容模型

作机制的共同作用。在构建集成化运作基础平台时，应以战略为导向，实现企业的目标系统化、信息协调化、知识共享化和流程一体化；在制定集成化运作机制时，应以网络型物流企业的运作特点和组织形式为依据，深入研究适合网络型物流企业集成化运作的相关机制，保证网络型物流企业集成化运作达到预期效果。

在图 7-4 中，协调内容包括能力资源、组织和物流任务，而支撑协调运行的机制则包括利益分配的激励机制、服务质量和价格的监督机制、信息共享的信任机制以及风险管理机制。具体分析如下。

1. 能力资源要素

能力资源包括硬件和软件资源，硬件资源包括物流基础设施和物流设备，软件资源包括信息、资金、人员和客户。

1）硬件资源协调调配

区域物流基础设施资源协调调配是一项相当复杂的系统工程，其在实践中的顺利进行和相关成效的取得需要相应的基础条件作支撑；同时，为获得区域物流基础设施资源整合的可持续性效果，实践中我们还需深刻认识对区域物流基础设施资源进行整合的作用。

区域物流基础设施资源主要包括特定区域内的公路、铁路、水路、航空等通道资源，以及基于交通枢纽的货运场站、仓储设施等方面建设所占的土地资源。区域物流基础设施资源协调调配的基本思路就是将所有的物流基础设施资源均看成一个大的系统，然后再通过对系统内各要素的加工重组，使之相互联系、相互渗透并最终形成合理的结构体系，实现经济效益的最大化。

2）软件资源协调利用

信息资源共享。物流信息资源共享是指对各种物流信息资源进行收集、筛选、分类、对比、判断、联想、推理、整理，使之合成为以价值增值为目的的有效信息的一种活动，这种活动会影响到利益相关者的行为。运用现代信息技术、数据库技术、多媒体技术、网络技术、电子数据交换技术（EDI）、Internet 等技术，使物流服务组织迅速、准确地获得各种信息，达到信息共享、及时决策的效果。

资金资源整合。资金流最大的问题就在于物流投入和作业成本上，物流企业的成本具有其特殊性，共同成本占总成本的比重较大，需要对寿命周期较长的资产长期大量投入（包括新建或购置物流设施设备的投资和运营时的养护维护等），这样的资产是与较长一段时间的业务量相对应的。因此，它们的成本费用多表现为共同成本，其中固定资产的折旧费和修理费占总成本比重较大，这种共同成本类似于一种间接费用，需要在不同时期、不同托运物资间进行分配。因此单个物流企业应根据自身的投入成本和作业成本，将成本高的业务进行外包合作，完成自己成本相对具有竞争优势的物流环节，就会形成自己的核心竞争力。

人力资源整合。物流行业涉及各行各业，是一个知识、技术和资本相结合的增值型的服务行业。现代物流业的竞争已从以劳动密集为基础的低端价格竞争转向以技术和资本为基础的高端物流和信息流的竞争。因此，开展物流业务的前提就是必须拥有一批理解物流运作规律、熟悉现代信息手段、精通物流业务的人才。人力资源对资源整合的影响更多地表现为制约作用，尤其对中国物流企业来说，专业物流人才缺乏，加强人力资源整合，实现人尽其才，是实现物流系统资源优化配置的有效途径之一。

客户资源整合。各物流企业根据客户需求不同进行细分，结合自身资源优势和特点，协调分配物流任务，为客户提供差异化、多元化和专业化的物流服务。物流企业的规模化经营不仅是企业自身经营行为的需要，同时也是其承载不同客户、以更低的操作成本实现运作资源共享的表现。因此，从这个角度上讲，不同的客户在运作中是完全可以连接在一起共同运作的——但前提条件是资源的承载能力能够支持。客户资源的整合涉及整合的空间、整合的渠道、整合的方式等多个相关因素，也涉及具体业务执行的可操作性和可控制性，需要在实践中不断完善。

2. 组织协调要素

区域物流系统协调运作需要物流组织的协调才能得以实现。根据物流任务和物流资源的协调结果，为了取得所要协调资源的使用权，需要对物流组织进行整合，即对物流资源产权主体进行协调控制，实现物流系统的集成运作。这里的组织整合，不仅仅是指具有独立法人地位的企业实体组织，更多指的是由多个企业组成的具有联盟性质的虚拟组织。第三方物流系统内组织整合的目标是使系统内各组织各部分为物流系统的整体集成运营充分发挥各自的核心能力而联结为一个整体组织，从而为物流系统的运行提供高效合作的物流作业团队。整合从两个方面进行：一是物流企业内部的组织整合，打破部门限制，加强内部信息沟通，实现高效的协调运作；二是外部组织的整合，外部整合应着重于整合外部资源。第三方物流企业以供应链约束为前提，以整合资源效用最大化为目的，借助于内部信息机构和外部网络达到有效的运作。

3. 物流任务协调要素

各节点相互联系的基础是任务，任务的产生、分解、分配和执行过程，在物流组织网络中形成任务流。物流组织网络中各节点都会通过各自活动承担相应的任务，并受一系列约束限制。在物流活动的不同阶段,各个成员之间存在协调或制约关系。根据协调过程关联对象的不同,物流组织网络中的协调可分为组织节点之间的协调、物流活动之间的协调、物流信息之间的协调、资源间的协调等。

物流组织网络运作中的任务是协调控制的基本对象。基于任务将物流组织网络中的节点、信息和资源联系在一起。物流服务需求是推动任务执行的动力,服务的逐步细化和具体化的过程表现为任务的分解和执行过程。物流组织网络节点是任务执行主体,任务的逐层分解与细化的过程就是任务分配与执行的过程,同时也是物流组织网络节点之间协调化运作的过程。物流组织网络中各节点通过协调、重构物流服务过程,并根据市场需求在网络中配置最优资源以适应物流服务需求。通过物流组织网络的协调运作可以加强成员之间的合作、协调,从而提高物流服务效率,达到缩短物流服务时间和降低物流服务成本的目的。

4. 协调机制要素

所谓机制,泛指一个工作系统的组织或部分之间相互作用的过程和方式。在经济学中,"机制"是描述组成经济系统的各种要素之间的有机联系、相互作用的过程和方式。区域物流协调运作机制是保证系统内部服务网络资源共享、优化运作的系统动力。本文分析的协调机制主要包括激励机制、监督机制和信息共享机制,这三类机制对应了权、责、利,三边机制相互影响、相互制约、相互促进,如图 7-5 所示。

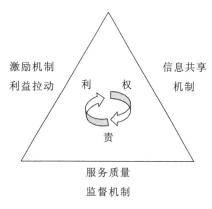

图 7-5 协调机制要素模型

二、物流园区的协调合作模式

(一)基于环节的纵向协调

物流系统由运输、储存、配送、流通加工、包装、装卸搬运、信息管理等基本物流环节组成。物流环节是物流经济活动最微小的活动单元,是物流系统的基本子系统,也是物流研究的最基本单位。相应地,区域协调物流体系内部实体中最基本因素也是各物流作业环节(见图 7-6)。协调与合作成为物流系统赖以存在和发展及运作的关键,物流环节的协调则是任何物流系统协调运作的基础。

基于环节的纵向协调是指处于物流服务不同阶段的、拥有不同物流功能的企业,通过并购或契约联盟合作的形式统一起来,提供"一站式"的物流服务,形成综合型多种物流服务的供应商。纵向协调主要是功能型的整合,以供应链一体化管理为基础,将采购、仓储、运输、配送等不同物流服务的供应商集中起来,为整条供应链利益最大化提供流通服务。

1. 运输环节

产品是在一定的时间期限内,利用一种或多种运输工具,实现顾客所需要的人与物的空间位移。由于各种运输方式都有其自身的局限性,运输过程中的任何不衔接或中断都将影响运输产品的质量。

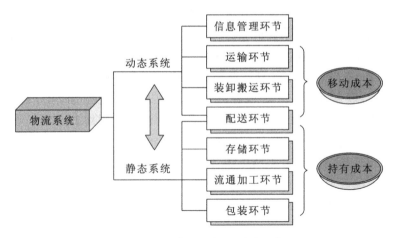

图 7-6 物流协调系统的活动环节

1) 多式联运

完整的运输产品,即无缝隙的运输服务,对运输的要求也越来越迫切,从"门到门"运输之外又出现了"货架到货架"和"生产线到生产线"的适时运输,这种需求单靠一种运输方式或单一的物流企业有时是难以完成的。当社会对运输业的需求超过任何一种运输方式单独具有的优势领域时,就难以由其中一种运输方式来实现完整的运输过程,这就要求两种或两种以上的运输方式进行协作,通过组合供给方式,完成运输全过程服务。

各种不同运输方式之间的协作,能够充分发挥各自的技术经济优势,较好地实现运输的连续性。铁路、水运和航空提供的是"点到点"服务的准完整运输产品,公路运输可以提供"门到门"的运输,通过铁路和公路的联运,可以实现陆路运输网上的任意两点间的运输,而由公路、铁路、水运和航空的联合,可以实现洲际间的国际运输。

2) 合装整车运输

合装整车运输也称"零担拼整车中转分运",是企业在组织货运时,同一发货人将不同品种的物资发往同一到站、同一收货人的零担托运货物,或者不同发货人的同一站货物,由物流企业组配在车皮内,以整车运输的方式,托运到目的地。或把同一方向不同到站的零担货物,集中组配在一个车皮内,运到一个合适车站,然后再中转分运。合装整车运输的具体做法有四种:零担货物拼整车直达运输;零担货物拼整车接力直达或中转分运;整车分卸;整装零担。由于采取合装整车的办法,可以减少一部分运输费用,所以可以取得较好的经济效益,而且会提高运输工具的利用率。

2. 存储环节

存储环节的目的是实现物品的时间价值,以便在一定时期内满足需要量。存储环节的合理化,也需要从整体出发,物流企业在该环节的协调,主要从存储规模、存储时间、存储管理等相关因素进行合理设计,在保证存储功能实现的前提下,使系统投入最少。

1) 存储规模整合

现代化的存储,需要一定规模的存储数量来达到规模效益,从而获取高效率。一定的存储规模是上游厂商对其客户提供货物供应的保障,但同时意味着资金收益的延迟获取。存储数量不仅影响存储环节的效率,还影响着整个物流链的存货水平。只有在合理规模范围内的存储,才能保证物流功能及效率的实现。物流企业可以通过客户资源整合来提高存储规模。

2) 存储时间

存储时间,从另一个侧面反映物流系统的合理程度。存储时间的长短,往往意味着流通速度的快慢。对同类物品存储进行横向比较,当少量物品存储时间超出一般该类物品存储期时,说明物品储存出现呆滞。存储时间和存储规模存在着正相关关系,储存量越大导致物品消耗速度越慢,则储存时间越长,资金周转能力下降。这也说明了保持合理存储规模的重要性。物流企业通过信息共享和运输等环节的纵向协调,减小牛鞭效应,加快物流需求反应速度,提高仓库的货物周转率。

3) 存储分布

货物存储分布,指的是临近区域不同地点的储存比例。这是从整体物流链的角度出发,考虑货物存储的地点及数量分布能否满足区域的物流需求,从而判断存储环节是否合理。物流企业可以根据配送环节信息合理协调安排存储位置。

存储环节的合理化,不仅是各相关因素的协调合理化,更是与其他物流环节进行紧密衔接和协调,使之达到合理化。例如,采用标准化的包装,降低货损的概率,提高存储管理的效率。对于运输环节和存储环节,两者历来是物流作业的重要组成,占物流成本很大比例。存储功能的应用,避免了生产和运输的不连贯,保证了物品的时间价值。存储环节的合理化,尤其需要和运输环节进行协调,规划设计合理的存储规模和运输方案,保证整体效率。

3. 配送环节

配送是在经济合理区域范围内,根据客户要求,对物品进行拣选、加工、包装、分割、组配等作业,并按时送达指定地点的物流活动。现代配送是物流经济活动中一种特殊而综合的活动环节,是以用户需求为出发点从物流节点至用户的一种特殊送货形式,由专职流通企业利用有效分拣、配货等理货工作,使送货达到一定的规模,以规模经济取得较低成本的中转型送货。

1) 与前后环节协调

配送环节处于相对居中的位置,现代配送环节需要与其前后的装卸、包装、仓储、运输等物流若干功能要素协调运作。通过"配"和"送"的有机结合,在现代信息技术的支撑下,依据用户需求,利用先进的装备和管理技术,组织固定合理的渠道和网络,实现资源的有效配置,增强物流配送合理性。

除了需要环节内的通畅合作,还需要物流环节之间的协调合作。配送环节利用专业设备设施以及信息技术管理,能降低综合配送的复杂程度及难度,实现专业化配送、加工配送、共同配送、双向配送以及即时配送等现代配送作业。其中,加工配送作业体现了流通加工环节和配送环节的有机结合和协调。它能充分利用固有的中转作业,不通过增加新环节实现配送合理化。加工和配送相结合,使得加工目的更为明确,更能体现客户需求。通过少量投入,加工配送作业能兼获加工和配送环节两大效益。

2) 推行"一站式、分区域"集中供应配送模式

物资配送由以往配送到各段材料库改为直接供应到施工现场。同时,根据各项物资配

送地点、时限等要求,对同一路径、同一方向、同一站点各生产单位的物资进行集中配送到各需求点,有效地提高了总体配送效率。在保证物资供应准确性、及时性的基础上,最大限度地减小配送频率,达到运输里程最短、配送时间最少、配送成本支出最小的目标。

3) 有效利用物流联盟企业配送资源

物资采购时可以和当地供应商达成协议,采购物资可以暂时由供应商代为保管,当需用时可以由供应商直接按时配送至指定地点,这样企业既可以节约库存成本,又可以节约配送成本。

4. 信息共享环节

构建信息共享系统的管理平台,是物流联盟成员在商业模式和它所支持的系统结构中实现信息共享的通用方式。信息共享系统模式有三种:信息传递模式、第三方模式、信息中心模式。

1) 信息传递模式

信息传递模式是供应链合作伙伴间通过自身建立的信息系统,一方企业把从其他企业传递过来的信息存放在自己的数据库中,从而方便、快捷地实现信息传递,并根据此信息做出决策的模式。该种模式是基于 EDI 交易模式的延伸,将 EDI 和企业的信息系统集成起来。因此,信息传递模式要求各企业必须遵守统一的商业操作模式(标准),采用标准的报文形式和传输方式传递信息。通过建立信息传递模式,可以帮助供应链合作伙伴之间顺利地实现信息的共享,合理地做出发展决策。目前,此模式在 UPS、SEJ、VMI 和 QF 中已得到了有效的应用。如图 7-7,其中 A、B 各代表一个企业。

2) 第三方模式

在国外,第三方信息管理模式市场需求巨大且发展迅速。它是由供应链中合作伙伴企业以外的企业收集信息、保存信息,为整个供应链上的企业服务的模式。这种信息服务模式是在特定时间段内按照特定的要求向使用者提供特定信息。如图 7-8,其中 A、B 各代表一个企业。第三方企业除了提供信息服务之外,还可以为交易过程提供服务。

3) 信息中心模式

信息中心模式与第三方信息管理模式相似,其不同点就是第三方信息系统取代了第三方企业及其信息系统,因而它是虚拟的。通过这个虚拟信息系统平台,供应链合作伙伴实现信息的共享。如图 7-9,其中 A、B 各代表一个企业。

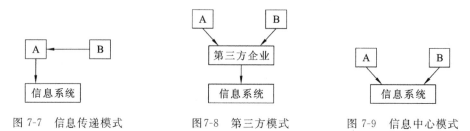

图 7-7 信息传递模式　　图 7-8 第三方模式　　图 7-9 信息中心模式

5. 物流环节之间的协调

物流环节内部的协调只意味着物流环节局部的优化。各物流环节彼此联系影响,构成了物流系统的内部关系。正是依靠物流系统的内部关系的相互协调和共同运作,外部物质与能量对物流系统的输入经过流通、加工及转换,得以实现系统的顺利产出。物流各环节的协调,能实现物流系统功能整合,减少环节衔接的摩擦,减少物资在途时间,缩短物流过程,提高物流效率。整体物流链的优化依赖于物流环节之间的协调。

各个物流环节不同的操作特性、作业性质,构成了物流环节彼此的关联影响,甚至矛盾冲突。"效益背反"(trade off)现象则是物流各环节目标冲突和协调的体现,物流环节各不相同的特性导致了不同的物流环节合理化评价目标,指导着各环节的运行。物流活动之间的"效益背反",需要实现各环节效率目标之间的协调,形成彼此关联的物流功能关系网络,这是物流环节协调的重要方面。例如,仓储中心与专业运输公司间协议合作,由仓储企业进行货物存储、分类业务,运输企业执行货物运输作业。或者不同运输类型企业(如铁路运输与公路运输、航空运输与水路运输等)之间的协作,实现多环节、多区段、多工具无缝衔接的综合运输功能。

物流各环节的协调,还是各环节功能强度的协调。只有各子系统功能程度的协调,才能保证实现物流系统整体能力。例如物流系统中搬运装卸环节能力的调整,过强的搬运装卸能力,没有配置相应程度的运输能力,将导致搬运装卸设备及人力的浪费;而过于薄弱的搬运装卸能力,将导致卸货搬运的延滞,造成更为巨大的经济损失。

(二) 基于产权的横向协调

基于产权的横向协调指彼此相关的企业或经济单位为了共同的利益而自愿建立起来的一种比较稳定的经济关系,根据联合的紧密程度不同可分为兼并、紧密型和松散型三种类型。如图 7-10 所示。

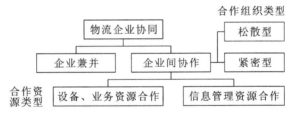

图 7-10 基于产权的协调模式

1. 企业间相互兼并

企业间相互兼并属于企业业务再造范畴,一般适合于市场趋向饱和局面。物流企业兼并,意味着借助兼并过程中企业资源的扩张和整合,以再生的思想审视扩充后的企业进行流程再造,强调根本性的再思考、彻底的重新设计和变化,重新构建完整、高效率的企业流程,实现企业系统"1+1>2",来适应外部物流环境激烈变化与企业内部需要。

经济全球化带动了世界范围内各行业企业间的联合与并购,带来了物流的全球化发展,进而推动各国物流企业的联合和并购活动。欧美的大型物流企业往往通过开展跨国并购,拓展国际物流市场。对于国内物流产业,随着中国加入WTO,国内物流市场中竞争日益激烈,物流企业必须迎接物流全球化的挑战,要满足全球化或区域化的物流服务。兼并合作带来的规模效益,是增强企业竞争实力、提高产业协调能力的重要手段。

但是物流企业间兼并再造属于跳跃式变革,不具有持续性,仅仅依靠兼并带来的一次性业务流程再造无法保持企业持续的竞争优势。而且物流企业兼并带来的激进变动使企业容易面临巨大风险,对物流企业正常的经营活动产生干扰,可能造成企业组织生命过程的突然中断与间隔,甚至企业因内部动荡过大而陷入无序的混乱状态。

因此,鉴于兼并重构活动的跳跃性、不稳定性,国内物流企业必须重视防范兼并过程中不可避免的巨大风险,并重视挖掘企业间合作联盟、管理信息资源输出合作等其他协调方式,通过持续改善获得规模效益,达到企业、产业协调的目标。

2. 物流企业间紧密型协作

物流企业间紧密型协作,是指同盟企业以共同投资组建新物流公司的形式,分解成员企业各自的物流投资压力,实现同盟内部物流设备和业务的整合、合作。例如单个物流企业难以承担筹建现代化仓储中心的投资压力,通过若干物流企业共同投资的方式,综合协调各种物流需求,建立和管理共同的仓储企业,使其为协作同盟企业服务。又如,不同存储业务范围的仓储企业共同投资组建新的运输组织,为协作仓储企业成员提供专业的配送运输服务。共同投资组建新物流公司,意味着与松散型物流合作相比,各物流企业之间形成了更为紧密的关系,虽然各成员企业需要承担较大的投资和管理压力,需要解决物流企业成员间及其客户间的竞争与合作、效益与风险分配等问题,但也为物流协作系统提供了更多的协调机会,更有利于协作系统整体物流活动的管理和控制,更能保证成员企业物流活动的稳定和高效。

紧密型协作也叫股权式联盟,主要有如下几种方式。

1)交叉持股

交叉持股式联盟,又称为参股式联盟,通常是联盟成员之间通过交换彼此的股份而建立起的一种长期的相互合作的关系。与合资企业不同,这种合作不需要将彼此的设备和人员合并,这种持股仅持有对方的少量股份,联盟企业之间仍保持着相对独立性。

2)合资企业

合资企业是联盟各方将各自不同的资产组合在一起,组成新的股份企业进行生产。为保证联盟双方各自的相对独立性和平等地位,通常追求股权对等或稍有不等。

3. 物流企业间松散型协作

物流企业间松散型协作,也叫契约式联盟,是指企业通过联盟协议组建松散的合作机构组织,与擅长其他核心业务的物流企业伙伴合作,对同盟内部设备、业务等物流资源根据成员企业业务特点进行整合,使得成员企业获得更为专业化、更大规模的物流设施、业务资源。这样成员物流企业能够专注于发展自身核心领域的优势力量,实现协作的物流企业之间优势互补、各取所需。

例如,不同区域的物流企业间通过协议实施合作,摆脱单个企业物流服务在地域范围上的限制,实现联合体业务范围的扩大。即根据物品空间流动范围和各自服务地域范围对联合体物流业务进行分配,成员企业负责所分区域的物流服务,并保证成员间的协调,在合适地点(如双方的配送中心、仓储中心等)实现物流服务的无缝交接。

这种协调方式,充分利用了成员企业的资源和特色,能够节约大量的成本和时间。同时,松散型的组织管理方式,可以使物流企业协作同盟管理协调灵活、组织成本低廉。但松散型协作也意味着成员企业间存在非稳定性的合作关系,协作同盟随时可能受到外界环境的影响而发生改变,甚至破裂;另外,松散的管理组织也加大了把握整体物流活动的难度。契约式联盟主要有外包联盟和供应链战略联盟。

1) 外包联盟

英文为 out sourcing,直译为外部寻源,即企业整合利用其外部最优秀的资源,精简业务流程,降低成本,提高效率,充分发挥自身核心竞争力和增强企业对环境迅速应变能力的一种管理模式。业务外包的主要形式是将一些传统的由企业内部人员负责的非核心业务较长时间外包给专业的、高效的、固定的服务提供商。具体有研发外包、生产外包(OEM 模式)、物流外包等形式。

2) 供应链战略联盟

所谓供应链战略联盟,一般理解为产销联盟,是一种业务层面的联盟方式。指从企业发展的长远角度考虑,"产"方和"销"方(制造商与分销商)之间通过签订协议的方式,形成风险—利益联盟体,按照商定的分销策略,共同开发市场,共同承担市场责任和风险,共同管理和规范销售行为,并共同分享销售利润的一种战略联盟。包括联合采购、联合生产、联合销售、联合研发等多种与供应链环节相关的联盟方式。

(三) 基于平台的集群化协调

1. 关于集群化

物流园区中企业间的协调关系演变到一定程度时将出现新的协调体系——物流企业集群,一个由许多物流企业成员构成的系统,这些企业成员组成一个相互依赖、信任、合作的组织,以便快速地对市场机遇做出反应。因此,模块化物流企业群的运作是一个协调的过程。模块化物流企业群是一个协调博弈的合作系统,组织成员之间是一种新型的竞争与合作关系。它们既存在竞争,又存在合作,但总的来说,合作是物流企业组织创立的客观基础,是一种正和博弈的过程,只有合作性发挥作用,系统才能从无序状态向有序状态演化。物流企业群往往是基于物流服务的供应链而形成的,如图 7-11 所示。

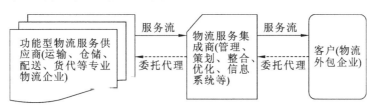

图 7-11 物流服务供应链协调

其中,物流服务集成商占主导地位。功能型物流服务供应商指功能单一的物流企业,如运输企业、仓储企业、物流设备供应商等,它们因其提供的服务功能单一,且业务开展往往局限于某一地域,而被集成物流服务供应商在构建服务网络时吸纳为供应商。在物流项目的运作过程中,企业群中的各成员动态地共享资源,对各种经营活动的相互依赖关系进行集成化的管理与决策,达到改进供应链各成员和供应链整体绩效的目标。在物流服务供应链中,物流服务集成商处于核心位置。一方面,由于集成商具有管理技术能力(如系统策划能力、个性服务能力、持续改进能力、信息系统管理能力等),物流需求企业常将物流业务外包给他们。另一方面，集成商一般不掌握物流具体运作的核心资源，或自身拥有的资源相对于整个服务中所使用的资源来说所占的比重较小。它通过对功能型物流服务供应商进行整合，来为客户挖掘"第三方利润源泉"。这样集成商就成了连接物流需求方和物流供应方的桥梁，成为物流服务供应链协调的核心。模块化物流企业群的运作与管理依托于成员企业之间建立的协调体系。这个协调体系是多方位的，涉及成员企业的诸多方面的要素。

物流集群专业化，意味着培育具有区域特色的物流企业集群，发展专业化物流经济产业区，这是提高园区物流企业集群竞争力的关键所在。如果群内企业有意识地专注于其所擅长领域里的业务，那么它将比由许多不具相似性的企业组成的企业群表现更为出色。园区物流企业的专业化集群的建立，有助于构建物流企业集群自身核心竞争力。成员企业能在物流专业领域内协作分工，共同分享物流资源。当园区内某物流企业实施技术、组织上的创新时，容易在园区内类似物流企业间相互模仿并迅速传播和扩散，从而降低物流企业创新成本和获取信息的成本，在园区内形成具有独特优势的物流产业群，造就园区内持续的、物流企业集群所专有的核心竞争力，且不易为其他物流园区甚至其他经济区域所模仿。

2. 基于硬件平台

硬件平台主要包括物流园区、物流中心、配送中心等基础设施，是区域物流系统发展过程中物流产业协调的重要平台。它代表着小型的物流经济聚集地带，是各种物流设施和不同类型物流企业在该经济区域空间上集中布局的场所，是具有一定规模和综合服务功能的物流集结点。物流园区的成长过程在结构上表现为作为物流市场主要参与者的物流企业与园区管理部门、金融机构等支撑部门以及它们之间的关系的变化，由无序的竞争状态到有序的协调运作，逐步使物流园区拥有高效的功能整合机制，提供一体化的物流服务以满足顾客需求。

这些物流园区可以有多个物流企业入驻，为其提供仓储、配送场所和设施，并提供信息和金融服务，可以综合应用车辆定位、跟踪、诱导等技术，对园区物流的运输与配送等进行车货动态控制。通过提高物流园区货物运输与配送的效率和安全性来实现物流的效率化和最优化，最终达到物尽其用、货畅其流的目的，保证区域内具有复杂、交错、便利的物流资源流动通道，加强区域内物流资源的聚集、吸引和辐射效应，促进物流经济要素在地域上集聚密度的提高。

1）促进区域协调物流圈的形成

硬件平台拉近了与客户的空间距离，扩大了园区的空间范围，有利于区域协调物流圈的形成，通过物流点状聚集和线性集聚程度的加深，使得区域内物流经济要素运动趋向于多方向性的扩散与辐射。区域协调物流圈具有巨大的物流吸引力和辐射力，能到达相应地区经济发展的最大地域范围，能提高不发达地区物流经济水平，使区域物流经济呈现出高级化平衡发展。区域物流圈是物流经济高级均质化的表现，协调物流圈内物流经济与周围地区经济，经济发展呈现出高水平的同质性。园区物流系统的空间演变规律即由单一的物流节点，发展到物流带、物流网络，最后形成物流园区和区域协调物流圈。

2）促进物流产业集群的形成

物流基地的硬件平台促进物流企业集群的产生。物流专业化集群物流园区内聚集着众多的物流企业,这意味着物流专业化集群的建立,即园区内物流企业都是从事相关物流服务领域的经营活动,其物流知识、管理方式和技能可被园区内成员企业共享。

3. 基于软件平台

除了物流基地作为硬件平台提供场所、设施和设备以外,还需要平台管理组织,协调物流企业运作实施。硬件平台配以良好的软件平台,两者相得益彰,从而逐步真正实现区域物流系统高效协调运作。

软件平台包括管委会组织以及第四方物流企业,为第三方物流企业的运作与合作提供信息以及物流服务任务的整体解决方案,并分解和调配资源。实质是企业之间的长期契约,是企业和市场相互渗透的结果。在这种组织中的参与企业以契约或一定的产权联系对资源进行优化配置,企业间是长期合作关系。

软件平台组织不需要直接同客户集群接触,而是扮演了一个综合协调、发挥各合作方核心竞争力的集成角色,搭建一个联系供需双方的信息策划平台,其本身并不需要参与供应链中的实务操作。这样,通过组织的虚拟化,弱化了同各组成方的直接利益冲突,却强化了整个组织的灵活性,以及适应市场变化的能力(见图7-12)。

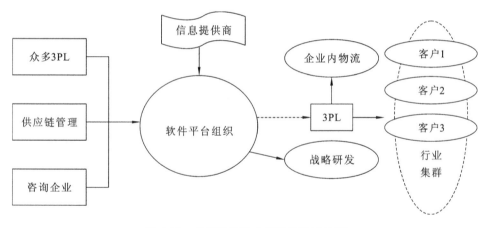

图7-12 基于软件平台组织的物流协调

软件平台的协调模式主要有下面三种,分别是第四方物流的协调运作模式、第四方物流的方案集成运作模式及第四方物流的行业创新模式。

1) 协调运作模式

软件平台组织和第三方物流共同开发市场,第四方物流向第三方物流提供一系列的服务,包括技术、供应链策略、进入市场的能力和项目管理的能力。第四方物流服务供应商不直接与企业客户接触,而是在第三方物流公司内部工作,其思想和策略通过第三方物流这样一个具体实施者来实现,以达到为客户服务的目的(见图7-13)。第四方物流和第三方物流一般会采用商业合同方式或者战略联盟方式合作。

这种运作方式依赖于第四方物流组织和第三方物流之间的工作联系,在该工作方式中,第四方物流和第三方物流通过合作对物流系统的解决方案进行规划与整合,这样的解决方案利用了双方的能力和市场。

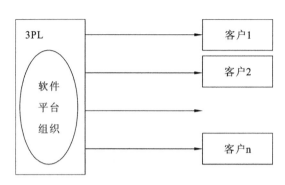

图 7-13　协调运作模式

2）方案集成运作模式

在这种模式中，软件平台组织为客户提供运作和管理整个供应链的解决方案，对本身和第三方物流的资源、能力及技术进行整合和统一规划，借助第三方物流为客户提供全面的、集成的供应链方案。第三方物流通过第四方物流的方案为客户提供服务。软件平台组织作为一个枢纽，可以集成多个服务供应商的能力和客户的能力（见图 7-14）。这样企业客户就不需要与众多 3PL 服务供应商进行接触，而是直接通过软件平台组织来实现复杂的物流运作的管理。

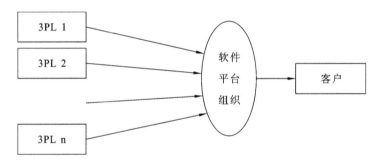

图 7-14　方案集成运作模式

3）行业创新模式

在行业创新模式中，软件平台组织为多个行业的客户开发、供应链提供解决方案，以整合整个供应链的职能为重点，软件平台组织将第三方物流加以集成，向下游的客户提供解决方案（见图 7-15）。在这里，软件平台组织的地位非常重要，因为它是上游第三方物流的集群和下游客户集群的纽带。行业解决方案会带给整个行业最大的利益。软件平台组织通过卓越的运作策略、技术和供应链运作实施来提高整个行业的效率。

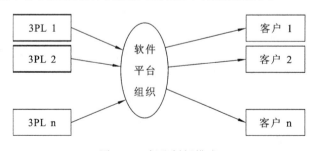

图 7-15　行业创新模式

行业创新模式与方案集成运作模式有相似之处，在这两种模式中，软件平台组织都是作为 3PL 和客户沟通的桥梁，将物流运作的两个端点连接起来。两者的不同之处在于：行业创新模式的客户是同一行业的多个企业，而方案集成运作模式只针对一个企业客户进行物流管理。在行业创新模式下，软件平台组织提供行业整体物流的解决方案，这样可以使软件平台组织运作的规模得到扩大，使整个行业在物流运作上获得收益。在这种运作方式中，第四方物流为同一行业中的多个客户发展和执行一套同步化及合作的供应链解决方案，行业解决方案的形成将带来巨大的收益。

上述软件平台组织的三种运作模式各有其优缺点：对于协调运作模式，当第四方物流的实力较弱、市场规模较小、客户资源不足、服务网点和渠道较少时，主要采用这样模式，这样可以充分利用第三方物流的技术、设备、服务网点、客户资源等，减少固定资产投资，节约成本。对于方案集成运作模式，当软件平台组织的实力比较强大、企业规模大、人力资源和技术力量强大、服务网点充足时，主要采用这种模式，这样可以充分发挥第四方物流的集成和整合供应链的能力，为客户大幅降低成本。对于行业创新模式，当软件平台组织实力很强大、企业规模庞大、人力资源和技术力量强大、服务网点覆盖能力强、客户资源充足时，主要采用这种模式，这样可以充分发挥软件平台组织强大的供应链整合能力，为整个供应链上的所有节点企业节约成本。

其实软件平台组织不管采取哪种运作模式，都突破了单纯发展第三方物流的局限性，能做到真正的低成本、高效率运作，实现最大规模的资源整合。第三方物流缺乏跨越整个供应链运作的能力以及提供供应链所需的战略专业技术，而软件平台组织可以不受约束地将每一个领域的最佳物流提供商组合起来，为客户提供最佳物流服务，进而形成最优物流方案或供应链管理方案，形成有效的竞争优势，参与到同国际企业的竞争与合作中。

第四节　物流园区的网络化运营发展

一、物流园区网络化运营趋势

物流园区网络化运营是我国现代物流园区成功发展的关键要素。

随着我国物流园区产业集群的不断发展和成熟，物流园区网络化运营将是必然的发展趋势。只有改变物流园区的运营方式，进行管理模式的创新，通过物流园区的网络化运营，才能令物流园区内的企业与其相关企业之间架起协调配套网络，使集群内网络资源共享，最终在真正意义上形成物流园区的集聚效应。

物流园区的建设和运作不仅仅涉及城市物流系统本身，还与城市规划、功能定位、信息系统的建立，以及各个地方政府的管理等方面密切相关。因此，物流园区的运营是一个集城市基础建设、交通分工、物流网点布局、城市功能定位、环境保护和政策导向于一体的复杂系统工程。如果各个地方政府各自为政，不按照网络化运营的思想进行散点布局建设，会造成重复建设的局面，导致财力、物力上的浪费。

物流园区网络化运营的实质，是将网络集成思想创造性地应用于物流园区管理的过程，即在管理思想上以网络化集成理论为指导，在管理行为上以集成机制为核心，在管理方式上以集成手段为基础。建立功能明确的物流园区节点体系,一方面便于物流设施的集中布局和城市的规划建设,实现规模经济和集约化经营;另一方面可以最大限度地减轻物流产业给城市带来的负面影响,缓解交通压力。

物流园区网络化运营获得的一个突出效益,源自对网络内信息资源的共享,通过信息资源共享,物流企业可在较低的信息获取成本及交易成本下,取得资源整合的协调效应。同时,信息资源的共享也让物流企业集中精力发展本企业具有核心竞争力的业务,并在网络化运营的发展中产生深度的专业化分工,从而为资源的专业化利用创造了条件。在信息化发展过程中,要避免片面追求高新技术的倾向,要充分利用现有电信网络、移动网络和互联网络资源,降低开发和运营成本。

我国物流园区网络化运营的另一主要内容,就是要加强园区内供应链成员间的合作。在经济全球化的大背景下,任何一个企业都不可能在所有业务上成为最杰出者,必须联合行业中其他上下游企业,建立一条经济利益相连、业务关系紧密的行业供应链,实现优势互补,并充分利用一切可利用的资源来适应社会化大生产的竞争环境,共同增强市场竞争力。物流园区要在整个供应链中实现制造业、零售业互动,通过融合于供应链中来提供存储、加工、分拣、配送、关务、信息等服务实现增值,其他类型的物流设施配合共生,以此促进供应链成员间的合作。不仅如此,物流园区还要按照专业化、规模化的原则组织物流活动,将众多物流企业集中在一起,令园区内各经营主体通过共享相关基础设施和配套服务设施,发挥整体优势和互补优势,进而实现物流集聚的集约化、规模化效应,最大限度地提高物流运作效率并降低物流成本,给园区内的各个企业都带来竞争优势。

二、物流园区网络化运营创新

物流园区是在不断创新的过程中逐渐成长的,创新有很多种途径,目前对于物流园区之间的网络连接运营、物流园区网络的一站式服务,物流园区信息资源的采集、分析、整理、保存和公布,物流园区客户服务系统的建立、运营和管理,公共设备设施及硬件平台的投资建设,物流科技资源的整合,以及物流园区本身的经营管理内容、运行体制等方面的研究还处于起步阶段,物流园区建设还有很大的创新空间。

具体而言,物流园区的发展模式创新,需要充分考虑到物流信息平台、网络模式、物流体制政策等方面。

(一) 物流信息平台创新

物流园区主要通过信息化平台连接物流企业、社会车辆等物流资源,通过集聚各类物流信息和资源,更好地发挥资源整合效应。建立信息化平台是物流园区发展模式创新的必然要求,而且物流园区不仅仅是为园区内企业提供物流服务,还应成为服务范围更广的运营企业。为实现这个目标,仅仅依靠一个物流园区的力量远远不够,必须通过多个物流园区相互配合,与其他物流设施进行协调整合,搭建全国物流信息平台,实现跨园区、跨区域的平台建设。考虑与企业信息网络平台有效对接,以期更好地实现大物流系统下物流信息资源的整合。对利润链在园区间进行有效合理的分配,从而降低整个平台的运营成本,实现利润和效益的最优化。

（二）网络模式创新

网络模式是基于"点、线、面"的发展模式，首先是建立网络中的节点，而后各个节点间建立联系，最后整合整个网络，发挥网络效应。由于全国各个园区都有各自服务特点，要充分发挥政府的带动作用，将全国物流园区形成虚拟利益链，通过网络形式构建全国统一的物流配送平台，加强网络经营优势，提高服务水平和服务范围。如今我国信息化水平得到了快速发展，与国外差距越来越小，要充分利用我国改革开放所带来的信息全球化条件，在多领域开展合作，树立多赢经营理念。一个物流园区的服务范围和服务水平相当有限，而通过整合的物流网络，园区将会发挥强大的作用，这将是我国物流园区创新发展的理想模式。虽然我国物流园区由各个地区分别规划建设而成，客观上已经形成了一个物流网络的基础框架，但园区相互之间分别独立，缺少网络联系，有效整合的网络格局至今还没有形成。

（三）物流体制政策创新

物流体制政策创新主要包括国家政策和管理体制两方面内容。虽然政府部门出台了相关政策来促进物流园区的发展，但我国物流园区的法律法规和各种优惠政策还需要成系统，有待完善。如国家应该出台统一的仓储用地价格标准和浮动范围，统一的财税政策支持等。在管理体制方面，现在很多物流园区都是由政府成立一个管理委员会从事具体的物业管理活动，行使行政职责，在本质上还是物流园区政府化，没有交由企业行使职权。物流园区企业化是指按照现代企业制度的要求将物流园区建设成适应市场需求的产权清晰、权责明确、政企分开、管理科学的独立的经济核算的实体体制，保证物流园区在市场经济中按照经济规律谋求发展。物流园区应该充分参与市场化竞争，按照现代企业制度的内在要求建立健全物流园区现代企业制度。充分利用股份制形式吸引企业参与园区建设，建立现代物流园区的产权制度，将我国物流园区引入正常快速发展的轨道上来。

三、物流园区网络化发展模式设计

为了能够高效发挥物流园区的作用，使之对我国经济产业发挥重大作用，有效支撑其他产业的发展和带动配套企业的经济效益，我们要充分借鉴国内外发展模式，在现有物流园区基础上合理规划物流园区网络节点，统一协调物流园区服务项目，有效整合现有园区资源，充分发挥基于资源共享的物流园区网络发展创新模式效应。我国物流园区的网络模式将主要从仓储物流网络、物流信息网络和金融网络平台共享等几个方面进行设计。

（一）仓储物流网络发展模式

所谓仓储物流网络不再是一个特定的仓库，而是要充分借助先进的通信设备，可以随时调动物流网络中若干仓库中物资的总和。仓储物流网络改变了传统的仓储概念，大大扩大了仓储的范围。这里仓储物流网络是一个虚拟的概念，各个仓储地遍布全国，覆盖地域可以很大，根据订货的数量和距离，利用强大的信息流统筹网络内仓库可用资源，通过网络中心处理系统，用最优化决策选择出一个离需求地有充足库存并且距离近的仓库供货，减少了在时间和空间上造成的迂回物流和仓储费用。仓储物流网络使得货物在仓库之间的调动大大减少，是适应经济发展的必然产物。

（二）物流信息网络发展模式

物流信息网络是指物流园区建立有关需求信息、市场信息和园区内企业信息等信息共享的网络，是依靠现代信息网络技术建立的物流网络节点间的信息网络。物流信息网络可以给实体物流网络有效的支撑，有助于管理物流服务的各个环节，具有网络专业性强、广泛的信息来源和地域覆盖面、实时有效的信息传递等作用。物流信息网络是我国物流园区网络发展模式的必备结构。

（三）金融网络平台发展模式

建立统一的支付结算体系，统筹各个物流园区间金融需求。根据我国物流金融业务的特性和物流园区的网络特性，建立我国现代物流金融服务网络体系，解决园区间生产流通资金问题。把投资、建设、运作、物流科技、装备资源等聚集在一起实行"网络化"，加强园区之间的联系，信息共享，从而提高物流的运作效率，带动物流园区网络协调发展。金融网络平台的发展将会有效支撑我国整个物流网络的发展。

物流园区的网络创新发展模式研究在中国尚处于探索阶段，还需要不断发展和完善。随着经济发展、信息技术更新，在不久的将来物流园区网络发展模式必然会起到对经济发展的促进作用。作为物流网络系统中的重要节点，物流园区之间的协调与互动是物流组织网络化运作的重要方面，是实现物流资源整合、提高物流园区运行效率的有效途径。通过建立物流网络、物流信息网络和金融网络平台促进物流园区的协调运作，既有利于优化存量资源的运营效率，也有助于未来物流园区的规划和建设朝着竞合有序、科学合理的方向发展。

另外，我国的物流园区应该加强政府引导，加大招商引资力度，扶持吸引众多物流服务企业和商贸企业进驻物流园区，产生集聚效应。物流园区要服务于当地经济发展全局，使物流的运输、管理服务由单一化、分散化向多元化、集成化、网络化方向发展。整合全国物流园区的物流资源，统一集成产业链中的原料采购、商品销售和客户售后服务等各项功能，实现物流和商贸的良性互动和协调发展。明确物流园区的建设原则，统一规划，明确发展定位，处理好当前与长远的利益关系，采用先进科学管理信息技术，制定物流园区优惠政策和适合园区发展的管理体制。对园区内企业的物流基础设施进行现代化升级改造，将现行管理体制信息化升级，对业务流程和业务模式进行再造，建立一个集商品交易、物流运输、电子商务及其他配套服务于一体的综合性物流园区，保证物流园区服务能力。加强各部门间协调机制和各种运输方式的配合能力，整合各个园区网点、仓储物流网点、物流信息网点和金融平台网点，充分利用现有资源，提升物流园区网络的整体功能，保证全国物流网络的竞争力和可持续发展。

【经典案例1】

日本物流园区的运营管理

发达国家的物流园区建设起步较早，经过多年的探索，已经形成了稳定有效的运营管理模式。日本采用官民协力的方式，欧洲采用的是多元化策略，而美国采用的是市场化的经营策略。国外大部分国家采用的是PPP模式,也就是政府和地方私营企业共同参与运营。政府负责物流园区项目的规划协调、政策支持等,在规划协调、政府支持、标准制定和总体发展战略方面起着重要的作用,但政府不直接参与园区的经营活动。企业则负责物流园区的经营,具体的经营由各个不同的团体独立进行。

时至今日,日本全国已形成了一个巨大的系统的物流体系。高速公路遍布日本四大岛屿的各个地区,新干线纵横本州,南下九州,延伸到北海道,各大岛屿之间全部由跨海大桥和海底隧道相连,无数近海定期航班穿梭往来。信息化网络覆盖日本全国各个角落,以86～88个(最近由于经济总量的上升,新增2个)物流团地为核心,各种配送中心、物流中心为节点,循环配送线路所组成的物流体系奠定了基础,加上先进的电子商务的配套,使得日本的物流效率迅速赶超了欧美,成为世界第一。

(一) 对物流与物流园区的定位

日本政府对物流园区的认识是:物流是支撑国民生活及产业活动的一项重要功能,物流园区作为物流体系的基础设施,是一项社会属性较强的公共设施。早在1964年就开始对物流产业发展进行调控,到1969年形成日本全国范围物流体系的宏观规划。1996年又通过、颁布了《综合物流施策大纲》对物流产业加以规划、促进、完善。依据实施的状况和形成的成果,以及日本国内外各种情况和形势的变化,《综合物流施策大纲》5年制定一次,每年加以研讨修整。

在1969年形成的日本全国范围物流体系宏观规划中,结合1966年制定的《流通业务市街的整顿法》,将日本1道1都2府43县,按经济特性分为8大物流区域,进行区域间物流和区域内物流的分类。在各区域建设和整顿物流设施,形成物流团地(物流园区)和全区域的物流网络,然后将区域间通过干线运输(高速铁路、高速公路和近海运输)形成跨地区的物流系统,最后形成全国范围的物流体系,直至今日仍在完善中。

在这个物流体系中对物流团地(物流园区)的定位是:物流团地(物流园区)是有效综合物流资源,实行物流现代化作业,减少重复运输,实现设施共享,建立一体化、标准化的中心节点。通过物流团地(物流园区)的高效作业,达到四方面的整顿效果:①通过综合物流团地的整顿,货物的运输量大增,使设施的大型化(车辆等运输、装卸工具)成为可能,有效地提高运送、装载效率;②推进装卸机械化,降低装卸费用;③共同运输,减少重复、交错运输,有效使用运输工具,提高作业效率,降低能耗,减少社会道路占用面积等;④建立一体化的输送体系,设立标准化集装箱和托盘的流转基地,把各地运输公司导入整体运输体系,包括低温冷库、特种仓储设备基地的设立,实现设施共享,让生鲜食品、特种商品的运输实现现代化,进而促进物价的稳定。

（二）运营体制与政策

政府在土地政策、融资政策、税收政策和配套基础设施建设等方面对物流园区的发展予以支持。日本的基础设施投资大多数都是由国家来承担的，土地是由国家直接卖给或出租给团体和私营企业。日本政府颁布了法规规定了允许和禁止建设的物流空间设施，以及由于特殊需要经地方政府批准后建设的物流空间设施，以保证有效发挥物流园区的功能，从而促进其健康发展。

由于日本政府对物流的定位清晰，所以在物流体系建设前，首先着手完成物流体制的建设。

1．宏观管理

通过相关省厅的合作，建立综合物流施策。推动会议制度，由局长级人员组成，下设干事会，由相关单位的课长组成。会议针对相关部门的合作，提出具体课题。年内每次会议逐次检讨，检查实施进度，并按实施能力适当增加具体课题。

2．中观管理

地方上为贯彻中央综合物流施策推动会议的决定，设置相应的综合物流施策推动会议，其组成单位为：地方政府职能部门、院校研究所、地方公共团体、都道府县警察、商工会议所、企业界团体等。贯彻实施物流推进政策和物流基础设施建设，并加以定期检讨。对于检讨结果，每月汇报一次，年度结束前必须向中央的推动会议作一次回顾报告。同时，在地方上必须将推动进度加以公布周知。而中央则实行后续追踪，在综合物流施策推动会议制度实行后的几年，为达到目标，除政府相关部门加强合作外，还与民间团体加紧合作，进行目标冲刺。

（三）运营管理模式

日本物流园区的运营管理模式主要采用官民协力的方式，大体可分为四种：协调组合、半官半民、个别经营和共同出资。根据2011年度国际信息研究所的数据显示，日本44%的物流园区采用协调组合的方式，35%采用半官半民方式，而采用个别经营或共同出资方式的物流园区仅占日本园区总数的13%和8%。由此可见，日本物流园区的经营管理模式以协调组合和半官半民这两种方式为主导，宏观上统筹调控，微观上自由放开。政府充分发挥了政府宏观调控的作用，并不干预物流园区具体的经营管理，一般由一些私人集团和株式会社经营，如东京的四家物流园区的经营管理主体是东京团地仓库株式会社。

日本东京的四大园区共占地近3000亩，由东京团地仓库株式会社经营，该公司成立于1966年，由112家股东组成，主要从事土地的购置和租赁、仓储业、装卸业务、设施设备的租赁以及相关附属业务。同时，在四大园区内分别设有事务所。

对于涉及国民生活的物流园区,政府会委派专人或地方政府长官担任管理人员,东京的足立物流园区,由政府部门指派人员担任董事长,指导、监督园区运营,上游供应端由10家大型供应商组成,中游由中间批发商自发组织经营,运用电子拍卖等技术,技术和平台以及售卖方式均由企业自主决定。在短时间内实现当天对城市日常用品的配送。在这种半官半民方式下,由足立物流园区配送的商品既能保证质量和速度,又能保证将价格控制在一定范围内,另外政府对于土地使用的优惠政策也减轻了这些企业的资金压力。

学习并分析:

1. 政府在日本物流园区的运营管理中扮演怎样的角色,起到哪些作用?
2. 日本物流园区的运营管理模式是怎样的?
3. 我国可以借鉴日本物流园区的哪些运营管理经验?

【经典案例2】

德国物流园区运营管理

德国是欧洲物流业发展最好的国家,在物流园区的建设方面目前处于世界领先地位。20世纪80年代中期,德国开始了本国的物流园区建设,称为"货运村"。1985年,德国建立了第一个物流园区——不来梅物流园区。它充分利用了两德统一之后丰厚的流通资源,整合了零散的物流和配送中心,结合政府辅助政策,推动了国家物流业的发展。同时,德国的物流园区网络做得相当广泛,它以本国为中心,向欧洲各国辐射,并连接了世界各地的物流中心。德国的物流园区是成功的,它带动了整个欧洲流通业的进步,为世界物流园区的发展树立了榜样。

目前德国建有33个物流园区,积累了丰富的经验。其中不来梅物流园区在经过多年的经营后,其投入产出比已达到1∶6,投资1.02亿欧元,而实现的效益为6.1亿欧元。物流园区对于德国物流业的发展、对于整合交通和推动当地的经济发展都起到了很重要的作用。

德国自成体系的物流园区运营管理模式,是近年来很多国家比较推崇的物流园区的发展模式,为全世界物流园区的建设提供了宝贵的经验。德国政府在20世纪80年代开始在全国规划了40个物流园区,目前已有30多个物流园区建成并投入运营。物流园区是德国大力倡导、扶持发展的集约化运输组织的基本依托。它背靠经济区域,以可供选择的多种运输方式、快捷的运输网络、周到的运输服务,把传统上多为分散的运输企业及运输服务企业吸引到一起,达到集约化的运输目的。

(一) 政府作用

由于物流园区项目的特殊性,联邦政府和地方政府都发挥了重大的作用,促进了物流园区的发展。联邦政府在战略层面对物流园区的布局、用地规模与未来发展进行合理科学的规划；州政府、市政府作为规划的执行者，引导物流企业进驻，并对其提供资助和政策上的支持。德国政府扶持物流园区发展的重要原因是对园区公共服务职能的定位，认为园区建设并非为了单纯地追求赢利。在物流园区的建设和运营过程中，州及地方市政府扮演了主要投资人的角色。

物流园区初期的土地购买是通过政府来完成的，其他的基础设施投资与收益及其日后的运营收入都是由企业来负责，向政府缴纳一定的税收。

在规划物流园区时，德国一般采取联邦政府统筹规划，州政府、市政府扶持建设，公司化经营管理，入驻企业自主经营的发展模式。首先，由联邦政府通过对经济发展水平和物流需求现状的调查，在统筹考虑交通干线、运输枢纽规划的基础上，在全国范围内对物流园区的布局、用地规模与未来发展进行合理科学的规划，对符合规划的物流基地给予资助或提供贷款担保。然后，在政府主管部门为符合规划的物流园区提供一定的资助和优惠条件下，各州、市政府按照统一规划扶持建设物流园区，并承担主要的投资项目。最后，政府作为投资人，委托负责管理物流园区的企业开展土地购买、基础设施及配套设施建设，以及建成后的地产出售、租赁、物业管理和信息服务等活动。

政府虽然采取注入资金等直接投资方式，但并不介入干预物流园区的经营，而是成立公益管理公司，进行特许经营，负责物流园区的建设、经营、组织管理以及其他基础设施的开发与维护，进行市场化运作。物流园区的运营管理方不以赢利为主要目标，而主要侧重于平衡资金，实现管理和服务职能。

（二）运营管理模式

德国物流园区经历了由公益组织管理到企业管理两个阶段，入驻园区企业实行自主经营。负责管理物流园区的企业受投资人的共同委托，负责园区的生地购买、基础设施及配套设施建设，以及园区建成后的地产出售、租赁、物业管理和信息服务等。由于园区的投资人主要是政府或政府经济组织，所以园区经营企业的经营方针不以赢利为主要目标，而主要侧重于实现管理和服务职能。以图林根物流园区为例，其管理企业的业务包括销售、宣传和物业管理三大部分，管理公司还负责代表园区企业与政府交涉，负责兴建综合服务中心、维修保养厂、加油站、清洗站等公共服务设施，为成员企业提供信息、咨询、维修服务等。园区内的道路、下水等市政工程设施的维修、养护由市政公司负责，享受与普通市区同等水平公共服务并缴纳相关费用。

（三）不来梅物流园区的开发运营

基本可以分为四个层次：土地、基础设施、建筑以及运作。不同对象运作不同的业务（包括物流与非物流业务），具体可分为土地运营（包括土地的增值、土地的出租等）、基础设施运营（包括公路、铁路、信息基础设施、水电等）、建筑物的运营（包括仓库、停车场、堆场、酒店、维修站、服务区等）、运作层次（包括运输、流通加工、包装、仓库运作等)。

1986年,6个入园企业成立了不来梅物流园区管委会。管委会像物流园区的经理一样,入驻的公司有问题的时候就找他,通过他得到解决,或者是帮助物流园区的公司同政府有关部门打交道等。

物流园区管委会为园区内企业提供多种服务,如能源的集体采购、代理危险品检验、兴建综合服务中心、维修保养厂等,还有培训中心。

管委会是一个责任有限公司,其目的不是赢利,而是代表这些成员的利益,其董事会的成员不包括德国联邦铁路。管委会还有一个顾问委员会,主要是由不来梅政府作为他们的顾问,同时由一些独立的专家小组以及其他一些私人公司组成。

管委会还建设了许多项目,如不来梅城市物流园区内企业合作、远程信息技术平台等等。园区内还建立了欧洲最现代化的高架立体仓库。

(四) 网络化协调运作

德国境内有33个物流园区(货运村),构成了一个紧密连接的物流网络。社会物流活动主要集中在这些物流园区之间和物流园区内部进行,呈现出高度的组织化、集聚化和集约化特征。

集聚效应。在德国,基本上一个城市或经济区域只设立一家综合性的物流园区,集聚效应明显。如不来梅货运村1987年初开始运营时只有5家物流企业,如今已经集聚了190多家物流企业,并吸引了50多家生产型企业在周边进驻。园区就业人数多达8000人,占不来梅市总人口的1.6%。作为港口"延伸的手臂",不来梅港70%的货物要通过不来梅货运村集散。纽伦堡货运村聚集了250多家企业,园区就业人数在6000人左右,集聚效应也非常明显。

网络联盟。德国物流园区网络化特征明显。所有货运村都是德国物流园区协会(DGG)的成员,各货运村在DGG的协调下统一标准、协调运作。德国排名前20的大物流公司均在各货运村投资,依托物流园区形成自身的网络。实力较弱的物流企业则组建联盟进驻物流园区,实行跨园区之间的业务协调。

学习并分析:
1. 政府在德国物流园区的运营管理中扮演怎样的角色,起到哪些作用?
2. 德国物流园区的运营管理模式是怎样的?
3. 我国可以借鉴德国物流园区的哪些网络协调运营经验?

【经典案例3】

欧美物流园区运营管理模式

法国、英国、西班牙和德国等欧洲国家的物流园区,多采用公共私营合作的运营管理模式(PPP模式)。因为在这些国家,物流园区更多体现的是它的公共服务的属性而非赢利属性。2011年国际信息研究所公布的关于德国图林根物流园区初期投资组合的数据充分体现了这一特点,政府、州经济开发部和联邦铁路投入了绝大部分资金(九成以上),各占42.5%、35.5%、14.7%,而行业协会的投入只占了不到一成。德国政府通过这种方式,减弱了图林根物流园区的赢利性质,大大增强了其公共属性。

欧洲其他国家认为,物流园区的各项工作应该由中立的组织机构来运营管理,同时能够全面完善地为园区内的企业提供服务。欧洲物流园区联合会称这种中立的组织机构为业主,相当于独立经营、自负盈亏的经济实体。充当这个实体的可以是公益性的公共机构,也可能是私人性质的企业。也有一些国家将这种中立的组织机构称为物流园区管理公司。

欧洲物流园区联合会编写的《2000年物流园区研究报告》指出,物流园区的运营不是由区内建筑和资产(仓库、商业区、办公室、停车场等)的所有者负责,也不是由其租赁者负责,而是必须由中立的第三方责任机构负责。这也体现了欧洲一些国家物流园区运营方式的动向。

在美国,政府主要采取"放水养鱼"的政策,所有的任务都交给社会团体来运营,从而获得收益。美国的物流园区主要以食品、日用百货配送为主,这可能和美国发达的连锁超市是分不开的。

国外物流园区成功运营对我国物流园区的运营管理方面很有借鉴意义,也给了我们很多启示:

(一)发展物流园区需要政府的支持

在日本和德国的物流园区发展中都有政府的参与。政府对物流园区的总体建设进行规划,物流园区建设初期首先对周边地区的交通等基础设施进行建设。另外,通过提供优惠的土地、税收、融资以及信贷等方面的政策,完善相关的法律法规及经营管理体制,制止地方行业保护、地区封锁等影响公平竞争的市场化运作的行为,健全物流市场行为的约束机制和市场监督机制,规范各个经营主体的行为等措施,引导和扶持物流园区走上健康发展的轨道。

在开发物流园区之前,政府应当在对地区经济发展进行整体把握的基础上进行规划,充分考量本地区建设物流园区的必要性和可行性,评估物流园区建设所应具备的基本条件是否成熟,如是否具备较发达的外向型区域经济,是否具有相应规模的物流需求,是否具有较强大的物流载体和信息载体,区域内外的交通条件是否能够支持物流园区的长期发展等,因地制宜地规划、开发物流园区。在物流园区选址开发过程中,政府应当积极为物流园区的开发企业创造必要的初期基础条件,如周边的交通设施建设、环保等,同时要出台必要的政策,如土地、税收、融资、招商等,对物流园区的建设给予足够的支持。在物流园区的运营过程中,政府应当帮助园区维护良好的市场运作机制,如协助成立行业协会、制定行业管理准则,使物流园区内的企业能够在公平有序的环境下开展业务,维护物流园区的运营环境。

(二)物流园区要进行市场化运作和企业化管理

物流园区的核心功能在于整合资源,提供一个交易平台,因此,物流园区作为一个打破部门分割、市场化运作的产业形式,其核心竞争力在于能够更多地吸引和集聚各种物流资源,更好地整合配置资源,在市场作用的调节下,提高服务的水平。物流园区的管理主体必须是物流园区内企业普遍认可的且运作状况良好的中立组织机构,负责园区的经营过程中各个活动的组织、管理与设计,同时要为物流园区内的企业提供所需要的各种服务,起到协调政府部门、企业与园区管理者等各主体之间的作用。

我国物流园区开发模式主要有政府主导模式、企业自发建设模式和政企联合模式。在物流园区运营过程中,市场化运作、企业化经营的物流园区管理公司都应该作为运营主体,设计物流园区经营活动,在物流园区的运营中发挥重要作用。另一方面,无论是企业自发建设的物流园区,还是政府主导或者政企联合开发的物流园区,在物流园区的运营过程中,都离不开政府支持和引导。政府作为国内物流园区的主要发起者和规划者,沿用工业区、开发区的经验,一直以来都是行政管理主体与运营主体合二为一,在物流园区运营以后逐步实施政企分开。实践证明,这种模式下政府过多地参与到园区运营,政企不分,难以市场化运作,容易产生非市场化的行为,不利于物流园区的发展。因而对于在政府主导的物流园区组织管理体系中,要实行行政管理主体与运营主体的分离,园区管委会与物流园区管理公司各司其职。

行政管理主体是园区管委会,作为政府的派驻机构在物流园区内行使行政管理职能,为园区内企业提供政府服务,方便园区企业办事。园区管委会为入园企业提供从企业设立、项目建设、员工招聘到企业运行各个阶段的行政管理和服务,同时,为园区承担某种程度的社会管理职能。运营主体是物流园区管理公司,主要负责园区的总体策划、物业管理、项目管理、基础设施开发以及对入园企业进行服务等,不参与入园企业具体经营活动,实行入园企业自主经营。物流园区管理公司负责园区总体平台的经营管理,为入园企业提供良好的发展平台。

(三)建立物流园区准入机制

物流园区作为物流企业发展的外部环境,直接关系到一个物流企业群的发展,因此,要进一步提高物流园区(基地)、大型货运市场的准入门槛,使物流园区的准入工作标准化运作,为实现物流园区的集聚效应和集约化运作,应对园区的提供物流服务的能力和投资实力提出要求,抑制一部分基础设施水平较低、整合资源能力差的园区和乱圈地行为产生;对物流园区内部的土地资源等的用途也要做出要求,规定园区内非物流用地所占园区总用地面积的比例不能超过一定的指标值,禁止园区开展过多的商业活动而削弱原有的物流能力;让实力较大的物流企业参与物流标准化的制定,提高物流行业标准化的可操作性和专业化程度,发挥示范物流园区的行业引导作用,切实推进物流园区在区域内甚至更大范围的发展。

在物流园区运营管理中引入市场化机制。无论物流园区采取何种开发模式,是政府主导还是企业自发建设或是政企联合,在物流园区运营过程中,都应当采取市场化运作机制。物流园区的运营管理方拥有自主决策权,根据市场需求状况制定相应的发展规划,负责物流园区的日常经营管理工作,并为物流园区内的企业提供服务,通过提供物流设施租赁、配套的物流服务以及商业地产开发来实现赢利;物流园区内的入驻企业根据物流需求信息来获得客户,借助物流园区提供的设施服务客户、获得收益。通过这种市场化的运营管理机制,物流企业、物流园区和政府之间的利益关系能够按照市场化运作的规则得到有效的协调、管理,从而保证物流园区的长期稳定运营。

学习并分析:
1. 我国物流园区的运营管理模式与国外相比,有哪些不同?
2. 我国物流园区的运营管理存在哪些问题?
3. 可以借鉴国外哪些先进经验去解决我国物流园区的运营管理问题?

【经典案例4】

国内外机场物流园区运营管理模式

(一)美国模式

1. 公益性,政府所有

不以赢利为目的,由政府投资、建设和管理;多为事业性机构,负责制定机场发展规划、开辟航线、机场设施的出租和日常维护工作;为公众提供便利的机场设施,以最优惠的条件吸引航空公司。

2. 管理型,专业化经营

以减少自身经营活动为原则;不直接参与客货运输的经营活动;机场经营性业务的社会化程度相当高,商业资源交由专业化企业经营。

3. 政府投资建设,补贴促进发展

机场的利润收入只能用于机场的建设投入;政府对机场给予税费减免;返还部分税费;各级政府和联邦航空局对机场的建设和经营给予资金补贴;机场建设投资靠地方政府发行债券筹集,由财政统一偿还;机场运营亏空由政府补助。

(二)日本模式

1. 政府建设,分类管理

日本机场管理由各级政府直接承担;对机场的管理分三类,第一类为主要国际机场,第二类为国内干线机场及少数国际机场,第三类为国内专线机场;由中央或地方政府投资建设、拥有、管理;机场建设中政府所占份额及政府对地方公共团体补贴率随机场等级不同而有区别,即收益率越低,补贴率越高。

2. 商业化融资

新东京机场——政府设立新东京国际空港公团:负责机场日常运营;受政府委托管理带有公共性质的事务;不以赢利为最终目的;商业化运作。关西机场——关西国际空港株式会社:投资者是当地的大财团;财团的发展对关西机场具有依赖性。

(三) 英国模式

1. 多元化所有

地方政府、议会所有和管理的机场;英国机场公共控股公司所有并管理的机场;民航局直接管理和组织运营的偏远机场;由私人经营的小型机场。

2. 政府主导,多元化投资

机场作为国家控制的重要基础设施;采用拍卖经营权、招标租赁、BOT等方式转换其经营模式;允许私人投资兴建并拥有。例如伦敦希思罗国际机场产权名义上归政府所有,实质上由英国机场集团公司、英国航空公司、英国汇丰投资银行等进行管理;第5航站楼工程按照市场化模式组建有限责任公司负责运作。伦敦城市机场:由私人投资兴建;上市融资用于机场扩建和设备更新。

3. 政府限价,商业化管理

法律规定中央政府对希思罗、盖特维克及曼彻斯特三大机场航空收费项目实行价格管制;机场确立"制定合理的机场收费标准—吸引更多的航班和旅客流量—大力发展商业—从商业中获取更大利润"的基本模式;商业经营成为机场获取利润的主要来源。

(四) 其他欧洲模式

1. 政府控股,企业化经营

政府绝对控股;普遍实行企业化经营;全面开发、运营机场业务;为公众提供所有服务;建设航空城社、空港经济区。

2. 板块清晰,资源多样化管理

以德国法兰克福机场为例:五大主营业务板块,业务领域划分清晰,服务覆盖了整个物流链;保持机场核心资源的绝对控制权;所有权与经营权相分离;加强资本管理和资源管理;自建租赁和BOT模式经营管理。

3. 准确定位,建设机场城市

以荷兰史基浦机场为例:①机场定位主要是管理,按照法律和合同规定进行检查监督;②引进地面代理公司和商业公司合理竞争;③特许经营收入占机场总收入的60%;④为相关利益者创建可持续的价值;⑤发展高效的、有航空、铁路、公路等多种运输形式的枢纽;⑥提供 24 小时的服务并具备相应的设施。

（五）新加坡模式

1. 政府直管，行业监督

由新加坡民用航空管理局直接管理;机场设有行使机场业主职能的机场管理局;确保安全、质量和服务高标准,确保机场运营的良好业绩;管理和促进航空运输的发展,预测航空业的需求变化并采取相应有效的策略。

2. 专业化经营，良性竞争

民航管理局不参与任何经营;机场运营交由专业化公司;有两家地服专业公司,具有相同的专营权;机场管理局制定服务标准,保证服务质量。

（六）香港模式

1. 政府投资，宏观管理

由香港特别行政区所有;由香港政府统一规划、统一投资兴建;政府设有专门机构管理整个航空业的发展;香港机场管理局是特区政府全资拥有的法定机构,代政府对机场履行监管的职能;香港机场管理局在经济上独立于政府,市场化运作;经营所得还贷款和为机场扩建积累资金。

2. 法定授权，土地资源管理

香港特区政府制定的《机场管理局条例》对机场建设与管理进行全面定位;明确机场管理局对机场范围内所有业务的领导与管理地位;香港新机场的土地使用权为政府无偿划拨;机场对土地资源进行规划、控制和运作。

3. BOT 专营及特许经营

以专营权合约方式把与机场相关的业务授予专业公司经营;以授予特许经营牌照方式转让商业零售业、餐饮业、广告业的经营权;招标方法选择多家营运者;BOT 方式批出投资额较大的经营项目;机场通过专营权收费或租金获得收益。

（七）内地机场运营管理模式

1. 首都机场——大集团化管理模式

由民航总局直属;全资、控股、参股 8 省市机场,托管内蒙古机场;设立相同的服务、运营效率及安全标准;有利于整合资源形成整体优势;相应减轻了地方政府的负担;削弱了地方政府与机场互动发展的积极性。

2. 上海机场——政府直属，立法授权

由上海市政府直属管理;统一经营管理浦东和虹桥两大国际机场;市政府成立空港地区管理委员会,对机场进行管理和协调;市人大通过《上海市民用机场地区管理条例》,授予机场集团一定的行政管理职能;机场与地区经济发展关系紧密并良性互动。

3. 广东机场——省属市管，融资建设

实行领导人事省管、经营建设市管的双重行政管理模式；机场集团股东分别为省、市政府；省、市政府对机场建设投资给予大力支持，并通过免税收等措施增加建设资本的投入；机场扩建部分项目由股份公司代建，通过上市融资投入建设；成立广州空港经济管理委员会。

4. 深圳机场——挂牌上市，发展联运

机场集团控股的机场股份公司挂牌上市；借助海陆空中枢优势发展综合现代化联运空港；市政府常务会议通过并实施《深圳市宝安国际机场管理办法》；成立了深圳市空港委员会办公室，就机场建设、发展、管理中的重大问题进行决策、协调、指导和监督；市政府设立专项基金补贴扶持货运。

5. 山西机场——一个机构，两块牌子

同时设立山西省民航机场管理局和山西省机场集团公司；管理局是省政府直属机构，对机场进行行业管理，制定规划、政策，协调确保安全；集团公司是省政府直属企业，由省政府授权经营，负责机场及所属企业的经营管理，承担国有资产保值增值责任。

6. 云南机场——一体化管理，集群效应

全省机场实行一体化管理；合理配置资源，统一规划建设，统一标准制度，科学协调发展；发挥集团管理、统筹规划、集群效应的优势；加强机场与地方经济社会协调发展的紧密程度；建立昆明空港经济区。

学习并分析：

1. 我国航空物流园区的运营管理模式与国外相比，有哪些不同？
2. 运营管理模式是否受到开发建设模式的影响，不同开发建设模式下适用何种运营管理模式？

【本章关键术语】

运营管理组织 organization of operation management　运营管理模式 model of operation management　网络化 networking　协调合作 coordinate cooperation

【本章思考与练习题】

1. 简述物流园区的运营管理内容。
2. 简述物流园区的运营管理模式。
3. 简述物流园区的协调运营模式。

【参考文献】

[1] 张道臣. 物流园区运营模式研究[D]. 北京:北京交通大学,2009.
[2] 韩兰兰. 物流园区运营管理模式研究[D]. 西安:长安大学,2010.
[3] 汪鸣. 国外物流园区运营模式及借鉴[J]. 中国储运,2003(5):14-16.
[4] 刘伟文. 日本物流园区的规划与运营管理[N]. 现代物流报,2006-01-06(004).
[5] 李基初. 物流园区企业化运营管理模式分析[J]. 商业时代,2010(5):30-31.

第八章 物流园区的增值服务及赢利模式

本章重点理论与问题

> 物流园区增值服务的内涵,是指在完成基本物流任务基础上,根据客户的个性化需求,提供的各种延伸业务活动,为客户提供超出常规的服务项目,超越了一般的体力劳动并融入了更多的精神劳动,能够创造出新的价值。物流园区的增值服务及赢利模式对于提升园区核心竞争力和运营效益具有重要作用;增值服务包括仓储、配送、加工、运输等作业环节的增值服务,信息增值服务,金融增值服务,保税增值服务,方案咨询增值服务;物流园区赢利收入来源,包括销售、租赁、物流服务、管理费用、政府支持、土地增值等十项;可以根据园区类型、园区发展阶段选择合适的赢利模式;物流园区赢利模式的创新,通过开发平台整合资源,拓展信息服务内容,开发管理链、延伸产业服务链的增值服务来实现。

第一节 物流园区的增值服务概述

一、物流园区增值服务的内涵

(一) 定义

我国物流界泰斗王之泰教授提出:增值服务的概念是,通过社会物流企业对客户的服务,可以提高客户物流活动的效率和效益,通过社会物流企业的物流服务,使客户的物流领域成为"第三个利润源"。通常,增值服务是满足客户的不同需求的额外服务,或是在基本服务上创新的服务类别,如金融、信息、第四方物流等。

杨爱明、李芬指出:基本服务是向客户提供的最低水准服务,是企业为了和客户保持合作关系必须提供的服务,是企业建立最基本业务关系的支柱,客户与企业合作的本意是为了获得此项服务。而增值服务是向客户提供的超出基本服务水平之上的额外服务,这部分服务并不是客户所预计在内的,提供增值服务可以提高客户满意度,使客户更忠诚。

荆海霞、邹辉霞提出:现代企业需要的不是普通的运输和仓储服务,它需要的是物流服务,还包括增值性的物流服务。也谈到了国内物流企业已有的几种增值性服务:承运人型增值服务、仓储型增值服务、货运代理型增值服务、信息型增值服务、第四方物流增值服务。

郭成提出:①从概念上看,增值服务是相对于常规服务而言的,是根据客户需要、为客户提供的超出常规服务范围的服务,或者采用超出常规的服务方法提供的服务。在信息主导商业发展的今天,增值服务主要是借助完善的信息系统和网络,通过发挥专业物流管理人才的经验和技能来实现,依托的主要是企业的 IT 基础,因此是技术和知识密集型的服务,可以提供信息效用和风险效用。②从增值服务的起源看,增值服务一般是指在物流常规服务的基础上延伸出来的相关服务。如从仓储延伸的服务有原料质检、库存查询、库存补充及各种形式的流通加工服务等。③从全球一体化物流和供应链集成的发展趋势看,增值服务的范畴要广阔得多。基于一体化物流和供应链集成的增值服务是向客户端延伸的服务,通过参与、介入客户的供应链管理及物流系统来提供服务。

曾中文提出:物流增值服务是物流企业实施差别化战略的重要内容,是提高物流服务水平的关键措施;增值服务不仅有利于提高第三方物流企业品牌的知名度,形成核心竞争力,而且可以应对国际物流巨头的强力挑战。

国家标准物流术语里,将增值物流服务定义为在完成物流基本功能的基础上,根据客户需求提供的各种延伸业务活动。增值物流是指在基本服务功能的基础上对货主提供独特的或特别的活动,使供需双方能够通过共同努力提高效率和效益。物流企业为客户企业提供的物流系统一体化的功能整合就是物流增值服务,即在完成物流基本功能基础上对货主的服务需求细分再细分,对服务品种创新再创新的过程,也是对制造商的经营运作与参与的过程,也是学习的过程。

综合上述学者对于物流增值服务的内涵研究,物流增值服务是指在完成基本物流任务基础上,根据客户的个性化需求,提供的各种延伸业务活动,为客户提供超出常规的服务项目,或者是采用超常规服务方法提供的服务。这种服务超越了一般的体力劳动并融入了更多的精神劳动,能够创造出新的价值。创新、超常规、满足客户个性化需要是增值物流服务的本质特征。

(二)物流增值服务与物流基本服务的比较

在市场经济环境下,以客户为核心的物流服务首先应当了解客户的需求,即基本的物流服务要求,是社会化物流企业能够向客户提供的最低限度和通常的服务物流,它包括运输、存储、装卸、搬运、包装、配送、回收、信息处理等基本功能。

物流企业的增值服务是指在完成物流基本功能的基础上根据客户需求提供的各种延伸业务活动,它主要是一些额外的为生产或消费企业提供便利性的服务,如信息提供、代收货款、打印收据等等。

从基础服务和增值服务的内容上来看,基础服务对于所有物流企业来说大体相同,所以并不具备实际的竞争力,而增值服务对于物流园区来说就具备了一定的运营差异性及不可取代性,这正是其可以吸引客户的关键所在,对于不同的客户需要和企业自身的优势所提供的增值服务在很大程度上不易被其他园区模仿,所以更可以起到稳定客户的作用,获得更多的市场份额和高于平均利润的超额利润。

为了更清晰地展示基础服务与增值服务之间的区别,采取对照的形式予以比较分析,如表 8-1 所示。

表 8-1 基础服务与增值服务各项因素比较分析

	基础服务	增值服务
服务内容	以仓储运输为主的基础类服务	以信息化为依托的仓储、运输延伸服务,及企业供应链的纵向一体化服务
服务导向	以自身企业的服务能力为导向	以满足客户的需求、帮助客户企业发展为导向
顾客满意度	一般	较高
经营模式	粗放型,标准化服务	精益型、个性化服务,混合经营
服务成本	一般	较高
服务收益	低附加值	高附加值
转化业务	难	容易
与客户的关系	较松散	较紧密
进入壁垒	低	高
行业饱和度	高	低

二、物流园区增值服务的重要性和作用

(一)物流园区增值服务的重要性

由表 8-1 可以清楚地看到,增值服务具有很大的优势,可以降低经营风险,增加市场份额,吸引客户,还可以便捷地实施资本运营,降低资本运营成本和风险。对于物流园区来说,发展增值服务是必然,因为增值服务相对于没有很大技术含量的基础服务来说有太多的市场优势和利益份额,对园区的核心竞争力的构建也具有很大的帮助。

1. 有利于提高物流园区的差异化发展

物流增值服务是物流企业实施差别化战略的重要内容,根据客户的要求,为客户提供超出常规的创新服务,满足客户个性化的需求。增值服务最大的特点是具有差异性,不易被对手模仿,可以占据一定时间的超额利润,这不但可以获得更多的客户和利润,更能够降低经营风险,扩大发展空间。

2. 有利于提高物流园区的服务水平

提供物流增值服务是提高物流服务水平的关键措施,通过创新物流增值服务内容和服务形式,融入更多的信息技术手段和智能优化方法,满足市场客户日益增长的物流服务需求,实现个性化、一体化、专业化的物流服务,从而获取超额利润,提高物流园区的经营业绩。

3. 有利于物流园区的核心竞争力培养

开展增值服务可以培养园区的核心竞争力,提高园区的品牌知名度,降低园区运营与竞争的风险性。对于物流园区来说,如果依靠单纯的服务,并没有自己的核心竞争产业,所提供的基础服务类别简单单一,很容易被模仿,为了争取更多的客户,物流服务可能产生价格战,如果此时只是依靠传统的基础服务,就会使得园区本身陷入恶性循环,最终可能导致破

产的命运,但如果园区开展增值服务项目,其利润就不只来自基础服务,而是来自增值服务。

(二) 物流园区增值服务的作用

物流园区的增值服务不同于社会物流中所指的增值服务,既包括仓储、配送等一般物流系统中的物流基础服务,又包括物流金融、物流解决方案设计等物流高端服务。

1. 增加便捷性

能够简化手续、简化操作。简化并不是简化服务内容,而是指为了获得某种服务,以前需要客户自己做的一些事情,现在由物流服务提供商以各种方式代替客户做了,从而使客户获得的这种服务变得简单,而且更加方便。例如,在提供物流服务时,推行一站式办理、货物接取送达、全程代理、报关报检、自动订货、物流全过程追踪、信息反馈及提示等都是对客户有用的增值性服务。

2. 降低物流成本

为专业化的第三方物流企业提供物流场地、设施和配套服务,本身就是降低客户成本的过程,这里指进一步深入了解客户供应链需求,辅助客户进行流通渠道设计、物流方案策划,以及推行物流管理技术,如运筹学中的管理技术、单品管理技术、条形码技术和信息技术等,提高物流的效率和效益,从而降低客户物流成本。

3. 提高货物附加值的物流服务

指在货物流通过程中,为了保护货物、方便储运、促进销售等目的,通过对货物的理化状态、流通形态等进行适当处理,而增加货物本身附加价值的服务。例如物品在生产地到销售地的过程中,根据需要采用集装箱运输、施加包装、计量、除杂、分拣、刷标志、拴标签、组装、混配等作业,提高货物的整体价值。

4. 提高赢利水平

除了运输、储存、装卸、搬运、包装、流通加工、配送、信息服务等物流基础服务之外,根据客户需求提供的物流高端服务或相关服务,如在物流活动过程中,提供商品展示交易、商务文化、后勤保障等服务,可以带来高附加值的利润回报。

三、物流园区增值服务的影响因素分析

对于物流服务有着不同侧重点的园区如何有选择性地开展增值服务是具有实际意义的问题。园区可以根据自身经营特点、范围、能力有选择性地开展增值服务,物流园区除了受到资源分配机制影响以外,在具体拓展物流增值服务的过程中主要受区位条件、竞合关系、运营能力以及政策环境等方面因素的影响。

(一) 区位条件

不同园区所处的地理位置、交通条件及区域经济存在差异,其地理位置决定了主要货源的品类结构、货物的流量流向,交通条件则影响集疏运能力和运输组织效率,区域经济的发达程度、产业结构则直接影响客户的规模结构及物流需求结构,决定着园区的市场定位、客户选择以及未来的市场潜力。

（二）竞合关系

在市场中除了受客户需求因素影响以外，竞争对手和合作伙伴同样起着不可忽视的作用，尤其是在拓展物流增值服务的起步阶段，竞合关系的现实情况及处理方式将影响市场拓展、项目实施和物流运作方式。

（三）运营能力

园区通过对人力、资金以及各种基础设施设备资源的组合配置，并辅以管理运作，能够提升外部服务和内部生产的综合水平。物流园区的节点设施、服务功能、信息化建设等都直接影响着运营能力，决定园区拓展物流增值服务的质量和效益。

（四）政策环境因素

政策环境因素主要包括国家、地方政府等在政策、法律法规、机制制度等方面提供的环境氛围，其中包括价格、投融资、税收、土地资源使用等，并以此影响企业的经营范围、融资模式、赢利手段，具有十分重要的作用。

四、物流园区增值服务的运作方式

（一）运作方式分类

物流园区增值服务的运作方式是指园区结合自身的运营能力完成客户的业务需求的具体方式，通常分为自营物流、物流外包、战略协作、物流并购四种。

1. 自营物流增值服务

物流园区的开发建设者自营物流增值服务，依靠园区所拥有的资源和能力，由其独力完成相关物流活动来满足客户需求，包括客户的洽谈协商、合同的签订、物流方案的设计、物流作业实施。从有利的方面来看，自营物流可以直接支配物流资产，控制物流职能，保证货物送达的准确和及时，保证客户服务的质量，主要适用于长期熟悉和控制的市场领域。但这种物流模式需要投入较大规模的资金用于购置物流设备、建设仓库和更新信息技术，并需要有专业的物流人才进行管理执行，物流成本较高，这对于缺乏资金的物流园区来说是个沉重的负担。

2. 物流外包增值服务

可引进第三方物流企业入驻园区，负责提供物流增值服务，形成一种非园区自主的物流外包运作方式。该方式尽管能够维系入驻物流企业的客户，保证园区服务需求量，但是却失去了物流增值服务的市场效益，同时客户服务链条的控制权被入驻园区企业所掌握。

当入驻的物流企业不能按照客户需求提供相关物流增值服务时，可由园区联系、组织园区内外其他企业提供服务，并按合同或协议规定进行结算。该模式下由园区负责与终端客户签订合同，再组织相关物流企业按照客户需求负责具体物流作业。该方式有利于充分调用各方资源，但实施难度较大，在具体物流服务的过程中需要对物流服务提供商的服务质量进行监督考核，并防止供应链信息和客户资源的流失。

3. 战略协作

战略协作指物流园区由于基础条件不足或运营能力受限等，将客户需求按物流功能环节、地域范围或项目阶段进行拆分,通过战略联盟、合资合作等形式交由除自身以外的一方或多方主体来完成的运作方式。根据合作方关系的差别,其具体形式又可分为三类:一是松散的(市场)关系,包括网络组织、机会性联盟等;二是契约关系,包括分包经营、许可证经营和特许权经营等;三是正式的所有关系,包括联营、合资合作企业等。

战略协作的方式由多方主体完成,所以有利于弥补物流园区在初期开拓市场时资源和能力的不足,但是能否形成可持续性的竞争优势和经营效果,还要看协作方的信任度和合作动机,因此也具有一定的经营风险。

4. 物流并购

物流并购指物流园区通过合并或收购外部物流企业资产的形式开展物流服务的方式,其中合并模式根据主导企业法人地位的取消与否,又可分为吸收合并和新设合并两种方式,收购模式也可分为资产购买(包括营业权)和股份收购两种方式。主导企业实施并购之后再由新设的物流运作单位(企业或部门)或既有物流运作单位(企业或部门)负责为客户提供物流服务。

物流并购方式可以使园区快速拓展物流增值服务市场,整合客户资源和网络资源,促进企业规模扩大和竞争力的提升,但该方式需要企业自身拥有较雄厚的财力,同时要妥善处理并购后的企业文化冲突及人员安排,否则将适得其反。

(二) 运作方式比较

对上述四种运作方式进行综合分析,可以得到各类方式的适用条件和优劣势情况,如表8-2 所示:

表 8-2 物流园区物流增值服务的不同运作方式比较

		自营物流	物流外包	战略协作	物流并购
应具备的条件	技术水平	高	低	中或低	低
	资金实力	高	低	中	中或高
	市场控制	高	高	中	低
	管理能力	低	高	中	高
可产生的优劣势	进入速度	低	高	中	高
	竞争程度	高	低	中	低
	文化冲突	低	低	中	高
	外取资源	低	中或低	中	高

具体而言,根据园区发展成长的阶段,采用分阶段拓展园区物流增值服务的运作方式,每个物流园区由于开发建设的模式和主体不同,可以选择适合自己的增值服务运作方式。下面的阶段方案可供参考。

1. 初期可采用外包

运营初期可依托园区场地等软件和硬件资源优势,租赁设备、设施、场地,引进第三方物流公司入驻,主要承担仓储等基础服务内容,而运输、流通配送加工等服务需求交由第三方物流企业提供。

2. 成长期可采用混合模式

即可采用部分物流业务自营,部分物流业务协作的方式。在物流业务探索发展阶段,逐步积累客户资源并获得客户信任,一方面与客户签订综合物流服务合同,另一方面吸引部分物流企业通过资金、土地等资源折价入股的方式,扩大基地建设规模和配套设施,为客户提供货物接取、仓储、采购供应、混配、发运等一站式综合物流服务,逐步拓展园区的物流增值服务功能。在此过程中园区可结合业务实际,采取部分业务自己运作,部分业务交由战略合作方协作完成的方式。

3. 成熟期企业物流并购

当园区物流业务开展到一定阶段时,可完成供应链和产业链资源的整合与控制,进一步扩大联盟范围,与公路运输企业、港口、航运企业、金融机构等单位签署协议,以资源、资本为纽带,通过参股、控股、托管等方式实现对园区物流企业资源的整合,而不是单纯地依赖园区物流节点,通过缔结供应链联盟、搭建高效的信息服务平台等方式实现储备、市场交易、供应链管理"三位一体"的发展模式。具体业务涵盖集中采购、动态储备、流通加工、库存管理、电子交易、信息流服务、第三方结算、标准化产品交割等物流增值服务内容。

五、物流园区的增值服务发展现状

大多数物流园区还处于物流基础作业服务的阶段,缺乏从物流服务的创新与开展物流增值服务中寻求利润的能力。处于这样初级阶段的国内物流园区和发达国家相比,存在服务内容单一、服务手段原始等问题。

1. 物流企业增值服务能力薄弱

从提供的服务范围和功能上看,目前中国物流企业服务功能单一,增值服务能力薄弱。据美智管理顾问公司2002年的调查,中国第三方物流企业的收益有85%来自基础性服务,如运输管理(53%)和仓储管理(32%)等基本物流业务,而增值服务及其物流信息服务与支持物流的财务服务的收益只占15%。即使在经济比较发达的长三角和珠三角地区,第三方物流企业从事的也基本上是初级的运输和仓储管理服务。

增值服务能力薄弱的原因,一方面是大部分物流供应商认为客户还没有做好外包准备,以及经济体制等历史原因使整个第三方物流产业一直受到市场需求约束;另一方面是有需求的客户认为中国缺少高水平的物流服务商。目前中国从事物流服务的企业的规模和实力都还比较小,只能简单地提供运输和仓储服务,而在流通加工、物流信息服务、库存管理、物流成本控制等物流增值服务方面,尤其在物流方案设计、全程物流服务等更高层次的物流服务方面还没有全面展开。多数从事物流服务的企业,缺乏必要的服务规范和内部管理规程,经营管理粗放,很难提供规范化的物流服务,服务质量低下。

虽然我国第三方物流市场上国有第三方物流企业占据大部分市场,但是国有第三方物流企业绝大多数是从计划经济时期运输、商业、物资、粮食等部门的储运企业转化而来的,而且物流服务范围有限,融合程度不高,基本上还处于各自特定的服务领域。市场的占据主要还是靠政府的各项支持。随着物流市场的放开和本身物流业的成熟,企业之间竞争的焦点不再是运输、仓储等基本物流服务项目,而是不断扩展的增值服务。如果我国物流企业不能紧随物流发展的趋势、提供符合市场需求的增值服务内容,必将被市场淘汰。

2. 物流企业以客户为导向的服务理念不强

整体而言,美国的物流服务都是处于满意状态,不满意的还是少数,而我国物流企业以客户为导向的服务理念还没有根植于企业文化中,没有认识到物流企业的生存宗旨是为客户提供高质量、高水平、高价值的服务,以客户的发展带动企业的发展。造成这种现象的主要原因:第一,国内物流企业各地区市场的不规范,准入门槛低;第二,市场处于初级发展阶段,整个服务还没有统一标准化;第三,人才的缺乏,降低了整个行业的服务水平;第四,多数企业没有长远的发展眼光,局限于眼前利益。中美对比分析见表8-3。

表8-3 中美对物流企业服务的满意度对比分析(2001)

中国			
	满意	不满意	不完全满意
生产企业	54%	23%	23%
商业企业	53%	7%	40%
美国				
	非常满意	满意	没感觉	不满意	非常不满意
成本的节省	10%	57%	17%	12%	4%
服务的进步	4%	67%	19%	10%	—
情报/通讯	10%	59%	25%	6%	
全面的工作关系	14%	76%	4%	6%	

数据来源:中国仓储协会第三次调查资料。

来自中国物流与采购联合会的调查表明,国内物流收益的85%来自基础性服务,诸如运输管理和仓储管理等,增值服务及物流信息服务等的收益只占15%。所以增值服务的发展空间非常巨大,需要逐步发展建立在信息技术基础上的物流增值服务,如物流信息服务、订单管理、库存管理、物流成本控制、物流方案设计以及供应链管理等。只要园区能把增值服务与自身的基础性服务有机结合起来,不仅能使自身一直赖以生存的基础性服务提高到一个新的台阶,而且还能以一个崭新的形象出现在市场的竞争中。

第二节 物流园区增值服务的分类及内容

王艳将物流增值服务划分为基本增值服务和特定增值服务两块内容。前者是指除了承担仓储运输服务之外,还提供供应链服务项目;后者是指为客户个性化需求提供的专项服务。

还有学者将增值服务划分为:以顾客为核心的增值服务,向买卖双方提供利用第三方专业人员来配送产品的各种可供选择的方式;以促销为核心的增值服务,涉及独特的销售点展销台的配置,以及旨在刺激销售的其他范围很广的各种服务;以制造为核心的增值服务,是通过独特的产品分类和递送来支持制造活动;以时间为核心的增值服务,涉及使用专业人员在递送以前对存货进行分类、组合和排序。这种划分可以说是按照增值服务的效果来进行的。

另有一种观点将常见的物流活动分为运输、仓储配送、信息服务、增值服务和总体策划五大类。该分类观点将增值服务的内容定义为延后处理、供应商管理、运货付费、咨询服务、售后服务等,并且,总体策划属于高层次的增值服务。

本书按照增值服务的内容,将物流增值服务分为运输型增值服务、仓储配送型增值服务、信息型增值服务、金融型增值服务、保税型增值服务和方案型增值服务。上述增值服务可以分为三个层次,如图8-1所示。

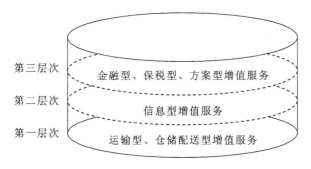

图 8-1　物流园区的增值服务

在图8-1中,第一层次的增值服务是基于基础服务上的延伸,主要包括货运、仓储和配送加工增值服务,是在现有物流服务的基础上,通过扩展其他物流功能,向客户提供更加完善和全面的物流服务,从而满足客户多种物流需求的经营模式。第二层次的信息型增值服务是以日常运营数据为基础,借助信息手段对数据资源进行挖掘、加工和整合,进而向客户提供可辅助高级决策的信息的服务,是连接第一层次基础增值服务和第三层次高级增值服务的桥梁。完善的基础增值服务离不开信息服务的支持,而高级增值服务则是建立在信息服务基础之上的,利用物流园区的信息资源为客户量身订制的增值服务。

一、物流仓储配送加工增值服务

主要包括在仓库进行进一步的加工处理,包括预加工、再加工、个性化装配、测试、重新包装和贴标签;材料及零部件的到货检验;材料及零部件的安装制造;提供(全天候)收货和发货;商品退回的存放并协助处理追踪服务;为了满足顾客的大量突发性订货准备"缓冲库存";为食品、药品类客户提供低温冷藏服务,并负责先进先出;以客户为引导,按区位排列顺序列出各种规格型号货物的详细信息,确认有效库存能否满足顾客需求等增值服务。这些能够有效地提高物流服务的附加值,更大限度地方便商家。下面详细说明其中的四个增值服务。

1. 配合客户营销计划进行制成品的重新包装和组合及各种形式的流通加工服务

例如可以就不同产品捆绑促销，提供商品的再包装服务。满足客户销售需要而提供的成品标记服务，如为商品打价格标签或条形码或便利服务，还为成衣销售提供开箱加挂衣架、重新包装的服务等，对于超市型客户而言，这种服务具有相当规模的市场。

以一国外的电池企业为例，其采取散装形式或无标签形式将产品装运到仓库，所以，这种存货基本上没有什么区别，一旦收到顾客的订单，仓库经营人就要按客户要求对产品进行定制和发放，也就是说把未做标志的产品装运到仓库中去，而已经出售的电池需要向仓库经营人提供有关商标牌号的待印图案，按要求使用特定的标志时，仓库经营人就把该标志图案印制到电池上，然后用定制的盒子将产品包装起来。所以即使该产品在仓库里存放时是没有区别的，但是该顾客实际收到的是已经定制化了的产品和包装。由于支持个别顾客需求所需要的安全储备较少，使该制造商可以减少其存货。

2. 提供库存管理策略

不同的客户对于服务的要求是不一样的，物流园区的仓储增值服务要为客户设计仓库管理策略，优化整体供应链的效率，满足客户的商业目标，使客户在获得服务的同时获得更多的收益。与此同时，还可以相应地减少市场预测和生产计划的复杂性，能够提供此种增值服务的物流园区将具有更大的行业竞争力。

3. 特殊物品的仓储

仓储型增值服务还可以满足客户对特殊物品的仓储需求。例如，许多物流园区提供冷藏库和冷冻库，这样可以满足许多客户如超市等对生鲜、蔬菜等对温度要求严格的产品的需求。以香蕉为例，在南方城市运往北方城市的时候一般都是未成熟的，储藏增值服务可根据客户的时间需要对产品的数量进行催熟，大大减少了客户的风险。

4. 提供有关的市场机密保护服务

例如，可以为进口商的私人牌号顾客重新给产品加标志，这种重新加贴标志的活动是在该产品进入美国后才能完成的，以防止供应商识别进口商的最终顾客。

二、物流运输增值服务

运输型增值服务包括车辆租赁服务、货物运输过程中的监控跟踪、门到门综合运输、报关、代垫运费、运费谈判、货款回收与结算、集货、分拣包装、配套装配、条码生成、贴标签、自动补货等服务。为对时间敏感的产品提供快速可靠的服务并提供相关记录报告；为对温度敏感的产品提供快速可靠的服务如冷藏、冷冻运输以及相关记录报告；配合产品制造或装配的零部件、在制品及时交付；被客户退回的商品回收运输服务；运输设备的清洁或消毒等卫生服务；部分承运人甚至可以为客户提供承运人的评估选择、运输合同管理服务等。

1. 提供运输服务方案

为托运人安排最经济、快捷、安全的运输路线和选择最佳的运输方式组合。选择国际、国内运输方式、运输路线，安排货运计划，为客户选择承运人、确定配载方法等。

2. 货运代理增值服务

为顾客进行货运代理咨询；为货运委托人提供情报信息；订舱租船、包机、包舱、托运、仓储、包装；货物的装卸、集装箱拼装拆箱、分拨、中转及相关的短途运输服务；报关、报验、报检、保险；内向运输与外向运输的组合；多式联运、集运（含集装箱拼箱）。在配套服务的同时提供维护、维修等相关的物流操作；为托运人安排最经济、快捷、安全的运输路线和选择最佳的运输方式组合；为顾客进行货运代理咨询；为货运委托人提供情报信息；为客户提供在线追踪采购订单、集装箱服务。

运输型增值服务主要是提供许多额外的、本应属于客户自己工作范围之内的服务，如开票据、报关、报检等等，可以更大限度地方便客户，简化了客户企业的工作程序和工作内容，也可以合理地利用资源，使运输成本下降，吸引更多的客户。

三、物流信息增值服务

随着信息技术与网络技术的发展，现代物流企业更多的是依赖信息系统通过网络与相关的企业以及相关的政府单位如海关进行数据处理与信息共享，物流园区信息型增值服务能有效地缩短业务的操作时间，从而使物流作业更加高效、及时、可靠和准确。基于Intranet、Internet 及 GPS 的物流信息通信服务使电子商务（e-bussiness）、物流货物的跟踪、准时制生产（JIT）和网上采购成为了可能。因此，条码技术（bar code）、数据库技术（database）、电子订货系统（EOS）、电子数据交换（EDI）、快速反应（QR）、有效的客户反应（ECR）、射频技术（RF）、管理信息系统（MIS）、企业资源计划（ERP）等先进技术与管理策略，应在我国物流园区信息增值服务中大力推广运用。

物流信息增值服务包括物流服务需求信息平台服务、物流服务供给资源信息平台服务、物流业务交易服务等。物流园区提供信息服务的主要目的是整合园区自有资源和入驻园区的物流企业软件和硬件资源，辅助园区基础业务，提高资源利用率，促进园区各方协调合作，提高物流服务的效率和正确性。

1. 交易及管理平台服务

为物流服务供、求客户提供电子商务平台和物流业务管理平台，例如向供应商下订单、接受客户的订单、提供网上电子合同、打印提单、网上订舱、网上支付运费、网上库存管理、网上供应链管理等增值服务。并运用网络技术向客户提供在线的数据查询和在线帮助服务。

2. 决策支持服务

通过系统对历史交易等信息的统计，对物流服务供、求双方进行信用评级，提供相关财务报告，利用对数据的积累和整理，预测客户的需求，并提供决策支持。

3. 数据库增值服务

物流园区利用其信息网络采集多类信息，形成特定的数据库，并向客户有偿提供数据库信息服务。为客户提供便利的信息渠道，把信息系统融入到服务中。

四、物流金融增值服务

（一）物流金融增值服务的内涵

物流园区的金融增值服务是指面向物流业的运营过程，通过应用和开发各种金融产品，将金融服务融入到物流服务的服务内容，有效地组织和调剂物流领域中货币资金的运动。

这不但可以为物流园区开拓和稳定客户,也可以帮助金融机构开发市场。

具体包括为发生在物流过程中的资金需求客户提供存款、贷款、投资、信托、租赁、抵押、贴现、质押监管、资金融通、结算、保兑、保理、信用证、保险、有价证券发行与交易,以及金融机构所办理的各类涉及物流业的中间业务等。

其中涉及三个主体:物流园区、资金需求方和金融机构。物流园区与金融机构联合起来为资金需求方企业提供融资,物流金融的开展对这三方都有非常迫切的现实需要,它为金融机构、供应链企业以及第三方物流服务提供商业间的紧密合作提供了良好的平台,使得合作能达到"共赢"的效果。物流和金融的紧密融合能有力支持社会商品的流通,促使流通体制改革顺利进行。物流金融正成为国内银行一项重要的金融业务,并逐步显现其作用。

(二)物流金融增值服务的分类

随着现代金融和现代物流的不断发展,物流金融的形式也越来越多,按照金融在现代物流中的业务内容,物流金融分为物流结算金融、物流仓单金融、物流授信金融。

1. 物流结算金融

物流结算金融是指利用各种结算方式为物流企业及其客户融资的金融活动。目前主要有代收货款、垫付货款、承兑汇票等业务形式。

1) 代收货款业务

代收货款业务是物流公司在为企业(大多为各类邮购公司、电子商务公司、商贸企业、金融机构等)传递实物的同时,帮助供方向买方收取现款,然后将货款转交企业并从中收取一定比例的费用。代收货款模式是物流金融的初级阶段,从赢利来看,它直接带来的利益属于物流公司,同时厂家和消费者获得的是方便快捷的服务。

代收货款模式常见于B2C业务,并且已经在发达地区的邮政系统和很多中小型第三方物流供应商中广泛开展。在代收货款模式中,发货人与第三方物流供应商签订《委托配送和委托收款合同》,第三方物流供应商在每日向用户送货上门的同时根据合同代收货款,每周或者每月第三方物流供应商与发货人结清货款。代收货款模式的资金在交付前有一个沉淀期。在资金的这个沉淀期内,第三方物流供应商等于获得了一笔不用付息的资金。

2) 垫付货款业务

垫付货款业务是指当物流公司为发货人承运一批货物时,物流公司首先代提货人预付一半货款;当提货人取货时则交付给物流公司全部货款。为消除垫付货款对物流公司的资金占用,垫付货款还有另一种模式:发货人将货权转移给银行,银行根据市场情况按一定比例提供融资,当提货人向银行偿还货款后,银行向第三方物流企业发出放货指示,将货权还给提货人。在此种模式下,物流公司的角色发生了变化,由原来商业信用主体变成了为银行提供货物信息、承担货物运送、协助控制风险的配角。当然,如果提货人不能在规定的期间内向银行偿还货款,银行可以在国际、国内市场上拍卖掌握在银行手中的货物或者要求发货人承担回购义务。

从赢利情况来看,厂商获得了融资,银行获得了利息收入,而物流企业也因为提供了物流信息、物流监管等服务而获得了利润。

3) 承兑汇票业务

承兑汇票业务也称保兑仓业务,其业务模式为:开始实施前,买方企业、卖方企业、物流企业、银行要先签订《保兑仓协议书》,物流公司提供承兑担保,买方企业以货物对物流公司进行反担保,并承诺回购货物;需要采购材料的借款企业,向银行申请开出承兑汇票并交纳一定比率的保证金;银行先开出银行承兑汇票;借款企业凭银行承兑汇票向供应商采购货品,并交由物流公司评估入库作为质押物;金融机构在承兑汇票到期时兑现,将款项划拨到供应商账户;物流公司根据金融机构的要求,在借款企业履行了还款义务后释放质押物。如果借款企业违约,则质押物可由供应商或物流公司回购。从赢利情况来看,买方企业通过向银行申请承兑汇票,实际上是获得了间接融资,缓解了企业流动资金的紧张状况。供方企业在承兑汇票到期兑现即可获得银行的支付,不论买方是否向银行付款。银行通过为买方企业开出承兑汇票而获取了业务收入。物流企业的收益来自两个方面:第一,存放与管理货物向买方企业收取费用;第二,为银行提供价值评估与质押监管中介服务,并收取一定比例的费用。

2. 物流仓单金融

物流仓单金融主要是指融通仓融资,其基本原理是:生产经营企业先以其采购的原材料或产成品作为质押物或反担保品存入融通仓并据此获得协作银行的贷款,然后在其后续生产经营过程中或质押产品销售过程中分阶段还款。第三方物流企业提供质押物品的保管、价值评估、去向监管、信用担保等服务,从而架起银企间资金融通的桥梁。其实质就是将银行不太愿意接受的动产(主要是原材料、产成品)转变成其乐意接受的动产质押产品,以此作为质押担保品或反担保品进行信贷融资。从赢利情况来看,供方企业可以通过原材料产成品等流动资产实现融资;银行可以拓展流动资产贷款业务,既减少了存贷差产生的费用,也增加了贷款的利息收入。

融通仓是一个以质押物资仓管与监管、价值评估、公共仓储、物流配送、拍卖为核心的综合性第三方物流服务平台,它不仅为银企间的合作构架新桥梁,也能良好地融入企业供应链体系之中,成为中小企业重要的第三方物流服务提供者。融通仓业务主要有仓单质押和保兑仓(买方信贷)两种操作模式,两者最大的区别是仓单质押业务先有货再有票,保兑仓业务先有票再有货。收益来自两个方面:第一,存放与管理货物向供方企业收取费用;第二,为供方企业和银行提供价值评估与质押监管中介服务,并收取一定比例的费用。

1) 仓单质押业务

在仓单质押模式中,因中小企业的生产经营活动涉及的原材料采购与产成品销售普遍存在批量性和季节性特征,这类物资的库存往往占用了大量宝贵资金。融通仓借助其良好的仓储、配送和商贸条件,吸引辐射区域内的中小企业,作为其第三方仓储中心,并帮助企业以存放于融通仓的动产为质押获得金融机构的质押贷款融资。在实际操作中,货主一次或多次向银行还贷,银行根据货主还贷情况向货主提供提货单,融通仓根据银行的发货指令向货主交货。

2) 保兑仓业务

在保兑仓模式中,制造商、经销商、第三方物流供应商、银行四方签署"保兑仓"业务合作协议书,经销商根据与制造商签订的《购销合同》向银行交纳一定比率的保证金,该款项应不少于经销商计划向制造商在此次提货的价款,申请开立银行承兑汇票,专项用于向制造商支付贷款,由第三方物流供应商提供承兑担保,经销商以货物对第三方物流供应商进行反担保。第三方物流供应商根据掌控货物的销售情况和库存情况按比例决定承保金额,并收取监管费用。银行给制造商开出承兑汇票后,制造商向保兑仓交货,此时转为仓单质押。在这一过程中,制造商承担回购义务。

另外,随着现代物流和金融的发展,物流仓单金融也在不断创新,出现了多物流中心仓单模式和反向担保模式等新仓单金融模式。多物流中心仓单模式是在仓单模式的基础上,对地理位置的一种拓展:第三方物流企业根据客户不同,整合社会仓库资源甚至是客户自身的仓库,就近进行质押监管,极大降低了客户的质押成本。反向担保模式对质押主体进行了拓展:不是直接以流动资产交付银行作抵押物而是由物流企业控制质押物,这样极大地简化了程序,提高了灵活性,降低了交易成本。

3. 物流授信金融

物流授信金融是指金融机构根据物流企业的规模、经营业绩、运营现状、资产负债比例以及信用程度,授予物流企业一定的信贷额度,物流企业直接利用这些信贷额度向相关企业提供灵活的质押贷款业务,由物流企业直接监控质押贷款业务的全过程,金融机构则基本上不参与该质押贷款项目的具体运作。该模式有利于企业更加便捷地获得融资,减少原先质押贷款中一些烦琐的环节;也有利于银行提高对质押贷款的全过程监控能力,更加灵活地开展质押贷款服务,优化其质押贷款的业务流程和工作环节,降低贷款风险。

从赢利情况来看,授信金融模式和仓单金融模式的各方收益基本相似,但是由于银行不参与质押贷款项目的具体运作,质押贷款由物流公司发放,因此程序更加简单,形式更加灵活。同时,也大大节省了银行与供方企业的相关交易费用。

(三) 物流金融增值服务的作用

首先金融型增值服务可以解决许多企业的融资问题,尤其有利于中小型企业,融资难是目前制约中小企业发展的瓶颈,由于融资渠道单一,银行贷款一直是许多中小企业融资的首选,然而银行的苛刻条件却使得许多力量不足的企业望而却步,不敢靠近。当今大多数银行都是国有企业,具有相当部分稳定的客户,能力不足或有限的企业一直不被看好。银行贷款条件高、手续繁琐和抵押担保难等问题都为企业融资设下了重重关卡。融资难的主要原因之一就是中小企业的有效担保和抵押物缺乏,并且中小企业的信息透明度低,可信度不佳,银行在向中小企业提供贷款时,势必要考虑如何保护自身利益这一问题。然而中小企业大多受经营规模所限,又或是出于经营战略的需要,固定资产较少,土地房屋等抵押物不足,一般很难提供合乎银行标准的抵押品,并且社会公信度又不理想,使它们也很难找到令银行放心的具有代偿能力的担保人。但是企业要寻求发展,融资扩大规模是一条必经之路,第三方物流企业可对客户企业的动产资源如企业手上都有原材料、半成品、成品库存等代为抵押,同时作为客户企业的银行担保人,这样既解决了中小型企业等难贷款企业的资金问题,实现企业的自身担保的过渡问题,又为自己争取到了客源,可谓是一个双赢的战略,很大幅度地提高了企业整体的行业内竞争力。

另外，金融型增值服务还有一个好处就是，增加了企业的流动资金，由于企业通过抵押贷款的方式减小了企业短期内资金短缺的问题，大大地增加了企业流动资金的数额，实现企业内的资金周转。货物抵押融资一般就是在货物运输或仓储过程中，将货物产权转移给银行，银行根据市场情况按一定比例提供融资。当生产商、贸易商或运输商向银行偿还融资金额后，银行向负责运输或仓储的机构发出放货指示，将货物产权还给原货主。这种融资方式的优点在于银行不需要政府或企业的担保，而是掌握运输和仓储货物的所有权，即得到了对融资的担保。它也没有经营期货的风险，而是以实实在在的货物作抵押。这种融资方式既可以增加企业流动资金，又降低进出口商品的费用，从而降低企业的生产成本，加速资金的流动，使经营出口商品的物流企业更加具有竞争力。

（四）实施方式

物流金融的服务和实施方式不可能仅局限于货物质押，我国目前的物流金融服务已经突破了最初的模式，物流金融的实施方式主要有如下四种：

1．仓单质押

仓单质押业务涉及仓储企业、货主和银行三方的利益，因此要有一套严谨、完善的操作程序。

首先货主（借款人）与银行签订《银企合作协议》、《账户监管协议》，仓储企业、货主和银行签订《仓储协议》；同时仓储企业与银行签订《不可撤销的协助行使质押权保证书》。

货主按照约定数量送货到指定的仓库，仓储企业接到通知后，经验货确认后开立专用仓单；货主当场对专用仓单作质押背书，由仓库签章后，货主交付银行提出仓单质押贷款申请。

银行审核后，签署贷款合同和仓单质押合同，按照仓单价值的一定比例放款至货主在银行开立的监管账户上。

贷款期内实现正常销售时，货款全额划入监管账户，银行按约定根据到账金额开具分提单给货主，仓库按约定要求核实后发货；贷款到期归还后，余款可由货主（借款人）自行支配。

2．动产质押

动产质押是指债务人或者第三人将其动产移交债权人占有，将该动产作为债权的担保，债务人不履行债务时，债权人有权依照规定以该动产折价或者以拍卖、变卖该动产的价款优先受偿。债务人或者第三人为出质人，债权人为质权人，移交的动产为质物。

3．保兑仓

保兑仓是指以银行信用为载体，以银行承兑汇票为结算工具，由银行控制货权，卖方（或仓储方）受托保管货物并对承兑汇票保证金以外金额部分由卖方以货物回购作为担保措施，由银行向生产商（卖方）及其经销商（买方）提供的银行承兑汇票的一种金融服务。

通俗一点讲，企业向合作银行交纳一定的保证金后开出承兑汇票，且由合作银行承兑，收款人为企业的上游生产商，生产商在收到银行承兑汇票前开始向物流公司或仓储公司的仓库发货，货到仓库后转为仓单质押；若融资企业无法到期偿还银行敞口，则上游生产商负责回购质押货物。

4．开证监管

开证监管是指银行为进口商开具立信，进口商利用信用证向国外的生产商或出口商购买货物,进口商会向银行交纳一定比例的保证金,其余部分则以进口货物的货权提供质押担保,货物的承运、监管及保管作业由物流企业完成。

五、保税型增值服务

(一)保税物流的功能

保税物流特指在海关监管区域内,包括保税区、保税仓、海关监管仓等,从事仓储、配送、运输、流通加工、装卸搬运、物流信息、方案设计等相关业务,企业享受海关实行的"境内关外"制度以及其他税收、外汇、通关方面的特殊政策。保税物流有三大功能:

1. 保税仓储

货物在进入保税仓库环节以及存储期间,不征收进口关税,免批文,不受配额限制。

2. 简单加工

货物可以在保税仓库进行包装、分拣、贴唛、换唛、分拆、拼装等流通性加工。

3. 转口贸易

进口货物在保税区存储可经简单加工后,即转手出口到其他目的国和地区。

(二)保税物流增值服务

因为保税区在政策方面有特殊的优惠,所以为了提供给客户更多、更方便的服务,可利用保税仓功能进行业务扩展,加快资金回流。

1. 保税仓储

把国内、国外货物运至保税仓以保税形式储存起来,免交关税,节约大量税金,增加资金流动性。

2. 手册核销

加工贸易型企业可通过出口到保税区,核销手册,实现跨关区转厂、出口转内销等。

3. 简单加工

在保税仓的货物可允许进行流通加工贴唛、贴标签,更换包装等。

4. 出口拼箱

将大陆各地和国外供应商采购的原材料、半成品、成品等,汇集至保税仓存储,再按销售合同组合成不同的货柜后从香港或盐田港海运至世界各地。

5. 进口分拨

把从世界各地进口的货物(其中包括国内转至保税仓的货物)暂存在保税仓,进行分拣、简单加工、拆拼箱后,根据国内采购商的需求进行批量送货,以减轻收货人的进口税压力及仓储负担。

6. 国际转口贸易

充分利用保税区内免领进出口许可证、免征关税和进口环节增值税等优惠政策,利用国内外市场间的地区差、时间差、价格差、汇率差等,在保税仓内实现货物国际转运流通加工贴唛、贴标签、再包装、打膜等，最终再运输到目的国。

7. 展示服务

国外大宗商品如设备及原材料等，可存放在保税区仓库，保税存放，并可常年展示。展示结束后可以直接运回原地。避免高昂的关税和烦琐的报关手续。

8. 检测维修服务

发往国外货物因品质或包装退运，须返回工厂检测或维修的，可利用保税区功能，直接将货物退至保税仓库，简化报关程序，不用交纳进口税，待维修完毕后，直接复出口。

六、物流方案增值服务

物流方案增值服务为客户提供定制化的物流服务方案，提供物流咨询和整体物流服务方案，优化客户的供应链管理。

（一）物流咨询方案服务

向上可以延伸到市场调查与预测、采购及库存管理控制决策的方案策略；向下可以延伸到物流咨询、物流系统诊断与优化、物流服务系统规划与设计、物流信息系统设计、物流方案的规划与选择、产品回收、货款回收与结算、物流咨询及教育培训等。

这些服务为客户最大限度地挖掘数据和发现潜在客户，有更大的创新性和增值性，是高技术、高素质的服务。这些延伸服务对于一个生产或销售企业来说，为它提供了很大的便利性，使得那些对物流产业涉及不深的企业得到很大的帮助，从而吸引更多的客户。

（二）定制化物流服务

定制化物流服务即针对个别企业具体问题具体分析制定的增值服务，如定制式物流服务模式。定制化物流服务是指将物流服务具体到某个客户或某类客户群，并根据其需求特征确定物流服务水平。不仅包括辅助客户决策的咨询、规划等高级增值服务，还可以是对客户基础服务需求的满足，如贴标签、商品再加工、打包等基础增值服务。

定制型物流服务主要是在充分识别客户的物流需求后，根据需求特征进行市场细分，寻求差异化的物流战略，这种增值服务模式具有不易被模仿和巩固客户的作用。

另外还有项目物流服务模式，项目物流是指为具体的项目提供全程物流服务的模式。它以国家重点工程等大型项目为主要服务对象，利用现代物流企业的物流配送网络和社会资源，在全球范围内开展多式联运业务、货运代理业务、报关业务等。

我国物流园区增值服务主要就是以上介绍的几种方式，要根据客户需求，不断发展综合服务、套餐型服务，对第三方物流企业的未来发展具有很大的作用。只有发展好第三方物流企业的增值服务才能使物流企业走出瓶颈，另辟蹊径发展壮大。

第三节 物流园区赢利模式的理论基础

一、物流园区赢利模式的研究概况

物流园区作为物流系统的重要组成部分，对城市经济发展发挥着越来越大的作用，它的规划和建设也如雨后春笋般地在全国各地蓬勃开展起来。但如果没有根据当地的区域特点和经济发展水平选择合适的物流园区赢利模式,将造成园区土地的闲置和园区的经营亏损、资源与资金的浪费。因此,对物流园区的赢利模式进行研究具有十分重要的现实意义。

国内对物流园区赢利模式的研究才刚刚起步。郑琦对综合型物流园区赢利模式进行了探讨,提出通过资源整合、拓展信息技术服务、开发增值服务来增加综合型物流园区的赢利能力。王令凯主要分析了我国物流园区赢利模式现存的问题,针对园区发展的阶段性特点提出针对性的改进措施。闫海涛归纳了物流园区的四种赢利模式,并以某种农产品物流园区的赢利模式为例进行了具体分析,提出有益的建议。曹明、罗璐、洪力京对我国物流园区规划和设计中考虑赢利模式不足的问题进行了分析,并给出了相应的对策。胡良德提出了按照主导功能(转运型、存储型、流通加工型和综合型)设计赢利模式的思路。

总体而言,物流园区赢利模式的研究主要侧重于特定类型,更多地关注运作层面的模式设计和宏观政策方面的建议,没有考虑物流园区发展阶段需求和园区种类特点等因素,本书将结合这两个要素,提出赢利模式的综合发展建议。

二、物流园区的赢利经济属性

我国的物流园区兼具公益性和企业赢利性两大属性。

物流园区的公益性是指园区的规划和建设是政府行为。物流园区会产生明显的外部效应,也就是说它的受益人不仅仅局限于提供者或使用者本身,往往会扩展到整个社会。物流园区除了可以帮助企业提高物流运行效率外,对改善城市交通状况、减少空气和噪音污染也能够起到重大作用。因此,政府从城市建设的整体利益出发,为了解决城市交通、环境等方面的问题,提升城市的综合竞争力,往往投入大量资金或提供优惠政策,直接或间接地参与物流园区的规划和建设。这种公益性是物流园区与企业自用型物流中心的主要区别。

物流园区的企业性是指园区的经营管理是企业行为。物流园区将相对集中的多个物流组织设施和不同的专业化物流企业聚集在一起,通过共享相关物流设施降低运营成本,实行物流专业化和规模化经营,促进物流技术和服务水平的提高,对物流发挥整体优势起到重要作用。可见,对入驻园区的企业而言,物流园区是物流供应链上极为重要的节点,其运作效率直接影响到企业经营成本,从而提高或降低利润。

在我国,大多数物流园区由企业直接投资建设和管理,即使是政府直接投资,也大多以国有独资公司的形式进行投资和管理。因此,物流园区必须遵循企业规律进行运作,通过满足市场需求提高经营收入,通过提高管理水平降低经营成本,从而实现比较稳定的利润以支持园区的正常运行。

需要强调的是,在物流园区赢利模式发展过程中,不能忽视物流园区的公益性而孤立地讨论其如何实现利润,否则将无法解释政府或企业为何要向利润率并不高的物流园区投入大量资金进行物流用地开发和物流设备建设,而不是投向当前利润率更高的开发商品房、写字楼等项目。在这个问题上,政府注重公益性,企业注重物流效率。

三、物流园区的赢利实现

继管理革命、成本控制革命之后,物流管理被视作当代世界的第三次利润革命,成为降低资源消耗，提高劳动生产率之后的"第三利润源"。作为物流供应链上的重要节点，物流园区通过发挥其衔接功能、管理功能和信息功能的作用，帮助企业降低物流成本，从而获得分享"第三利润源"的权力。

（一）通过提供衔接功能实现利润

物流园区是连接不同产业、不同部门、不同企业的纽带，是连接从原材料、生产加工、商业销售到最后消费的重要节点和信息集聚源。物流园区通过向企业提供物流供应链上的衔接点，对社会资源和产业链信息的有效整合，实施配套化、系统化的物流服务，以及生产链和商业链的物流管理，实现生产制造的"零库存"和加快商业货物的周转，达到产业向物流要效益，园区向产业分享利润的目标。物流园区涵盖面越广，辐射力越强，意味着物流供应链体系在纵向和横向上无限扩张的可能性和商业机会越多，从而吸引更多的企业参与到以物流园区为主体的分工协作的物流体系中去，在更大范围内构建一体化的供应链，同时也扩大了物流园区获取利润的范围。

（二）通过提供管理功能实现利润

物流园区是集管理、指挥、调度、信息、衔接及货物处理为一体的物流综合设施集合，其辐射范围广、业务流量大，作为综合组织与管理者的重要作用极为突出。物流园区管理职能实现情况，往往决定了与之相联系的物流系统运转的有序化和正常化、物流系统的效率和水平。物流园区通过高效的物流组织和管理，将物流供应链上不同区域的不同物流服务进行无缝衔接，实施物流服务的规模化、网络化、一体化，以降低物流成本、节省流通时间、减少资金占用。随着物流管理技术的发展，未来的物流园区将扮演着从生产原料供应、运输组织、销售、配送以及信息咨询的供应链总指挥角色，也就是一个供应链集成者，运用先进管理模式和运筹技术，为企业提供综合的供应链解决方案。物流园区通过提供供应链管理和高智能服务来分享"第三利润源"。

（三）通过提供信息功能实现利润

物流信息平台在现代物流系统中起着十分重要的作用，是物流系统中各要素能够联结成有机整体的重要保证。作为某个区域内物流系统的信息传递、收集、处理、发送的集中地，物流园区建设物流信息平台具有很大优势。通过建立物流信息平台，物流园区可以为企业的物流信息系统提供基础信息服务（交通状态信息、交通组织与管理信息、城市商务及经济地理信息等），承担供应链管理过程中不同企业间信息交换枢纽的作用，提供车辆跟踪、定位等共享服务，并为政府行业管理决策提供支持等。依托信息技术加强供应链管理，是全球现代物流的发展趋势。

四、物流园区赢利的基本模型

赢利模式基本模型是："利润＝收入－支出"；"净利润＝收入－支出－企业所得税"。从公式可以看出，在企业所得税率固定的条件下，决定利润的基本因素是收入和支出。

（一）支出

物流园区的主要支出包括基础建设支出和日常经营支出。

园区建设者投入土地、设施和资金等，投入方式主要有：由政府投资组建国有独资公司，负责园区的开发和管理;政府统筹安排园区用地,由物流企业自行投资开发和管理;由工业地产商投资园区道路、仓库和其他物流基础设施建设,然后以租赁、转让或合资、合作经营方式进行相关设施的经营管理;通过发行股票向社会公众筹集资金,如上海外高桥物流园区等。园区投资者除利用自有资金进行投资外,还利用政府支持向银行争取低息贷款投入园区建设和运营。

通过这些方式筹集来的资金,主要用于五个方面:园区土地开发支出;物流设施建设及维护支出;管理人员工资福利支出;物流信息系统维护及升级费用;水、电等物业管理支出。

(二) 收入

物流园区的业务涉及园区土地的综合开发利用、园区服务和园区管理等,其主要生产过程就是将"生地"变成具备通平条件及投资、经营、居住环境的"熟地"和厂房、写字楼、商铺、住宅、酒店公寓等物业,并由此构成了物流园区产业完整的产业价值链。一般情况下,物流园区的收入主要来自十个方面(见图8-2):

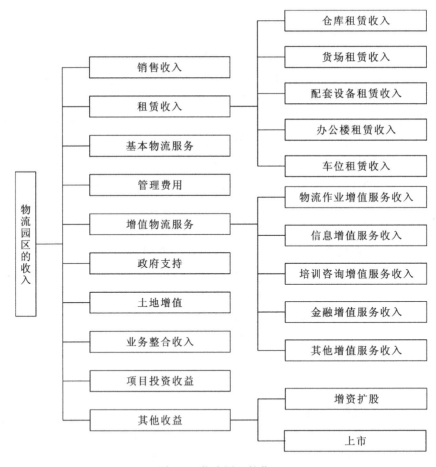

图 8-2　物流园区的收入

1. 销售收入

销售收入分为三种:第一种为全部销售,即园区建成后整体或分割全部销售;第二种为全部持有,自己运营物流业务或出租经营;第三种为部分销售,部分持有。建议对于开发性物流园区,持有比例控制在20%至30%,低线不要超过20%,高线也不要超过30%较合适。如此,可以尽快收回投资,减轻资金压力。同时,部分持有也是进行运营管理的基础。

2. 租赁收入

租赁收入即设备、设施、场地等租赁收入,包括库房/货场租金、仓库租金、配套设施租金、设备租赁费用、房屋办公楼租赁费用、停车场收费等,园区所有者与经营者按一定比例对出租收入进行分配。

1)仓库租赁费用

经营者将园区内所修建的大型现代化仓储设施租给一些第三方物流商、生产型企业等,从中收取租金,这是出租收入主要来源之一。

2)设备租赁费用

将园区内一些主要的交通设施如铁路专用线,物流设备如装卸、运输设备等租给园区内企业使用,收取租金。

3)房屋租赁费用

主要包括园区里面一些办公大楼及用作各种其他用途的房屋租金。以浙江传化物流基地为例,该基地的交易中心总建筑面积 10758 m^2,营业用房总面积 7476 m^2,交易大厅近 600 m^2,共三层,有 300 多间商务用房,建成不到一年该基地已吸引逾 200 家第三方物流企业和 93 家第三产业的企业入驻,光房屋租金就可以收回除土地外的一半支出。

4)停车场收费

物流园区凭借强大的信息功能,吸引众多运输企业入驻,园区内修建现代化停车场,也收取一定的停车费用。

3. 基本物流服务

基本物流服务即常规服务,一般是指提供物流的几大基本功能要素,比如提供仓储、运输、装卸搬运、包装、配送等服务。常规服务大多是与完成货物交付有关的服务,主要依靠物流设施、设备、器具等硬件来完成,是资产和劳动密集型的服务,具有标准化的特征。

4. 增值物流服务

1)物流作业环节的增值服务收益

在本章第一节的增值服务中,提出了仓储、配送、加工、运输等物流作业环节的增值服务内容,物流园区可以根据实际积极开拓各传统物流作业环节的增值服务,提高服务收益。

2)信息服务收益

这是最主要的服务费用之一。一是提供车辆配载信息,帮助用户提高车辆的满载率和降低成本,并从节约的成本中按比例收取一定的服务费。二是提供商品供求信息,可以为园区内的商户服务,从本地和周边地市配送他们所需要的各种商品,以降低他们的经营成本;同时可以专门为社会上大的商场、批发市场和广大客户服务,为他们从全国各地集中配送他们所需要的各种商品。在收费方式上采取按成交额提取一定比例的中介费的方式。

3)培训咨询服务收益

利用物流园区运作的成功经验及相关的物流发展资讯优势,开展物流人才培训业务,从中收取培训费用。

4) 金融中介收益

在本章第一节的增值服务中,提出金融物流增值服务内容,园区运营商通过这些金融增值服务产品和项目的推行,从中获得收益。

5) 其他服务收益

包括技术服务、系统设计等服务费用。

5. 管理费用

管理费用包括配套设备管理费用、物业管理费、其他服务管理费用等等。

6. 政府支持

物流园区具有的"公共性"特性,对于区域经济发展具有重要推动作用,因此可争取国家和政府拨款和项目资金支持、优惠的保税政策以及其他国家扶持政策,获得收益。

7. 土地增值

土地升值后出租或出售。对于园区所有者与经营者来说,均将从土地增值中获取巨大收益。所有者(即初期投资者)从政府手中以低价购得土地,等完成初期基础设施建设后,地价将会有一定的升值,而到物流园区正式运营后,还将大幅上涨。对于经营者(即物流运营商)来说,土地的增值将能提高其土地、仓库、房屋等出租收入。在日本,运作最为成功的东京物流组团,其物流园区的主要赢利即来自土地价值的增长。

8. 业务整合收入

对上下游客户的订单进行整合,对入驻物流企业的资源进行整合,进行上下游客户的价格谈判和订单处理,形成集聚的规模效益,从中分得协同增益。

9. 项目投资收益

项目投资的费用主要花在楼宇设施及其他建设费用、主要物流设备费用、信息系统软件和设备投资等,对于园区所有者来说,还可以对自己看好的物流项目如加工项目、配送业务等进行投资,从中获取收益。同时,随着对物流园区制定了详细的商业计划后,项目的总回收期一般可在10年内实现。

10. 其他收益

园区运营商还可以通过增资扩股、上市等方式获取收益。

(三) 利润

从公式"利润=收入-支出"可知,物流园区的利润是通过所有投入与所有产出之间的差额实现。园区为了增加赢利,一方面可以考虑通过利用园区资源,充分发挥规模经济效应、范围经济效应,开拓可以给园区带来现金流的资源增加收入,如仓储收入、加工收入等。另一方面可以考虑引入先进的管理方法和各种激励机制,通过减少支出降低运营成本,包括机制成本、交易成本、管理成本等。物流园区的建设期和投资回收期较长,在不同的发展时期实现利润的模式存在较大差异。建设初期,物流园区对区域内土地实行集约化开发和经营,其利润主要来自于土地开发收入与成本之间的差额。随着土地资源的逐步耗尽,物流园区通过土地开发积累了大量资金,"原始资本积累"已经完成。园区一方面寻求新的土地资源以扩大园区规模,另一方面充分利用土地开发所收回的资金改善物流设备和设施,发展多种形式的增值服务。在这个时期,园区利润主要来自物流服务业务收入与日常经营成本之间的差额。

五、我国物流园区赢利现状及存在的问题

根据国外物流园区的发展经验,其投资回收期在十年左右,其主要原因是物流园区投资大,赢利途径有限,投资回报缓慢。在我国,由于地价相对低廉,同时物流园区大多利用了原来的仓储设施存量,因此,理论上来说,其赢利前景应该更为看好。

但是我国物流园区的经营理念仍停留在建造设施,招商引资,获取实物资产经营收入的传统观念上,园区更多的是扮演工业地产商角色,即通过规划和土地划拨或转让,对园区实施基础设施开发,并独立建设或合资合作共建仓库、办公楼及其他商用配套设施,通过转让成熟土地,出售、出租办公房、仓库、车间、堆场、停车场等实物资产,以及提供餐饮住宿、商场等生活服务获取收入,主要利用基础功能来赢利,而极少利用增值服务。服务功能单一,赢利水平较低。

从入驻园区的物流企业经营情况分析,主要还是靠提供单一性的物流运输、仓库储存、指定性的货物配送来获取收入,由于服务内容单一,服务手段落后,成为劳动密集型的劳务服务,在市场竞争中缺乏优势,一方面价格竞争失去了赢利成长空间,另一方面,因没有物流网络和信息技术支撑,提高了车辆空载率,降低了仓库周转率,使物流成本大幅提高,赢利能力不断下降。

《2006年全国物流园区发展调查报告》就赢利模式问题对30个物流园区进行了调查,报告中物流园区的收入来源主要包括如下的11种:①办公楼租金;②库房/货场租金;③设备租金;④配套设施租金/管理费;⑤各种增值服务费;⑥物业管理费;⑦国家拨款;⑧税收优惠;⑨所属物流企业;⑩土地升值后出租或出售;⑪其他。结果显示:仓库、货场等设施设备的租用费仍是物流园区的主要收入。

30家物流园区中有28家的收入来源有库房/货场租金。配套设施租赁管理费、各种增值服务费、物业管理费和办公楼租金也是物流园区的主要收入来源,其中19家物流园区的收入来源有物业管理费,18家物流园区的收入来源有配套设施租金/管理费和各种增值费,16家物流园区的收入来源有办公楼租金。设备租金、所属物流企业、国家拨款、税收优惠和土地升值后出租或出售也是物流园区的收入来源,其中9家物流园区的收入来源有设备租金,6家物流园区的收入来源有所属物流企业,3家物流园区的收入来源有国家拨款和税收优惠,2家物流园区的收入来源有土地升值后出租或出售。5家物流园区的收入来源中有其他的收入,比如物流信息服务费、仓储和运输费用等。

《2012年全国物流园区(基地)调查报告》问卷调查结果显示,从全国来看,库房/货场租金、办公楼租金仍然是物流园区的主要收入来源,排在前两位;也有部分园区依靠土地增值、税收优惠、国家扶持资金等。可喜的是,各种增值服务收入已经开始成为物流园区重要的收入来源。如图8-3所示,调查显示,物流园区发展与当地经济发展阶段和水平具有明显的关联性。从地域来看,内陆地区物流园区的发展还处于初创期,表现出明显的土地招商特征,收入主要来源于库房/货场租金、办公楼租金等。而在经济发达的沿海地区,物流园区的发

展表现出明显的服务创新和管理创新特征,更多收入来源于产业融合、产业链延伸等增值服务,具有区域需求旺盛、功能定位明确、服务创新意识强、差异化运营明显的特征。

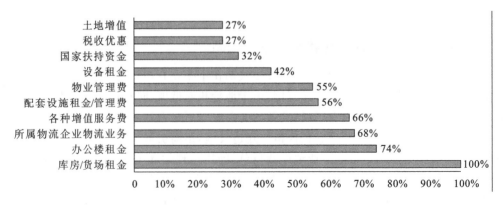

图 8-3　全国物流园区主要收入来源(2012 年)

备注:图中百分比数据是勾选选项的被调查园区占有效调查样本总量的比例,反映被调查园区对该选项的认可程度。

尽管我国先后规划、建设了近千个物流园区(基地),但其行业集中度进一步降低,很多物流园区仍然无法实现赢利,园区经营举步维艰。具体表现为:招商不力,落户企业较少,且多数为传统的专线运输企业,根本无法引进具有供应链管理能力的综合型物流企业;园区功能单一,远远达不到物流组织管理功能及依托物流服务的经济开发功能的要求,甚至一些园区在日后纯粹地沦为了停车场;土地荒废,园区的投资者在园区规划时期盲目贪大求全,根本没有结合当地经济的发展实际来进行科学合理的规划,以至于园区土地长期闲置,造成了资源的极大浪费。

关于我国物流园区赢利模式存在的问题,国内的研究中都提到了盲目追求规模、空置率高、增值服务薄弱等现象。按照郑琦的研究,我国物流园区赢利模式存在的问题有四个方面:一是盲目发展造成大量空置;二是建设成本上升;三是信息技术落后,服务水平低;四是物流管理人才和创新人才缺乏。王令凯的观点认为,第三方物流需求不足、物流成本居高不下、增值服务薄弱是物流服务水平低的表现。因此,结合物流园区在我国的发展实际,我国物流园区的现有赢利模式的弊端包括以下几点:

(一) 物流园区的规划建设缺乏科学性

这是我国多数物流园区在规划建设上存在的通病。由于缺乏科学规划,很多物流园区的规划用地存在盲目求大的现象。根据笔者的调查,国内几千亩、甚至几十平方公里的物流园区并不在少数,但真正开发的面积也只不过是几百亩至几千亩而已,而且截至目前,国内物流园区的空置率甚至达到了 70% 左右。事实上,对物流园区来说,先期的规划尤为重要,投资者一定要做到园区规划与区域产业规划相结合,与区域交通规划相结合等等。此外,我们一定要清醒地认识到,今后物流园区的赢利不能再围绕土地面积来做文章,园区的投入不能再以圈地为主,园区的开发不能再以卖地为赢利手段。

(二) 物流园区的商业模式不明确

对物流园区来说,商业模式的不明确是造成其无法赢利或经营困难的重要原因。现阶段,大部分物流园区的商业模式仍旧停留在"卖地"的阶段,如此一来导致园区的建设、管理以及日常的经营活动与入驻企业的发展需求极不匹配,而且这样的园区也无法向入驻企业提供增值服务。长此以往,物流园区所承担的各项功能不仅无法实现,而且园区也将处于停滞发展状态。

（三）创新能力不足,增值服务缺失

对物流园区来说,其发展历程势必是一个业务模式不断创新的过程,通过实现物流的结合和统一,来为客户提供多功能的配套服务并由此形成规模效应,成为商品的集散中心。在笔者看来,物流园区的发展过程中,综合服务能力的创新、物流交易模式的创新及物流金融方面的创新已经成为物流园区业务创新的主要几个方向,然而,我国大多数物流园区普遍缺乏足够的创新能力,并不能向客户提供满足客户需求的增值服务,因此,这类物流园区只能凭借传统的、利润较低的业务模式来维持企业的日常运转。在物流园区的创新上,苏州物流中心可以说是一个典范。从1997年其作为全国首批海关直通式监管点,到2002年其首创"SZV"虚拟空港模式及2004年被海关总署授予保税物流中心（B型）试点,再到2006年其作为全国首家功能最全的特殊监管区——综合保税区,苏州物流中心的创新之路一直未有间断。

（四）赢利模式单一,赢利水平低

园区内的物流企业大多数通过提供仓库储存、单一性的运输和指定的货物配送等少数几个环节作为自己的赢利模式,服务功能单一,技术手段落后,与一般的劳动密集型服务企业相比,无论是价格还是质量都没有大的优势。

因缺乏健全的物流服务网络和信息系统,使得运输空载率居高不下,仓储周转缓慢,物流成本大幅提高,赢利能力不断下降。

此外,物流园区现有赢利模式的弊端还包括物流信息化技术应用落后,企业经营水平低,专业化、协同化程度低等等。

究其原因,一方面是因为园区的后期经营、管理出现了问题,但更重要的是,园区在建设之前就缺乏科学合理的规划布局,以至于园区的投资者并没有找准适合本区域经济发展、产业布局、交通布局特点的园区赢利模式及功能定位。事实上,物流园区赢利模式的设计对园区的日后发展至关重要,它不仅是园区有效运转的前提,更是园区持续发展的保障。因此,在我国物流园区建设仍旧存在一定盲目性的现阶段,对园区赢利模式、功能定位进行科学合理的设计具有重要意义,同时也是我国物流园区从业者必须深思的一个行业性命题。

第四节　物流园区赢利模式的实施

一、物流园区的赢利实施理念

（一）用物流效率来分享第三利润源

继管理革命、成本控制革命之后,物流管理被视作当代世界的第三次利润革命。现代物流成为降低资源消耗,提高劳动生产率之后的"第三利润源"。从20世纪中期开始,发达国家纷纷通过降低每单位GDP的运输和物流成本来提高利润。综合型物流园区就是通过高效的物流组织和管理,将物流供应链上不同区域的不同物流服务进行无缝衔接,实施物流服务的规模化、网络化、一体化,以降低物流成本,节省流通时间,减少资金占用,提高物流效率,来获取利润。

(二) 在资源整合和管理中实现物流价值的增值

在经济产业不断向专业化发展的过程中,物流是连接不同产业、不同部门、不同企业的纽带,是连接从原材料、生产加工、商业销售到最后消费的重要节点和信息集聚源。综合型物流园区通过物流对社会资源和产业链信息的有效整合,实施配套化、系统化的物流服务,以及生产链和商业链的物流管理,实现生产制造的"零库存",加快商业货物的周转,达到产业向物流要效益,物流向产业分享利润的目标。

(三) 以价值创新开发新的利润源

物流园区是物流、商流、信息流、资金流等价值链信息的载体,通过物流发挥经济运行中不可缺少的动脉系统的作用,促进制造业、商业、信息产业、房地产业、金融业的相互渗透和产业融合,从而创造新的市场需求和价值增值。

二、赢利模式的选择原则

物流园区赢利模式设计的目标考虑的不是某个企业或某一方面,而是从物流园区整体的角度来设计,目的是通过资源整合和信息共享,提高物流服务水平,实现社会物流总成本的最低。赢利模式的设计要结合物流园区的类型和区域产业特点,兼顾园区投资方、经营方的利益,在初创期注重发挥园区的基本功能,成长期专注于园区核心功能发挥,成熟期注重物流延伸服务功能的提升。

物流行业涉及的领域广阔,对基础建设的要求颇高,并非所有地区都适于建设物流园区,并非所有已建的物流园区都能够实现赢利。而且由于投资主体的不同(有的以政府为主,有的以企业为主),以及物流园区功能上的不一样,各园区投资者有着不同的赢利能力,回报率也不一样。因此,在实施过程中要注意不同功能区、不同主体的赢利划分,以保证不同功能区选择更合适的赢利模式,并平衡不同主体的利益。因此,在选择物流园区的赢利模式时,必须充分考虑到本区域社会经济发展状况、园区自身建设条件、政府总体规划等诸多因素,遵循一系列的基本原则。

(一) 与区域社会经济发展相适应原则

物流园区要实现赢利,就必须为当地企业提供有利的发展空间,以吸引大批企业入驻,降低园区空置率,脱离当地社会经济发展水平,采取过度超前或者滞后的赢利模式来发展园区,将无法满足企业对物流服务的需求,影响园区的健康、持续发展。例如,2001年初在北京市通河区马驹桥镇建成的华通物流园一号仓库,其建筑面积达23万平方米,拥有229万个标准货位、230个国际标准的货物托盘和60多套各式现代化机械设备及智能化的仓库管理系统,由于建设过于超前,超过了当地物流市场的发展水平,开业一年间这家耗费巨资兴建的23万平方米的高科技仓库,未能与外界签下一笔真正的商业合同,整个物流园显现出运作危机。在确定园区最佳的赢利模式时,我们必须通过客观分析区域社会经济发展现状和未来发展趋势，以此作为依据，并结合园区的资源条件和发展情况，综合考虑影响物流园区赢利的各种因素。

（二）与区域物流需求相协调的原则

物流需求是影响物流园区赢利最直接也是最重要的因素，当地市场需要哪方面的物流服务直接决定了物流园区选择哪种类型的赢利模式。没有物流需求，物流园区也就失去了最强有力的经济支撑，最终失去经济来源。不同地域、不同产品（工业用品、农产品、居民生活用品等）、不同企业（生产企业、销售企业等）对物流服务有不同的要求，物流需求量（包括直接需求量和潜在需求量）随着社会经济发展、居民消费水平提高、政府政策变化不断变化，包含一些难以把握的因素。因此，我们必须通过分析社会各行业的统计数据，对物流现状和未来发展进行定量、定性分析和预测，分析不同空间范围、不同功能类型的物流量，对物流的分布、流量及结构有更为客观的认识，从而为确定物流园区的赢利模式提供可靠的依据。

（三）与政府总体规划相协调原则

物流园区兼具公益性和营利性。由于物流园区具有明显的外部经济性，而且其建设发展投资巨大、回收期长，企业往往不愿意进行投资。在这种情况下，物流园区的建设往往要依赖于政府直接或间接的参与，即使是企业投资建设的物流园区也必须依靠政府的各种支持。政府在物流园区的建设中扮演基础条件的创造者和运作秩序的维护者的角色。不论是以政府为主还是以企业为主建设的物流园区，在选择赢利模式的过程中都必须考虑政府政策因素，所选的赢利模式要与城市总体规划、城市功能定位和远景发展目标相协调，符合城市物流用地空间的统一布局和统筹安排，满足城市地域合理分工协作的要求。

（四）发挥自身优势、整合现有资源原则

由于现代物流发展所需要的高水平物流设施成本高、建设期长，不可能一步到位，因此在选择赢利模式时必须充分考虑如何利用和重新整合现有资源，合理规划物流基础设施的新建、改建和与现有物流服务有关的企业功能，以期最大限度地发挥物流服务的系统效能。以利用现有仓储设施建设物流园区为例，在诸多物流设施中，仓库以其庞大的规模和资产比率，成为物流企业的空间主体，一般经验是仓库用地占整个园区用地的40%左右；仓库建设投资大、回收期长且难以拆迁；仓库多分布在交通枢纽和商品主要集散地，交通便利、区位优势明显，可以满足物流企业对市场区位和交通区位的要求。利用现有的仓储设施建设物流园区，可以减少用地结构调整和资金投入，基本解决原有设施再利用及优化资本结构的问题，是物流园区实现赢利的捷径。

（五）适度超前与循序渐进相结合的原则

物流园区的建设是一项规模宏大、内容繁杂的长期任务，因此在选择其赢利模式时，应具有适当的超前性。物流园区建设超前于现有物流业发展阶段，其中一个目的就是为引导物流（配送）中心的合理布局并提供发展的用地保障，从而杜绝任何盲目的、与实际脱节的超前带来的浪费；同时也有利于杜绝过于保守所造成的用地不足，无法实现预期的资源整合目的。同时，坚持循序渐进的原则，结合地区实际，在客观分析物流业发展现状和未来趋势基础上，合理选择赢利模式。

三、不同功能区的赢利模式选择

商务办公区经营收入的主要来源为物流企业总部和中小型物流企业入驻,获得企业办公间租金和物业管理费收入。

物流电子商务平台的收入。主要包括货运交易信息费和电子结算费用。货运交易信息费是指通过物流园区电子商务平台的网上直接货运交易和吸引货运代理参与的间接货运交易两种功能,而取得的信息代理和信息交易的费用,按会员形式或按周转量一定比例收取。电子结算费用是指物流园区内的电子商务平台信息系统与银行合作,通过集成的金融工具(网银系统、一卡通)完成收付款等作业流程,实现交易结算电子化,结算方式先进、安全、高效、便捷。

物流配送区的收入包括基本收入和增值收入。基本收入主要来源包括城际物流中心、城区配送中心办公用房出租收入,仓储中心仓库出租收入,运输中心停车收入等。增值收入指业务整合收入。

商务生活服务区包括园区管理服务中心、经济型商务酒店、物流经理人商务会所、餐饮购物中心和公寓等。其中园区管理服务中心是园区经营管理办公场所,不计算收入。

四、不同主体的赢利模式选择

除了物流园区自身赢利以外,还需要保证相关主体的赢利,只有这样才能实现物流园区的长期并且更好的运营。

物流园区的建设必须处理好三个层面的利益:政府收益(社会效益)、开发商的收益和园内企业的收益。

政府的赢利模式。即通过经济总量增加、税收增加、就业扩大等来取得经济与社会效益。

开发商的赢利模式。即通过园区土地增值、物业增值、土地与物业转让或出租收入、配套服务等来取得经济效益。

入驻企业的赢利模式。即通过交易收入、仓储收入、配送收入、信息中介收入、加工收入等来取得经济效益。

五、不同开发建设模式下的赢利模式选择

目前,我国现有的物流园区在不同开发模式、不同开发方式下的赢利模式选择建议如下:

第一种,园区由专业的工业地产开发商投资建设,以租售方式交由物流企业经营。其收入来源为土地的租售以及相关的增值服务。

第二种,地产商开发,与物流企业合作经营。与前一种赢利方式不同的是,地产商在建设完成后,不是将地产简单地采用租售的方式交与物流企业经营收取租金,而是通过成立公司或签订协议合同等方式,与物流企业合作经营,地产开发商与物流企业共享物流经营收入。

第三种,园区由政府主导开发,物流企业投资建设并经营。这种方式是我国目前物流园

第八章 物流园区的增值服务及赢利模式

区开发中最常见、最主要的经营方式。其收入来源为园区的市场化经营收入,这类园区数量最多,其中包括政府主导、政府开发的模式及政府主导、企业政府共同开发的模式。

第四种,园区由企业自主投资建设,其收入来源同样也是园区的市场化经营收入,以及国家政策带来的隐性利益。

对于最后这两种经营模式下的物流企业,在其发展过程中,在物流园区整体平台的基础上,受益于物流园区整合资源、信息共享和优势互补的整体运营方式,其收入的增长很大程度上依赖于物流园区整体发展水平的高低,受益于物流园区整体赢利模式的提高。

通过过去几年的发展经历来看,按照长远的发展眼光,我国物流园区的规划、建设最好能够遵循政府统筹规划、政府与企业共同开发建设的模式,而且,园区的经营一定要以严格规范的公司化经营方式来开展。

六、不同园区类型的赢利模式选择

我国地域广阔,各区域物流市场发展水平存在差异,各地政府、企业根据当地市场需求建立了功能各异的物流园区,向客户提供不同形式的物流服务。这些物流园区采用了各具特点的赢利模式,其赢利能力也各不相同。因此,物流园区的赢利模式同园区的类型有着较大的关系。

根据占主导地位的功能可以将物流园区分成四大类:转运型物流园区、仓储型物流园区、流通型物流园区、综合型物流园区。与之相对应,可以将物流园区的赢利模式分为四大类:转运型赢利模式、仓储型赢利模式、流通型赢利模式、综合型赢利模式。

(一)转运型物流园区的赢利模式

转运型物流园区也称运输枢纽型物流园区,指主要承担运输线路的衔接功能和不同运输方式转换功能(海—陆、空—陆、公路—铁路)的物流园区。它是依托铁路运输线上的货站、编组站、车站,不同运输方式之间的转运站、终点站,水运线上的港口、码头,空运中的空港等建设的物流园区。典型的园区有深圳航空物流园区、大连鑫顺码头物流基地、大连国际物流园区、北京空港物流园区、广东南海三山国际物流园区、上海洋山深水港物流园区、温州港物流园区、徐州香山物流园区、南昌进出口物流园区等。

一般而言,由于转运型物流园区处于运输线上,又以转运为主,货物在这种节点上停滞的时间较短,因此需要高效的转运设施,包括转运装卸设施、重新编组设施等。同时,为了对转运的时间差别、数量差别和地区差别进行有效协调,转运型物流园区必须拥有相当规模的储存场地和仓库。这些储存场地和仓库的构造与普通仓库的构造有很大区别,要求能够满足大批量货物频繁出入库。

1. 赢利模式

转运型物流园区利用地缘优势开展与货物转运有关的物流服务,其主要收入来源是:

1)货物转运业务

包括直达列车的整列装运接卸业务、集装箱的直达运输业务、不同运输方式换装转运业务、集装箱货物分拨配送业务和集装箱存储业务等,收取集装箱货柜转运和其他配套服务的费用。

2) 保税物流业务

提供保税仓储、保税展示、物流加工作业、运输配送、贸易服务以及其他相配套的商务服务活动,收取仓储、加工费用。建设覆盖全国、连接全球的物流商务平台,提供网上交易、通关代理、保险、银行支付等服务,收取信息服务费。

3) 其他增值服务

其他增值服务包括除基本物流服务(运输、仓储等)以外的包装、再包装、流通加工、分拣、配送和信息反馈等服务。

2. 支出成本

园区土地开发成本;购置高效转运设备支出;大规模的储存场地和转运型仓库建设及维修支出;其他支出。

(二) 仓储型物流园区的赢利模式

仓储型物流园区是指以大规模仓库群为基础,以提供存储、配送和批发交易功能为主的物流园区。其主要功能是满足所在区域的物流组织与管理需要,为所在区域或特定商品的贸易活动提供相当规模的储存场所,为企业创造集中交易和区域运输、城市配送服务条件,典型的仓储型物流园区有安徽芜湖物流园区、南京王家港物流信息交易中心、北京华通物流园区等。

仓储型物流园区占地面积较大,园区内大部分仓库以储备为主要职能,仓库中的货物长期处于停滞不动的状态,吞吐量与存货量相对比值低,货物相对停滞的时间长。由于货物多处于静态,园区中作业机械占存货数量的比重较小,而仓库的保管、养护费用较高。目前,我国有相当大数量仓储型物流园区或功能类似的大规模存储型仓库群。

1. 赢利模式

(1) 利用仓库优势提供大规模仓储服务,收取仓库租赁费和物业管理费;

(2) 结合仓储业务提供配送服务,并对运输配置、仓储管理、流通加工、搬运、包装等环节进行管理,收取配送服务费用;

(3) 建设物流信息交易中心,帮助物流企业发展配载、配送业务,为客户提供交易信息和配送方案,收取信息服务费用。

2. 支出成本

仓库建设、维护保养占用了大量资金,货物进库出库又要耗费大量人力、物力、财力;储存过程中的各种损失,也是相当大的消耗。在这些支出中,园区要承担相当部分。

园区主要支出:园区土地开发成本;大规模存储仓库的建设和维护支出;物流配送中心建设支出;其他支出。

(三) 流通型物流园区的赢利模式

流通型物流园区是指以交易场所、流通仓库、配送中心为基础,为所在区域或特定商品的贸易活动创造集中交易和区域运输、城市配送服务条件的物流园区。大多数园区既拥有基本的物资集散功能,又承担了一部分生产加工功能,实现了从厂商生产的标准产品到客户所需个性化产品转换衔接的目的。典型的园区主要有湖南浏阳医药物流园区、广东西樵纺织物流基地、广东韶关亿华商贸物流基地、浙江传化物流基地、成都中汽西南汽配物流基地等。总体上分析,流通型物流园区大多位于传统、优势商品集散地,对扩大交易规模和降低交易成本具有重要作用。

园区内场地主要用于建设流通仓库、交易场所和加工场所。园区中货物周转速度较快,吞吐量与存货量的相对比值较高,货物相对停滞时间短,这就要求园区具有更强的组织货物流通的功能。园区中储存仓库和场地占园区总面积比例较小,搬运机械运作频率高、保有量多。同时,为了有效地组织货物流通,园区需要具有较强的信息处理功能和理货功能。

1. 赢利模式

流通型园区的主要收入来源包括:

(1) 建设专业交易市场,构建批发与零售相结合的交易中心,收取交易费用;

(2) 建立流通仓库,为客户组织和加速货物流转,收取仓储费用;

(3) 建立中转仓库,在保有储存物资的基础上进行转发,收取仓储和转运费用;

(4) 建立集货中心,将一定范围的、分散的、小批量但总数量较大的货物在集货中心集中,以便大批量处理或大批量发出,收取仓储、运输费用;

(5) 建立分货中心,将集中到达的大数量货物,做分块、化小的处理,以满足客户小数量、分散的需求,收取包装、分拣费用;

(6) 建立流通加工中心,根据客户的要求进行新产品销售、二手交易、检测维修、按揭消费、缴费上牌、报废回收等一系列业务,提供产品的一条龙服务,将企业的大规模生产转化为用户的个性需求,收取加工费、包装费。

2. 成本支出

园区土地开发成本;流通仓库、中转仓库的建设和维护支出;交易场地(所)建设和维护支出;流通加工中心建设和维护支出;物流信息交易中心建设和维护支出;其他支出。

(四) 综合型物流园区的赢利模式

综合型物流园区指兼具区域物流组织、商贸流通、运输枢纽和为工业生产企业进行配套等多种功能的物流园区。园区的各种功能齐全而平衡发展,能够全面处理不同作业方式之间相互转换业务。这种物流园区是适应现代物流大量化、复杂化、精密化、准确化,且在一个物流节点中实现多种转化而使物流系统简化、高效的要求出现的,是现代物流园区发展的方向之一。典型的园区主要是苏州现代综合物流园区、长沙新港物流园区、南京龙潭物流园区、合肥新站开发区物流园区、铜陵工业商贸物流园区、沈阳市沈海物流园区、江阴港口综合物流园区等。

综合型物流园区综合了上述转运型、仓储型、流通型物流园区的不同服务功能,但不一定是所有功能统统具备,而是侧重点各有不同,因此,此类型园区有多种不同的表现形式,其赢利模式也各不相同,比较其他类型的物流园区,综合型物流园区服务功能更全面、投资规模更大、投资回收期更长。

1. 赢利模式

一般情况下,综合型物流园区根据当地市场实际情况重点发展 2~3 种物流服务,主要表现形式有:

（1）结合货物交易开展配送业务，建立货物集散中心、交易中心和配送中心，收取场地租赁费用、货物交易费和配送服务费；

（2）结合转运业务开展货物交易业务，建立大面积仓库群和交易场所，提供仓储服务和转运服务，收取仓库租赁费、物业管理费和货物转运费；

（3）结合仓储业务开展流通加工业务，建立存储仓库和流通加工中心，收取加工费用和仓库租赁费；

（4）结合各项物流业务，大力发展第三方物流，为企业提供一整套的供应链解决方案，收取相关费用，开展物流培训和电子商务等业务，为企业提供多种增值服务，收取信息服务费、增值服务费和其他费用。

2. 主要支出

园区土地开发成本；大规模仓库群建设和维护支出；流通交易场所的建设和维护支出；物流信息中心的建设和维护支出；园区日常运营支出；其他支出。

3. 综合型物流园区赢利趋势

1）赢利能力将更多地基于其对社会资源的整合能力

综合型物流园区的赢利优势将不再是简单地看它拥有物质资源的多少，而在于它能调动、协调，最后能整合多少社会资源来增强自己的吸引力和凝聚力。也就是综合型物流园区整合社会资源的涵盖面越广，辐射力越强，意味着物流供应链体系在纵向和横向上无限扩张的可能性和商业机会越多，从而吸引更多的企业参与到以综合型物流园区为主体的分工协作的物流体系中去，在更大的范围内构建一体化的供应链。

2）扮演供应链的总指挥角色，以智力服务提高赢利水平

依托信息技术，加强供应链管理，是全球现代物流的一个发展趋势。未来的综合型物流园区将以信息技术为平台，扮演着生产原料供应、运输组织、销售、配送以及信息咨询的供应链总指挥角色，也就是一个供应链集成者，调集和管理组织自己园区的企业或是其他企业或组织所提供的单项服务、资源、能力和技术，运用自身的管理模式和运筹技术，整合提供一个综合的供应链解决方案。同时运用实体网络＋虚拟网络的接合技术，提供给客户一个迅速、及时、高效，并伴有高级信息咨询建议的服务。以供应链管理和智力服务提高赢利能力。

3）按市场需求设计供应链，创造价值链

价值链是一种突破传统供应链管理从产品制造——商品销售——消费者的业务模式，转向从消费者——商品销售——产品制造的价值链模式，以市场需求来创新产品和物流组织，形成高水平的顾客满意度和超常利润率的共赢局面。综合型物流园区将以实体市场（专业市场）和虚拟市场（电子商务）的有效结合，集聚需求信息，并将需求信息及时传输给生产商和物流商，按市场需求共同开发新产品和重整物流系统，实现产业链的价值创新。

（五）四种赢利模式比较分析

上述四种类型的物流园区各具特点和优势，也存在一些共同点，其赢利模式也同样存在共性和个性。

1. 共同点比较分析

1）投资规模巨大，投资回收期较长

大多数物流园区能够提供大型仓储、交易和停车场所，因此占地规模一般比其他园区大，因此投入规模也比较大。例如：安徽芜湖物流园区的仓储面积达到10万平方米，大型停车场可日停运输车辆2000辆，能承接芜湖市内及南京、合肥等邻近大中城市的干线运输、仓储和配送等业务，而达到这种规模的物流园区并不在少数。另外，物流园区对基础设施要求很高，对现代化物流设施及设备的投入较大。由于投资规模较大而利润不高，所以物流园区投资回收期较长，一般在10~15年。

2）服务功能全面，收入来源较广

随着越来越多的企业要求将物流业务外包，物流园区必须能够帮助企业解决与物流相关的大多数业务，这就要求园区能够提供装卸、运输、包装、配送、简单加工等多种物流服务。即使是规模较小的物流园区，也必须拥有集装箱场站、装卸、搬运、起重等设施。仓储和运输服务是最基础的配送服务业务，是各物流园区都具备的服务功能。其他服务功能如配送、加工等，也是大多数园区能够向客户提供的，只是占总业务量的比重不同。

3）高科技投入日益增加

物流园区的管理本身就是一项技术含量很高的技术。为了适应现代物流管理发展水平和物流服务市场的激烈竞争，大多数物流园区在经营过程中采用了高科技物流设备，尽量减少手工作业的比重，降低人力成本并提高作业精确度；采取高科技管理手段，使用计算机系统进行管理，所提供物流服务基本实现自动化；采用射频技术或条码技术采集货物信息，在提供分拣、传送、包装、装卸等服务时，由计算机整理信息后发出指令，自动完成相应作业。这些高新技术在提高物流服务能力和服务水平的同时，也提高了园区的运营成本。

2. 不同点比较分析

1）转运型物流园区赢利模式的特点

转运型物流园区提供的物流服务大多与货物转运相关，具有货物中转站特色，园区收入以货物转运、保税物流业务收入为主，以货物加工作业、贸易服务以及其他配套服务收入为辅。

在园区对物流设施的投资成本中，首先是高效的转运设施，包括转运装卸设施、重新编组设施等等；其次是相当规模的储存场地和仓库。转运型物流园区具有其他园区无可比拟的地理优势，往往只要专注于某项转运业务，就能够基本实现赢利。

2）仓储型物流园区赢利模式的特点

仓储型物流园区收入以货物存储服务收入为主，货物配送、批发交易服务收入为辅。由于园区建设以大规模仓库群为基础，因此一般采取重点争取几个大型客户的经营策略，通过提供大规模的仓储、配送业务获取较为稳定的收入。

近年来，园区中代客户进行供应链管理的第三方物流发展迅速。由于投资规模相对较大，仓储型物流园区建设往往采用分期滚动建设的方式，在一期投资基本收回条件下再进行下期投资，一边收回投资、一边扩大建设。这样一方面可以避免盲目投资、降低风险，另一方面也可以最大限度地减少原始资本的投入，缩短整个项目的投资回收期。

3) 流通型物流园区赢利模式的特点

流通型物流园区收入以为客户提供交易场所和储存仓库服务收入为主,以流通加工、分拣包装、货物运输等物流服务收入为辅。对物流设备和设施的投入强调货物的流动性,这一点与转运型物流园区有相似之处。

园区往往投入大量资金购置高效的装卸和运输机械,园区内仓库、道路建设也强调方便装卸、运输货物。用于流通交易的货物在仓库中滞停的时间短,对仓库的存储功能要求不高,因此对仓库的保养、维护的支出较小。为满足货主进行大宗货物交易的需要,园区交易场地及配套设施占地规模一般比较大,其建设和维护在总成本中占较大比例。

4) 综合型物流园区赢利模式的特点

综合型物流园区综合了其他三种类型物流园区的功能,是多种物流服务功能的不同组合,其赢利模式具有不同的表现形式。与其他类型的物流园区相比,综合型物流园区赢利模式的特点是:

投资规模更大,投资回收期更长。园区涉及的服务领域更广、涉及的行业更多,不论是占地规模、设备投入规模,还是信息管理系统投入规模都比其他物流园区大。

园区收入来源更广泛,包括转运业务收入、仓储业务收入、流通加工收入、交易服务收入等。不同的综合型物流园区功能各不相同,但大多都具备仓储、运输、加工等基本功能,从多种渠道收取服务费用。

经营成本更高,园区业务涉及面广、数量大,运营管理更为复杂,对园区软件和硬件要求更高。

赢利模式采取渐进方式。市场培育需要时间,项目见效也要有周期,所有业务板块不可能一蹴而就。一般情况下,综合型物流园区在不同的建设阶段采取不同的赢利模式:在建设初期以流通交易业务为主;在建设中期以仓储配送业务和流通加工业务为主,为客户提供个性化服务;在建设后期大力开展物流培训和电子商务等增值业务,通过创新服务增加收入。

七、不同发展阶段的赢利模式选择

针对上述我国物流园区的现状和面临的问题,其赢利模式需要进一步改进,提高资源整合能力,优化整个供应链结构,增加企业效益。可将园区发展过程按照生命周期划分为三个阶段,其商业模式在园区的不同发展阶段侧重有所不同,投入期主要发挥其基础功能,成长期着重发展核心功能,到成熟期则注重拓展功能的探索。因此,其赢利模式也可以按照三个阶段来进行改进。

(一) 形成初期的物流园区赢利模式

1. 该阶段的赢利重点分析

处于初创阶段的物流园区,此时区域经济、交通状况、科技发展等外部环境处于较低水平;从内部环境来看,入驻物流企业数量较少,物流密度较小,园区配套服务不是很完善,信息化水平较低。因此处于此阶段的物流园区应发挥这种园区主导地位的功能,在赢利模式的设计上,应注重其基本功能的实现。可着重利用基本功能赢利,使园区稳固发展。在发展初期没有足够多的信息可以提供时,物流园是否也可以赢利呢?答案是肯定的,以第三方物流公司为服务对象,加强相应的配套服务,从这些公司的日常消费中就可以赢得可观利润。

(1) 将重点放在与少数大客户建立合作伙伴关系上,以积累资金。争取到大客户一方面能够保证营业收入,另一方面也可以充分利用大客户的资源,从而降低交易成本。

(2) 利用现有设施,改建专业交易市场。设施设备利用率低下的问题,可以通过利用自身的地理和经营优势对现有的闲置设施进行改造,并将其改建为专业的交易市场。尤其是以现货批发交易为主的主题交易市场,不仅可以直接带动综合物流服务,而且能够通过系列主题产品交易,获得商流、物流和信息流的集成。

(3) 建设货物集散中心和信息交易中心,从场地出租费和货物交易费中赢利。

(4) 整合资源,实现资源的优化配置。

2. 该阶段的不同类型物流园区赢利模式分析

四种不同类型物流园区在初创期的特点如下:

转运型物流园区处于运输线上,又以转运为主,货物在这种节点上停滞的时间较短,转运型物流园区必须拥有相当规模的储存场地和仓库,此阶段转运型物流园区应着重利用地缘优势开展货物转运业务。

仓储型物流园区占地面积较大,园区内大部分仓库以储备为主要职能,货物相对停滞的时间长;由于货物多处于静态,园区中作业机械占存货数量的比重较小,而仓库的保管、养护费用较高。处于初创期的仓储型物流园区的赢利模式主要是利用仓库优势提供大规模仓储服务,收取仓库租赁费和物业管理费;或者结合仓储业务提供配送服务,并对运输配置、仓储管理、流通加工、搬运、包装的环节进行管理,收取配送服务费用。

流通加工型的物流园区既拥有基本的物资集散功能,又承担了一部分生产加工功能,实现了从厂商生产的标准产品到客户所需个性化产品转换衔接的目的。对于初创期的流通加工型物流园区,其赢利模式主要有:建设专业交易市场,收取交易费用;建立流通仓库,收取仓储费用;建立中转仓库,收取仓储和转运费用;建立集货中心,收取仓储、运输费用。

综合型物流园区的初创阶段,园区一般根据当地市场实际情况重点发展2~3种物流服务,因此其赢利模式的主要表现形式有:一是建立货物集散中心、交易中心和配送中心,收取场地租赁费用、货物交易费和配送服务费;二是结合转运业务开展货物交易业务,收取仓库租赁费、物业管理费和货物转运费;三是结合仓储业务开展流通加工业务,建立存储仓库和流通加工中心,收取加工费用和仓库租赁费等。

(二) 成长期的物流园区赢利模式

1. 该阶段的赢利重点分析

应充分发展增值服务,使园区在基础稳固的情况下形成质的飞跃。物流园区依靠提供物流信息赢利。

(1) 建设物流信息交易中心,拓展信息技术服务功能。

(2) 物流园区只有强化信息平台和信息技术,才能取得较快的发展。一方面,建立信息系统平台,形成运输配置、仓库管理、流通加工、包装储运等物流一条龙网络服务体系。另一方面,应以信息技术为核心实施物流装备的现代化,引进先进的物流技术装备,改进物流服务质量,提高作业效率。

(3) 建设仓储配送中心和流通加工中心。当综合型物流园区进入快速发展期时,就需要进一步给入驻园区的物流企业创造良好的条件,使他们能更好地服务于其他企业。建设基地仓储配送中心和流通加工中心就是为了提高物流设施的利用率,帮助物流企业减少固定成本支出,以吸引更多的物流企业。

对于处于成长期的物流园区,物流园区所处的内、外部环境均有所改善,此时园区所辐射地区的经济水平有所发展,交通状况有所改善,园区入驻企业数量明显增多,物流设施设备建设更加完善,物流市场需求更为旺盛,货物转运量、仓储量等大大增加,物流密度显著增加。而处于此阶段的物流园区,其赢利模式的设计主要要考虑发挥园区的核心功能,而发挥核心功能的关键是整合资源开展更多业务。

2. 该阶段的不同类型物流园区赢利模式分析

转运型的物流园区可以通过整合交通资源,使不同运输方式有效衔接,入驻企业才能为客户提供综合服务,降低运输费用,提高自身的利润率。

仓储型物流园区在成长期可以整合信息资源,加强物流信息化方面的合作,建立资源整合和资源共享的物流信息中心,提供物流信息发布、物流交易、物流载配等服务,大力推进电子商务交易。

流通加工型的物流园区可以建设流通加工中心,为客户提供个性化服务,将企业的大规模生产转化为用户的个性需求,收取加工费、包装费,同时利用资源整合优势,实施区域合作和联盟。

综合型物流园区可以整合信息资源和各类资源,积极建设信息交易中心、仓储配送中心和流通加工中心,提高物流设施的利用率,为客户提供个性化服务并帮助企业减少固定成本支出。

(三) 处于成熟期的物流园区赢利模式

1. 该阶段的赢利重点分析

进入成熟期则需要注意拓展园区服务,如果园区管理者不能充分结合市场及自身情况拓展物流园区的服务功能,那么进入成熟期的物流园区就应该朝着提供更高层次服务的目标迈进,发挥延伸功能。处于成熟期的园区管理者要帮助和引导园区内企业改进物流经营管理方法,推行物流标准化,提高物流作业效率,降低成本,倡导诚信经营,争取以更低的价格提供更加超值的服务。

(1) 开展电子商务平台。物流园区应利用电子商务平台,形成覆盖全国的网上分销网络系统并最终形成一个物流大系统。通过网上交易,带动运输、配送、加工等综合物流服务业务的发展,促使传统物流向现代物流转变。

(2) 提供个性化的增值服务。各种类型的物流园区可以提供不同的增值服务作为拓展业务。仓储型的物流园区,当园区成熟到一定程度后,可以代替顾客进行供应链管理。流通中转型的物流园区,不仅可提供基本运输和仓储以外的包装、分拣、流通加工、再包装和信息处理及反馈等服务,还可以开展网络化的商务平台,从而提供银行支付、保险、通关代理等信息服务。

2. 该阶段的不同类型物流园区赢利模式分析

综合型的物流园区可以提供物流一体化服务。例如通过对客户订货量的实时追踪提高订单管理的准确度，减少库存。客户也可以通过对实时信息的掌握降低成本，从而以物流一体化服务实现价值增值。物流园区还可以提供旅游、咨询、培训、开辟金融和物流交融功能的融资服务等衍生性服务，可以为企业提供更高层次的服务，如提供物流咨询、培训服务，吸引相关企业进驻园区，如餐饮、酒店、汽配维修、物流用品市场等，从而增加利润增长点。

转运型的物流园区可以提供有货物中转站特色的增值服务，包括除基本运输和仓储以外的包装、再包装、流通加工、分拣、配送和信息反馈等。

仓储型物流园区可以提供具有货物管理特色的增值服务，可以通过调集和管理自己和客户提供的单项服务、资源、能力和技术，运用自身的管理模式和运筹技术，整合提供一个综合的生产、物流、销售的供应链解决方案。

流通型物流园区可以发展物流配送等增值业务。

物流园区不同发展周期的赢利模式如图 8-4 所示。

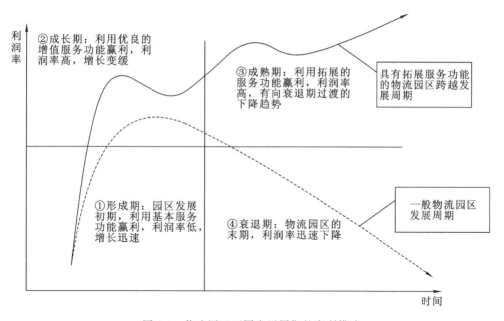

图 8-4　物流园区不同发展周期的赢利模式

八、现代物流园区的赢利模式创新转型

对物流园区来说，其赢利模式并非一成不变。按照行业内的主流理解，在物流园区的不同发展时期，园区如果要想保持持续的增长势头，那么其赢利模式必须转型、升级。创新赢利模式的思路就是要围绕需求链、供应链、信息链、管理链等物流产业四个基本运行要素，通过对它们的有序整合，以需求链为主线、供应链为配套、信息链为手段、管理链为核心，实现设计需求链、整合供应链、再造产业链的创新赢利发展目标。

对于处于发展初期的物流园区来说，在考虑其赢利模式的设计时应重点突出园区基本功能的实现,比如说园区的转运功能、仓储功能、流通加工功能、综合功能等;对于从发展初期向成长期过渡的物流园区来说,其赢利模式的设计应该更加强调对资源的整合,以此来发挥园区的核心功能;而对于从成长期向成熟期过渡的物流园区来说,其赢利模式的设计更应该强调其作为管理链链主的地位,通过整合供应链,提供增值服务,推行物流标准化,对产业链上的上下游企业的经营管理进行指导,以此来提升园区内企业的运作效率,降低其运营成本。

处于成熟期的物流园区在向更高层次的园区迈进过程中,个别高端、有实力的园区投资者还可以借助资本的力量来实现园区的跨越式发展。以普洛斯(中国)为例,在2010年10月18日其在新加坡上市后,其在中国的发展策略及赢利模式也随之转变,更加强调资本力量的重要性。例如,普洛斯(中国)收购了深基地19.9%的股权,成为后者的第二大股东。此外,普洛斯(中国)还相继收购了传化物流60%的股份、维龙物流90%股权、宇培集团49%的股权、中国航港发展有限公司53%的股份,一时间成为中国物流市场上的最大的物流地产开发商。

当然,不管是处于何种发展时期的物流园区,其赢利模式的转型、升级一定要同企业在经营管理方面上的创新结合在一起。而这种创新不仅来源于园区投资管理者在企业内部计划管理上的创新、生产管理上的创新、服务质量管理上的创新、成本管理上的创新、财务管理上的创新以及人事管理上的创新,同时还来自于其对园区内上下游企业进行科学管理上的模式创新。

创新赢利模式的思路和途径建议如下。

(一) 开发资源平台,以资源整合吸引供应链集聚

现代物流赢利的最大特点,就是资源配置的最优化和成本控制最小化。物流园区对于物流企业来说,吸引力不仅仅表现在交通枢纽的地理位置优势上,更应表现在整合社会资源的功能上,尤其是我国条块分割的管理体制一时难以彻底改变,小规模企业仍然是物流业的主体,它们整合社会资源的能力有限,而又迫切需要共享社会资源,因此物流园区扮演资源共享平台角色所带来的物流经营优势是任何企业无法担当的,其资源整合的功能越强,吸引企业集聚的效应就越大。通过构建资源平台,可以创造更大的物流经营空间。这些资源主要包括以下几点。

1. 整合交通资源

物流的通达性、准确性、及时性要求,决定了物流运输将同时涉及公路、铁路、水运、航空、市内、城际等多种运输方式的转换。物流园区只有整合多种运输方式和运输环节,使不同运输方式有效衔接,入驻企业才能为客户提供综合服务,降低运输费用,提高自身的利润率。

2. 整合网络资源

物流园区"孤立"发展很难发挥整体功能和产生规模效益。必须跨出园区,实施网络整合和各区域园区合作,与不同经济中心城市、不同经济区域的物流园区在支持网络化干线运输和在中心城市的配送方面展开合作,在形成依托中心城市的区域乃至国家骨干物流运作系统和网络方面展开合作,在物流信息化等方面展开合作,将是做大做强物流园区,提升物流发展水平与质量的重要途径。

3. 整合市场资源

交易与物流是商品流通过程中密不可分、相辅相成的两个组成部分。正如现货商品交易市场不断拓展物流配送业务领域一样，物流园区向交易平台拓展，就是整合需求链，以活跃多变的需求链来完善物流供应链，将成为未来发展的趋势。电子商务交易平台物流园区依托已有的物流运作平台，拓展电子商务、构筑交易平台，将分散交易双方复杂的交易程序和操作过程，转化为集中化、规模化和程序化的运作，使货物流通更加快捷和顺畅，利用电子商务信息资源，形成覆盖全国的网上分销网络系统，并最终形成一定规模和统一服务标准的社会化物流大系统。通过网上交易，带动运输、配送、加工等综合物流服务业务的发展，促使传统物流向现代物流转变。在大宗商品交易市场基础上衍生的挂牌交易、竞价交易、远期交易、专场交易等电子交易模式为物流园区拓展电子商务提供了良好的经验借鉴。集聚效应的产生和业务专业化经营将成为物流园区未来发展的重要趋势。

4. 构建主题交易市场平台

以现货批发交易为主的主题交易市场，不仅可以直接带动运输、仓储装卸、加工、整理、配送、信息等综合物流服务，更重要的是通过系列主题产品交易，获得物流、信息流、商流集聚，逐步形成主题商品的强大市场辐射，带动物流网络化、一体化的形成。

（二）拓展信息技术服务功能

物流供应链服务信息水平不仅决定了现代物流的运作方式，而且也决定着现代物流的赢利途径。物流园区应以信息技术为核心实施物流装备的现代化，通过物流综合信息和网络平台，发展电子商务，为物流企业提供共享交流和互动载体，节约物流成本，加速资金周转，优化物流供应链，实现物流信息化、自动化、智能化、集成化，全面提高物流供应链服务水平，共创园区、企业双赢模式。

1. 信息平台服务

建立资源整合和资源共享的信息系统和网络平台，提供物流信息发布、物流交易、物流载配、物流跟踪、远程车辆监控等服务功能；同时利用资源整合优势，实施区域合作和联盟，建立网上"虚拟仓库"和"虚拟车队"，形成更大的运输配置、仓库管理、流通加工、包装储运等物流一条龙网络服务体系。

2. 信息技术服务

信息技术是提高物流水平的重要手段，但因成本过高，目前大多数中小物流企业都无力承担，而物流园区可以发挥企业合作和区域联盟优势，实施信息技术的共享服务。通过园区物流企业和区域网络合作物流园区企业共同使用地理信息系统（GIS）、全球卫星定位系统（GPS）、电子数据交换（EDI）、条形码等先进的物流技术装备，不仅可以改进物流服务质量，提高物流服务效率，降低企业技术使用成本，还可以建立物流标准化，为物流集约化，甚至国际化合作奠定基础。

（三）利用需求链、供应链、信息链资源集聚，开发管理链的增值服务

依托上述信息技术和社会资源整合，必将形成强大的需求链、供应链、信息链资源集聚，分析需求链，调整供应链，创新设计供应链，成为生产原料供应、运输组织、销售、配送以及信

息咨询的系统供应链的组织者和集成者，实现一种以批零一体化、生产加工销售一体化、高度组织化、规模化、集约化的经营模式，开发管理链的增值服务。

1. 物流一体化服务

物流一体化的精髓在于整合供应链上下游的资源，实现供应链各方的成本最小化和运作高效化。物流园区将用系统科学的方法，充分考虑整个物流过程和影响此过程的各种环境因素，对商品的实物流动进行整体规划和运行，形成以物流系统为核心的由生产企业、物流企业、销售企业，直至消费者的供应链的整体化和系统化。一体化服务包括跟踪客户订货量变化；提供准确、经济、有效的物流服务；客户可对自己在国内各地运输途中的产品情况、库存变化情况一目了然，提高订单管理的准确度，压缩总库存；只要客户上网，就可得到所需信息，包括各地的库存数据，而不必自己再去建立一个系统，从而降低了成本，最终以物流一体化服务实现价值增值。

2. 物流整体方案策划

物流园区通过调集和管理组织自己的或是其他企业或组织所提供的单项服务、资源、能力和技术，运用自身的管理模式和运筹技术，提供一个综合的生产、物流、销售的供应链解决方案，同时运用实体网络＋虚拟网络的接合技术，给客户提供一个迅速、及时、高效，并伴有高级信息咨询建议服务功能的虚拟供应链查询系统，使客户足不出户即可尽享现代物流所带来的"双赢"利益。

（四）以产业融合理念设计需求链，延伸服务链，再造产业链

物流园区的发展靠创新，建立在资源整合基础上，以产业融合理念、开拓交叉性和渗透性为基础的特色服务产品，作为一种新的物流业务模式的延伸，为传统的物流业挖掘出新的赢利点，同时通过物流与其他产业融合，发挥强大的经济渗透能力和产业联动效益，创造新的产业功能。

1. 以物流平台渗透产业营销体系

依托电子商务的虚拟交易平台和主题交易市场的现货交易平台，可以进一步开发集团采购、商业配送中心和企业产品分销中心，逐步渗透企业营销体系和采购体系，以此提高园区对需求方个性化的公共仓储、中转集散、加工配送、产品分销、售后服务等增值服务功能。

2. 开发展览、旅游、咨询、培训等衍生性服务

通过园区资源整合，实施资源互动、产业嫁接。开发物流展览和主体产品展览，设计物流旅游节目，开发特色旅游功能，提供物流咨询和管理模式输出，开展物流教育培训，提供实习培训基地等等，这些衍生性服务功能的开发，将大大增强物流园区的赢利能力，同时也进一步提高了园区的社会影响力。

3. 开辟金融和物流交融功能的融资服务

通过物流业与金融业的合作，形成新的融资功能，在一定程度上改变传统融资模式，成倍提高企业利用资金的效率，创造出巨大的经济价值。创新融资功能主要表现为三种形式：

一是流动货物的质押贷款：物流园区或物流仓储企业替银行对生产企业用以贷款的质押货物进行有效监控，获取金融服务收入。

二是物流订单的质押贷款：物流园区利用信息技术和供应链网络替银行对物流企业用以贷款的质押物流订单进行有效监控，获取金融服务收入。

三是融资租赁：物流园区利用信息技术对融资租赁的车辆、仓库以及其他物流设施进行跟踪监控，获取金融服务收入。

物流融资服务，为广大中小企业开辟了新的融资渠道，通过暂时抵押货权，从银行取得贷款，用于开展业务，大大提高了企业的融资能力和资金利用率。对于银行而言，由于有实实在在的货物作抵押，又有信誉好的物流园区和物流仓储企业作为担保或货物管理，其贷款的风险大大地降低了，为商业银行开辟了新的利润来源。对于物流园区和仓储企业来说，物流融资服务，实际上为其开辟了新的增值服务业务，不但可以促进其传统仓储业务的开展，实现客户的个性化、差别化服务，推动仓储物流业向更高层次发展，而且能带来新的利润增长点。通过这种业务的开展使得参与业务的三方都获得切实的利益，真正达到"三赢"的效果。总之物流园区以资源整合为功能、信息技术为支撑。

【经典案例1】

国外物流园区的增值服务及赢利实例

国外的许多物流园区在运营过程中都表现出较好的赢利空间。日本最著名的物流园区是东京的四大园区——葛西、阪桥、和平岛、足立。其赢利模式集中在利用土地价值和仓库租金方面。首先，政府以很低的价格将土地出租或者出售给行业协会，再由行业协会向成员私募资金；其次，政府促使银行向经营者长期提供低息或无息贷款；同时，政府通过加大基础设施投资、加快项目竣工等方式为投资者提高当地地价。通过这些举措，利用土地价值和仓库租金就成了日本物流园区投资者与经营者最主要的赢利方式，然而美中不足的是投资回报期较为漫长。

德国采用的是"政府统筹规划，企业自主经营"的方式。政府在规划初期就将园区配套基础服务设施的建设列为重点投资项目，建立大型综合生活服务中心，提高园区整体服务水平，目的是凭借优良的服务为园区增值。德国在这种模式下得到了丰厚的收益，正是凭借优良的增值服务赢得了欧洲最成功的物流园区称号。德国不来梅物流园区就是这种赢利模式的典范，投入产出比高达1∶6，投资回报期较日本模式短。下面了解一下他们具体的增值服务和赢利模式，这也是我国物流园区经营过程中要面临的主要问题。

除了配套某一产业的专业性物流园区外，德国的物流园区大多定位为综合性的，在有限的建设面积上实现物流功能多样化是其提高效率、降低成本的一个重要理念。德国物流园区的主要服务类型如下：

多式联运服务。多式联运是德国物流园区最显著的一个功能。它们强调至少有两种以上的运输方式，选址尽量处于公路、铁路、水路运输的交叉点上，以实现多种运输方式的有效衔接。物流园区多建有完备的吊装、转运等多式联运基础设施，提供发达的多式联运服务。如杜伊斯堡联运码头除经营铁水联运、公铁联运外，还提供一种名为"移动的公路"业务——大货车直接上铁路运输，到中转站后大货车再上公路到达最终目的地，以适应阿尔卑斯山区公路运输困难的状况。

集货和转运服务。德国物流园区内部和物流园区之间的物流作业呈现出高度的组织化和协同化特点，从而使物流集聚的优势直接转化为物流成本的降低和碳排放的减少。园区的集货功能提高了单车装载率，减少了运输车次，有效降低了物流成本。为了提高集货运输的效率，德国正在探讨一个"超级卡车"项目，通过加大加挂卡车车厢，进一步提高长途运输的装载量，降低成本。物流园区还发挥着区域间物流节点和区域内分拨中心的作用，通过地区之间的转运和运输方式的转换，变"多点多头"之间跨区域的运输为"园区到园区"之间的跨区域运输，进一步提高了物流过程的规模化和共同化水平。

城市物流服务。德国物流园区在规划时十分注重城市物流功能的定位，旨在将配送系统和物流作业从人口密集的城区分离出来，集中在物流园区集散，以降低城市交通总量，减少碳排放和噪音污染，并实现24小时作业，物流园区与城市之间通过小型货车实现物流配送。

公共服务。德国物流园区一般设立发展公司为进驻企业提供公共服务。基本的公共服务包括场地出租、多式联运和转运节点、物流基础设施使用等，另外组织进驻洗车、加油、餐厅等服务站为物流企业提供配套服务。德国物流园区非常注重园区内企业的协同合作，如组织进驻企业集中采购设备、燃油、保险等，组织进驻企业开展员工技能培训，以降低单位成本。

产业物流整体方案服务。通过对产业客户物流服务的整体方案优化，实现与产业的协同关系。德国物流园区与当地经济和产业发展呈现出紧密的协同和共赢关系。如英格尔施塔特市是奥迪汽车总部所在地，英格尔施塔特市人口总数约为12.5万，其中在奥迪工作的员工就达到3.5万人。当年奥迪一条A3的生产线计划迁至东欧地区，而这会导致英格尔施塔特市3000～4000人失业。为了留住奥迪的生产线，英格尔施塔特市承诺改善奥迪的生产环境，设立一家与之配套的汽车物流园区，英格尔施塔特货运村由此建成。该园区吸引了35家企业为奥迪提供配套服务。

该园区有效优化了奥迪的物流流程，提升了奥迪按订单生产的能力。20世纪80年代以来，欧洲汽车业个性化需求兴起，客观上要求汽车生产商改变大批量生产的模式，适应按订单生产的模式。该物流园区建成后，将奥迪过去分散在各地的配套厂、服务商集聚到一起，由多点、多环节对奥迪的供应模式升级为由园区对奥迪的单点供应模式，所有原料和部件由物流园区通过专用车辆为奥迪配送，从而大大简化了供应链流程，增强了奥迪按订单生产的灵活性和可靠性。

上述服务显著提高了物流企业的增值服务水平。园区物流企业增值服务的延伸是与奥迪汽车生产流程的改造同步进行的，总的方向是缩短生产线、扩大外包的比重。当前，奥迪汽车除了最后的组装环节在自己厂内完成外，产前环节均外包给园区内的物流商,而将自己的精力主要集中在设计、研发和销售领域。据德方统计,传统的物流业务利润率只有3%~5%,而物流增值服务利润率可以达到12%~15%。物流业之所以能成为继汽车和医药产业之后的德国第三大产业,与其较高的增值服务水平有直接关系。

学习并分析:

1. 国外物流园区提供了哪些增值服务?
2. 日本物流园区的赢利模式有哪些?
3. 德国物流园区的赢利模式有哪些?

【经典案例2】

浙江传化物流园区的增值服务及赢利实例

浙江传化物流基地是浙江省首批规划建设中的现代化物流园区,传化自1997年开始探索物流以来,物流业务经历了从"自备车队"到"内部运输",再到"第三方物流"的早期转变。随后,透过中国传统物流市场散、小、乱、差的现象,传化发现了一个崭新的市场,一个兴建物流平台、为中国第三方物流服务的构思开始形成,传化公路港物流模式也由此诞生。传化公路港物流被中国物流行业领导和专家誉为"中国物流业最具价值的创新"。传化物流创造性地扮演了"物流平台整合运营商"的角色,承担起现代物流创新的历史使命,克服了公路物流运营效率短板,创造性地开启了中国公路港物流新时代。以信息化为核心,推进物流平台连锁复制战略,构筑高效的、覆盖全国的物流平台网络,推进物流产业和区域经济的发展。公司定位于"物流平台整合运营商",在"与您共同成就事业,推动区域经济发展"的经营理念指导下,致力于整合"物流服务、物流载体和物流需求"三大资源,为众多物流企业提供"信息交易、商务配套和物业"等系统服务。这种创新的、经实践证明高效的"公路港物流"模式整体提高了区域物流运营水平,加速现有模式的升级换代,以现代"物流"这一加速经济发展的血液来带动区域经济的全面进步。

该基地已经形成信息管理、专业运输、专业仓储、流通配送、转运和交易六大中心,还设有银行、工商税务、餐饮住宿、汽修汽配、人员培训、专案资讯等完备的商务和生活服务系统(保姆式的平台),定位为"物流平台整合运营商"仅仅一年,由入驻基地的物流企业所带来的相关收入就已经与除土地外的其他费用支出持平,具体来说其收入主要来自以下几个方面。

(1) 出租营业用房,从场地租金中增加收入。

(2) 吸引运输车辆,从停车费中实现收益。

(3) 提供仓储服务。根据工商企业的需求量身订制,充分满足不同个性需求。

(4) 实行会员管理,在业务支持中创收。基地采用会员管理模式,入驻的企业每年缴纳一定的会员费。基地根据不同的会员类型和级别享受不同的星级服务，除了可以直接使用物流信息系统平台的支持外，还有业务培训和专家咨询支持，高级会员还能与国内外现代物流的理论专家、实践专家及专业物流顾问公司的顾问们进行讨论，促进现代物流企业的成长，实现基地与入驻企业的双赢。

（5）开发资源平台，以资源整合吸引供应链聚集（整合交通资源、整合网络资源）。

（6）拓展信息技术服务功能，提高物流供需链服务水平（电子商务交易平台、主题交易市场平台）。

（7）开发管理链的增值服务。

（8）为物流企业提供物流整体方案策划。

（9）以物流平台渗透到产业营销体系（产品分销和售后服务）。

（10）开发会展、咨询、培训（实习培训基地）等衍生性服务。

（11）开辟金融和物流交融功能型的融资服务。对于银行来说有实实在在的货物做抵押，又有信誉良好的物流基地做担保，其贷款风险大大降低了，为商业银行开辟了新的利润来源；对于物流基地来说，物流融资服务实际上开辟了新的增值服务业务，不但可以实现客户的个性化、差别化服务，还能带来利润增长点。通过这种业务的开展使得参与业务的三方都获得切实的利润，达到"三赢"的效果。

学习并分析：

1. 传化物流园区的增值服务有哪些？
2. 通过案例1中国外物流园区的先进示范，传化物流园区还可以开展哪些增值服务？
3. 传化物流园区在发展到成熟阶段时，需要重点发展哪些赢利模式？

【经典案例3】

湖北高桥物流园区的增值服务及赢利模式实例

普洛斯高桥物流园区位于武汉东西湖区高桥，由东西湖区政府与全球最大的工业房地产开发商美国普洛斯共同组建的合资公司——普洛斯高桥物流园开发有限公司，按普洛斯全球标准统一开发建设和经营管理。该园区是华中地区最具规模的综合物流园区，园区总规划面积 3.7 km²，其中 0.5 km² 为 B 型保税物流中心，其余为综合物流园区，有标准工业厂房区以及公路、铁路及电子口岸和生活服务区等配套的功能性设施。武汉普洛斯高桥物流园，现已建成中国中部地区首个 B 型保税物流中心，该中心首期占地面积 12 万平方米，包括海关监管设施、公共服务设施和 3 万平方米保税仓储设施。另外综合物流园区 5 万平方米的普通仓储设施于 2007 年度开发。普洛斯高桥物流园区对加快武汉现代物流业发展和全面提升区域对外开放水平具有重要意义。武汉保税物流园区是新型的经济功能区,具有独立规划、独立政策、独立运作的特点,是目前国内对外开放度最高的经济区域之一。

高桥物流园区依托四大物流通道,即汉渝铁路的铁路运输通道,107国道和京珠高速公路运输通道,汉江航运的水路运输通道,武汉天河机场的航空运输通道,以及汉渝线编组站优势,结合区域内200余家大中型企业和30多个各类市场的需求,努力建成武汉公共型物流中心和区域性配载中心,重点发展仓储、运输、加工、中转、产品配送、货物集散、信息服务等功能,通过吸引众多的货运代理、物流企业及相关经营者的共同参与,形成依托东西湖,连接武汉及周边区域,辐射华中甚至全国的区域性综合物流中心。

(一)增值服务项目

(1) 专业大市场:建立有形的汽车交易中心和工程机械交易中心等市场,及以各种交易关系、人流、物流、信息流等聚集的无形市场。

(2) 运输功能:以公路运输为主要运输形式,提供停车场和电子货运交易。引入第三方物流完成运输作业。

(3) 仓储功能:建立普通仓库、标准仓库、专用仓库。以合资建造、出租经营为主要方式。

(4) 配送功能:引入第三方物流企业来实现。

(5) 信息功能:园区信息包括交易信息、仓储信息、运输信息、市场信息等。

(6) 电子商务:建设与园区信息系统相连的电子网络交易服务中心,发展电子商务。

(7) 保税增值服务。除传统的保税仓储、保税物流功能外,保税物流园区还具备四项服务:

① 国际中转服务,对进入园区的境外、国内货物进行分拆、集拼后转运至境内外其他目的港。国际配送功能,对入区货物进行分拣、分配或进行简单的商业性加工后向国内外配送。

② 国际采购服务,对采购的国内货物和境外货物进行综合处理和简单的商业性加工后向国外销售。

③ 转口贸易服务,构建集交易、展示、出样、订货于一体的转口贸易服务体系,有利于区内企业开展转口贸易。

④ 便捷通关服务,货物进出更为便捷。保税物流园区充分运用信息技术和现代科技手段,实现区域化监管、网络化管理、电子化通关、科学化监控,实行通关数据"一次录入、多次使用、信息共享",实现了货物的一次申报、一次查验、一次放行快速通关,构建了通关便捷、服务完善、管理规范有效的海关监管平台,营造了大口岸、大通关、大辐射的现代物流发展环境。

上述服务将有利于降低武汉市外向型经济的物流成本,提升出口企业竞争力,促进加工贸易转型升级,加快产业结构转型,带动武汉经济更好地参与国际竞争,增强武汉在华中地区的城市竞争力和吸引力,对于"1+8"城市经济圈竞力具有十分重要的作用。武汉市最近已被纳入国家级物流中心枢纽城市的规划,而不仅是中部的物流中心。美国普洛斯公司的加入,又使武汉国际物流园备受瞩目。

(二) 三个发展阶段

高桥物流园区的商务模式有三个循序渐进的发展阶段。

第一阶段,确立以采购和交易业务为主导的商务模式。目前,高桥物流园区的建设,是基于原有的汽车零部件、农副产品和建材等几大专业交易市场演变而来的。我们可以依托高桥物流园区周边优越的交通资源与市场资源,将物流与商流相结合,首先将其转变为批发与零售相结合的现代采购中心。在这个现代的采购中心,不仅可以完成以几大专业交易市场为核心的系列配套产品与服务的批发与零售业务,而且还提供网上采购招标、电子支付与结算、网上保险、网上交税、安全认证等电子采购业务,随着市场与采购中心影响力的延伸,还相应开发了网上报关、网上出入境商品检验检疫及电子订舱等业务。

第二阶段,确立以配送、仓储、流通加工、信息服务等综合物流业务为主导的商务模式。随着采购中心规模扩大、功能完善,由商流带来物流集聚,必然引发高桥物流园区内对综合物流服务需求的大大增加。其中物流信息服务不仅包括GPS、GIS、ITS等现代信息技术在车辆追踪与运输资源调度中的应用,还包括为一些尚无实力自建信息系统的中小物流企业提供ASP(应用服务提供商)服务,推动中小物流企业网络化、信息化进程,以及物流企业之间资源的整合与优化配置。

第三阶段,确立以物流供应链集成服务与个性化服务为主导的商务模式。制造企业与零售企业物流外包业务量与业务种类大大增加,凸显出对一体化物流服务的需求。因此,物流供应链集成服务成为物流企业的重要增值项目。与此同时,个性化订单的增加产生了越来越多的个性化物流需求,要求物流企业能够量身订制物流系统解决方案。

(三) 赢利模式

高桥物流园区赢利模式的规划根据园区的不同发展阶段而有所侧重,初期注意发挥基本功能,成长期发展核心功能,成熟期则注意发掘延伸功能。

(1) 由于高桥物流园区的建设以农副产品、汽车配件、建材等几大专业市场的建设为龙头,所以首先应促进这些市场的发展。在这方面,深圳市笋岗物流园区具有一定借鉴意义。笋岗物流园区在发展初期,就是在原有设施上构建了批发与零售相结合的现代采购中心。园区内目前已形成了集新车销售、汽车租赁、配件供应、检测维修等为一体的大型综合性汽车交易市场,营业面积20多万平方米,累计销售汽车近3万辆,成交额近40亿元。目前,高桥物流园区可以国家级武汉舵落口大市场为龙头,拟建的桥通汽车交易中心为契机,重点发展为交易市场配套服务的综合设施,进一步扩大商流。

（2）建设货物集散中心和信息交易中心，发展物流配载业务，从场地出租和货运交易中获利。浙江传化物流基地总投资3亿元人民币，占地560亩。交易中心总建筑面积10758 m^2，营业用房总面积7476 m^2，近600 m^2的交易大厅有300多间商务用房。基地建成不到一年就吸引逾200家第三方物流企业和93家第三产业企业入驻，仅场地租金就可以收回除土地外的一半支出。此外，基地的运输中心与信息中心还联合运用GPS（全球定位系统）、GIS（地理图形查询系统）和ITS（智能运输系统）等信息技术和物流技术，对车辆进行实时追踪。目前专业运输中心的停车场面积为8700 m^2，日停车可达1200辆，不到一年时间，由入驻基地的物流企业所带来的相关消费就已经与除土地外的其他支出持平，赢利前景乐观。

（3）积极挖掘和发展增值服务项目，如供应链管理和个性化服务。据有关单位对全国167家生产型、贸易型企业的抽样调查，绝大部分有第三方物流需求。外资企业迫切希望低成本、高效率的现代物流体系作为其生产经营的保障。高桥物流园区发展到一定阶段后，应积极开展高层次物流管理服务，包括采购物流、销售物流，甚至回收物流的一条龙服务。同时，也可积极开展别的业务，例如，与相关院校、专业咨询机构联盟，开展物流教育培训业务；建网上商城，开展电子商务活动；按客户要求进行有偿再加工业务。通过这些增值服务，高桥物流园区的赢利能力将大大增强，园区的影响力也会进一步提高。

学习并分析：

1. 高桥物流园区属于哪种园区类型，和传化物流园区有什么区别？
2. 在不同发展阶段，高桥物流园区增值服务和赢利模式的发展重点分别是什么？
3. 该园区赢利模式可以做出哪些创新？

【本章关键术语】

物流增值服务 value-added logistics service　金融物流 finance logistics　保税物流 bonded logistic　赢利模式 profitable model　物流服务方案 logistics service solution method

【本章思考与练习题】

1. 简述物流园区增值服务的内涵及作用。
2. 简述物流园区的增值服务类别及内容。
3. 简述物流园区的赢利模式及选择。

【参考文献】

[1] 孙杨. 铁路货运拓展物流增值服务的发展模式研究[D]. 北京:北京交通大学,2012.

[2] 利少波. 基于供应链一体化的第三方物流增值服务研究[D]. 上海:上海交通大学,2012.

[3] 闭海涛. NNN物流园区盈利模式研究[D]. 南宁:广西大学,2007.

[4] 宋丹. 黑龙江省第三方物流增值服务发展的策略研究[D]. 哈尔滨:东北林业大学,2010.

[5] 郑琦. 综合型物流园区盈利模式的探索[J]. 上海商业,2006(6):22-26.

[6] 冯惠娣. 第三方物流信息增值服务解决方案的研究[D]. 北京:对外经济贸易大学,2006.

[7] 沈建男. 企业物流设施的增值服务研究[D]. 南京:南京财经大学,2006.

[8] 马妙明. 不同发展阶段下各类型物流园区盈利模式研究[J]. 商业时代,2011(22):36-37.

[9] 傅同军. 物流园区如何实现盈利模式转型[J]. 中国储运,2012(7):97-98.

[10] 王令凯. 我国物流园区盈利模式的现存问题及改进措施[J]. 物流工程与管理,2009(2):31-32.

第九章　物流园区的外部支撑环境分析

本章重点理论与问题

> 物流园区的建设和发展需要一定的外部环境来支撑,这些外部环境既包括交通状况、物流企业的发展等实体因素,也包括信息技术、政府政策等"软因素"。本章将从物流园区的外部交通与配送、物流企业的发展、物流信息技术的发展和政府及其政策支持这四个方面,对物流园区的外部支撑环境进行分析。

第一节　物流园区的外部交通与配送

物流园区与其周边的交通环境是一种相互影响相互促进的关系:一方面,物流园区的建设和发展依托于周边发达的交通配送网络,没有良好的交通环境,物流园区就不能顺利地开展业务和发挥作用;另一方面,当物流园区规模和业务量达到一定程度时,就会对周边路网产生影响,从而降低路网服务水平。

一、外部交通与配送条件对物流园区的影响

要投资建设一个物流园区,外部交通与配送是必须考虑的条件之一。交通网络发达,配送方便,才能使物流园区的枢纽集散作用得到更好的发挥。

(一)外部交通对物流园区土地利用的影响

1. 基本影响

交通系统中的交通运输类型及流量、运输方式、到达车站或港口的方便程度等都是影响物流园区土地利用的因素,而基本影响是指影响物流园区的可达性。可达性是指空间联系的便利程度,主要与城市的道路系统和交通网络有关,是物流园区最基本的交通要求,也是其得以存在的最基本条件。可达性的变化对物流园区的空间分布具有决定作用,即表现为物流园区对交通的依存性。如物流园区与公路货运之间的关系,即是否连接主要货运干道,道路货运能力是否匹配,道路网络分布与连通情况等。

2. 派生影响

派生影响包括两部分:对物流园区用地的导向性及增值性影响。导向性是指未来交通设施的规划和建设对土地利用和园区发展有导向作用;增值性指良好的交通条件将使该区域的物流园区用地增值。外部交通的改善使大型建筑用地的外部环境得以改善,土地区位变得优越,土地增值潜力提高。具体表现就是交通设施沿线的土地开发异常活跃,例如地

铁、轻轨等现代化大容量捷运系统的规划与建成，可以引导城市按交通轴线发展，并极大地改变发展轴线的可达性状况，使一些原本市场吸引力较差的城市区域成为开发热点，区域内土地增值。

（二）货运枢纽与物流园区之间的关系

2007年交通运输部编制下发了《国家公路运输枢纽布局规划》，确定了179个国家公路运输枢纽。公路运输枢纽包括客运枢纽和货运枢纽两部分，而货运枢纽则与物流园区建设有着千丝万缕的联系。总体而言，货运枢纽与物流园区有以下两方面的关系。

一是货运枢纽拥有物流园区的基本系统构成。货运枢纽拥有基本的仓储系统、基本的集疏运系统和交通基础设施以及基础性的物流作业系统。通过不断扩展物流服务功能，不断延伸物流业务，货运枢纽可以逐渐发展成为区域物流中心或物流园区。也就是说，货运枢纽是重要的物流基础设施，是现代物流发展的重要基础条件。

二是物流园区是货运枢纽发展的高级形式，主要表现在以下三方面。

物流园区能够提供更优的运输模式，物流园区多建立在两种及两种以上运输方式的交汇处，通常是将各类常规运输枢纽、物流中心、配送中心等功能各异的物流节点集中建设，形成功能强大、能够提供社会化、一体化高效物流服务的特定区域。

物流园区具备更强的综合服务功能，拥有很强的空间集聚效应和功能集聚效应，能够整合仓储、运输、装卸搬运、流通加工、分拣包装等各个物流环节，并能提供"以客户需求为中心"的综合物流服务和物流增值服务。

物流园区通常建立有集成化的信息系统，其强调对原材料、产品从生产地到消费地的物流全过程的物流信息组织与管理。物流园区信息系统通常包括物流信息公共服务平台、供需信息交易与服务平台、综合应用与服务平台等。

二、物流园区对周边交通环境的影响

物流园区一般建立在城市的边缘，其建立的初衷一方面是为了提高流通效率，减少物流成本，另一方面是为了缓解城市交通的压力。科学合理地规划物流园区，可使城市的交通量减少15%~20%。一般来说，物流园区在短期内不会对城市交通造成较大的影响。但是，随着城市的发展，城市用地会逐步向外扩张，并且城市物流量也在不断增长，物流需求也会越来越大，必然会产生更大的交通需求。这时，物流园区对城市的交通影响就会逐步显现出来。

（一）交通影响范围的确定

交通影响分析需要确定项目的研究范围及其影响范围。项目的研究范围是指在现状交通调查和预计交通状况受拟开发项目影响较大的区域，而其交通影响范围是指在研究范围内，将预测的项目交通生成量分配到相关路网，并与目标年背景交通量叠加，以确定的影响阈值为标准，影响程度大于或等于这一标准的区域。

物流园区产生和吸引大量的货运车辆，将对园区周边的道路网络造成直接影响，这是物流园区对周边交通环境的主要影响。物流园区建成后可能造成周边货运通道的服务水平下降，因此部分货运车辆和非货运车辆会从货运通道转移到一般道路，从而对一般道路的服务水平造成影响。此外,货运车辆还有可能给道路上的其他车辆造成一定的安全隐患并损害道路。因此,在分析物流园区交通影响范围时,应首先明确周边路网中的货运通道与一般道路。以物流园区周边的货运通道和与其紧邻的一般道路的路段与交叉口为研究对象,选取相关参数作为判定阈值,超过判定阈值的交通设施必须划入研究范围内。

在确定物流园区的交通影响范围时,必须考虑物流园区的类型和选址。物流园区的类型决定了其绝对交通量产生的特点和规模,而选址决定了其吸引交通量的特征和规模。从服务对象和服务范围不同的角度分析,国际型物流园区、区域型物流园区和市域配送型物流园区在交通量产生的流向、流量和影响范围方面的差异性很大。一般而言,国际型物流园区处于综合交通枢纽的地位,它作为多种交通方式联运的节点,主要从事多种运输方式间以转运为特征的物流服务;区域型物流园区位于城市间快速干道密集区域,主要从事以快运为特征的物流服务;市域配送型物流园区位于城市工业、商业密集之地,主要从事以城市配送为特征的服务。因此,需要区分各种不同类型的物流园区以明确其主要的交通影响范围。

交通影响范围的确定是交通影响分析后续工作的基础,其是否合理直接关系到评价的速度与完整性。国内对于交通影响范围的确定主要是基于模型的方法,主要有圈层外推法、烟雨模型法、经验法、T-TIA方法、等效通行力法等。国外对于交通影响范围的确定主要采取专家经验法。

(二)物流园区周边交通网络构建方法

对物流园区周边交通网络进行构建时,首先要对交通小区进行划分,以定义物流园区周边路网中交通起讫点的位置,然后使用需求预测模型预测各交通小区间的交通出行量。

物流园区周边交通小区的划分应在保证精度的条件下使工作量尽可能少。其划分的一般性原则包括:保证交通小区内土地利用,经济、社会等特征性尽量一致,划定范围内的土地利用特征应尽量简单,尽量不打破城市行政区划;尽量以铁路、河川等天然屏障作为分区界限,尽可能避免交通小区内存在自然或人为障碍线;交通小区应尽可能规则,避免狭长形状;应充分考虑城市路网构成,尽可能使交通小区划分与路网协调一致,尽可能使交通小区位于路网节点上;尽量不以城市道路干道作为划分交通小区的界限,应尽可能使道路两侧在同一个交通小区;划定交通小区内的出行次数尽可能不超过全区域内出行总数的10%～15%等。

常见的交通小区划分方法主要有基于聚类分析的交通小区划分方法、面向控制的交通小区划分方法、基于区内出行比例的交通小区划分方法、对手机话务量的聚类分析方法、扇形分割方法等。

当不考虑物流园区内部交通时,物流园区可作为一个交通小区,或者将物流园区按照功能分区划分出多个小区。因物流园区服务范围广,在采用通常的交通小区划分方法之外,可选择在物流园区外围按几个重要交通去向虚拟出若干个交通小区的方法。

(三)运输网络构造

物流园区作为货物流通的枢纽,通常位于城市边缘地带,处于城市交通网络与城市外围交通网络的结合部,具有车流量大、路网等级复杂的特点。一方面,物流园区强大的货物吸纳能力需要周边道路网络的支撑;另一方面,物流园区产生的较大交通量一般不直接接入等级较高的货运通道,而是通过等级较低的道路将物流园区与主要干道衔接在一起。

从道路运输角度分析,物流园区外围道路交通可分为近城端道路和远城端道路两个类型。近城端道路符合城市道路等级分类,远城端道路符合公路等级划分。为满足物流园区作为大型集散中心对运输通畅性的要求,近城端道路不应低于主干道标准,远城端道路不应低于一级公路标准。此外,物流园区的外围交通是以高速路、快速路承担长距离运输,以通过较少的道路出入口有效避免短距离车流的进入;以主干道、支路等承担短距离运输,减少车辆的走行距离。

在构造运输网络时,应考虑物流园区周边通道不完全是货运通道,还包含客运通道和客货混运通道在内,且要注意识别物流园区外部道路中存在的车流瓶颈,包括一些限制性路段、交叉口、匝道等。结合物流园区的影响范围,按照以下方法选择物流园区周边主要货运及商务干道:

(1) 找出区域内等级较高的主要货运通道及商务干道;
(2) 确定各条道路的交通流向;
(3) 确定每条道路的主要服务对象,客运或货运;
(4) 寻找相关地图作为底图,描出各路段并标出流向。

(四) 缓解措施

1. 物流园区可采取的措施

为了改善物流园区对周边路网的交通影响,可以采取的措施有:

(1) 对物流园区周边路网进行改造,提高其服务水平;
(2) 对物流园区内部道路进行交通组织设计,尽量减少其对主要路段和路口的交通影响;
(3) 提高物流园区内车辆的出行效率,提高车辆的满载率,减少出行次数;
(4) 对物流园区的配送节点进行重新规划,科学合理地安排配送路线,在节约成本的前提下尽量避免拥挤路段的出行。

2. 交通组织设计

1) 设计原则

物流园区交通组织设计是指在城市物流园区交通影响分析评价的基础上为降低对周边路网的影响,使行人与车辆各行其道,减少与车的冲突以及人与车的冲突,保证车辆以正常速度行驶,规范行人秩序,而对园区内外的人流、车流、停车场及出入口进行规划设计,是根据物流园区的建设规模及功能布局,结合该区域规划路网条件,针对现状及未来可能发生的交通问题,应用现代交通工程设计理论和规划理念,提出较为合理的交通组织方案和改善建议。它既是交通影响分析的最终目的之一,也是保障其物流运行效率和提高物流服务水平的基本环节。主要包括两个方面:

一是内部交通组织设计。这在设施布局中已涉及,但这里主要是在设施布局的基础上根据各设施间物流量的大小规划设计相应的交通标志和设施,要与物流园区内的动线相一致。

二是外部交通组织设计,主要指物流园区与外部交通网络连接处的交通组织管理和设计,包括出入口位置的选择、公交和出租车停靠点及停车场的设计、机动车和非机动车流的组织和路权的分配等。

城市物流园区的交通组织一方面要保证物流园区内外通道的效率,尤其是配送通道网络的服务水平;另一方面应降低物流园区规划建设对周边路网的影响程度。其原则可用"连续分离,均分优先"概括。

交通连续原则,即保证物流系统在周转运送过程中不产生交通方式上的间断。

交通分离原则,即不同流向、不同种类的车流应在交通空间、时间上分离,避免发生交通冲突。空间分离靠交通标志、标线来实现,时间分离靠信号相位来完成。

交通均分原则,即对交通流进行科学的调节、疏导,使路网各点交通压力逐步趋于大体一致,不至于由于某一点压力过于集中而造成交通拥堵。

交通优先原则,即给予占物流园区车流比重最大的货运车辆特殊待遇,如流向优先、相位优先、路权优先。

具体来说应满足以下几点要求:物流园区内外的交通组织设计应便于长时间的车流、人流集散,尽量减少对周边道路的影响;利用交通影响分析结果进行物流园区出入口交通控制方式的选择设计,视影响程度大小可依次选择采用无控方式、让路控制、停车让路控制、信号控制、车流转向限制、单行线路设计等措施;充分考虑人行道、物流园区出入口和过街道路的行人交通组织,设计相应的行人交通设施,必要时可采用立体交通方式;物流园区的交通组织应服从局部路网的交通要求;干道交通优先的原则,保证邻接干道交通的连续性;物流园区出入口应尽量避免与干道直接相连,避免园区交通对主线交通的影响,减少对邻接道路的交通干扰;不同方式交通流空间分离,动静态交通协调平衡;最大限度地发挥交通设施的作用,减少交通出行时间,提高物流园区交通效率。

2) 设计内容

物流园区交通组织设计包括物流设施交通组织设计、物流园区道路交通组织设计、物流园区交通设施组织设计和物流附属设施交通组织设计;也可区分为园区内部交通组织设计和园区外部交通组织设计。具体的设计内容如图9-1所示:

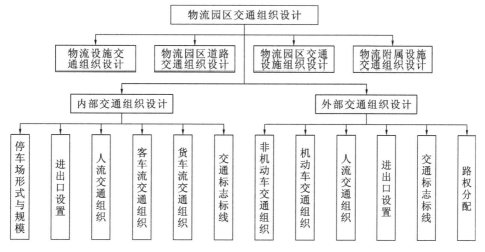

图 9-1 物流园区交通组织设计图

第二节 物流企业的发展

物流市场的兴旺带动了物流园区的蓬勃兴起。物流企业为了增强竞争力,发展壮大自己,迅速入驻物流园区。物流园区为物流企业的发展提供了一个良好的平台。另一方面,正是由于物流企业的发展壮大,才有了物流企业集聚发展的需求,物流园区也就应运而生。物流园区和物流企业是相互影响相互促进的关系。

一、国内物流企业发展现状

(一) 国内物流企业发展的进步

进入 21 世纪以来,中国物流业总体规模快速增长,物流服务水平显著提高,发展的环境和条件不断改善,为进一步加快发展中国物流业奠定了坚实基础。

(1) 我国物流业规模快速增长。2013 年,全国社会物流总额达 197.8 万亿元,同比增长 9.5%,为 2008 年的 2.2 倍,物流业实现增加值 3.9 万亿元,为 2008 年的 1.95 倍。2013 年,物流业增加值占全部服务业增加值的比重为 14.8%,占 GDP 的比重为 6.8%。

(2) 我国物流业发展水平显著提高。一些制造企业、商贸企业开始采用现代物流管理理念、方法和技术,实施流程再造和服务外包;传统运输、仓储、货代企业实行功能整合和服务延伸,加快向现代物流企业转型;一批新型的物流企业迅速成长,形成了多种所有制、多种服务模式、多层次的物流企业群体。全社会物流总费用与 GDP 的比率,由 2000 年的 19.4% 下降到 2013 年的 18.0%,物流费用成本呈下降趋势,促进了经济运行质量的提高。

(3) 我国物流基础设施条件逐步完善。交通设施规模迅速扩大,为物流业发展提供了良好的设施条件。截至 2008 年底,全国铁路营业里程 8.0 万公里,高速公路通车里程 6.03 万公里,港口泊位 3.64 万个,其中沿海万吨级以上泊位 1167 个,拥有民用机场 160 个。物流园区建设开始起步,仓储、配送设施现代化水平不断提高,一批区域性物流中心正在形成。物流技术设备加快更新换代,物流信息化建设有了突破性进展。

(4) 我国物流业发展环境明显好转。在国家"十一五"规划纲要中明确提出"大力发展现代物流业",中央和地方政府相继建立了推进现代物流业发展的综合协调机制,出台了支持现代物流业发展的规划和政策。物流统计核算和标准化工作,以及人才培养和技术创新等行业基础性工作取得明显成效。

(二) 国内物流企业发展的特点

相对于发达国家的物流产业而言,中国的物流产业尚处于起步发展阶段,主要特点是:

1. 企业物流仍然是社会物流活动的重点,专业化物流服务需求已初见端倪

近年来,随着买方市场的形成,企业对物流领域中存在的第三利润源开始有了深刻的认识。优化企业内部物流管理,降低物流成本,成为目前多数国内企业最为强烈的愿望和要求。这说明,我国物流活动的发展水平还比较低,加强企业内部物流管理活动仍然是全社会物流活动的重点。

与此同时,专业化的物流服务需求已经出现,且发展势头极为迅速。其一是跨国公司在中国从事生产经营活动、销售活动、分拨活动以及采购活动过程中对高效率、专业化物流服务的巨大需求,这是带动我国物流产业发展的一个十分重要的市场基础;其二是国内优势企业对专业化物流服务的需求。

2. 专业化物流企业开始涌现,多样化物流服务有一定程度的发展

近年来,我国经济中出现的许多物流企业,主要由三部分组成。

一是国际物流企业。这些国际物流公司一方面为其原有的客户——跨国公司进入中国市场提供延伸物流服务;另一方面,针对中国市场正在生成的专业化物流服务需求提供服务。

二是由传统运输、储运及批发贸易企业转变形成的物流企业。它们依托原有的物流业务基础和在客户、设施、经营网络等方面的优势,通过不断拓展和延伸物流服务,逐步向现代物流企业转化。

三是新兴的专业化物流企业。这些企业依靠先进的经营理念、多样化的服务手段、科学的管理模式在竞争中赢得了市场地位,成为我国物流产业发展中一支不容忽视的力量。

正是由于物流企业的蓬勃发展,原有的分散的、临时的物流中心已经不能满足市场发展的需求,物流园区作为物流企业的集散枢纽中心发展起来了;专业的、先进的物流企业也纷纷入驻物流园区,为物流园区的建设贡献力量。

二、物流园区对物流企业发展的作用

目前的中国物流业正处于蓬勃发展的时期,全社会的物流产业的发展动力既有来自市场物流需求的推动力,也有来自社会物流产业规划的驱动力。物流园区的建设作为社会物流产业整体规划的一个重要组成部分,也被提到了中国物流产业发展的战略高度。物流园区的建设对物流企业的发展,无疑是有重要作用的。

(一)物流园区的产业聚集功能

物流园区的建设初衷就是为了让城市的职能分工更为清晰,将一个城市或地区的物资集散和流转配送聚集到较为合理的区域,如靠近交通便利的城市间交通主干道、多种交通方式的接驳点,并就城市的核心制造或服务产业对物流服务的需求进行综合分析,建设出一个为社会物资流通服务的大型基地,减少了城市由于不合理的物资流动而造成交通混乱、物流效率低下的现象,而这些原本是影响城市的整体形象的主要因素。20世纪70年代的日本最早提出了这种物流园区建设的思想,并在一些作为流通重点的城市周围建立了若干集约运输、仓储、市场、信息、管理功能的物流园区,这些园区对于日本随后的经济崛起发挥了重要的作用,使日本的物流业成长为整个国内产业发展的基础性服务产业。

对于我国众多小运输仓储企业而言,地理上的分散和各自为政的局面当前显得尤为突出,由于物流设施、设备资源的利用不充分,信息流通不及时、不一致,导致了我国物流成本居高不下,影响了我国经济快速发展的可持续力。而物流园区的建设,首先就是通过产业政策和提供配套的企业服务,将提供各种不同特色、具备不同功能优势的物流企业吸引过去,从而形成了产业上的某种聚集。在物流园区内,则有着较为明细的分工。根据日本物流园区的经验:一个园区内搞仓储的不搞运输,跑长途的不做市内配送,千方百计把各企业的专业特色显示出来,把本企业的专业运作成本降下来,把规范服务搞上去,以此来增强企业的市场竞争能力。实现优势互补,降低各自为政造成的设备浪费和合作交易成本,形成集合优势。

其次,由于制造业和商业企业不断增强核心竞争力培养而将非核心业务外包,物流需求变得越来越复杂、项目越来越多,而物流园区通过这种产业聚集,使企业能方便地寻找到不同特色物流服务提供商,而这些物流服务提供商之间则因为较多的合作关系形成默契的一体化物流服务,增加了服务的质量可靠性和客户的信任度。这种产业链中体现出来的优势,正是物流园区对物流企业的吸引作用之一。

再次,由于物流园区本身的建设和政府对于物流产业的重视有关,因此物流园区往往还为物流企业提供了政策上的一些优惠措施,如较低的地皮租赁费用、各种手续的快捷办理、税收减免等,为物流企业的发展提供了较低廉的发展运作成本。这使得物流园区内的物流企业具有比在园区外的企业更多的竞争优势,从而将社会上的优良物流资源有效地吸引到一起,进一步使整个物流市场的运作和竞争有序化,有效地配置了社会的物流资源。

(二)物流园区对产业发展的推动作用

物流园区在聚集各种物流服务提供商的同时,也为物流企业提供了一个良好的发展空间,推动了物流企业自身的发展。这些推动作用可以归结为资金推动、技术推动、人才推动和信息化管理水平推动。

1. 资金推动

由于物流园区的建设投资巨大,一般企业无从独立开发,而从各国的物流园区建设来看,德国、日本等都由政府进行统一规划,筹集资金,以政府投资为主,采用信用贷款和企业投资为补充。因此我们认为,物流园区建设是属于政府出资进行的物流基础设施建设,通过政府的投资大大减轻了物流企业发展的前期投入成本,从而促使物流企业将更多的资金投入到核心能力和物流服务的开发之中,在高质量的服务中所获得的竞争优势将为物流服务提供者带来丰厚的利润,而物流园区通过为物流企业提供的各种服务获得良好的投资回报,由此可以形成良性的资金链循环,促进物流服务的不断发展。

2. 技术推动

在物流园区内,存在着不同实力和水平的物流企业,尤其是一些行业领先者在物流园区的驻扎,它们给物流行业不断带来最新的物流设备、物流技术。而物流园区管理部门则不断关注最新的物流业界技术发展动向,并且通过各种信息传播平台将新信息共享给各企业,从而促进行业内的技术交流和传播。物流园区还通过引入国家标准,如统一托盘、条形码、电子标签等的规格,将标准化的技术结合到物流产业中,推动产业的技术标准化进程。

3. 人才推动

我们在目前物流园区的建设过程中发现,物流企业对于人才的需求一直没有得到足够的重视。在传统的观念中,人才的培养是教育培训机构的责任,但是在提供一体化服务的物流园区内,完全可以引入物流专业培训部门,同社会教育机构和培训机构合作,形成物流人才培养基地。这样既可以为园区内企业输送人才,也可以为社会提供更多的物流知识,推动物流社会化的进程。

在人才管理中,园区管理还能够集成园区内企业的人事管理职能,为部分进驻物流企业，尤其是小型物流企业，提供人力资源管理能力。

4. 信息化管理水平推动

综合性、大规模的物流园区，同时也是指挥、管理和信息的中心，通过园区将信息集中，发挥指挥调度的功能。现代物流企业面向的是供应链管理环境，没有良好的管理信息系统的支持几乎无法在市场中立足，但是信息化的风险和巨额的投资又使一些中小物流企业裹足不前。物流园区通过引入技术较为成熟的信息系统，引入这些中小企业，将这些企业在能力和管理上整合起来，通过整合园区内各企业的信息系统，形成一个统一的指挥管理中心。通过信息技术的运用让中小物流企业获得了信息化管理带来的优势，逐步建立起具备现代管理水平的企业制度和文化，从而推动了整个产业管理的信息化。

可以看出，物流园区对于我国物流产业的发展和成熟能够起到巨大的推动作用，有利于我国本土的物流企业获得和国际物流巨头竞争的公平环境和良好的发展氛围，对于本土的物流企业快速的发展、本土物流人才的培养，以及物流技术管理水平的快速提升，起到一个催化剂的作用。

但需要注意的是，各地政府缺乏规划和管理的盲目开发，反而导致物流园区之间相互竞争资源，园区中入驻物流企业数量少，发挥不了应有的效果，而物流场所和设备的闲置甚至造成了物流资源的浪费。因此，需要在宏观调控和市场经济规律的调节下，研究物流园区的真正需求，才能将物流园区应有的作用发挥出来。全社会的物流园区统一规划，将为我国社会配置出较为合理和优化的全国物资流通大动脉，提高我国物流业整体的物资生产、流转和消费的效率，降低我国整体的经济发展成本，为可持续的经济发展提供物质保障。

三、物流园区内企业间关系

市场经济条件下，物流园区内企业的成功已不再完全取决于自身条件，还必须考虑在物流园区中所处的地位和对外部资源的利用程度，而地位和能力又影响企业间的关系。

物流园区内物流企业之间，无论是竞争还是合作，都不是单一存在的。在商业活动中，尤其是在物流园区这种特定的环境中，物流企业间的关系更复杂，不是用单一的竞争或者是合作就能说明的。而且单纯的竞争或合作在企业长期良性的环境中也是不现实的，竞争和合作可以并存。引用竞合型战略联盟关系，来阐明园区内物流企业之间更合理更符合实际发展的关系。这种竞合型战略联盟关系对于物流企业而言，也最具发展意义。

（一）竞合型战略关系的实质

根据企业组织理论和战略理论，企业从成立到成熟壮大需要经历几个阶段，到了成长的高级阶段必须通过战略联盟才能化解危机，破除内生性发展的障碍，获得更大的发展机遇和价值增长空间。

企业战略联盟的概念，最早由美国 DEC 公司（数字设备公司）总裁简·霍普兰德和管理学家罗杰·奈格尔提出。国内外学术界已分别从战略管理、社会学、企业理论、资源集合体，以及竞争合作等多个角度对"企业战略联盟"的内涵做了细致解释。在本书中，竞合型企业战略联盟是指在知识经济时代越发动态的外部市场环境和物流企业发展加快的大环境中，园区内的物流企业出于对市场的预期和企业自身经营目标的整体规划的考虑，和两个或多个实力相当或拥有互补资源的物流企业签订各种契约而形成资源互补、利益均沾的合作竞争组织,其目的是巩固和扩大自己的市场份额,保持和提高自己的竞争优势,达到资源共享和风险共担。

战略联盟关系下的企业之间是既合作又竞争的关系,为了共同的战略目标建立关系,可是彼此之间仍是独立的经济实体,有着各自的利益目标。竞争和合作关系存在于联盟过程的始终。联盟企业间的关系实际上是一种竞合关系。"竞合"一词是由耶鲁大学管理学院的 Nalebuflf 和 Brandenburger 提出的,是一种全新的思维模式,是指在运作过程中,企业始终处于竞争和合作的氛围,不管是针对竞争对手还是上下游的合作伙伴,都同时存在着竞争和合作的关系。竞合是一种将竞争和合作合二为一的过程和现象,具有二元性。战略联盟是一种合作竞争组织,组织中的各个成员的主要目的是建立更大的市场,联盟内企业之间既不是单纯的竞争,也不是单纯的合作,而是合作与竞争共存。联盟企业间一方面由于利益不同而彼此敌对,另一方面又出于共同利益相互友好。战略联盟通过企业间的合作将利益做大,从而使双方都获益。合作在整个战略联盟中具有基础地位。联盟中的竞争不是恶性的,是本着保护自己的既有优势,积极向联盟伙伴学习,也是为了防止联盟中其他成员在某一业务方面成为自己的直接竞争者。整个竞争的存在并没有使联盟本身不稳定或丧失优势。也就是说,竞合既有竞争的好处,也有合作的优点。从本质上来讲,都是有助于企业科技水平的进步或者服务水平的提高,以更好地满足消费者的需求,同时,合作之后"1+1>2",使联盟企业提高了自己的核心竞争力,并获取更多的利润。

(二)物流企业间形成竞合型战略联盟关系的意义

物流园区内的物流企业数量在一定时间内是一定的。其实,园区内物流企业间的关系在某种程度上来讲是这些企业之间的博弈,竞争也好,合作也罢,都免不了是为了自己的生存发展。归根到底,都是为了谋求更大的发展而提高企业自身的核心竞争力。企业提高自身核心竞争力的途径有两个:一是企业自身努力发展自己的实力,通过改组、流程再造等方式实现内部积累;二是企业通过在外面的努力,选择合适的企业,如拥有自己所需资源的企业或者是可以和自身构成优势互补的其他企业建立合作或者是联盟关系。本书主要研究的是园区内的物流企业。物流企业的特殊性就在于他们是为客户提供第三方物流服务的企业。这就要求物流企业实现物品实效性、安全性和可达性。单一的物流企业当然是可以通过自己建立属于自己的运输车辆、运输网络和辐射范围,只是要达到这样的规模对于单个物流企业而言是要付出很大成本的,即使具有一定实力的大企业也很难做得面面俱到。而且,就算是在运输网络上可以实现可达性,但是这样的网络的扩张是以牺牲实效性为代价的。这些特征就限制了单个物流企业建立区域性、多节点的网络体系的可能性。不同物流企业在建设投资、网点布局和运输车辆方面的差异性,使得物流企业更容易建立战略联盟。所以,园区内物流企业要提高自己的核心竞争力,获取更大的利润,寻求适合企业建立战略联盟是极为可行的方式。物流过程中对物品的装卸、仓储、运输、包装等活动的运作是很复杂的,单个物流企业毕竟在人力和财力方面是有限的,所以很难真正实现物流活动整体运作的有效管理和控制,更难以真正提升物流能力和实现价值最大化,就难以向客户提供高质量、低成本的物流服务,无法带给客户高满意度。单个物流企业通过与园区内其他物流企业建立竞合型战略联盟,就可以解决因为无大规模投资而造成的无法提供优质一体化服务的缺陷,可以利用联盟企业的资源,增加服务品质,扩大覆盖面,为客户提供一体化一站式多品种的、高效的物流服务。这样做的直接结果就是提高自己的美誉度和声誉,扩大市场份额,提高自身的竞争力。

(1) 竞合型战略联盟对于园区内物流企业而言,使得物流服务网络扩张,这种扩张使物流企业本身业务量增长,而且在整个扩展过程中企业之间的合作使得各个企业服务的边界相互融合,可以为客户提供更多的服务,扩大联盟企业的市场发展空间,提高市场份额,降低企业运营成本。

(2) 竞合型战略联盟通过联盟企业之间资源的有效整合,把单个企业的物流资源从企业内部扩展到外部,使得各自的各类资源被充分融合利用,扩大业务的承接量,提高规模产出效率,从而大大降低生存成本。

(3) 竞合型战略联盟内部有竞争有合作。竞争是良性的竞争,联盟成员之间彼此学习,可以促进整个联盟的知识和信息的共享,提升联盟企业的管理水平和创新能力,不至于让单个物流企业停滞不前或者是落后,这种竞争有助于企业的良性发展。

(4) 竞合型战略联盟是一种复杂的组织形式,对于联盟企业要求其适应"超竞争"。这样的关系形式为企业迅速取得生存空间提供动力,同时有利于新型市场和业务的出现。在这种不断创新的环境下,必然会保证整个物流园区的健康良性运作,同时也促进社会经济的高速发展和社会进化。

第三节　物流信息技术的发展

一、物流信息技术的内涵

所谓物流信息技术,是指在物流的各个环节、物流过程中,运用现代信息技术,促进物流业的发展。计算机网络的飞速发展给物流信息技术的发展提供了一个很好的发展平台,也使得物流信息技术成为物流技术中发展最快的领域。物流信息技术能够准确及时掌握物流过程中的各个动态,促进了物流点线面的结合,将物流从始至终连成一个整体,如同工厂里的流水线,不仅节省了时间,还给客户提供了物流的可靠保障。

物流信息技术是现代信息技术在物流各个作业环节中的综合应用,是物流现代化、信息化、集成化的重要标志。从物流数据自动识别与采集的条码系统,到物流运输设备的自动跟踪,从企业资源的计划优化到各企业、单位间的电子数据交换,从办公自动化系统中的微型计算机、互联网、各种终端设备等硬件到各种物流信息系统软件,都在日新月异地发展。所以说,物流信息技术是现代物流区别传统物流的根本标志,也是物流技术中发展最快的领域之一。

根据物流的功能及特点,现代物流信息技术由通信、软件和面向行业的业务管理系统三大部分组成,其中包括集成技术、自动跟踪与定位类技术、自动识别类技术、企业资源信息技术(如物料需求计划、制造资源计划、企业资源计划、分销资源计划、物流资源计划等)、数据管理技术(如数据库技术、数据仓库技术等)和计算机网络技术等现代高端信息科技。在这些高端计算机技术的支撑下,形成了以移动通信、资源管理、监控调度管理、自动化仓储管理、业务管理、客户服务管理、财务处理等多种信息技术集成的一体化现代物流管理体系。

二、物流信息技术的发展与应用

1. 集成技术

电子商务物流下的集成就是将物流系统通过结构化的综合布线系统、计算机网络技术、各个分离的设备(如个人电脑)和信息等集成到相互关联的、统一和协调的系统之中,使资源达到充分共享,实现集中、高效、便利的管理。一般采用功能集成、网络集成和软件界面集成等多种集成技术。

当前,中国物流企业中广泛应用的物流系统集成模式主要是多点对多点。因为物流企业都是跨行业、跨地区的,它需要多领域、多地区之间信息的相互交流。目前采取的办法都是尽可能多地进行两点连接,运输企业和仓储企业及时地连接,仓储企业及时地与一个指挥系统连接。现在大多数物流企业希望用这种模式调整好客户管理系统和内部管理系统。

2. 自动跟踪与定位类技术

1) 地理信息系统

地理信息系统(geographical information system,GIS)是20世纪60年代中期开始发展起来的新技术。GIS是一个以地理坐标为基础的信息系统,具有强大的处理空间数据的能力。它以地理空间数据为基础,采用地理模型分析方法,适时地提供多种空间的和动态的地理信息,是一种为地理研究和地理决策服务的计算机技术系统。其基本功能是将表格型数据(无论它来自数据库、电子表格文件或直接在程序中输入)转换为地理图形显示,然后对显示结果浏览、操作和分析。

GIS技术可以应用在物流分析上,即利用GIS强大的地理数据分析功能来完善物流分析技术。目前一些国外公司已经开发出利用GIS进行物流分析的工具软件。完整的GIS物流分析软件集成了车辆路线模型、网络物流模型、分配集合模型和设施定位模型等。

2) 全球定位系统

美国从20世纪70年代开始研制全球定位系统(global positioning system,GPS),历时20余年,耗资200亿美元,于1994年全面建设完成。

GPS在物流领域可以应用于汽车自定位、跟踪调度及铁路运输等方面的管理以及军事物流,可以为用户提供目标定位、监控、调度、报警、信息沟通、车辆管理等服务的车辆跟踪定位系统更被一些专家认为是GPS未来发展的三大热点之一。GPS跟踪技术利用GPS物流监控管理系统,主要跟踪货运车辆与货物的运输情况,使货主及车主随时了解车辆与货物的位置与状态,保障整个物流过程的有效监控与快速运转。

物流的信息管理中80%的商业数据都涉及地理和位置因素。因此,以军事应用为最初研发目的的GIS和GPS技术迅速得到了物流行业的重视和青睐。在现代物流作业中,GIS和GPS的完美结合使车辆调度、最佳运输路径导航、货物及车辆实时跟踪等符合物流发展需求的服务得到了实现。

3. 自动识别类技术

1) 条形码技术

条形码技术是由美国的N.T.Woodland在1949年首先提出的。条形码是由一组规则排列的条、空及其对应字符组成的标记,用以表示一定的信息。条码由若干个黑色的"条"和白色的"空"所组成,其中,黑色条对光的反射率低而白色的空对光的反射率高,再加上条与空的宽度不同,就能使扫描光线产生不同的反射接收效果,在光电转换设备上转换成不同的电脉冲,形成了可以传输的电子信息。由于光的运动速度极快,所以能准确无误地对运动中的条码予以识别。

条形码技术是在计算机的应用实践中产生和发展起来的一种自动识别技术,提供了对物流中的物品进行标识和表述的方法,企业可以借助自动识别技术、POS 系统、EDI 等现代技术手段,随时了解有关产品在供应链上的位置,并及时做出反应。当今在欧美等发达国家的供应链管理策略中,都离不开条形码技术的应用。条形码技术是实现 POS 系统、EDI、电子商务、供应链管理的技术基础,是物流管理现代化、提高企业管理水平和竞争能力的重要技术手段。

2) 扫描技术

自动识别技术的另一个关键组件是扫描处理,扫描仪收集条形码数据,并把它们转化成可用的信息。扫描技术在物流方面主要有两大应用。第一种应用是在零售商店的销售点。除了在现金收入机上给顾客打印收据外,在零售销售点应用是在商店层次提供精确的存货控制。销售点可以精确地跟踪每一个库存单位出售数,有助于补充订货,因为实际的单位销售数能够迅速地传输到供应商处。实际销售跟踪可以减少不确定性,并可去除缓冲存货。除了提供精确的再供给和营销调查数据外,销售点还能向所有的渠道内成员提供更及时的具有战略意义的数据。第二种应用是针对物料搬运和跟踪的。通过扫描枪的使用,物料搬运人员能够跟踪产品的搬运、储存地点、装船和入库。虽然这种信息能够用人力跟踪,但却要耗费大量的时间,并容易出错。

由条码与扫描设备构成的自动识别技术在物流管理中有很多好处。对托运人来说,它能改进订货准备和处理,排除航运差错,减少劳动时间,改进记录保存,减少实际存货时间。对承运人来说,它能保持运费账单信息完整,顾客能存取实时信息,改进顾客装运活动的记录保存,可跟踪装运活动,简化集装箱处理,监督车辆内的不相容产品,减少信息传输时间。对仓储管理来说,它能改进订货准备、处理和装置,提供精确的存货控制,顾客能存取实时信息,减少劳动成本,入库数精确。对批发商和零售商来说,它能保证单位存货精确,销售点价格精确,增加系统灵活性。

3) 射频识别技术

射频识别技术(radio frequency identification,RFID)是一种非接触式的自动识别技术,它通过射频信号自动识别目标对象来获取相关数据。RFID 技术早在第二次世界大战期间就已经出现。近年来,RFID 技术的发展使通过网络实现物品(商品)的自动识别和信息的互联与共享成为可能。RFID 由于是一种非接触式的自动识别技术,射频标签使用的是辐射电磁场识别器传输和读取数据,这对供应链管理极为有利。例如,RFID 能够扫描带有各种货箱的托盘,无须卸下托盘后再扫描每一个货箱,且可工作于各种恶劣环境。短距离射频产品不怕油渍、灰尘污染等恶劣的环境,可以替代条码,例如用在工厂的流水线上跟踪物体。长距离射频产品多用于交通上,识别距离可达几十米,如自动收费或识别车辆身份等。此外,RFID 标签能够在通过供应链时,添加或删除各种信息,因此射频识别被认为是 EDI 的补充——关键信息在标签中编码、大量数据通过电子方式互换。

4）字符识别技术

在物流领域应用比较广泛的光学字符识别技术（optical character recognition，OCR），已有三十多年的历史，近年来又出现了图像字符识别（magnetic image character recognition，MICR）和智能字符识别（intelligent character recognition，ICR），实际上这三种字符式的自动识别技术基本原理大致相同，都是通过扫描等光学输入方式将各种票据、报刊、书籍、文稿及其他印刷品的文字转化为图像信息，再利用文字识别技术将图像信息转化为可以使用的计算机输入技术。主要应用于办公室自动化中的文本输入、邮件自动处理及与自动获取文本过程相关的其他要求，适合于银行、税务等行业大量票据表格的自动扫描识别及长期存储。

现代信息技术是物流信息平台建设的基础，也是物流平台的组成部分。当越来越多的现代物流信息技术进入物流领域后，必然使得物流企业构架起更完善的物流管理体系，达到进货、加工、仓储、配车、配送等活动的高效运行，进一步推动物流业的高效率化，带给企业最简洁的作业流程与高效的配送效率，从而使其真正成为现代物流企业。

三、信息技术在物流园区管理中的运用

随着信息技术的发展，各类经济主体将信息技术应用于经济活动的各个环节，以实现资源的优化配置和自身竞争能力的提高，这已成为不可逆转的趋势。综合性、大规模的物流园区，是由多家现代物流企业在空间上集中布局的场所，是指挥、管理和信息集合的中心，是提供一定品类、一定规模、较高专业水平的综合物流服务集结点。信息技术更是现代物流管理体系的核心。通过公共物流信息系统使园内物流企业接入系统，集中和整合园区内各物流企业的信息，再通过基础信息平台向园内物流企业和客户提供信息服务，形成一个统一的指挥管理中心，提高整个园区的管理效率。通过信息技术的运用可以实时获取不同精度的目标位置信息，大范围内数据传输，整合物流园区信息资源，对加强物流园区信息管理、加快园区信息的流通、节约成本、提高园区市场反应能力具有重要意义。

（一）3G 技术在园区运输调度管理中的应用

目前，物流园区公共物流信息系统内由于运输调度处理过程完全依赖人为经验，对委托方、承运方，以及承运车辆尚未建立信息管理和评价体系，常导致调度结果不合理，车辆空载率高和运力紧张情况同时出现。同时，由于不能及时掌握运输订单的执行信息情况，对承运车辆的货物装运计划无法在货物发出前得知，对在途车辆的位置状态信息也无法追踪，导致到货信息与出库信息中承运车辆不一致现象时有发生，到货延迟率及货物遗失破损率较高。现代 3G 技术（第三代移动通信技术）根据对车辆空间分布特性的追踪，实现可视化智能配送，为运输决策提供服务。3G 技术在物流园区公共物流信息系统中的具体运用如下：

GIS 在物流园区中的应用主要是指利用 GIS 强大的地理数据功能来完善物流分析技术，合理调整物流路线和流量，合理设置仓储设备，科学调配运力，提高物流企业的效率。GIS 中的网络分析是指运用几何学、图论等方法，通过分析网络节点的接近度和结合度进行网络的定性比较，以此研究地理网络的空间特性、空间规律，计算出最短路径、最优路径、带拐向、阻断设置的最优路径、多点间最优路径，再结合配送中心能力分析，从而确定运送的车

辆分装货物状况及路线等问题,使得运输代价最小。

GPS全球定位系统,具有在海、陆、空进行全方位实时三维导航与定位的能力。在物流领域采用GPS技术跟踪配送车辆和货物的位置、状态。接收的位置和状态数据存放在数据库中,用户可通过信息中心或Web站点获得园区信息,园区管理人员也可以随时获知车辆状态,进行动态调度和分配。然后,通过组件化的GIS系统,配合GPS系统,解决配送中的路线选择、发送顺序、车辆类型、客户限制的发送时间等典型问题,实现可视化智能配送,大大减少工作量,统筹安排最佳路径、最优装载量和及时准确的运送。

(二) XML技术在园区物流企业信息共享中的应用

在物流园物流配送网络中,所有节点物流企业的物流信息可以认为被包含在一个广义的数据库中。这种情况下,每个节点企业的物流系统就是该数据库中的一个数据源。由于不同企业的物流信息和业务组织不尽相同,该广义数据库是异构的,无法直接从各级各类业务信息系统采集数据并加以综合利用,无法及时准确地采集和利用外部信息,业务系统产生的大量数据无法提炼为信息并及时提供给决策部门。运输系统不能直接访问和使用仓储数据,仓储数据不能引入到报关系统中,大量信息数据的调用仍然需要手工来操作,效率较低。XML(可扩展标记语言)技术作为一种数据表示方式,常被用在异构数据库之间进行数据交换。利用XML文档进行数据库间的信息交互是指用XML作为信息交互的中介,完成信息的全面转移,以实现物流相关数据的采集和加工处理、不同格式物流信息的交换和共享,并实现信息采集、决策过程的可视化。

(三) 条形码技术配送管理

条码技术也称条形码技术,是在计算机的应用实践中产生和发展起来的一种自动识别技术,它是为实现对信息的自动扫描而设计的,是一种实现快速、准确而可靠的采集数据的有效手段。现在物流单元中主要应用的标识是系列货运包装箱代码(SSCC),用UCC/EAN—128条码符号表示,通过扫描识读物流单元上的条码符号,建立商品流动与相关信息间的链接,能逐一跟踪和自动记录物流单元的实际流动,同时也用于运输行程安排、自动收货等。具体应用如下:

1. 仓储管理

条码技术在仓储管理中的应用贯穿于出入库、盘点和库存管理等多方面。在出入库过程中,条码可以加快出入库的速度,也能减少出入库操作的差错;在库存盘点业务方面,利用条码后,就有可能采用自动化技术,例如使用手持终端扫描箱体,所有盘点数据就会记录在手持终端中,并可以很方便地导入到信息管理系统中;在库存管理中,条码的主要作用在于货物保证,条码可以识别所有物品,同样可以标识货位,在扫描了货位条码和货物条码后,再完成上下架过程,就可以确保货物的货位信息是准确的。

2. 货物配送

在货物运单正面上印制条形码,其背面预留空间以便张贴物流码。集货时,客户货物交接完毕,收货人员在货物包装箱上张贴运输标志的同时粘贴物流码。物流码一式两份,一份粘贴货物包装箱上,一份粘贴货物所对应的运单背面的空白处。货物入库时,仓库管理人员首先用条码扫描仪或无线射频识别仪,扫描运单条形码及其背面的物流码,同时输入与货物相关的信息。其次逐一扫描货物包装箱上的物流码,再次核对运单所标注的该票货物的数量与实际货物数量是否相符,如相符则进入分拣工作;否则责成承运人处理解决,然后再进入分拣工作。相关数据在采集的同时即传输到公司主服务器进行数据处理。

3. 运输管理

运用管理信息系统,可以快速地将需运输到同一地点或区域的货物信息调出,使用条码技术准确地进行货物的装载和配载,进行运输票据的管理,可以及时查出货物何时、何车、何地运往何处,增强了货物运输的安全性;通过系统间的联网,可以更好地计划运输车辆的回程配载,提高运输效率。

第四节 政府及其政策支持

一、政府在物流园区规划中的角色和作用

(一) 政府在物流园区规划中的角色定位

物流园区是城市物流系统中一个重要的组成部分,它的出现与发展是城市经济发展和社会分工的必然结果。物流园区的规划与建设必须坚持以市场需求为导向,按照统筹规划、协调发展的原则,由政府搭台,由企业唱戏。这样才能最大限度地优化资源配置,规划建设符合市场发展规律的物流园区,进而带动城市物流业健康快速发展。

1. 资金支持者角色

在日本,大型物流基地是由政府以很低的价格将土地卖给开发集团,并由若干企业集团、株式会社向银行贷款建造的。日本政府考虑到建设大型物流基地投资巨大、回收期长、社会效益显著,对改善城市功能具有特殊的意义,所以银行予以长期低息贷款或无息贷款。在欧洲,法国政府要求地方各级政府资助物流园区的建设,并对物流基础设施的建设提供一定资助。在德国,物流园区的建设也基本是通过政府的赞助而建成的。德国最典型的做法是采用公私合作模式,政府主要是对物流园区基础设施的建设提供资金,而私人公司主要是对他们自己的一些物流方面的设施设备进行投资。

另一方面,实行减免税收政策。在德国,入园企业也可以得到政府资助,水、电、排水等建设都可以用这方面的资金来进行建设,其份额约为物流园区建设厂房的10%。对于其他基础设施的投资也有资助。还有一项资助是建立公铁联运中转站,政府资助可高达80%。德国33个物流园区中,有11个物流园区的中转站是用德国联邦铁路的钱修建的。比利时政府也通过减免税收来鼓励国外企业投资建设物流园区之类的物流中心。美国作为物流业较发达的地区,政府也有优惠政策。

2. 总体规划者角色

日本政府把全日本的大型物流基地建设的总体规划交给了通产省、运输省、农林水产省、建设省和经济企划厅,由他们制定全日本共通的基本事项,决定建设流通基地的城市。凡需规划建设大型物流基地的城市,均以本地区的城市规划为原则,决定物流基地的建设地点、数量、规模及功能,并报中央审批。日本东京都建设物流园区时的主要措施有:一是政府

在市政规划时就确定在城市的边缘地带、内环线外或城市之间的干道附近,规划有利于未来相关设施配套建设的地块作为物流园区基地;二是将基地内的地块分别以生地的价格出售给不同的物流行业协会,这些协会再以内部募股作为购买土地和建设物流设施的资金;三是政府对已确定的物流园区,积极加快交通设施的配套建设,并在促进物流企业发展的同时,促进物流园区的地价升值,从而使有关的投资者得到丰厚的回报。1992年,德国政府从铁路运输的考虑出发,由当时的联邦铁道部和东德的铁路局合作完成了"全国物流园区的总体规划",规划在全德国境内建造28个物流园区。1995年,对规划进行修改,由28个物流园区扩建到33个并形成网络。

3. 基础条件的创造者

加快现代物流业的发展,首先要加快公路、航道、码头等基础设施建设;建立公路、铁路、海运、航空等多种不同运输方式有效衔接,集市场信息、仓储、配送、多式联运及展示、交易等功能于一体的现代物流基地;充分利用现有的设施、设备,建立全国性、区域性与地区性、综合性与专业性并存等多种层次的现代化物流配送中心体系;建立包括数据交换中心、电子商务安全认证中心、金融结算中心等在内的,与国际互联网连接的公共增值网络服务平台。尽快形成配套的综合运输网络、完善的仓储配送设施、先进的信息网络平台等,为现代物流业发展提供重要的物质基础条件。

4. 物流产业进步的推动者

政府要大力发展第三方物流企业。第三方物流是社会化分工和现代物流发展的方向。目前广东规模比较大的物流企业,除了交通运输、邮政业中的大型企业外,主要是内、外贸系统的储运公司以及近几年发展起来的一批民营企业。要鼓励企业打破部门、地区、行业和所有制间的界限,加强横向联合,为货主提供全程化、专业化、优质的物流服务;鼓励大型生产企业、商贸企业特别是大型连锁企业把物流配送中心剥离出来,走专业物流发展道路;鼓励批发代理企业加快经营方式和业务功能转换,走物流或物流加商流的物流配送发展道路。在培育发展第三方物流企业过程中,政府应在物流管理信息化、运输工具高度智能化等信息系统建设方面给予大力支持,以加快信息交流速度,实现物流过程的高效连接,提高物流效率。

5. 运行秩序的维护者

现代物流业是一个高投入的产业。特别是大型物流园区、物流配送中心的建设,需要大量的土地、资金和设备。发展现代物流业,必须坚持先规划、后发展,先试点、后推广的原则。各级政府应加快现代物流业发展规划及相关法律法规的制定工作,特别要加强交通枢纽、物资集散和口岸地区大型物流基础设施的统筹规划,增强政府宏观调控能力,以物流合理化、集约化和高效率为原则,兼顾近期需要与长远发展,开发建设物流基地、大型物流配送中心,避免重复建设和新的资源浪费。同时,应加强物流业市场的监督管理,规划企业的经营行为,创造良好的市场秩序。

(二)政府在物流园区规划中的作用

物流园区的建设客观上需要政府的引导和扶持。就一般意义上的政府经济职能来讲,政府是市场的管理者。政府管理市场的目的一是维护市场经济秩序,即维护公平竞争的环境；二是维护公众和国家利益。具体到物流园区的建设，政府的作用主要表现在以下几个方面。

1. 遵循市场规律，科学制定物流园区规划

在市场经济条件下，市场是资源配置和企业发展的主导力量，吸引企业入驻物流园区的也是企业的微观经济效益。物流园区的发展需要两个基本条件：一个是"物"——依托产业或产业园区；另一个是"流"——依托交通枢纽。国内外物流园区发展的实践证明，充足的货源市场和便利的交通设施是物流园区赢利的根本保证。从根本上讲，物流是一个服务性产业，物流园区的建设和发展一定依托当地物流市场的需求——生产、批发、零售等企业组织对物流服务的需求。企业的本能是追逐利润的，因此只有物流企业自己能够比较好地把握市场的变化，而且只有市场能够以较低的成本来优化资源配置。科学合理的物流规划，必须以市场的发展为先导。物流园区的功能和市场定位、物流基础设施的建设或改造、物流服务模式的选择等都取决于当地经济的发展水平。同时，由于物流园区的规划建设涉及地区或区域经济发展、综合交通系统建设与运行、城市发展、国土资源开发等多方面多层次的问题，是一个涉及众多资源和环境条件的综合性问题，因此还需要政府进行宏观的统筹规划和协调，以弥补市场调节的不足。特别是物流运作本身具有功能整合和跨边界的特点，而现行体制下，物流运作管理政出多门且不协调，行业垄断和地区封锁现象仍较严重，对物流市场的发展和物流园区的建设是极为不利的，需要国家及省级政府，从宏观经济大局出发，运用系统的观点，结合生产力的总体布局、全国交通枢纽和主要运输干道布局、相关城市的功能定位等规划全国物流园区的总体空间布局，引导物流园区健康有序发展。

2. 创建良好的宏观制度环境，维护公平竞争的市场秩序

在物流园区的发展前期，政府的推进与支持作为原动力，有利于物流园区在较短时间内完成社会资源的有效整合，并获得较高的发展起点。因此政府应打破部门间的封锁，清除制约现代物流快速发展的体制性障碍，制定积极的税收、土地、融资等产业政策，理顺行政管理体制，建立物流公共信息网络平台，创建公平有序的市场环境，设立创新整合的人才机制，确定鼓励物流企业引进和使用先进物流技术与方法的措施，积极促进物流园区的建设发展。开放市场、鼓励竞争是创建良好制度环境的核心内容。按照市场经济的原则，政府是属于为企业提供服务的部门，它不能利用自己掌握的公权直接参与市场的运营。即使在一段时间内，政府要扶持物流产业的发展，也不能对其他企业的公平竞争带来损害。如政府可以为物流企业提供价格优惠的仓储用地，但必须要求物流企业做出实质性的建设投资；必须限制土地的用途在一定时期内不得改变；必须要求享受到政府优惠用地支持的物流企业为当地提供确定的就业机会等等。

3. 加强基础设施建设，完善政府服务职能，鼓励物流行业组织发展

交通运输系统的结构和功能是物流运营不可缺少的基础设施条件，而基础设施的建设具有一次投资量巨大和投资回收慢的特点，因此公路、铁路、码头、空港等公共基础设施，以及物流园区的相关配套设施建设，主要还是应该由政府投资，并由政府部门组织和制定有战略远见的发展规划。当然，从其他国家物流业发展的经验来看，高度重视市场机制的作用，促进物流基础设施建设，也是值得借鉴的经验。如可以采取政府投资建设，企业经营运作；

或吸引民间资本投入建设等。此外,政府还要树立自己"不经营物流但扶持物流"的观念,不断改进和完善相关服务。首先要协调和完善政府有关部门的服务,如海关、交通、保险、金融、商业、公安等;其次,要通过相关的配套措施,如人才、资金、土地等方面的优惠政策,吸引企业入驻物流园区;再次,应放手依靠行业协会,加强行业自律和服务,特别是在涉及全行业发展的基础性工作方面,如制定和推广物流行业标准、物流人才教育和培训、物流技术交流和信息服务、物流信息统计、物流企业和从业人员资格认证、物流咨询服务以及对外交往等方面应发挥其更大的作用,从而使政府、企业、行业组织,各就其位,各司其职,共同营造出有利于现代物流业发展的适宜环境。物流园区的建设与发展离不开物流行业组织。

4. 以可持续发展观为指导,维护公众利益

物流园区的建设和发展,还需要政府贯彻可持续发展的观念,充分考虑生态和环保的需要,采取有效措施限制物流系统运营所带来的负面影响,以达到改善城市交通、保护生态环境、优化城市的功能布局,切实维护公众利益的目的。如对运输设备的技术安全性、废气排放标准、道路交通管制、易燃易爆品的承运资质和作业规范、运输工具的报废回收管理等,都应有政府的强制性法规约束;仓储设施建设时,对危险品和化学产品的仓库选址、有关设施的建设标准、对周边环境的要求、消防设施条件、安全监测、运作管理规范等都应有严格的要求;国际物流中,对保税货物和保税仓库的监管,对进口货物及其包装物的检测检疫,对杜绝洋垃圾的进入等方面,政府的责任更是责无旁贷。

5. 加快人才培养,促进产、学、研相结合

现代物流业是一个跨学科的产业,需要专业人才和先进信息技术作支撑。一直以来,由于物流业都被当作一个附属行业,人才的问题没有被摆上议事日程,高等院校也很少设物流专业,使整个社会物流专业人才严重匮缺。采取多种形式,加快人力资源的开发与培养,通过长期培养与短期培训、学校培养与在职培训等多种方式,特别要通过抓一批重点企业、重点项目的方式,发挥它们作为人才培养基地的作用,培养造就一批熟悉物流业务,具有跨学科综合能力的物流管理人员和专业技术人才;要引导物流企业积极与研究咨询机构、大专院校等进行资本与技术的合作,发挥各自优势,形成利益共同体,实现物流产、学、研紧密结合,相互促进。

二、我国物流园区发展的政策环境

物流园区作为现代物流业发展中的必然产物,其发展与物流业的发展紧密相连。物流园区的发展对经济发展、物流企业的效益,以及社会效益起到巨大的推进作用,近年来我国政府对物流园区的发展给予了大力支持。

(一)2012年之前的政策环境

2003年国土资源部发布了《关于清理整顿现有各类开发区的具体标准和政策界限的通知》,其中就包括物流园区。同年,国务院发出《关于暂停审批各类开发区的紧急通知》,暂停审批各类园区,并进行清理整顿,这对物流园区发展初期的开发有所抑制,但对物流园区的健康发展起到了促进作用。

2007年3月国务院下发《关于促进服务业加快发展的若干意见》,将物流业发展列入重点发展领域,提出"优先发展运输业,提升物流的专业化、社会化服务水平,大力发展第三方物流",特别是作为现代服务业中要大力加快发展的重点领域之一。

2008年3月,商务部发布了《关于加快流通领域现代物流发展的指导意见》,在政策措施方面明确提出"加大对流通领域现代物流企业和物流园区的政策扶持。支持具有较强辐射能力的物流园区对仓储设施、信息系统的升级和改造项目。"

2008年12月,国家海关总署、财政部、国家税务总局和外汇局联合发文,正式批准设立上海西北物流园区等17个保税物流中心,进一步推动国内物流园区的发展壮大。

2009年3月,国务院印发了《物流业调整和振兴规划》,提出了"建立现代物流服务体系,以物流服务促进其他产业发展"的指导思想,把"物流园区工程"列入9项重点工程之一,并要求制定物流园区专项规划,把"加强物流基础设施建设的衔接与协调"列为10项主要任务,物流基础设施建设进入新的发展阶段。同月《国民经济和社会发展第十二个五年规划纲要》再次强调大力发展现代物流业,物流业发展受到空前重视。

2011年3月30日,商务部、发展改革委 、供销总社印发《商贸物流发展专项规划》。其中提到建设、改造一批仓储、分拣、流通加工、配送、信息服务等功能齐备的商贸物流园区,促进商贸物流产业适度集聚。适时启动商贸物流园区、物流技术、物流配送中心示范工作。开展诚信经营示范活动,加强物流企业、物流园区信用体系建设。对商贸物流园区的发展提出了进一步的要求和适时的支持。

2011年6月8日,国务院召开国务院常务会议,研究部署促进物流业健康发展工作,提出了推动物流业发展的8项政策措施。这8项措施被业界普遍称为推动物流业快速健康发展的"国八条"。其中第2条提出加大对物流业的土地政策支持力度。科学制定物流园区发展规划,对纳入规划的物流园区用地给予重点保障。

2011年8月,《国务院办公厅关于促进物流业健康发展政策措施的意见》出台,提出对物流园区等物流基础设施的土地政策加大支持力度。科学制定全国物流园区发展专项规划,提高土地集约利用水平,对纳入规划的物流园区用地给予重点保障。我国物流业及物流园区的发展面临新的形势和机遇。

(二)2012年我国物流业政策出台及落实情况

2011年8月,国务院办公厅发出《关于促进物流业健康发展政策措施的意见》,业内称为物流"国九条"。2012年,以落实物流"国九条"为主线,促进物流业发展的政策和规划相继出台。

1. 物流"国九条"落实情况

按照《关于印发贯彻落实促进物流业健康发展政策措施意见部门分工方案的通知》(国办函〔2011〕162号)精神,有关部门继续推动相关政策措施的出台和落实。

一是税收政策落实情况。经国务院批准,交通运输业和包括物流辅助服务在内的部分现代服务业营业税改征增值税试点正式启动,试点范围从年初的上海市已扩大到12个省、直辖市和计划单列市。2012年1月,财政部、国家税务总局发出(财税〔2012〕13号)《关于物流企业大宗商品仓储设施用地城镇土地使用税政策的通知》,对大宗商品仓储设施用地土地使用税实行减半征收。2012年,由中国物流与采购联合会组织推荐、国家发改委审核、国家税务总局发文批准（国家税务总局公告 2012 年第 34 号），第八批、397 家物流企业纳入营业税差额纳税试点范围。到 2012 年底，试点企业总数已达 1331 家。与前几批相比，试点企业进入门槛有所降低。

二是清理和规范交通运输环境。交通运输部等 5 部门联合开展为期一年的收费公路违规及不合理收费专项清理工作，全国共排查出 771 个需要整改的项目。撤销和调整了一批收费站，降低了一批收费公路通行标准，取消了一批超限超期收费公路，政府还贷二级公路取消收费工作也有新的进展。2012 年 4 月，交通运输部等 5 部门下发通知，明确提出严禁随意变更政府还贷公路属性、违规转让为经营性公路。国务院纠正行业不正之风办公室下发《关于 2012 年纠风工作实施意见的通知》（国办发〔2012〕25 号），提出要坚决纠正物流领域乱收费和公路"三乱"问题。交通运输部印发《路政文明执法管理工作规范》（交公路发〔2012〕171 号），分别从基本要求、行政许可、行政检查、行政强制、行政处罚、奖惩等方面对路政执法工作提出具体规范。2012 年年底，国务院发布 630 号令，决定对《机动车交通事故责任强制保险条例》作部分修改，增加一条，挂车不投保机动车交通事故责任强制保险，为推广甩挂运输解决了保险方面的政策问题。

三是城市配送获得政策支持。2012 年 6 月，商务部印发《关于推进现代物流技术应用和共同配送工作的指导意见》（商流通发〔2012〕211 号）。要求，完善城市共同配送节点规划布局，鼓励商贸物流模式创新，加快物流新技术应用步伐和加大商贸物流设施改造力度。为落实指导意见，财政部、商务部下发通知，支持包括现代物流技术应用和城市共同配送项目在内的六类商贸流通服务业项目，广州、武汉、合肥等城市被纳入第一批现代物流技术应用和共同配送综合试点中央财政支持范围。

四是各部门对物流项目给予资金支持。国家发改委按照《关于印发物流业调整和振兴专项投资管理办法的通知》（发改办经贸〔2009〕695 号）的规定，继续设立专项资金支持物流业及农产品冷链项目。2011 年，国家启动现代服务业综合试点工作，北京市、天津市、辽宁省、上海市成为首批试点省市。2012 年 7 月，重庆市、深圳市、长沙市成为财政部、商务部批复的第二批试点地区，对试点地区给予资金支持。财政部、交通运输部发布《关于印发〈公路甩挂运输试点专项资金管理暂行办法〉的通知》（财建〔2012〕137 号），明确今后每年从车辆购置税中安排专项资金支持公路甩挂运输试点。国家发改委组织实施物联网技术研发及产业化专项，重点支持交通、物流等 10 个领域国家物联网应用示范工程。交通运输部对公路货运枢纽型物流园区给予资金支持。

五是农产品物流受到重视。2 月 1 日，第九个中央"一号文件"——《关于加快推进农业科技创新持续增强农产品供给保障能力的若干意见》发布。文件要求继续推进粮、棉、油、糖等大宗农产品仓储物流设施建设，支持拥有全国性经营网络的供销合作社和邮政物流、粮食流通、大型商贸企业等参与农产品批发市场、仓储物流体系的建设经营。财政部、商务部继续开展肉菜流通可追溯体系建设试点，支持在有条件的城市建立覆盖全部大型批发市场、大中型连锁超市、机械化定点屠宰厂和标准化菜市场，以及部分团体消费单位的肉类蔬菜流通追溯体系。

六是鼓励民间资本进入物流领域。国家发改委、交通运输部和铁道部等有关部门相继出台政策，鼓励和引导民间资本进入物流领域。铁道部下发《关于铁路工程项目进入地方公共资源交易市场招标工作的指导意见》,明确要求取消铁道部和18个铁路局(公司)原有的铁路工程交易中心。长期以来依靠国家投资的公路、铁路、水路、民航等物流基础设施领域进一步开放。

七是取消不合理收费。有关部门开展清理行政事业性收费和行政审批项目工作,物流领域部分行政事业性收费和行政审批项目得到取消和调整。2011年底和2012年12月,财政部、国家发改委先后两次发文,取消和免征部分行政事业性收费。其中,超限运输车辆行驶公路赔(补)偿费、铁路专用线运输管理费等部分内容涉及物流企业。9月,国务院下发《国务院关于第六批取消和调整行政审批项目的决定》(国发〔2012〕52号)。物流行业部分行政审批项目得到取消和调整。

2. 物流业相关规划陆续出台

2012年,物流业发展相关规划陆续出台。7月,国务院印发《"十二五"综合交通运输体系规划》(国发〔2012〕18号)。规划提出,"十二五"时期,初步形成以"五纵五横"为主骨架的综合交通运输网络,总里程达490万公里。9月,国务院办公厅印发《国内贸易发展"十二五"规划》(国办发〔2012〕47号),提出重点支持城市物流配送体系示范工程等18项工程。12月,国务院印发《服务业发展"十二五"规划》(国发〔2012〕62号),要求重点发展包括现代物流业在内的12项生产性服务业。

3. 支持物流业发展纳入深化流通体制改革重要内容

2012年8月,国务院印发《关于深化流通体制改革加快流通产业发展的意见》(国发〔2012〕39号),提出大力发展第三方物流,促进企业内部物流社会化;支持和改造具有公益性质的大型物流配送中心、农产品冷链物流设施等;支持流通企业建设现代物流中心,积极发展统一配送;引进现代物流和信息技术,带动传统流通产业升级改造。国务院常务会议研究确定降低流通费用的10项政策,在物流方面提出推进收费公路清理、规范交通执法和保障物流配送等相关减负要求。

4. 物流业引导和管理力度加强

政府有关部门按照职能分工,逐步加强分类管理,引导物流业发展。

一是仓储业指导意见出台。2012年12月,商务部发布《关于促进仓储业转型升级的指导意见》(商流通发〔2012〕435号),引导仓储企业由传统仓储中心向多功能、一体化的综合物流服务商转变,提出了未来五年物流仓储业效率提升目标。

二是水路运输管理条例出台。2012年10月,国务院第625号令发布《国内水路运输管理条例》,2013年1月1日起施行。条例的亮点主要体现在四个方面:一是减少了行政许可项目,简化了审批程序;二是进一步明确了水路运输交通主管部门的公共管理职能;三是进一步强化了水路运输安全;四是进一步明确了水路运输行业节能减排的法律义务。

三是铁路货运引入电子商务机制。2012年,继铁路客运实现电子商务机制后,全国铁路开始试行货运电子商务,货运需求网上受理,推行"实货制"运输方式。此次货运组织改革的目标是"网上受理、全程服务、自愿选择、公开透明"。

四是民航业发展指导意见出台。国务院出台《关于促进民航业发展的若干意见》(国发〔2012〕24号),提出民航业发展的战略目标和主要任务。

五是支持航运业平稳发展。为积极应对航运业的困难局面,交通运输部先后发布了几方面政策:

(1)一是关于促进我国国际海运业平稳有序发展;二是促进国内航运业健康平稳发展;三是允许将融资租赁船舶视作认定企业资质的自有运力。特别是第三个政策,有助于缓解航运企业资金压力,帮助航运企业盘活现有资产,有效应对当前严峻的航运形势。

(2)加强快递市场规范管理。2012年11月,交通运输部起草的《快递市场管理办法(修订征求意见稿)》,向社会公开征求意见。国家邮政局下发《关于进一步加强快递企业收寄验视工作的通知》,提出收寄验视工作规范和具体要求。国家邮政局还与商务部联合下发了《关于促进快递服务与网络零售协同发展的指导意见》(国邮发〔2012〕1号)。年底,《邮政普遍服务基金征收使用管理暂行办法》(征求意见稿)开始征求意见,引发业内巨大争议。

(3)海关特殊监管区域加快整合。2012年10月,《国务院关于促进海关特殊监管区域科学发展的指导意见》出台。意见要求,整合特殊监管区域类型,完善政策和功能,强化监管和服务。逐步将现有出口加工区、保税物流园区、跨境工业区、保税港区及符合条件的保税区整合为综合保税区。

5. 安全管理连续发文

随着社会经济发展和人民生活水平提高,物流安全问题日益成为社会关注的焦点问题。有关部门陆续出台加强物流安全工作的政策措施,切实保障社会稳定和人民群众生命财产安全。

一是道路交通安全出台意见。2012年7月,国务院印发《关于加强道路交通安全工作的意见》(国发〔2012〕30号),从10个方面提出了加强道路交通安全工作的28项重大政策措施。

二是道路危险货物运输管理规定征求意见。2012年5月,交通运输部起草的《道路危险货物运输管理规定(征求意见稿)》向社会公开征求意见。

三是邮政局下发《关于严密防范寄递企业及从业人员非法泄露用户使用邮政服务或快递服务信息的通知》,要求全行业开展寄递企业信息安全检查工作。

6. 绿色低碳物流提到议事日程

一是国家规划重视绿色物流发展。2012年,国务院相继印发《节能减排"十二五"规划》(国发〔2012〕40号)和"十二五"循环经济发展规划》,提出要推进交通运输节能,采取绿色交通行动,提升运输工具能源效率,引导树立节能减排和绿色低碳发展理念。

二是低碳交通运输体系建设试点城市获批。根据交通运输部《关于印发〈建设低碳交通运输体系指导意见〉和〈建设低碳交通运输体系试点工作方案〉的通知》(交政法发〔2011〕53号)精神,北京、昆明、西安等16个城市低碳交通运输体系建设试点城市实施方案获得交通运输部批复。

三是交通运输节能减排专项资金下发。根据《交通运输节能减排专项资金管理暂行办法》(财建〔2011〕374号),交通运输部下发《交通运输节能减排专项资金申请指南(2012年度)》。专项资金优先支持领域有:公路基础设施建设与运营领域、道路运输装备领域、港航基础设施建设与运营领域、水路运输装备领域、交通运输管理与服务能力建设、交通运输节能减排试点示范项目。

【经典案例】

上海江桥现代物流园区外部支撑环境分析

上海江桥现代物流园区位于上海市嘉定区江桥镇，总的规划占地 3.3 平方公里，是上海市政府确定的"十五"期间重点建设的四大物流园区之一，是经市政府规划选址批准，由市商委、嘉定区人民政府、江桥镇政府共同组建的市级综合物流园区。在当今国内外物流产业迅速发展特别是上海物流蒸蒸日上的大背景下，客观、全面分析江桥现代物流园区的优势、弱势、机遇和威胁因素，对于确定物流园区产业功能和发展战略具有十分重要的指导意义。

（一）区位环境

上海江桥现代物流园区位于长三角和中国最大经济中心上海的西北城郊结合部。园区西距上海国际汽车城约 5 公里，北距南翔铁路编组站 2 公里，距东北方向的桃浦物流园区 5~7 公里。它位于"沪宁第一镇"江桥境内，正处于 312 国道和沪宁高速公路与沪宁、京沪、沪杭铁路的交汇点，是连接上海市区与江苏和内地的枢纽和"咽喉"，区位优势不言而喻。

（二）交通环境

江桥园区的交通网，具有多种运输方式的集聚性。该地域周围有"三横六纵"交通网，三横即 312 国道、沪宁高速公路、博园公路，六纵即外环线（二环）、新翔黄路、嘉金高速公路、方黄公路、同三国道、外青松公路（三环），道路交通十分便捷。除了便利的铁路交通，公路交通以及公路与铁路便利的转运之外，小规模的内河航运能力与距虹桥机场临空物流区较近也是两个有利因素。园区能形成4 种运输方式共同支撑其综合物流产业的格局。

（三）产业环境

江桥物流园区除了依托大上海和长三角的产业基础之外，直接依托的产业主要有以下几个方面。

1. 上海国际汽车城的综合开发和建设

位于嘉定区安亭镇的上海国际汽车城作为上海市东南西北四大产业基地之一，将被建成集研发、制造、贸易、物流、服务、博览等功能于一体的新兴产业经济区域，并将成为我国乃至亚太地区汽车贸易的核心市场和重要集散地。上海国际汽车城的建设和 F1 赛事的举办，成为江桥发展物流的产业依托和"烫金名片"，其拉动作用和辐射效应将十分明显且已初步凸现。

2. 嘉定工业北区和周边工业园区的开发建设

其中周边工业园区包括马陆、南翔、黄渡和江桥等四个园区，园区积聚了日本先锋、太太乐鸡精、三樱包装、新大洲摩托等众多国内外知名企业,构成了电器、食品、服装、机械、医疗器械等市场前景十分看好的制造业,为江桥物流的顺利推进提供了坚实的产业基础和巨大的物流市场需求。

3. 嘉定"南部板块"第三产业迅猛发展

根据嘉定区新的发展规划,南翔、江桥和真新将作为南部板块,重点发展物流、房产和商业。从目前的发展态势来看,204国道、312国道沿线除国际汽车城以外,上海江桥商业中心、上海市轻纺市场、嘉定农副产品交易中心、嘉定农副产品综合市场、上海胶合板批发市场、上海东方汽配城、曹安路商贸城等大中型市场,即将或初步构建了服务上海、辐射全国的集购销、仓储、加工、转运为一体的商流物流基地。

学习并分析:
1. 课后查阅资料,了解上海江桥物流园区的政府及政策支撑环境有哪些?
2. 分析目前的支撑环境中有哪些优势和不足?

【本章关键术语】

支撑环境 support environment　　交通建设 traffic construction
物流企业 logistics enterprises　　区域经济 regional economies
物流信息技术 logistics information technology　　政府政策 government policy

【本章思考与练习题】

1. 物流园区的外部支撑环境包括哪些方面?
2. 政府在物流园区的规划发展中应该扮演怎样的角色与发挥怎样的作用?
3. 物流信息技术对于物流园区的支撑作用有哪些?

【参考文献】

[1] 孙焰,王莹. 物流园区对周边交通环境的影响分析[J]. 铁道运输与经济,2012,34(10):65-71.
[2] 彭驰. 物流园区交通影响分析研究[D]. 长沙:长沙理工大学,2007.
[3] 李玉红. 国际物流企业的发展新趋势分析[J]. 商场现代化,2006(09S):107-108.
[4] 王丽丽. 生态学视角下的物流园区内企业间关系研究[D]. 长沙:中南林业科技大学,2011.
[5] 张教赟. 浅谈现代物流信息技术的发展与应用[J]. 管理观察,2009(2):169-170.
[6] 汪胜翰. 物流现状信息技术发展趋势探究[J]. 数字技术与应用,2012(2):195-196.

[7] 胡永军. 物流园区信息平台绩效评价研究[D]. 南京:南京财经大学,2010.

[8] 贺登才. 2012年我国物流业政策环境回顾与建议[N]. 现代物流报,2013-2-26(A01).

[9] 郭捷,王来军,魏亮,等. 我国物流园区发展现状及政策浅析[J]. 华东交通大学学报,2012,29(1):117-120.

[10] 高峰. 我国物流园区规划及其政府作用研究[D]. 秦皇岛:燕山大学,2007.

[11] 孙瑛. 上海江桥现代物流园区发展环境的SWOT分析[J]. 特区经济,2006(6):289-290.

第十章 物流园区投资建设与运营绩效评价

本章重点理论与问题

> 近年来,我国的物流园区发展很快,热度不减。但是,由于我国物流业起步较晚,对于物流园区的规划建设和运营管理缺乏经验,尚未有完善、有效的做法可以借鉴,无论是已经建成投入使用还是正在规划建设的物流园区,在规划、建设和运营等各个方面,都还存在许多需要注意的问题。因此,我们需要对物流园区投资建设与运营绩效进行科学、完善的评价。不仅要对其规划方案进行评价,还要评价其运营绩效和运营环境,分析物流园区建设的可行性。

第一节 物流园区规划方案评价

现代物流产业在我国起步较晚,政府非常重视物流产业的发展,物流园区的规划建设也正处于起步阶段。物流园区不但投资大、周期长,对社会、经济和物流业的发展带来的影响也难以预料。因此,有必要对物流园区的规划和建设进行综合评价。

目前在区域现代物流发展规划中,对物流园区的规划评价都较为薄弱,许多物流园区的规划甚至没有进行投资规模规划的经济效益评价,这可能会导致存在一些选址不当或是投入产出比低的物流园区规划方案。因此,选择适宜的评价方法对物流园区规划方案进行评价,并对规划方案进行有针对性的改进显得十分必要。

一、评价指标体系建立的原则

物流园区信息平台的建设是一项跨地域、跨部门、跨行业的建设工程,目的是要整合现有信息资源、改善整个物流园区的运作环境,提高物流系统的运作效率,这必将牵涉众多物流相关信息资源的资产重组和数据接口的开放等问题。这决定了功能评价指标体系构建与评价过程中必须遵循一些原则。

(一)指标的全面性和实用性相结合

随着信息技术、计算机处理技术、网络技术、数据通信技术的升级和客户服务水平的提高,物流园区信息平台的功能不断发生动态变化,所以物流园区信息平台的功能评价应该是一个系统的追踪过程,评价的指标体系应具有一定的拓展和适应能力;同时,出于不同的评价目的,设定不同的评价范围,基于特定的数据基础,评估所采用的指标数量应该有所不同。因此,评估指标体系应具全面性和实用性的特征。

(二)指标的系统性原则

物流园区信息平台的功能强弱由自身性能情况、管理水平、创新及知识管理能力等决定,同时也受到外部环境的影响,是所有要素的组合效应的反映。因此,对物流园区信息平台的功能评估就只有采取系统设计、系统评估的原则,才能全面、客观地做出合理的评价。

(三)指标的可行性原则

指标体系的设置将尽量与现行的会计指标、统计指标、业务核算指标统一,使评价指标所需要的数据易于采集;指标体系要简繁适中,计算、评估方法简便、明确、易于操作;各项评价指标及其相应的计算方法、各项数据,都要标准化、规范化。因此,要求设计的各指标必须与第三方物流企业经营活动的实际情况吻合,系统科学地反映物流园区信息平台的功能全貌。

(四)指标的科学性原则

评价指标体系是理论和实际结合的产物,它必须是对客观实际的抽象描述。物流园区信息平台涉及的因素很多,如何对其进行高度的抽象、概括,如何在抽象、概括中抓住最重要、最本质、最有代表性的东西,是设计指标体系的关键和难点。

二、物流园区选址方案评价指标

(一)评价体系层次划分

在综合分析上述选址影响因素的基础上,针对当地建设部门关心的要素而专门建立了物流园区选址方案评价的指标体系,如图 10-1 所示,从层次分析的角度看,该评价体系可划分为目标层 A、准则层 B、判断层 C 以及方案层 D。

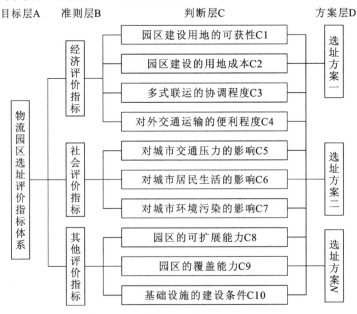

图 10-1 物流园区选址方案评价指标体系

1. 目标层 A

目标层是指效果最佳的物流园区选址方案。

2. 准则层 B

最佳的物流园区选址方案可以分别从社会评价指标 B1、经济评价指标 B2 以及其他评价指标 B3 进行综合考核。

3. 判断层 C

判断层是对准则层的进一步细化,根据对物流园区的影响因素进行分析,判断层还可以进一步细分为 10 个指标(C1—C10),详细指标见图 10-1。

4. 方案层 D

方案层即为物流园区预选的建设地址,选址方案一(D1)表示可在第一处地址建设该物流园区,选址方案二(D2)表示可在第二处地址建设该物流园区,选址方案三、四等等依顺序类推。

(二)评价体系指标选取

1. 园区建设用地的可获性 C1

由于物流园区项目一般建设规模比较大(尤其综合服务型),需要征用大量的土地,我国现行城市土地利用性质复杂及征用程序严格,在园区的选址方案中土地征用的难易程度是建设部门考虑的首要因素,因此需要将其作为物流园区选址方案评价的重要指标之一。

2. 园区建设的用地成本 C2

在园区的选址方案中不仅要考虑土地的可获性,还要考虑土地的价格,较低的地价能够大大节省物流园区的建设成本,因此物流园区建设的用地成本自然是园区选址方案评价的重要指标之一。

3. 多式联运的协调程度 C3

在园区内货物即可实现中转流通是物流园区的基本功能之一,这就需要园区选址周围的公路、水路、铁路、航空等多种交通运输方式能够协调联运,因此多式联运的协调程度也是园区选址方案中不可或缺的评价指标。

4. 对外交通运输的便利程度 C4

能够提供高效、便捷的物流运输是物流园区聚集物流企业的重要原因之一,因此在物流园区选址方案评价中应将对外交通运输的便利程度作为一项重要的指标考虑,可以用距离各交通主干道或货运枢纽的远近来评价。

5. 对城市交通压力的影响 C5

促使物流园区出现的重要原因之一是它能够减轻由于物流运输给城市交通压力带来的不利影响,因此在进行物流园区选址方案评价时需要考虑能够缓解城市交通压力的程度,可以用距离交通运输任务繁重的中心城区的远近来评价。

6. 对城市居民生活的影响 C6

良好的物流园区选址能够有效地保护城市居民的居住环境,降低物流运输对规划地区居民生活、工作造成的干扰,因此在进行物流园区选址方案评价时需要考虑对城市居民生活的影响程度,可以用距离人口居住密集、人类活动频繁地区的远近来评价。

7. 对城市环境污染的影响 C7

很显然,物流园区项目的建设在大气、噪声、水质方面都会对城市环境造成一定程度的污染,因此在进行物流园区选址方案评价时需要考虑对城市环境污染的影响程度,可以用是否处于城市的边缘地带来评价。

8. 园区的可扩展能力 C8

目前我国城市的物流业发展很快,可以预测未来的物流市场需求也会不断加大,这就要求物流园区的选址周围将来能够获得一定的土地以具备向周围扩展的能力,因此也是园区选址方案评价的重要指标之一,可以用园区周围可扩展的土地面积来评价。

9. 园区的覆盖能力 C9

园区的覆盖能力是指物流园区选址周围覆盖的物流集散点数量,在很大程度上反映了服务区域的物流需求能力,可以用以园区建设地为圆点、以规划的辐射距离为半径的圆形区域内拥有物流集散点的多少来评价。

10. 基础设施的建设条件 C10

不同的物流园区选址方案,其项目用水、供电、供热、通信等条件也会随之不同,具备齐全的基础设施建设条件能够确保项目施工顺利并减少部分额外的成本支出,因此作为选址方案评价的指标之一。

值得注意的是:以上评价指标是从物流园区选址影响较大的因素中有针对性选取的,如社会环境、生态环境、经营环境、基础设施状况等因素,特别适用于一个城市规划规模较大的综合型物流园区的选址方案评价问题,而一个城市的自然因素对其选址的影响并不大,因此没有在选取的范围之内。此外,在选取指标的同时提出了各指标的评价标准。

三、物流园区规模规划方案评价

一般来说,在区域物流发展规划中,物流园区布局规划评价重点是要解决两个方面的内容:一是物流园区的选址规划评价;二是物流园区的规模规划评价。其中,物流园区的选址规划主要是根据影响选址的各种因素来综合确定物流园区的建设地点,这对物流园区的环境效益具有较大的影响;而物流园区的规模规划主要是根据物流园区的服务功能定位、服务对象和服务范围等因素,分析物流园区的各种资源要素的投入和产出,主要是土地,同时还包括资金和人力资源投入等。在物流园区布局规划中,由于选址规划评价和规模规划评价相对比较独立,因此,通常分别对物流园区的选址规划方案和规模规划方案进行评价。相对而言,目前在区域现代物流发展规划中,对物流园区的选址规划评价较为成熟,而对物流园区的规划投入产出效率评价较为薄弱,许多物流园区的规划甚至没有进行规模规划的经济效益评价。这可能会导致存在一些投入大而产出效率较低的物流园区规模规划方案。因此,选择适宜的评价方法对物流园区规模规划方案进行评价,并对规模规划方案进行有针对性的改进显得十分必要。

（一）物流园区规模规划方案评价的特点

物流园区规模规划方案评价就是要考察物流园区用地面积的投入产出效率，即用最小的用地面积获得最大的产出回报。但由于物流园区的投入除土地外，还包括资金和人力资源的投入等，因此，在评价物流园区用地面积的投入产出效率时，不应孤立地将用地面积作为单个投入指标考察，而是应该根据系统分析的观点，结合土地、资金和人力资源等多项投入指标，从系统总体上考察用地面积的投入产出效率情况，因此，物流园区的规模规划方案评价是一种多投入、多输出的投入产出系统评价方法。数据包络分析（Data Envelopment Analysis，DEA）是一种对同类型的具有多输入、多输出的投入产出系统（DMU）的相对运行效率进行比较评价的系统分析方法，它能直接估算多个决策单元的效率之间的相对关系，即相对有效性。从生产函数的角度看，DEA 方法是用来确定多输入、多输出的"生产部门"为规模有效与技术有效的十分理想的方法。它不需要确定输入、输出之间关系的显式表达式，而是以系统中的实际决策单元为基础，利用观测到的有效样本数据，采用线性规划技术确定系统在有效前沿面，进而得到各决策单元的相对效率以及资源投入冗余和产出不足等方面的信息。DEA 方法排除了很多主观因素的影响，如不用事先确定权重，也不需要一个预先已知的带有参数的生产函数形式，因此，DEA 方法具有很强的客观性，已在许多领域得到了广泛应用。根据以上分析，本书采用数据包络分析方法对物流园区的规模规划方案进行评价。

（二）基于数据包络分析的物流园区规模规划方案评价

1. DEA 模型及其特征

DEA 是由查纳斯（Charnes）和库伯（Cooper）等人于 1978 年创建的。随后，Charnes、Cooper 和魏权龄等人进行了进一步的完善。我国自 1988 年由魏权龄系统介绍了 DEA 方法后已有许多关于 DEA 方法理论研究和应用推广的论文问世。

DEA 方法的模型是：在基于凸性、锥性、无效性和最小性的公理假设的基础上，有生产可能集为：

$$T = \left\{ (X,Y) \Big| \sum_{j=1}^{n} X_j \lambda_j \leqslant X, \quad \sum_{j=1}^{n} Y_j \lambda_j \geqslant Y, \quad \lambda_j \geqslant 0, j=1,2,\cdots,n \right\}$$

可得到如下的 DEA 模型（C^2R）：

$$\min \left[\theta - \varepsilon \left(\sum_{i=1}^{m} s_i^- + \sum_{r=1}^{s} s_r^+ \right) \right]$$

$$\text{s.t.} \begin{cases} \sum_{j=1}^{n} x_{ij} \lambda_j + s_i = \theta x_{ij0} \\ \sum_{j=1}^{n} y_{ij} \lambda_j \quad s_r^+ = y_{rj0} \\ \theta, \lambda_j, s_i, s_r^+ \geqslant 0 \end{cases}$$

式中，n 表示同类型决策单元（decision making units，DMU）数量；m 和 s 分别表示输入指标和输出指标的个数；x_{ij0} 和 y_{rj0} 分别表示其中第 j_0 个 DMU 的第 i 项输入和第 r 项输出；s_r^+ 和 s_i^- 分别表示松弛变量；ε 为非阿基米德无穷小量，通常取 $\varepsilon = 10^{-5}$。

上述模型即为 C^2R 模型,它的含义是找 n 个 DMU 的某种线性组合,使其产出在不低于第 j_0 个 DMU 产出的条件下,投入尽可能小。该模型是从产出不变、投入减小的角度构造的,称为投入的效率评价模型。它主要用于评价 DMU 同时为规模有效和技术有效,有下列结论:

(1) 若 $\theta^0=1, s_i^{0}=0, s_r^{+0}=0$,则 DMU_{j0} 为 DEA 有效。

(2) 若 $\theta^0<1$,或 $s_i^{0}\neq 0, s_r^{+0}\neq 0$,则 DMU_{j0} 为非 DEA 有效。

在 C^2R 模型的约束条件和生产条件可能集 T 中同时加入条件 $\sum_{j=1}^{n}\lambda_j=1$,则可以得到 DEA 评价的 C^2GS^2 模型。对于 C^2R 模型中 $\theta^0<1$,即非规模和技术有效,可以在通过 C^2GS^2 模型判断其是否为技术有效,若评价模型 C^2GS^2 中的最优解 $\theta^{*0}=1$,则可判断决策单元 DMU_{j0} 是技术有效而非规模有效;若 $\theta^{*0}<1$,则说明决策单元 DMU_{j0} 既非技术有效,也非规模有效。对于非有效决策单元,可通过调整投入产出使其达到规模与技术有效。

2. DEA 方法在物流园区规模规划方案评价应用中的思路

为了正确地运用 DEA 方法,得到科学的评价结论和有用的决策信息,应当首先分析评价的主要目的。物流园区规模规划方案评价的主要目的是针对规模规划方案,考察物流园区规模规划的各种资源要素投入是否具有相应的经济效益,即用较少的资源要素投入获得较大的产出。因此,可以将物流园区看做一种投入产出系统,其经济效益的有效性评价就是要判别所有被评价的物流园区投资规模规划方案的相对有效性。某个物流园区投资规模规划方案的相对有效性越大,意味着该物流园区规模规划方案的经济效益越好。因此,DEA 方法中的"相对有效性"可以用来评价某个区域所有物流园区投资规模规划方案的相对投入产出效益。在实际评价时,可将各个物流园区投资规模规划方案视作 DEA 决策单元,将成本型指标作为输入指标,效益型指标作为输出指标,通过选择具体的 DEA 模型,进行 DEA 相对有效性评价,区分 DEA 有效和非 DEA 有效的物流园区投资规模规划方案;同时,对非有效的物流园区投资规模规划方案通过调整投入产出使其达到规模和技术有效。

3. DEA 方法在物流园区规模规划方案评价中的应用方法步骤

1) 选择 DMU 和输入输出指标体系

以区域物流发展规划中的各个物流园区的投资规模规划方案为决策单元,符合 DEA 评价中的 DMU 应具有"同类型"的特征。而建立一套科学的输入输出指标体系是应用 DEA 方法进行评价分析的有效前提和基础。选择输入输出指标的首要原则是反映评价目的和评价内容;其次,从技术上应避免输入(输出)集内部指标间的强线性关系,同时考虑指标的多样性和指标的可获得性等。结合物流园区规划的特点和 DEA 方法中体现的一个被评价对象的效率等于产出与投入之比,物流园区的投资规模规划方案的评价指标体系应体现出通过土地、资金、人力资源和技术等要素综合投入所产出的效益水平。一般来说,物流园区的投资建设费用主要包括土地征用费用、建设费用、运营费用和人员工资四大部分。其中,土地征用费用与物流园区规划用地面积成正比;建设费用主要包括交通基础设施、仓储设施、货物堆场、办公楼及辅助用房、(自动化)集配货系统、信息系统等;运营费用主要包括配货、转运、装卸、返回过程及折旧费等;人员工资主要是支付给物流园区员工工作报酬的费用。物流园区建设的产出主要包括物流园区规划年货物处理能力、预计的年营业收入、可能创造的就业岗位等。由于预计的年营业收入(万元)等于园区规划年货物处理能力(万吨)×单位运量年营业收入(元/吨),就业岗位数(人)＝预计营业收入(万元)/人均产值(万元/人),所以物流园区规划年货物处理能力基本上能反映物流园区投资规模的产出效益。因此,在区域物流发展规划中,物流园区的规划一般要分析计算每个规划建设的物流园区的用地规模、建设费用、运营费用、园区员工工资和物流园区规划年货物处理能力,也有一些区域物流规划中,把建设费用、运营费用和园区员工工资合并为计划总投资,即规划投入指标为用地规模和计划总投资,产出指标为年货物处理能力。

2) 选择 DEA 模型进行评价

DEA 模型有多种形式,应根据问题的实际背景和具体的评价目的选择相应的 DEA 评价模型,还可以应用不同的模型从不同的角度进行评价,以便获得更加全面的评价信息。本书选择判断同时为规模有效和技术有效的 C^2R 模型及判断为技术有效的 C^2GS^2 模型进行评价。

评价方法步骤如下:

首先,对各个物流园区投资规模规划方案(DMU),先用 C^2R 模型判断其是否在技术上和规模上有效,若某个物流园区的投资规模规划方案是技术和规模有效的,则该方案就是符合经济效益要求的物流园区的投资规模规划方案。

然后,对于非技术和规模有效的物流园区投资规模规划方案,再用 C^2GS^2 模型判断其是否技术有效,以用来评价该方案在现有技术和管理基础上,在产出一定的条件下,是否能最大限度地利用自身技术条件来尽可能减少资源的投入,以达到相对技术有效。

再次,对于 DEA 非有效的物流园区投资规模规划方案,可进一步调整投入产出指标使该方案转变为有效方案,这是 DEA 方法对物流园区投资规模规划方案进行投入优化的关键。

第 j_0 个物流园区投资规模规划方案(DMU_{j_0})的投入和产出方面的改进目标值可通过下列方法进行。投入改进目标值为 $\hat{x}_{ij_0} = \theta^0 x_{ij_0} - s_i^{-0}$,产出改进目标值为 $\hat{y}_{ij_0} = y_{ij_0} - s_r^{+0}$,其中,$s_i^{-0}$、$s_r^{+0}$、$\theta^0$ 是决策单元 j_0 对应的 C^2R 模型的最优解。上式表示在产出量 y_{ij_0} 保持不变的情况下,尽量将投入量 x_{ij_0} 按同一比例 θ^0 减少,$(\hat{x}_{ij_0}, \hat{y}_{ij_0})$ 即为 DMU_{j_0} 对应的 (x_0, y_0) 在 DEA 相对有效前沿面上的"投影",它是 DEA 有效的。

最后,利用 C^2R 模型进一步判断各个物流园区投资规模规划方案的规模效益状况:若 $\frac{1}{\theta^0}\sum_{j=1}^{n}\lambda_j^0 = 1$,则表示第 j_0 个规划方案在目前的产出条件下,投入规模处于最合适水平,规模收益良好;若 $\frac{1}{\theta^0}\sum_{j=1}^{n}\lambda_j^0 > 1$,则表示第 j_0 个规划方案收益递减,且 $\frac{1}{\theta^0}\sum_{j=1}^{n}\lambda_j^0$ 的值越大规模递减趋势越大,表明第 j_0 个方案在目前的投入下,增加投入量不可能带来更高比例的产出,此时没有再增加投入的必要了;若 $\frac{1}{\theta^0}\sum_{j=1}^{n}\lambda_j^0 < 1$,则表示第 j_0 个规划方案规模收益递增,且 $\frac{1}{\theta^0}\sum_{j=1}^{n}\lambda_j^0$ 的值越小规模递增趋势越大,表明第 j_0 个规划方案在目前的投入下,适当增加投资量,产出量将有更高比例的增加。

四、物流园区信息平台规划评价指标

物流园区信息平台充分利用先进的信息技术、计算机处理技术、网络技术、数据通信技术等有效地整合区域内各种物流信息资源,实现物流信息的采集、处理、组织、存储、发布和共享;完成物流信息的集成和各物流子系统的协作与整合;同时为物流平台各层次的用户主体提供基于全系统范围的信息服务和辅助决策,从而加强园区内物流企业之间的合作。

评价物流园区信息平台可以从不同的角度进行。可以进行系统的功能评价、系统硬件系统和软件系统评价、系统的应用评价和系统效益评价。本书着重分析物流园区信息平台的功能评价。

(一)指标体系构建的基本思路

1. 指标体系构建的目标

物流园区信息平台建设是否成功,信息平台使用一段时间后是否需要升级,都需要有及时评价,而评价必须有相对稳定的尺度。因此,必须构建指标体系,指导信息平台的建设和维护。

2. 指标体系构建的思路

对物流园区信息平台的功能进行评价。对物流园区信息平台功能的评价,如果从信息处理的技术特征这一角度来构建指标体系,则具有很大的不确定性。因为信息技术的变化很快,很难找到比较稳定的技术特征,需要物流园区信息平台的信息处理的过程和处理的结果相对稳定。

因此选择从信息处理这一角度来选择指标体系并且通过这一指标体系评价信息平台的功能。结合以上分析,主要从业务指标、管理层面两个方面来进行。另外,这样选择指标,也有利于指导构建物流园区信息平台。

(二)物流园区信息平台功能评价指标体系

根据以上分析,对物流园区信息平台功能的评价,从业务层面和管理层面两个方面进行。

1. 业务层面

物流园区信息平台业务层面的功能主要集中在物流信息的采集、处理、组织、存储、发布和共享等方面,主要评价平台自身的性能。具体评价指标体现如下:

(1)信息准确性。物流信息从采集、处理到发布给用户,信息平台应提供具有所需精度的正确或相符的结果。

(2)适用性。物流信息平台,明确服务对象,提供的功能、操作要求有强烈的针对性。用户目标和平台任务高度一致。

(3)互操作性。互操作问题并不是物流信息平台所独有的问题,其他系统如图书管理系统也存在这样的问题。在平台体系结构中,是否具有互操作性是指在一个系统中不同的用户组件是否可以协调工作。互操作性在本质上是伴随着不同系统和结构的计算机间相互

通信而出现的问题。互操作性不仅仅是技术层面的,更多的是服务层面的。各个信息平台的客户通过一定的技术手段屏蔽各异构数据库(源)或分布的成员间的差别,为用户提供统一的检索界面,由系统自动执行跨平台的检索,对于系统不同的信息格式进行转换,并向用户提供最优显示,就表明系统具有互操作性。用户需求的满足往往需要查询多个子系统才能完成。如何屏蔽分布的各子系统间的差别,提供统一的检索界面和检索技术,由系统自动执行跨平台的检索,在系统间不同的检索方式等方面进行转换,就是互操作要解决的问题。

(4)系统的安全保密性。信息平台保护信息和数据的能力,以使未授权的人员或系统不能读取或修改平台内的数据。另外,数据传递也应该按照用户权限发送,适当的权限只能看到适当的信息。

(5)信息全面性。物流园区信息平台,是指物流整个生命周期中的各种基本属性,根据平台功能及其属性的层次特性,建立待评对象的递阶层次结构模型。根据评价指标的特性,利用模糊数学原理,对其功能完善程度进行综合评价。

2. 管理层面

(1)服务专业性。物流信息平台服务主要表现为网上交易功能及物流跟踪与查询,网上交易能提供买卖双方进行网上物流商业活动的交易平台,例如区域性电子订舱系统,网上货运交易系统、网上投保和承保系统。物流跟踪与查询主要实现对物流业务的跟踪和查询,例如物流单证跟踪与查询系统、船箱货动态查询系统、空港数据查询系统、货运跟踪与查询系统、邮政物流跟踪与查询系统和仓储跟踪与查询系统。

(2)智能性。配送功能:路线的选择、配送的发送顺序、计算机辅助存储决策等。

(3)标准化。有利于推进物流信息标准化。我国信息化基础薄弱,至今未很好解决信息标准化问题。物流园区信息平台为物流信息标准化提供了一个好的"试验田",可以通过这个平台来充分调动企业的积极性,逐步推动信息标准化工作。标准化程度,主要看信息的表述是否一致,物流园区的各个计量单位是否一致,各种工作术语是否一致等。整个指标体系如图10-2所示。

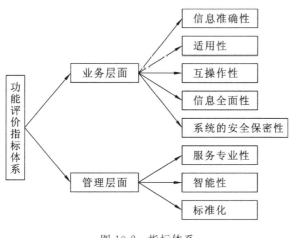

图10-2 指标体系

五、物流园区规划与建设方案的综合评价方法

(一) 相关评价方法概述

1. AHP 法概述

层次分析法(analytic hierachy process,简记 AHP)是美国著名的运筹学家 T. L. Saaty 等人在 20 世纪 70 年代提出的一种定性与定量相结合的多准则决策分析方法。它是将决策问题的有关元素分解成目标、准则、方案等层次,在此基础上进行定性分析和定量分析的一种决策方法。它把人的思维过程层次化、数量化,并用数学为分析、决策、预报或控制提供定量的依据。这一方法的特点,是在对复杂决策问题的本质、影响因素以及内在关系等进行深入分析之后,构建一个层次结构模型,然后利用较少的定量信息,把决策的思维过程数学化,从而为求解多目标、多准则或无结构特性的复杂决策问题提供一种简便的决策方法。尤其适合于人的定性判断起主要作用的、对决策结果难于直接准确计量的场合。

1) AHP 法的基本原理

AHP 方法把复杂问题分解成各个组成因素,又将这些因素按支配关系分组形成递阶层次结构。通过两两比较的方式确定层次中诸因素的相对重要性。然后综合有关人员的判断,确定备选方案相对重要性的总排序。整个过程体现了人们分解—判断—综合的思维特征。

2) AHP 法的步骤

首先,分析评价系统中各基本要素之间的关系,建立系统的递阶层次结构。

然后,对同一层次的各元素关于上一层次中某一准则的重要性进行两两比较,构造两两比较判断矩阵,并进行一致性检验。

进而,由判断矩阵计算被比较要素对于该准则的相对权重。

最后,计算各层次要素对总目标的总权重,并对各备选方案排序。

2. GRAP 法概述

1) 灰色系统理论

灰色系统理论是我国著名学者邓聚龙教授于 1982 年提出的。它的研究对象是"部分信息已知,部分信息未知"的"贫信息"不确定系统,它通过对部分已知信息的生成、开发实现对现实世界的确切描述和认识。其最大的特点是对样本量没有严格的要求,不要求服从任何分布。

2) 关联度分析

灰色理论应用最广泛的是关联度分析。灰色关联分析(GRAP),简称关联分析,它根据灰色系统因素之间发展趋势的相似或相异程度来衡量因素间的接近程度,对实验样本数没有要求,不需要样本具备典型的分布规律,通过序列建模,生成现实规律,计算量小,其整体比较机制使得它能以较强的分辨力研究系统中的各种复杂关系。关联度分析是分析系统中各元素之间关联程度或相似程度的方法,其基本思想是依据关联度对系统排序。关联度是表征两个事物的关联程度,具体地说,关联度是对因素之间关联程度大小的量度,它定量地描述了因素之间相对变化的情况。关联分析是灰色系统分析、评价和决策的基础。其基

本思想是根据序列曲线几何形状的相似程度来判断其联系是否紧密,曲线越接近,相应序列之间的关联就越大,反之就越小。

3) GRAP 法的原理

灰色关联度分析的目的是定量地表征诸因素之间的关联程度,从而揭示灰色系统的主要特征。其实质是几种曲线间的几何形状的分析比较,形状越接近,则发展变化态势越接近。灰色关联分析的实质就是,可利用各方案与最优方案之间关联度大小对评价对象进行比较、排序。灰色关联度分析是一种多因素统计分析方法,用灰色关联度来描述因素间关系的强弱、大小和次序。它的核心是计算关联度,关联度越大,说明比较序列与参考序列变化的态势越一致,反之,变化态势则相悖。

3. AHP 与 GRAP 的集成

1) 单一评价法的不足

从总体上看,单一评价法可分为两大类:主观赋权评价法和客观赋权评价法。前者多采用定性的方法,后者偏向于定量的方法。无论采用哪种评价方法,有存在自身无法解决的缺陷。前者虽然能充分吸收本领域专家的知识和经验,体现出各个指标的重要程度,但以人的主观判断作为赋权基础不尽合理。客观赋权法虽然具有赋权客观、不受人为因素影响等优点,但也有不足之处:一是客观赋权法所得各指标的权数不能体现各指标自身价值的重要性;二是各指标的权数随样本的变化而变化,权数依赖于样本。鉴于单一评价方法的不足,可将两类评价方法做一综合,以实现二者的优势互补,得到更为合理、科学的评价结果。

2) 综合评价方法的集成

层次分析法是一种系统化、层次化分析问题的多目标决策方法,而灰色关联分析方法一般多用于分析和处理纵向序列。根据上面提到的思想,将层次分析法和灰色综合评价法有机结合起来,建立多层次灰色相对关联分析综合评价法。这样,既能对复杂系统的各层次子系统进行评估,又能在子系统评估的基础上进行综合评估。

物流园区在国民经济发展中对促进物流业的发展,提高规模效益,实现资源共享,降低物流总成本等方面起着至关重要的作用,从而引起了广泛的关注。物流园区引入我国的时间还不是很长,规划、建设、运营、管理等方面的经验还欠缺,过快推进建设难免会出现一些问题。面对着园区数量急剧增多、规模过大、空置率高的现状,作为规划者应具有战略眼光,准确把握世界物流发展的趋势,坚持从高起点出发,从全局性和长远性考虑,近期目标与远期目标相结合,统一规划、分步实施,既考虑目前的实际需要,又考虑日后发展的可能。强调局部要服从全局,目前利益要服从长远利益,适度超前,为未来发展留有余地。当然,要做到这些,需要我们在规划实践中能动地把握物流园区的内涵,具体问题具体分析,根据规划的指导原则,综合考虑多方面因素,合理地确定建设规模,运用多种分析方法最后确定最有效的规划方案。

4. 模糊层次分析法

根据指标体系的特征,适合用模糊层次分析法作为评价算法。模糊层次综合评价方法是将模糊数学与层次分析法相结合的一种系统评价方法。它比较好地解决了系统中定性和定量指标的综合问题,是迄今为止较为先进的评价方法。

其优点如下：

1）评判结果以向量形式提供更多的评判信息

首先，模糊层次综合评价的结果本身是一个向量，而不是一个单点值，并且这个向量是一个模糊子集，它能较为准确地刻画物流园区信息平台本身的模糊状况，其最终的评价结果在信息的量上和质上都具有合理性。其次，模糊综合评价结果还可以进一步进行数学处理，又可以提供一系列的综合参考信息。模糊层次综合评价可以依据确定的判断规则，计算出评价结果的模糊向量的单点值，还可以计算出隶属于某个等级的隶属程度。通过进行这些不同的加工来满足不同方面的评价需要。一个评价结果，可以通过统计数学加工后得出多个评价，这是其他综合评价方法不具有的。

2）从层次性的角度去分析物流园区信息平台的功能

模糊层次综合评价是从层次性的角度去分析物流规划所包含的各种复杂要素的状况，有利于最大限度地客观描述被评价对象。同时还有利于应用层次分析法准确地确定各个指标的权重。

（二）确定评价方法

首先，目前物流园区方案比较和选择很大程度上依赖于专家的主观定断，客观性相关研究指标尚不全面系统。其次，现在广泛应用的构建指标方法主要是针对企业的，如杜邦模式、KPI（关键绩效指标）、BSC（平衡计分卡）、EVA（经济增加值）和BMK（标杆法）等，但这些方法对物流园区绩效评价都在一定程度上存在局限性，比如，平衡计分卡法只是从财务方面、客户方面、内部经营过程、学习和成长四个方面建立指标来评价绩效，不能满足物流园区绩效评价的宏观性；由于会计科目的限制，作业成本法也很难体现物流园区运作过程所涉及的所有成本。再次，影响物流园区规划的因素众多，单纯的定量评价并不能客观地反映规划性能。究竟选择哪一种评价方法应该由评价目标来决定。因此，我们要根据评价目标，结合评价对象的特点选择合适的评价方法。

首先，物流园区规划评价指标体系是一个复杂的多层次、多指标系统。在处理多层次指标权重问题时，层次分析法具有独特的优势，可以将复杂系统的权重计算分解为隶属于同一上级指标的同级指标间的两两比较。因此，在计算各指标的权重时，应当依据层次分析法的原理和方法进行。而且，在确定权重的过程中，应当充分借助专家的经验，通过专家对不同指标间重要性程度的认识，来确定隶属于某一上级指标的同级指标的权重判断矩阵。

其次，物流园区规划评价指标体系中的指标绝大多数为定性指标，评价起来具有一定的模糊性，由于人们的主观原因，对各指标的褒贬程度不尽相同，难以精确地给定这些指标的具体评价值。模糊综合评价方法适用于对定性指标进行评价，可以对模糊信息进行量化处理。因此，选择模糊综合评价法对该指标体系进行综合评价。

再次，物流园区规划评价指标体系中的绝大多数指标难以量化，只能凭专家的知识和经验进行主观评分，通过对各专家从不同角度做出的主观评价结果进行汇总和分析，从而得到各指标的相对合理的评价分值。专家打分法简单易行，吸收来自不同领域的专家从不同角度对评价对象做出的评价。因此，选择专家打分法对各指标赋予大致合理的分值。

因此，在规划评价中，可综合运用模糊综合评价法、层次分析法以及专家打分法等方法。利用模糊综合评价法适宜于复杂对象定性评价的优势，利用层次分析法能够获得较准确权重的优势,利用专家打分法能从不同角度给出指标较合理分值的优势,综合得到物流园区规划的较为准确的评价结果。

（三）采用评价方法时的基本步骤

在对平台功能进行深入分析的基础上,统筹考虑平台在其整个生命周期中的各种基本属性,根据平台功能及其属性的层次特性,建立待评对象的递阶层次结构模型。根据评价指标的特性,利用模糊数学原理,对其功能完善程度进行综合评价。

因此,物流园区信息平台功能评价的模糊层次评价法可分为以下步骤进行:

(1) 建立描述系统功能的内部独立的递阶层次结构。

(2) 两两比较结构要素,构造出所有的权重判断矩阵。

(3) 解权重判断矩阵,得出特征根和特征向量,并检验每个矩阵的一致性。若不满足一致性条件,则要修改判断矩阵,直至满足为止。

(4) 计算出最底层指标的组合权重。根据专家意见,求出最底层评价指标的隶属度。合成判断矩阵权重和各个底层评价指标隶属度,最后对评价对象进行综合评价。

第二节　物流园区建设可行性分析

一、物流园区可行性研究的含义

可行性分析,是关于项目是否可行的研究,是项目投资决策前进行技术经济论证的一门科学。可行性研究是根据市场需求、国民经济及地区长期发展规划,同时考虑行业发展规划的要求,通过对与拟建设工程相关的市场、资源、工程技术、经济和社会等方面的问题进行全面分析、论证和评价,从而确定建设工程是否可行或选择最佳实施方案的一项工作。在此基础上,对拟建设工程的技术先进性与适用性、经济合理性与有效性,以及建设可能性及可行性,进行全面分析、系统论证、多方案比较和综合评价,从而得出该建设工程是否应该投资和如何投资等结论性意见。

物流园区可行性研究是物流园区投资决策前对项目进行技术经济论证的阶段。具体是在投资决策之前,调查、研究与拟建园区有关的自然、社会、经济、技术资料,比较分析可能的建设方案,预测评价项目建成后经济社会效益的基础上,综合论证物流园区建设的必要性、财务上的赢利性和经济上的合理性,技术上的先进性和适用性以及建设条件上的可能性和可行性,从而为投资决策提供科学依据。它是一种包括机会研究、初步可行性研究和详细可行性研究三个阶段的系统的投资决策分析研究方法。在整个过程中要涉及经济、管理、财务、决策、市场调查等多个学科的知识,所以也可以将其称为一门经济论证的综合性学科。

二、物流园区可行性研究的作用

在物流园区建设项目的整个寿命期中,前期工作具有决定性意义,起着非常重要的作用。而作为建设项目投资前期工作的核心和重点的可行性研究工作,一经批准,在整个项目周期中,发挥着非常重要的作用,主要在于为投资决策从技术经济方面提供科学依据,提高

项目决策的成功率,提高项目的综合效益。具体来说,表现在以下几个方面:

1. 项目可行性研究是项目投资决策的重要环节

项目可行性研究是项目投资建设的重要依据,它可以保证投资决策的科学性和合理性、投资方案的优化、项目投资的有序性。项目投资决策者基本上是根据可行性研究的评价结果,来决定一个投资建设项目是否值得投资和如何投资。

2. 项目可行性研究是筹集资金的凭证

银行等金融机构都把可行性研究作为建设项目申请贷款的先决条件,在接受项目贷款时首先对贷款项目的经济、财务指标进行全面细致的研究评估,确认项目是否具有偿还能力、能否承担大风险后,才同意施贷。

3. 项目可行性研究是项目审批的依据

我国政府管理部门规定投资项目必须列入国家的投资计划。尤其是涉及国计民生建设项目在我国要经过政府管理部门的立项审批,而立项审批的依据之一就是项目可行性研究报告。

4. 项目可行性研究是编制设计任务书的依据

可行性研究对投资项目的建设规模、建设项目的内容及建设标准等都做出了安排,这些正是项目设计任务书的内容。

5. 项目可行性研究可作为编制下阶段规划设计的依据

在可行性研究报告中,对项目的规模、地址、设计方案构想、配套设施的种类等都进行了研究和论证,推荐了建设方案。可行性研究报告批准后,规划设计工作可据此进行。

三、可行性研究的内容

(一)可行性研究的四个阶段

第一阶段:机会可行性研究,也称为投资机会鉴定。在这一阶段包括粗略的市场调查和预测,寻找某一地区或某一范围内的投资机会并初步估算投资费用。

第二阶段:初步可行性研究。在机会可行性研究的基础上,进一步较为系统地研究投资机会的可行性,包括对市场的进一步考察分析等。

第三阶段:详细可行性研究,也称技术经济可行性研究。这是确定一个投资项目是否可行的最终研究阶段。包括市场近期、远期需求,资源、能源、技术协作落实情况,最佳工艺流程及其相应设备,厂址选择及厂区布置,设计组织系统和人员培训,建设投资费用,资金来源及偿还办法,生产成本,投资效果等。

第四阶段:形成可行性研究报告。

(二)可行性研究的主要内容

可行性研究涉及的范围很广,按拟建项目的规模大小和性质的不同有所侧重,但其重要内容却是大体一致的。一般来说,项目可行性研究应当包含以下内容:

1. 总论

这一部分主要是对项目的基本情况、项目背景和发展概况以及投资的必要性等作简要介绍。

2. 需求预测和生产规模确定

市场分析是在市场调查的基础上,进行国内外市场需求量的分析,预测销售量和销售方向。然后,根据销售预测量以及价格趋势情况来评价产品竞争能力的大小,对拟建规模和产品方案进行技术经济分析。

3. 建厂条件和厂址方案

阐明建厂的地理位置、地质、水文、地形等条件及该地区的具体状况;根据该地区的交通、运输及水、电、气的现状预计其发展趋势;进行厂址比较,提出选择建议。

4. 项目设计、工程设计、技术方案设计

工程设计应包括建筑设施、设备、生产程序、材料流程的结构以及不同的生产阶段之间的联系,不同的行业部门对项目工程设计的组成以及分类不完全相同。

5. 环境保护与安全保护

这部分应考虑到项目对环境的影响,要求设计项目时,考虑到社会和环境所接受的最低安全标准,以及保证最低安全标准的措施。如果存在环境污染的情况,必须提出保护环境的初步方案。其主要内容应包括:建设地区的环境现状;项目主要的污染源;项目拟采用环境保护标准和治理环境方案;环境保护的投资估算;环境影响评价结论;劳动保护与安全卫生。

6. 项目的组织形式以及劳动力安排

主要说明实施项目的组织形式及在一定形式下的劳动力安排、人员培训及费用估算。

7. 项目实施计划和进度安排

主要包括三个方面的内容:项目实施阶段分解说明;项目实施进度表;项目实施费用。

8. 项目投资估算与资金筹措

项目总投资估算包括固定资产总额以及流动资金估算。资金筹措包括资金来源和项目筹资方案两部分。

9. 项目评价

这一部分是可行性研究的重点内容,主要包括项目的国民经济评价、项目的财务评价与项目的社会评价及不确定性分析,社会评价包括社会效益与社会影响分析。

10. 项目的综合评价及结论

主要是针对项目可行性的结论,并提出项目建议及项目实施的要点和关于建设项目的经济评价。

四、物流园区可行性研究方法

可行性研究是为项目决策提供依据的一种综合性的系统分析方法。通过对项目的主要内容和配套条件,如市场需求、资源供应、建设规模、工艺路线、设备选型、环境影响、资金筹措和赢利能力等,从技术、经济、工程等各方面进行调查研究和比较分析,并对项目建成以后可能取得的财务收益、经济效益及社会环境影响进行预测,从而提出该项目是否值得投资及如何进行建设的咨询意见,是决策科学化的必要步骤和手段。它具有预见性、公正性、可靠性和科学性的特点。

有很多方法可以应用于物流园区的可行性研究,从总体方向上划分包括经济评价法、市场预测法、投资估算法和价值管理理论;从内容上讲主要包括战略分析、调查研究、预测技术、系统分析、模型方法、智囊技术等。而物流园区的可行性研究,本身即是以上相关方法的集成。以下是几种常用的评价方法。

（一）经济评价方法

可行性研究的经济评价方法分为财务评价和国民经济评价两部分。财务评价是在国家现行统一税制度和价格的条件下考虑物流园区的财务可行性。财务评价只计算园区本身的直接效益和直接费用,即园区的内部效果。使用的计算报表主要有现金流量表、内部收益率估算表。评价的指标以财务内部收益率、投资回收期和固定资产投资借款偿还期为主要指标。国民经济评价是从国民经济综合平衡的角度分析计算项目对国民经济的净效益,包括间接效益和间接费用,即项目的外部效果。为正确估算国民经济的净效益,一般都采用影子价格代替财务评价中的现行价格。国民经济评价的基本报表为经济现金流量表(分全部投资与国内投资两张表)。评价的指标是以经济内部收益率为主要指标,同时计算经济净现值和经济净现值率等指标。财务效益分析主要考察项目的赢利能力、清偿能力及外汇效果三项目标。对于改扩建项目备选方案的评价,主要是考察其赢利能力能否足以保证项目可行。

在考虑资金的时间价值情况下,新建物流园区项目的赢利能力指标主要包括财务净现值、净年值、财务内部收益率和动态投资回收期。

净现值(NPV)——NPV是用一个预定的基准收益率(或设定的折现率)i,分别把整个计算期间内各年所发生的净现金流量都折现到投资方案开始实施时的现值总和。即NPV$\geqslant$0,方案可行;NPV<0,方案不可行。

NPV全面考虑了项目在整个计算期内的经济状况,能够直接以货币额表示物流园区的赢利水平。但在用作互斥方案的评价时,必须考虑互斥方案的寿命,对于寿命期不同的几个方案,必须构造一个相同的分析期限,进行各个方案的比选。

（二）市场预测法

市场预测是利用市场调查所得到的信息资料,对项目产品未来市场需求量及相关因素进行定量与定性的判断与分析,目的在于了解拟建项目产品在国内外市场的销售情况,根据市场需求量来确定拟建规模,以避免项目选择的盲目性。市场预测的方法大体分为两大类:一类为定性预测方法,如判断预测法、专家评估法等;另一类是定量预测方法,如时间序列分析法、回归分析法、状态转移分析法、经济计量模型分析法等。

（三）投资估算法

首先,分析工程投资比例。

然后,分析影响投资的主要因素。

最后,与国内类似工程项目相比较,分析说明投资高低原因。

（四）价值管理理论

价值管理理论的核心内容是价值工程,价值工程简称VE,是以提高产品或作业价值为目的,通过有组织的创造性工作,寻求用最低的寿命周期成本可靠地实现使用者所需功能的一种管理技术。

其主要原理为:
$$V = F/C$$
式中:V——研究对象的价值;
F——研究对象的功能系数;
C——研究对象的成本系数。

(五)物流园区可行性研究存在的问题

随着我国改革开放和经济建设的飞速发展,我国的物流行业不断引进和吸收西方国家可行性研究先进的理论和方法,形成了一套具有中国特色的可行性研究的体系,但是,与国外可行性研究相比差距仍然较大。目前我国物流项目可行性研究存在以下几个主要问题:

1. 工程技术方案研究论证深度不够

按照国外的通常做法,可行性研究阶段的研究深度应能达到确定方案的程度,因此要求工程技术方案论证应达到 Basic Design 或 Concept Design 基础设计或概念设计的程度,基本相当于我国的初步设计应达到的水平,应提出明确的设备清单。但是,目前国内可行性研究工作不但达不到要求,而且可行性研究报告与项目建议书内容趋同,很难满足投资决策对可行性研究工作的要求。

2. 不重视多方案论证和比较,无法进行方案优选

许多可行性研究报告中只有一个方案,即使有几个方案,研究深度也不够,分析对比简单,而且侧重对某一方案的论证,其他方案则一带而过,决策者无法进行最优化选择和比较。

3. 调查研究不深入,投资收益计算有误

由于人力及资金等因素的影响,资料收集不全面,在投入产出计算中,夸大产出效益,低估项目成本,造成项目投资效益计算有误,误导投资决策。

4. 可行性研究报告失真

可行性研究报告的编制缺乏独立性、公正性和客观性。可行性研究的公正性要求编制单位要独立完成报告编制,对项目进行客观、公正的评价论证,而国内一些研究设计单位、咨询机构、委托单位站在自身利益的角度,投审批者所好,掩盖矛盾和风险,为"可行"而研究,盲目乐观,只报喜不报忧,缺乏公正性、客观性。

5. 不重视风险分析

可行性研究中对风险分析重视不够,缺乏项目周期各阶段风险管理的统一筹划及策略论证。有的可行性研究报告结论与论证过程不一致或结论过于片面,没有风险预测,只做"项目可行"结论,千篇一律,缺乏参考价值。

6. 投资单位重视形式,轻视内容

重视推理分析,轻视调查研究;重视项目直接目标,轻视项目间接目标;重咨询轻评估,重技术轻经济。投资单位对可行性研究报告的评估工作存在"走过场"的现象,有的只重视技术方案评估,忽视经济分析研究,没有真正起到"把关"的作用。

五、物流园区可行性分析过程

（一）组织管理准备

物流园区投资之前，首先必须成立专门的领导班子，统筹安排项目运作，如制订投资计划、资金筹措、风险评估等。由于物流园区项目建设更为复杂，因此应当成立园区建设专家组，将物流、财务、金融、工程等领域的专家吸收到项目论证小组中来，也可以直接建立物流园区建设专家指导委员会，提供智力支撑和保证，从而为项目可行性分析的科学性奠定基础。

（二）资料收集及市场调查

物流园区必须发挥金融、仓储、运输、配送、监管、加工、商品博览、信息、交易、综合服务等功能，必须能够为区域工业企业提供全方位的需求服务，促进制造业与服务业联动发展。因此，物流园区的选址和定位显得尤为重要，而选址和定位的关键就在于周密的市场调查。

（三）准确地进行物流园区定位

在市场调查之后，接下去就必须根据调查结果，进行物流园区定位策划，主要是回答物流园区的功能、目标、服务对象、如何运作等问题。物流园区定位准确与否将关系到物流园区经营成功与否，物流园区定位包括业务定位、功能定位、客户定位、市场定位、形象定位，每一方面的定位，都应当设定不同的方案，综合考虑物流园区的服务对象、辐射范围、地域特征、特色功能、文化内涵等要素，组织专家对这些方案进行广泛而热烈的讨论，剖析每种定位的优点和缺点，最后确定最为合适的物流园区定位。

（四）详细可行性研究阶段

在进行科学定位后，将选择出最合适的方案，但是该方案可能只是理想化的方案，并不一定适合现实运作，此时就必须对物流园区项目进行详尽的分析，包括市场分析、技术分析、投资估算、融资方案、财务评价、国民经济评价和不确定性分析等一系列分析，这些分析过程构成了物流园区项目可行性分析的主体。

1. 市场分析

目前，我国物流园区空置率居高不下的主要原因就是缺乏有效的需求分析，需求分析是为了保证物流服务的供给与需求之间的相对平衡，是决定物流园区项目成功与否的关键环节。在市场定位结束后，应针对确定下来的定位进一步进行市场调研和竞争情报分析，深刻把握客户的需求。物流园区市场分析的内容主要包括规模分析、需求类型分析、需求层次分析，应对区域物流需求量数据，如运输量、仓储量、配送量、流通加工量等进行系统分析。

2. 技术分析

物流园区项目可行性分析还包括对项目的建设条件、基础设施，所选用的技术、工艺、设备及其规模大小、产品结构种类方面进行具体的技术分析。物流园区选址是至关重要的，合理的物流园区选址能够减少货物运输成本，降低园区经营成本，对所在地区的经济与环境起到积极的带动作用，因此有必要进行审慎论证。物流园区选址应综合考虑当地经济发展的特点、物流需求特征、当地交通基础设施等因素，同时考察物流园区建设和运营所需要的电力、供排水、通信、网络、能源、排污、绿化等基础设施,考虑物流园区建设过程中工艺流程、技术获取、技术标准等要素。只有全面进行技术分析方可进一步对项目进行财务分析、国民经济分析和不确定性分析。

3. 投资估算与融资方案

物流园区项目建设投资额大,不仅应当对总投资进行估算,还应对各项分项工程投资进行估算,同时对流动资金、利息等进行估算。在进行投资估算后,应进行资金筹措方案设计,可以通过政府信息平台,寻找对物流产业有投资意向的各方投资者,进行推介和谈判,同时对于物流园区建设可以引进新的物流金融模式,用仓库等作为抵押物进行抵押贷款,引入多元化投资主体,从而获取足够的建设资金。在融资方案确定后,还应编制资金的使用计划,防止资金滥用。

4. 财务分析

物流园区项目占地面积大,建设内容多,投资额大,资金回收期长,因此对物流园区项目的财务评价显得尤其重要。物流园区的财务评价主要是进行投资与效益比较,应按照《建设项目经济评价方法与参数(第三版)》《投资项目可行性分析指南》等文件要求分析物流园区项目的赢利能力、偿债能力和财务生存能力,明确项目对财务主体及投资者的贡献价值,为项目决策提供依据。

5. 国民经济评价

国民经济评价是分析项目投资对整个国民经济的贡献,对于一般的工业项目可以不进行。而对于物流园区项目,则是必需的过程。物流园区项目不仅要考察项目给投资者带来的收益,同时还应考察项目对所辐射区域的贡献。尤其是,目前不少物流园区项目属于政府投资项目,很难进行财务评价,进行国民经济评价更为合理。通过国民经济评价,剖析物流园区对社会成本节约、交通压力缓解、社会价值增值、城市环境改善等的影响。同时,要加强环境评价,对物流园区建设及运营阶段所产生的噪音、大气污染、交通拥挤、存储泄露、加工过程中产生的三废、包装污染等进行全面评价,并设计好解决方案。

6. 不确定性及风险分析

在进行投资项目决策时,分析所使用的数据绝大多数都来自估计和预测,但是很多社会经济因素具有较大的不确定性,对项目估计和预测准确性带来了影响。物流园区项目也一样,必须进行不确定性分析和风险分析。物流园区建成后,将面临着市场风险、业务风险、货损货差安全风险、配送延时责任风险、错发错运的单证风险、诈骗风险、投融资风险、物价上涨风险、政府政策风险等等,这些都对物流园区项目的成功与否产生重要影响,因此必须进行盈亏平衡分析和敏感性分析。

物流园区项目具有不同于一般工业项目的独特特征,其可行性研究工作不仅应当遵循一般可行性研究的思路和步骤,同时也应当考虑其特殊性和差异性。为了提高物流园区项目的科学决策水平,决策者应当通过严谨深入的物流园区可行性论证,指导物流园区建设发展,为物流产业发展营造良好环境和实施载体。

第三节 物流园区运营绩效评价

一、物流园区绩效评价理论

（一）物流园区绩效评价的概念

物流园区绩效评价实际上就是指通过某种方法或模型对物流园区在一定时期所达到的规模以及发展程度进行的评价研究。为了能够客观、准确地认识物流园区在一定时期的发展规模和发展程度，首先需要一套能够体现物流园区运营绩效的指标体系，其次对各个指标进行量化，再次通过一套科学合理的评价模型进行相应的计算，最后对所得到的结果进行分析。

（二）物流园区绩效评价的现状

目前，较多的是对物流或供应链物流绩效评价的研究，如 Mentzer 与 Konrd 首次以绩效衡量为目的包含了效率与有效性来对物流活动进行分类的有意义的尝试，Lummus 列举了供应链绩效的主要考核指标 KPI，而对物流园区绩效评价的研究较少。但物流园区是一项耗时耗资、占用大量土地的特殊工程，很难用物流或供应链绩效评价指标及方法去科学全面地评价其实际绩效。

（三）物流园区绩效评价的必要性

一个完整的项目过程应该包括立项、可行性研究、设计、建设、运营以及评价这六个阶段，虽然前期的规划很重要，但是后期的评价也是必不可少的，这主要是因为物流园区的建设和运营不仅能够有效地提升货物流动和分拨的效率，以及有效地控制物流运作的成本，同时，它还会对其所在区域的经济、环境、产业结构及就业产生一定的影响。而较好的评价研究一方面能够准确地分析物流园区对所在区域的经济、环境、产业结构及就业的影响，另一方面也可以分析该物流园区预期的目标是否达到。对没有达到预期目标的物流园区，则要分析其原因，并针对这些原因制定改进措施，使其能够尽快地提高效益，达到预期目标；而对于绩效较好的，可以总结其运作管理的经验，以便其他物流园区借鉴，即物流园区绩效评价过程对物流园区运营发展起到监控和导向的作用。结合前面分析的我国物流园区的现状及存在的问题，就可以发现，我国物流园区之所以会出现高空置率、供需不协调，其原因从某种程度说是缺乏对物流园区运营的监控和导向。目前由于人们认识的不够深入，以及相关数据资料等获取的不易，使得很少有人对物流园区进行运营后的绩效评价，这也就导致了人们不能很好地认识物流园区投入使用后的运营效益究竟如何、规划初期制定的目标是否达到。

此外，加强物流园区的评价研究还能提高管理的科学性，减少其可能产生的负面影响。当今社会，人们对环境等的要求越来越高，因此就比较注意各个项目的负面影响。后期的评价可以对正在实施的项目提出其他的替代方案，比较各个方案的影响，对有关部门起到提示作用，提醒他们注意一些新出现的问题。而且还可以运用评价研究的结论及获得的经验来指导新的项目建设，从而实现不断提高项目管理水平的目标。

二、物流园区绩效评价的步骤

(一) 确定评价目的

进行评价工作的首要内容就是要确定评价的目的,它是评价工作顺利进行的指导方针。本书对物流园区绩效进行评价的目的是得出某一时期多个物流园区之间运营优劣状况的排序,并通过某一时期各个物流园区的运营优劣情况,找出物流园区运营发展较差的原因,并针对这些原因提出该物流园区在将来运营发展中的改进方向,以提高整个物流园区的运营绩效。

(二) 确定评价对象

评价对象即进行评价的主体,一般评价对象均属于同类事物,可以是同一时间段的多个同类事物,也可以是同一事物在不同时期的表现。

(三) 评价指标体系的设定

评价指标体系通常是从评价的目的出发,分析可能影响这一目的的原因,再结合指标体系设计的原则,设立含义明确的评价指标。

(四) 确定评价方法

在确定了评价指标体系后,综合比对各种评价方法,再结合评价目的,选择或设计出较为合适的评价方法。

(五) 建立评价模型

评价模型的建立是评价过程的关键所在,评价模型的好坏将会影响到评价的最终结果。

(六) 分析评价结果

评价结果的分析不但是评价的最后一步,也是评价目的的最终表现形式。通过对评价结果的分析,可以发现存在的问题,更有甚者可以找出解决这些问题的方法途径。

三、物流园区绩效评价方法

物流园区绩效评价研究其实就是对物流园区的绩效评价指标体系中各个要素进行分析,并且确定各个要素对物流园区绩效的影响。然而,绩效评价的方法有很多,各有优缺点。因此,要对一个企业的绩效做出较好的评价则首先需要了解各种绩效评价方法的内容以及各自的优缺点,而后结合评价目的选择合适的评价方法。下面我们对常用到的几种评价方法进行概述。

(一) 平衡计分卡(BSC)

平衡计分卡(balanced score card,简称 BSC)既包括财务指标,又包括非财务指标。它是通过财务方面、客户导向方面、企业内部流程及学习与发展四个方面的指标之间的相互驱动的因果关系展现组织的战略轨迹,它实现了绩效考核—绩效改进以及战略实施—战略修正的战略目标过程。它把绩效考核的地位上升到组织的战略层面,使之成为组织战略的实施工具。

1. 优点

（1）财务指标与非财务指标同时存在，评价指标更加全面；
（2）有利于员工的学习成长以及核心能力的培养；
（3）以战略为中心，只整合影响绩效的关键因素，避免指标过多对评价效率产生影响；
（4）克服了财务评估方法的短期行为。

2. 缺点

（1）属于定性研究，主观影响很大；
（2）能够满足所有使用者的比率标准不容易找到。

（二）层次分析法（AHP）

层次分析法是一种能将定性问题进行量化分析，是定性分析与定量分析很好结合起来运用的科学评估与决策的方法。它能将涉及的多个因素、多个目标的复杂评价和决策问题分解成若干个层次的系统，在这些层次上进行因素分析、比较、量化和排序，然后在此基础上，聚集进行排序，最终实现总排序，以综合评价项目方案的优劣，为决策者提供依据或做出最终决策。

1. 优点

（1）定性分析与定量分析相结合；
（2）评价结果通过一致性检验，可信度高；
（3）计算简单，容易操作。

2. 缺点

（1）主观因素影响较大；
（2）决策者必须对所决策的问题进行较为深入和全面的认识。

（三）模糊综合评价

模糊综合评判法的基本原理：它先确定要被评价的对象的因素（指标）集和评价（等级）集；再确定各个因素的权重以及它们的隶属度向量，从而获得模糊评断矩阵；最后把各因素的权向量与模糊评断矩阵进行模糊运算并进行归一化，从而得到模糊评价综合结果。

1. 优点

（1）数学模型简单；
（2）对于多因素和多层次的复杂问题评判的效果较好。

2. 缺点

（1）目前对于隶属度的确定还没有系统的方法；
（2）评判过程具有主观性；
（3）不能解决由于评价指标间相关而造成的评价信息重复的问题。

（四）人工神经网络

它是通过神经网络的自适应能力、自学习能力以及强容错率，建立一种接近人类思维模式的定量与定性相结合的评价模型。一般训练好的神经网络能够把专家的评价思想通过连接权的方式赋予到网络上，从而模拟专家进行定量评价。

1. 优点

避免了人为计算权重及相关系数时产生的主观影响和不确定性。

2. 缺点

训练样本的需求量大,精度不高,适用范围相对有限。

(五) 数据包络分析(DEA)

数据包络分析方法(data envelopment analysis,DEA)是利用经济学中帕累托最优边界来衡量效率,该模型是评价同类型决策单元(decision making unit,DMU)相对业绩的一种多输入、多输出的非参数系统分析方法。它是通过保持决策单元的输入与输出不变,借助于数学规划,将 DMU 投影到 DEA 前沿面上,并通过比较决策单元偏离 DEA 前沿的程度来评价它们的相对有效性。

1. 优点

适用范围广,易于处理输入输出量大的问题;在不同测度中不受决策单元的影响;不受决策者主观因素影响,具有客观性;能够对决策单元提出改进的方案。

2. 缺点

受样本大小的影响,若样本量较小,可能会影响输出的结果;对于效率值均为 1 的决策单元,无法对其进行排序。

(六) 主成分分析法(PCA)

主成分分析法(principal component analysis,PCA),也称为主分量分析法,主要是针对所研究问题的多个指标之间具有一定相关关系的情况。它是以最少的信息丢失的前提下,设法将原来所要研究的问题中的多个指标综合成较少几个综合的指标,使得问题的研究变得简单、直观,且对于这几个较少的综合指标而言,它们之间既互不相关,又能够提供原始的多个指标所涵盖的绝大部分信息。

1. 优点

减少了所要分析的指标个数,从而使得原问题的研究变得简单、直观;主成份之间互不相关,因此,在问题的分析中能够有效地解决因指标之间信息重叠、多重共线性等带来的问题;易于发现所研究问题的关键影响因素。

2. 缺点

用它进行评价研究,最终得出的分数不能反映它们在其他范围同类中的水平,只能说明参与评价的对象的排名。

在选择绩效评价的方法时,不仅要考虑各种绩效评价方法的优缺点,还要结合评价最终要达到的目的,这样才能得到最有效的物流园区绩效评价方法。

四、物流园区绩效评价指标体系

(一) 物流园区绩效评价指标体系的特点

物流园区绩效评价指标体系具有一般评价体系的整体性、层次性、动态性等特征,由于物流园区自身的特点,其绩效评价指标体系也有其自身的特征。

1. 区域性

物流园区绩效评价指标体系要结合该地区经济发展整体战略目标,基于区域内各种物流主体特征建立。其研究范围具有区域性,物流园区绩效评价指标体系的建设也受到该地区经济、市场、产业布局的影响。

2. 宏观性

政府往往在物流园区规划中扮演资金支持者、总体规划者并给予政策法规支持,故在一定程度上物流园区绩效评价体系的建设是政府公共事业管理绩效评价体系中的重要部分,其结果主要服务于政府管理和规划,其指标体系也应反映政府的宏观导向。

3. 信息量大

从信息论的角度来分析,物流园区绩效评价的过程也是一个信息的收集、筛选、加工、输出、反馈的过程。绩效评价的有效性,在很大程度上直接取决于信息本身及传输的数量和质量。物流园区绩效评价的客体众多,包括政府相关职能部门、物流园区、物流企业等,信息量大。

4. 复杂性

现阶段由于物流指标、统计分类及测算方法缺乏科学统一的规定,物流园区涉及较多的活动内容,参与活动的主体也较多,这些都给绩效考核指标的选取和信息收集带来一定困难,提高了复杂度。

(二)物流园区绩效评价指标体系设立的原则

目前,物流园区的绩效评价研究很少,如何建立一个有效的反映物流园区运营水平以及自身优劣的评价指标体系成为一个难题。近年来随着一些学者的研究,相应的也建立了一些关于物流园区运营的绩效评价指标体系,但总是存在着一些不容人们忽视的问题,比如不能全面地评价物流园区,或者评价起来太过复杂等等。所以,要使得建立的指标体系既要全面客观又要科学合理还要便于运行等应该遵循什么样的原则,也将成为亟待解决的问题。本书认为对于一个物流园区而言,首先它是一个整体,人们要以整体的观点来看待它;其次由于物流园区既具有企业性又具有公益性,所以要仔细分析其内涵。因此,在建立物流园区绩效评价指标体系时,应遵循以下原则。

1. 全面性原则

对于一个物流园区而言,对它进行绩效评价时,要考虑到它的各个方面,建立的指标既要对经济方面进行考察,也要兼顾社会效益方面的考察,尽可能使设计的指标能够全面覆盖表现物流园区发展水平的各个方面。

2. 可操作性原则

在指标体系设计的过程中,要尽量使指标与现有的材料保持一致,以避免产生不必要的麻烦,与此同时,还要保证指标的清晰、直观;另外,在选取指标时要使这些指标在反映物流园区整体发展的前提下,尽量避免指标间出现交叉重复等现象。

3. 数据的可得性原则

在物流园区绩效评价的过程中,要保证相关的指标所需要的信息容易获得,因为只有保证指标对应的信息是可以准确获得的,选取的这些指标才会具有实际的意义。

4. 少而精原则

对于物流园区的绩效评价的指标体系而言,并不是选取的指标越多越好,也不是说任何情况都需要将所有的因素都考虑在内,因为这样一是会加大评价者的工作量,对他们造成不必要的困扰,二是可能会造成目标重复。因此,在选取指标时要根据所要研究的目的坚持少而精原则。

5. 科学性原则

物流园区评价指标体系所选择的指标应该是多年的理论概括和客观实际的抽象描述,它应该最能反映物流园区的运营状况。其对客观实际的抽象描述要求越简练、越具代表性、越清晰越好。

(三)物流园区绩效评价指标的构建

1. 基础设施

(1)物流园区面积(单位:平方公里):指在报告期内,物流园区所拥有的总面积。

(2)仓储面积(单位:平方公里):由于物流园区基本功能中包装、配送加工等许多的功能都与仓储活动密不可分,因此,对于整个物流活动的开展来说,仓储具有十分重要的作用。仓储的面积大小在一定程度上成为物流基础设施规模大小的代表,所以本书运用该项指标来反映物流基础设施的实力。计算公式为:

$$仓储面积 = 库房面积 + 堆场面积$$

(3)园区周边交通便利度:物流园区周边的交通状况是影响物流园区运营效率的重要因素之一。便捷的交通能力能够提升该物流园区的影响范围,扩大其经济腹地面积。由于物流园区与其所在区域之间的连接是离不开交通道路的,所以物流园区的便利度对该物流园区的发展显得尤为重要,也成为物流园区运营绩效评价必不可少的指标。

(4)园区内部交通便利度:物流园区内部的交通状况同园区外部交通状况一样,也是影响物流园区运营的重要因素。便捷的内部交通状况可以提高园区内企业的运作效率,最终起到减少成本的作用。

(5)绿地覆盖率:虽然绿地覆盖率体现的是环境方面,但是目前它已经成为物流园区建设的基本要求之一。

(6)信息化水平:由于在整合物流产业时,物流信息的沟通必不可少,因此物流园区的信息平台就成为这些物流信息的承接载体,它对区域物流产业的整合和第三方物流的发展都具有促进作用。物流园区的信息平台能够为物流园区内入驻的企业提供各种信息服务,因此,对内而言,物流园区信息平台的信息化水平的高低将会影响这些企业物流运作的效率;对外而言,物流园区信息平台的信息化水平的高低,将能够影响物流园区对外部物流企业的吸引力。此外,信息平台已经成为物流园区建设必不可少的基本要求之一,因此将它归到了基础设施里。

2. 规模水平

(1)物流园区基础设施投资额(园区经营方)(单位:百万元):该指标从整体上反映了物

流园区的基础设施水平。具体是用总的投资规模减去土地的成本。

(2) 剩余投资额:在本书中该项指标是指园区在规划初期计划投资额,到目前为止还剩余的没有完成投资部分。它反映了物流园区在硬件上的供给能力发展的潜力大小。物流园区硬件发展得越完善,它所引起的空间潜力就越小,即未来物流园区想从硬件上来加强其供给能力的潜力也就越小,最终只能从管理服务上来增加其供应能力。在我国,由于物流园区建设的投资大、周期长,因此物流园区的建设一般都采用分期的建设方式,即边建设边运营,所以不能只从现在物流园区的投资上来进行分析。因此本书选取剩余投资额来反映物流园区在硬件上的供给能力增长的潜力大小。其计算公式为:

$$剩余投资额 = 总规划投资额 - 目前物流园区投资额$$

(3) 物流园区入驻企业数(单位:家):物流园区发展的好坏主要依托于物流园区内部各个相关企业的竞争能力,而物流园区的入驻企业作为组成物流园区的最为基本的单元,它的数量及规模直接决定了该物流园区的物流能力的规模和大小。因此一个物流园区的入驻企业数也就在一定程度上反映了该物流园区的竞争能力。

(4) 专业人才人数:人才作为物流园区运营发展的软实力之一,它的重要性是不言而喻的。物流园区内从业人员的专业知识、技能的高低将会直接影响到物流服务的效率。

(5) 投资规模(单位:百万元):在报告期内,物流园区的总投资额。

(6) 资产负债额(单位:百万元):在报告期内,物流园区的负债总额。

3. 运营效益

(1) 年货物吞吐量(单位:万吨):在报告期内,物流园区通过各种运输方式实际完成的货物数量。

(2) 年集装箱吞吐量(单位:万吨):在报告期内,由物流园区实际完成的集装箱吞吐量。

(3) 单位面积营业额(单位:百万元):该指标从整体上反映了物流园区单位面积的运营情况,在一定程度上说明了该物流园区的整体运营效率,是做横向比较十分有效的指标。通过前面对物流园区的现状分析可知,我国物流园区的占地面积跨度较大,小的只有用 0.1 平方公里,大到 10 平方公里以上。通过《全国第二次物流基地调查报告》可知占地面积在 2 平方公里以下的物流园区占到 69.3%。该项指标不仅可以反映园区的规模,又能反映园区的效率,因此比较有意义。该指标的计算公式为:

$$单位面积营业额 = 报告期物流园区的营业额 / 报告期物流园区的占地面积$$

(4) 单位面积增加值(单位:百万元):在报告期内,物流园区的单位面积所获得的营业额增加值,该指标对于做纵向比较十分有效。它的计算公式为:

$$单位面积增加值 = \frac{上期物流园区的营业额 - 报告期物流园区的营业额}{报告期物流园区的占地面积}$$

(5) 主营业务收入(单位:百万元):在报告期内,企业通过物流业务活动而得到的收入。

(6) 服务附加值(单位:百万元):在报告期内,通过物流园区的配套服务功能以及延伸的服务功能而得到的收入。

(7) 主营业务成本(单位:百万元):报告期内,企业通过从事物流业务活动所发生的实际业务成本。

4. 社会效益

（1）物流园区腹地经济年 GDP 增加额：在这里选择该指标主要有两方面的原因，一是物流园区发展的好坏离不开它所在腹地经济的发展，它所在地区经济的发展状况对于当地的物流业的发展状况具有直接的作用，一般情况下经济发展较好的地区，对于物流需求也比较大，物流的发展空间较大，即对物流的发展具有很大的潜力；二是根据国际上物流业发展成熟的国家的经验可知，现代化的城市一般都表现为商业和物流业的高度发展与成熟。而现阶段高度发展的物流业已经成为招商引资的重要因素。对于一个城市的发展而言，招商引资能够吸引更多的人流、物流和商流。物流园区能够提高综合服务能力，达到缩短生产周期、降低成本的作用，提高了快速反应能力和赢利水平，进而改善了该地区的投资环境，拓宽了该地区的融资渠道，从而进一步促进了该地区经济的发展。

（2）入驻企业的纳税额：在物流园区的入驻企业数指标中已经说明了园区入驻企业数能够在一定程度上反映一个物流园区的竞争能力，但是它不能充分地说明该物流园区的竞争能力的大小，因此还需要重点从物流园区的这些入驻企业的运营能力方面来分析。由于纳税额的大小主要取决于利润总额，因此，物流园区入驻企业的纳税额就能很好地反映该物流园区中入驻企业的整体运营能力。所以该指标可以说是对物流园区入驻企业数这一指标的补充和完善，进而能够更好地说明问题。

（3）物流园区新增就业人数：该指标不仅包括物流园区的运营方新增就业人数，还包括物流园区内各个入驻企业、单位的新增就业人数。人是企业运营管理的主体，也可以说人是企业竞争的软实力的体现之一。对于一个企业来说，就业人员的数量以及这些就业人员的素质、知识和技能的高低直接影响到企业的规模和运营效率的大小，但就业人员的素质、知识和技能由于无法量化出来，因此，在此选取新增就业人数这一指标作为物流园区竞争能力指标之一进行分析。

（4）进出车辆满载率：进出车辆的满载率高的话，所需的车辆数就会减少，这样所需要消耗的能源和车辆所排放的废气也会减少，此外，还可以缓解交通拥挤的状况。因此，进出车辆的满载率就可以间接表现出物流园区对社会效益做出的贡献。

从以上选取主要因素构建物流园区绩效评价指标体系，如图 10-3。

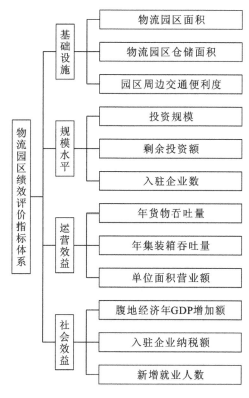

图 10-3 物流园区绩效评价指标体系

第四节 物流园区运营环境评价

物流园区的运营,需要在良好的环境中进行。物流园区的运营环境,可分为外部环境和内部环境,外部环境包括交通环境、技术环境和政策环境等,下面着重分析物流园区运营的内部环境,包括道路环境、绿化环境和办公环境。

一、道路环境

物流的产生是以运输为主题的,道路作为园区景观的第一构成要素往往具有主导性,其他要素都沿着它布置并且与它相联系。因此,道路在物流园区中绝不仅仅是连接两地的通道,在很大程度上还是人们公共生活的舞台。从某种意义上来说,人们对物流园区景观最直接的感受来自于道路景观,路景是最能体现企业活力的窗口。

物流园区中的道路断面,主要考虑到重型车辆的通行需求,同时通过宽阔的林荫道来美化物流园区的环境,在自行车道和机动车道之间设置绿化隔离带,使自行车和卡车共享道路;设置较宽的隔离带,方便大型车辆调头,还必须要设置足够的车道数目,尽可能使道路通畅无阻。

二、绿化环境

对于物流园区而言,绿化并非其最核心的要素,但却绝对是必须要素。在园区绿化景观的引导上,可以结合道路及交叉口对道路绿化进行设计和安排,保证车行与人行的舒适感受。在保证地块内作业、运输空间的前提下,对建筑外部空间进行不同植物的搭配,美化工作环境。实际上,园内绿化区域所具有的不同功能的园林景观和美化环境、就业人员休闲和活动场所、公园式的生活质量和新鲜空气都将使园区更加具有吸引力。

物流园区的景观规划应做到点、线、面相结合,以同区主景观轴线、绿化带为主轴,同道路为骨架,中心绿地、会展广场、街头公园等为点缀,重点强化节点和沿街立面设计,强化城市意向。园区集中绿化以草坪为基调,以观赏树作为点缀,创造出植物的层次,形成简洁、活泼明快的景观效果。网区道路绿化及场地周围以本土树种为主,同时也适当配置观赏价值好的花灌木和花卉衬托。

三、办公环境

简洁实用是现代物流园区建筑的一个共同特点,物流园区的办公区域只需要满足最基本的需求,不用进行刻意的装饰。但需要注意的是,物流园区不仅有建筑工地,货车、吊车等交通工具也会一直往来于物流园区,产生了较为严重的空气污染和噪声污染。因此,物流园区的办公区域需要进行谨慎的选址,以减小空气污染和噪声污染,达到良好的办公效果。

第十章 物流园区投资建设与运营绩效评价

物流代表着一种人类全新的生产运输方式,其独特的构成模式和文化内涵,体现着人与自然、工作与生活的和谐共生。但是我国的物流园区仍处于起步阶段,虽然有关物流园区运营环境的研究成果较多,但一般都是从宏观的外部环境进行研究。本书对物流园区的内部环境进行细微的分析,从微观设计的角度对物流园区的运营环境进行评价,希望对物流园区的运营环境建设提供一些新思路、新方法。

【经典案例1】

深莞惠三市物流园区布局规划水平现状的定量评价

根据建立的评价指标体系,对深莞惠三市的物流园区布局规划方案现状进行评价,方法如下:

首先,根据评价指标体系的赋值办法,分别考察深莞惠三市每一个物流园区的六项指标,可以得到如下的指标得分,如表10-1所示。

表10-1 深莞惠三市物流园区六项指标初始得分

	园区名称	X_1	X_2	X_3	X_4	X_5	X_6
深圳市	前海物流园区		2	6	5		
	机场物流园区		4	6	4		
	平湖物流园区		4	7	4		
	盐田港物流园区	4	2	6	3	5	1
	笋岗-清水河物流园区		2	7	3		
	龙华物流园区		3	5	3		
	固戍物流园区		4	5	3		
东莞市	东莞保税物流园区		5	6	4		
	常平大京九物流园区		5	6	4		
	立沙岛石化物流园区		5	6	4		
	茶山铁路物流园区		4	1	4		
	生态园城市配送物流园区		4	5	3		
	石龙红海物流园区		3	6	5		
惠州市	金泽国际物流园区		2	1	3		
	惠州港物流园区		5	6	5		
	大亚湾石化物流园区	3.5	5	6	5	1	1
	惠州农产品物流园区		2	1	3		
	中投物流园区		2	5	3		

其次，根据评价指标体系确定的加权方法，分别求出深莞惠三市的物流园区布局规划在各个指标上的加权得分，如表 10-2 所示。

表 10-2 深莞惠三市物流园区六项指标加权得分

	深圳市(M_1)	东莞市(M_2)	惠州市(M_3)
与产业空间布局的匹配性水平(X_1)	4	3	3.5
与城市主体功能、交通及环境协调性水平(X_2)	3.12	4.49	4.38
货运枢纽设施及产业集聚区的依托性水平(X_3)	6.54	4.47	5.49
集疏运输条件(X_4)	4	3.97	4.59
物流园区的平均规模系数(X_5)	5	1	1
规划物流用地业务负荷系数(X_6)	1	1	1

因此得到深莞惠三市物流园区布局规划评价的复合模糊物元 $\boldsymbol{R}_{mn}$。

$$\boldsymbol{R}_{mn} = \begin{pmatrix} 4 & 3 & 3.5 \\ 3.12 & 4.49 & 4.38 \\ 6.54 & 4.47 & 5.49 \\ 4 & 3.97 & 4.59 \\ 5 & 1 & 1 \\ 1 & 1 & 1 \end{pmatrix} (m=1,2,3; n=1,2,\cdots,6)$$

根据越大越优型从优隶属度计算方法确定从优隶属度模糊物元 $\widetilde{\boldsymbol{R}}_{mn}$。

$$\widetilde{\boldsymbol{R}}_{mn} = \begin{pmatrix} 1 & 0.75 & 0.875 \\ 0.69 & 1 & 0.98 \\ 1 & 0.68 & 0.84 \\ 0.87 & 0.86 & 1 \\ 1 & 0.2 & 0.2 \\ 1 & 1 & 1 \end{pmatrix} (m=1,2,3; n=1,2,\cdots,6)$$

由于从优隶属度采用越大越优型计算方法，因此构造如下标准复合模糊物元 $\boldsymbol{R}_{0mn}$。

$$\boldsymbol{R}_{0mn} = \begin{pmatrix} 1 & 1 & 1 \\ 1 & 1 & 1 \\ 1 & 1 & 1 \\ 1 & 1 & 1 \\ 1 & 1 & 1 \\ 1 & 1 & 1 \end{pmatrix} (m=1,2,3; n=1,2,\cdots,6)$$

根据差平方复合模糊物元的计算方法可得深莞惠三市物流园区布局规划水平评价的差平方复合模糊物元 $\boldsymbol{R}_\Delta$ 为：

$$\widetilde{\boldsymbol{R}}_{mn} = \begin{pmatrix} 1 & 0.0625 & 0.0156 \\ 0.0931 & 0 & 0.0006 \\ 0 & 0.1002 & 0.0258 \\ 0.0165 & 0.0182 & 0 \\ 0 & 0.64 & 0.64 \\ 0 & 0 & 0 \end{pmatrix}$$

各指标权重的确定采用熵值法和 AHP 法综合确定,具体过程如下:

1) 熵权确定

将从优隶属度模糊物元 $\widetilde{\boldsymbol{R}}_{mn}$ 归一化处理,得到物流园区发展水平评价的归一化判断矩阵 $\boldsymbol{B}_{mn}$:

计算各评价指标的熵 h_j,见表 10-3。

表 10-3 现状评价的各指标熵值

熵	X_1	X_2	X_3	X_4	X_5	X_6
h_j	0.2122	0.2308	0.2114	0.0623	0	1

各评价指标的熵权 W_j^e,见表 10-4。

表 10-4 现状评价的各指标熵权值

熵权	X_1	X_2	X_3	X_4	X_5	X_6
W_e	0.1839	0.1796	0.1841	0.2189	0.2335	0

2) AHP 法权重确定

依据专家经验确定各指标在评价体系中的重要性,建立指标重要性判断矩阵如表 10-5 所示。

表 10-5 指标重要性判断矩阵

目标	X_1	X_2	X_3	X_4	X_5	X_6
X_1	1	1/7	1/6	1/8	1/2	3
X_2	7	1	3	1/2	5	4
X_3	6	1/3	1	1/3	3	4
X_4	8	2	3	1	4	5
X_5	2	1/5	1/3	1/4	1	2
X_6	1/3	1/4	1/4	1/5	1/2	1

用 matlab 求得最大特征根为 $\lambda_{\max} = 6.4813$。

$$CI = (6.4813 - 6)/(6-1) = 0.0963$$

$CR = CI/RI = 0.0777 < 0.1$,判断矩阵一致性较满意。

通过 matlab 求解得各指标权重如表 10-6 所示。

表 10-6 AHP 法确定的指标权重

指标	X_1	X_2	X_3	X_4	X_5	X_6
权重 W_a	0.0521	0.2919	0.1695	0.3691	0.0730	0.0443

3) 综合权重的确定

根据综合权重的确定方法 $W_j = 0.5 W_e + 0.5 W_a$，得到各指标的最终权重 W_j 如表 10-7 所示。

表 10-7 最终指标权重

指标	X_1	X_2	X_3	X_4	X_5	X_6
权重 W_j	0.1181	0.2357	0.1768	0.294	0.1533	0.0221

计算深莞惠三市物流园区布局规划水平的欧式贴近度：

$$R_{\rho fi} = 1 - \sqrt{W_j R_\Delta}$$

得到

$$\begin{array}{ccc} M_1 & M_2 & M_3 \\ 0.7822 & 0.3945 & 0.5644 \end{array}$$

最后，得到深莞惠三市物流园区布局规划水平的优劣排序，如表 10-8 所示。

表 10-8 深莞惠三市物流园区六项指标评价欧氏贴近度排序

	深圳市(1)	惠州市(2)	东莞市(3)
欧氏贴近度	0.78	0.56	0.39

根据评价结果可知，深圳市的欧式贴近度最大，说明深圳市物流园区布局规划的水平在深莞惠区域中相对最高，达 0.78；惠州次之，为 0.56；东莞最差，为 0.39。惠州与东莞的物流园区布局规划水平相近，惠州略好于东莞。评价结果与实际情况能够很好吻合，验证了评价体系的有效性。

【经典案例2】

中国农谷——彭墩汉光农业综合物流园区建设项目可行性研究报告（节选）

1.3 项目可行性研究报告编制依据及编制范围

1.3.1 编制依据

(1) 国家《"十二五"国民经济发展的规划纲要》；

(2) 发改农经《全国蔬菜产业发展规划》(2012)；

(3) 发改经贸《农产品冷链物流发展规划》(2010)；

(4)农业部《全国休闲农业发展"十二五"规划》(2011);
(5)《荆门市经济和社会发展第十二个五年规划纲要》;
(6)《荆门市城市总体规划(2011—2030)》;
(7)《荆门市"十二五"现代物流业发展规划》;
(8)《荆门市粮食流通产业"十二五"发展规划》;
(9)《荆门市食品工业"十二五"发展规划》;
(10)《中国农谷核心区综合发展总体规划》;
(11)彭墩集团有限公司提供的相关资料。

1.3.2 编制范围

彭墩科技集团正式将本项目可行性研究报告的编制工作委托本单位后,即组织多名专业技术人员前往委托方项目实施地进行了现场考察,收集资料、资源,进行市场调研,并进行了设备询价,对项目建设的必要性,项目建设规模,场址与建设条件,工程设计方案,环境影响评价,项目组织管理,实施进度计划,招标初步方案,投资估算,资金筹措,经济社会效益的评价以及风险分析等方面进行了重点研究,在此基础上编写本项目可行性研究报告。

1.4 项目概况

1.4.1 项目目标定位

根据荆门的农业资源禀赋、农业产业经济、农业物流基础设施和能力的现状,农业物流需求分析以及荆门在区域物流板块中的比较优势分析,适应荆门市"中部崛起、中国农谷"的战略要求,坚持"努力把荆门打造成为优质农产品生产加工基地,中部地区生产性现代物流基地,加快建成全国有重要影响的循环经济示范市"的基本指导思想,围绕"资源整合、产业融合、运作创新、典型示范"的原则,依托"两圈一带"的物流腹地产业支撑,立足鄂中、服务华中、辐射全国、接轨世界,将彭墩汉光物流园打造成为以公路物流中心为支撑,集仓储运输、流通加工、城市配送、农产品流通、农资交易、物流(商务)社区等六大功能区域于一体的现代农业经济试验区、全国一流的农业物流综合发展区和区域经济增长引擎。

彭墩汉光物流园将成为荆门市农产品、农资一级流通中心,近期最急需发展的功能主要为农产品配送、加工、仓储和大宗交易;现在已有的农产品批发市场未来将主要向以交易功能为主的销地型二级农批市场的方向发展;彭墩汉光物流园、荆门农批市场以及其他小型农贸集市和连锁超市将共同构建起荆门市农产品流通的三级体系。延长、抖顺绿色农业产业链,助推"中国农谷"农业发展,创新农业物流新型社区。

1.4.2 项目建设的宗旨

依托中国农谷的发展平台,凭借彭墩科技集团在农产品生产、流通行业的优势地位,把项目建设成为鄂中地区规模最大、功能最完善、配套最齐全、辐射范围最广阔的绿色、安全、生态的一级农产品现代物流枢纽中心,为荆门、鄂中及华中地区的"菜篮子"供应和食品安全提供有力保障。

1.4.3 项目建设内容

项目用地面积918亩，建设内容主要包括蔬菜、水果、冻品、干货、副食品、农资等经营品种的批发交易区，以及农产品精深加工区、仓储配送区、认证农产品加工配送区、商务服务办公区、绿色农业展示推广区和生活配套服务区等。

1.4.4 项目技术经济指标

本项目的综合技术经济指标如下表所示：

项目综合指标表

序号	指标名称	单位	指标值	备注
1	总用地面积	亩	918	
2	总建筑面积	平方米	102.5万	
3	建设总工期	月	30	
4	建筑密度	—	41.7%	
5	容积率	—	1.84	
6	绿化率	—	34.9%	
7	水电负荷			
7.1	用电负荷	千瓦	32051	
7.2	用水负荷	立方米/日	2935	
8	项目总投资	万元	99173	
9	主要经济指标			
9.1	动态投资回收期	年	5.36	
9.2	税后投资收益率	—	29.49%	
9.3	年利润总额	亿元	2.9	
9.4	年上缴利税	亿元	1.5	

2.3 项目建设的可行性

2.3.1 政策可行性

中部崛起战略为"中国农谷"的建设提供了重大的战略契机。"中国农谷"建设是湖北省实现中部崛起战略的重要支点之一，是湖北农业强省战略的重要抓手和战略平台，为"中国农谷"的建设和发展提供了重大的战略契机；湖北省一元多层次战略的实施为"中国农谷"建设提供了重要的战略机遇。建设"中国农谷"是湖北省一元多层次战略体系中的重要组成部分，通过"中国农谷"的建设，将进一步促进其融入全省经济社会科学发展、跨越式发展的大格局中；中央提出的"三化"协调发展精神为"中国农谷"的建设指明了方向。"三化"同步建设是"中国农谷"现实的最佳选择,为"中国农谷"实现后发优势提供了充足的动力;"中国农谷"战略的实施为其营造了好的发展环境和条件。省委省政府提出"中国农谷"发展战略产生了极大的社会影响力和关注力,为"中国农谷"核心区搭建高水平的发展平台,形成先进要素的"谷"式集聚,打造"中国农谷"品牌,提供了有力的支撑。

2.3.2 模式可行性

根据省委省政府关于在新起点推进新农村建设和城乡一体化发展工作会议精神,彭墩现代农业综合物流园区建设把工业与农业、城市与乡村、居民与农民作为一个整体来统筹谋划,实现城乡资源共享、优势互补、共同繁荣、共享成果;落实"四化同步"理念,探索出自身特色的新农村建设和城乡一体化发展的工作机制、推进模式和扶持政策。本项目高起点规划,基于彭墩集团的优势,大力发展特色优势产业,加快传统农业向新现代农业转变,积极探索邮寄农业、生态农业和循环农业等发展模式,营造人与自然和谐相处的农村生态环境。2006年以来,集团公司积极投身于彭墩新农村建设,按照中央提出的"生产发展、生活宽裕、乡风文明、村容整洁、管理民主"的建设目标,结合彭墩实际创建了彭墩发展的两大模式。模式一:迁村腾地,调整产业,扩大规模。2007年启动了全省第一个迁村腾地工程,成为全省新农村建设样板。模式二:以企带村、村企共建、资源共享。集团公司与彭墩村开展村企共建,充分利用企业和彭墩村的有效资源,大力调整产业结构,共同发展农业种植和养殖业,带动彭墩农民步入了勤劳致富、科技致富、产业致富的快车道。彭墩人因地制宜大胆探索,突出特色扎实推进,本着敢行敢试、快行快试、善行善试的自觉性和坚定性,一步一个脚印实现着"彭墩梦"。

2.3.3 技术可行性

建设"中国农谷"的构想,最早是华中科技大学张培刚、张建华等知名教授,在其2009年底编制的《屈家岭管理区现代农业示范区建设总体规划》中提出的。2010年,湖北荆门屈家岭现代农业示范区"屈家岭·中国农谷"总体规划经过科学论证,通过国家农业部审批。2011年7月18日,湖北省委书记李鸿忠对"中国农谷"建设做出重要批示;9月4日,又带领省直相关部门到荆门进行专题调研,明确要求要将"中国农谷"作为荆门发展的一面旗帜。从屈家岭到全域荆门,从具体措施到发展旗帜,"中国农谷"经历了一个不断丰富、不断升华、不断完善的过程,已经上升为湖北省的重大战略。同时,彭墩集团与台湾汉光农业的全面深度合作,为彭墩现代综合物流园区的建设提供了可靠的生产技术基础和保障,该项目建设方案由武汉大学知名教授海峰博士领衔策划,工作团队包括武汉大学的教授博士、武汉商学院的教授专家等,确保了项目设计的科学性、先进性和可行性,因此在技术上是可行的。

2.3.4 经济可行性

该项目建设主体——彭墩科技集团拥有雄厚的实力,涉农产业发展良好,主要从事科技农业、休闲农业开发,具体经营农业种养、农产品加工、乡村旅游、涉外酒店和房地产开发等五大产业,具有丰富的涉农产业开发和管理经验;与台湾汉光农业合作社开展了广泛的合作业务,为农业物流园的建设发展提供了高效种子、绿色产品产销管理、一流品牌等物质技术和管理基础;其法人代表张德华做出了卓越的贡献,获得了广泛的知名度和良好的美誉度,为彭墩汉光物流园的形象定位和社会影响奠定了坚实的社会基础;彭墩科技集团在发展过程中,得到各级党委政府的高度重视和关怀,先后有中国农业部、国家旅游局、国家财政部、国土资源部、民政部、中央组织部和湖北省委、省政府,荆门、钟祥两级市委、市政府等领导以及相关专家教授多次莅临彭墩检查指导工作,有力地推动了彭墩快速发展;公司确定的发展战略是用两年半时间,投资11亿元,兴建一个现代农业果蔬产业园和现代物流中心,并全面实现"四三二一"工程。因此彭墩汉光物流园建设在经济上是可行的。

2.3.5 组织协调和人力资源可行性

通过加强人才公共信息平台建设,完善人才柔性流动机制,开辟人才引进"绿色通道",加大"中国农谷"人才引进力度;设立培训基地,建立特色人才培养政府补贴制度,积极推进企业家培育工程、各类专业技术人员培育工程、农村实用人才培养工程,提升"中国农谷"人才队伍整体素质;优化人才创新创业环境,出台扶持和激励政策,为创新人才、创新企业的发展提供专项基金,提供必要的科技创新条件,充分激发他们的创新创业活力;积极与湖北省尤其是武汉、荆门地区的高校合作培养园区所需人才;还组织开展农民专业合作示范社创建行动,全市创建100个省、市、县级农民专业合作示范社。大力扶持以农产品营销、流通、中介为主的专业协会,积极培育农村经纪人队伍,促进农村经济组织多元化发展。

综上所述,建设中国农谷彭墩汉光农业综合物流园区在政策、模式、技术、经济和人力资源上是可行的,是深入贯彻落实习近平总书记"扎实推进社会主义新农村建设,扎实推进新型城镇化,促进城乡统筹发展"的新要求,符合省委、省政府有利于保障湖北省确保农业安全、农村稳定、农民致富,落实"四化同步"理念,并探索了各具特色的新农村建设和城乡一体化发展的工作机制、推进模式和扶持政策,促进关联区域经济的发展,具有巨大的社会效益和经济效益,该项目建设非常可行。

结论与建议

彭墩汉光物流园项目符合国家产业政策和荆门市产业总体规划。项目用地符合选址原则,地理位置优越,地质条件良好,交通方便,水、电供应有保障,适合项目建设。项目建设有利于促进荆门市、鄂中及华中地区现代农产品生产、流通业的发展,保障鄂中地区"菜篮子"稳定、安全的供应,有利于平抑区域物价;能够节约资源、减少损耗、降低物流成本、促进就业,属于风险小、利润长期型、稳定型增长项目,有利于巩固彭墩集团在农产品、农资生产、经营和社区建设领域的领先优势,增强公司核心竞争力。项目建设具有巨大的社会效益和经济效益。因此,彭墩汉光物流园项目在技术上是可行的,在经济上是合理的,建设条件是充分的。

学习并分析:
1. 案例2的评价指标和方法有哪些?
2. 该种评价方法的评价步骤分别是怎样的?

【本章关键术语】

运营绩效 operational performance　　规划评价 planning evaluation　　可行性分析 feasibility analysis　　社会效益 social results　　模糊评价 fuzzy evaluation

【本章思考与练习题】

1. 物流园区的绩效评价指标包括哪些?
2. 物流园区的可行性分析包括哪些内容?
3. 物流园区的规模评价方法有哪些?

【参考文献】

[1] 胡秋蕾. 物流园区规划发展研究及评价体系分析[D]. 大连:大连海事大学,2007.
[2] 陶经辉. 物流园区布局规划方法及运作模式研究[D]. 南京:东南大学,2005.
[3] 周容霞. 基于物流园区的规划与建设方案的综合评价研究[D]. 武汉:武汉科技大学,2008.
[4] 胡宝雨. 物流园区规模确定及选址方案评价[D]. 大连:大连理工大学,2012.
[5] 李南翔. 物流园区项目可行性分析过程研究[J]. 时代金融,2012(7):83,85.
[6] 马坤. 物流园区可行性评价研究[D]. 成都:西南交通大学,2007.
[7] 李黎. 物流中心绩效评价研究[D]. 成都:西南财经大学,2008.
[8] 王丹竹,陈佳娟. 基于模糊综合评价方法的物流园区绩效研究[J]. 物流科技,2009(10):79-82.
[9] 冯小静. 基于PCA-DEA的物流园区绩效评价研究[D]. 西安:长安大学,2012.
[10] 朱艳,姚亦梅. 现代物流园区外部空间环境设计浅论[J]. 四川建筑,2010,30(6):32-33.

教学支持说明

"普通高等院校物流管理专业核心课程精品规划教材"系华中科技大学出版社重点规划教材。

为了改善教学效果,提高教材的使用效率,满足高校授课教师的教学需求,本套教材备有与纸质教材配套的教学课件(PPT电子教案)。

为保证本教学课件及相关教学资料仅为教师个人所得,我们将向使用本套教材的高校授课教师免费赠送教学课件或者相关教学资料,烦请授课教师填写如下授课证明并寄出(发送电子邮件或传真、邮寄)至下列地址。

地址:湖北省武汉市珞喻路1037号华中科技大学出版社有限责任公司营销中心

邮编:430074

电话:027—81321902

传真:027—81321917

E-mail:yingxiaoke2007@163.com

------------------------------✂------------------------------

证　　明

兹证明＿＿＿＿＿＿大学＿＿＿＿＿＿系/院第＿＿＿＿学年开设的＿＿＿＿＿＿课程,采用华中科技大学出版社出版的＿＿＿＿＿＿编写的＿＿＿＿＿＿作为该课程教材,授课教师为＿＿＿＿,学生共计＿＿＿＿个班共计＿＿＿＿人。

授课教师需要与本书配套的教学课件为:

授课教师的联系方式

联系地址:＿＿＿＿＿＿＿＿＿＿＿＿＿＿＿＿

邮编:＿＿＿＿＿＿＿＿

联系电话:＿＿＿＿＿＿＿＿＿＿＿＿

E-mail:＿＿＿＿＿＿＿＿＿＿＿＿

系主任/院长:＿＿＿＿＿＿(签字)

(系/院办公室盖章)

＿＿＿＿年＿＿＿＿月＿＿＿＿日

图书在版编目(CIP)数据

物流园区规划设计与运营管理/海峰,刘勤主编.—武汉:华中科技大学出版社,2015.7(2025.1重印)
普通高等院校物流管理专业核心课程精品规划教材
ISBN 978-7-5609-9676-9

Ⅰ.①物… Ⅱ.①海… ②刘… Ⅲ.①物流-工业区-经济规划-高等学校-教材 ②物流-工业区-运营管理-高等学校-教材 Ⅳ.①F253

中国版本图书馆 CIP 数据核字(2015)第 182981 号

物流园区规划设计与运营管理

海 峰 刘 勤 主编

策划编辑:陈培斌　周小方
责任编辑:曹　红
封面设计:刘　卉
责任校对:何　欢
责任监印:周治超
出版发行:华中科技大学出版社(中国·武汉)　　电话:(027)81321913
　　　　　武汉市东湖新技术开发区华工科技园　　邮编:430223
录　　排:武汉正风天下文化发展有限公司
印　　刷:武汉邮科印务有限公司
开　　本:787mm×1092mm　1/16
印　　张:24.25　　插页:1
字　　数:584千字
版　　次:2025年1月第1版第6次印刷
定　　价:58.00元

本书若有印装质量问题,请向出版社营销中心调换
全国免费服务热线:400-6679-118　　竭诚为您服务
版权所有　侵权必究